Fritz Stolz

Strukturen und Figuren im Kult von Jerusalem

Fritz Stolz

Strukturen und Figuren im Kult von Jerusalem

Studien zur altorientalischen, vor- und frühisraelitischen Religion

Walter de Gruyter & Co.
Berlin 1970

Beihefte zur Zeitschrift für die alttestamentliche Wissenschaft
Herausgegeben von Georg Fohrer

118

Printed in Germany
Satz und Druck: Walter de Gruyter & Co., Berlin 30
Archiv-Nr. 3822704

Meinen Eltern

Vorwort

In vermehrtem Maße wird in jüngster Zeit nach dem religionsgeschichtlichen Kontext des Alten Testaments gefragt. Auch die vorliegende Arbeit möchte dazu einen Beitrag leisten; dabei ging es mir weniger darum, einzelne Vorstellungen zu untersuchen, als vielmehr kultische Denk- und Erlebnisformen im Vergleich darzustellen und zu interpretieren.

Die kaum zu übersehende Vielfalt religionsgeschichtlichen Vergleichsmaterials hätte im einzelnen oft genug eingehender und fachkundiger behandelt werden müssen, als es dem Anfänger möglich war. Zuweilen glaubte ich auch um der Übersichtlichkeit der Darstellung willen das eine oder andere Problem nur am Rande erwähnen zu dürfen.

Die Arbeit wurde im Sommersemester 1969 von der Theologischen Fakultät der Universität Zürich als Dissertation angenommen. Herrn Prof. V. Maag verdanke ich zahlreiche Anregungen während meiner Zürcher Assistentenzeit; es wird dem Leser nicht entgehen, in welchem Maße seine Arbeit für mich klärend wirkte. Weiteren Dank schulde ich den Herren Professoren H. Wildberger, in dessen Seminar über die Zionstradition ich die ersten Hinweise zu diesem Thema erhielt; B. Hartmann, Leiden, mit dem ich orientalistische Probleme durchsprechen konnte; W. Bernet, Zürich, der mir manchen Hinweis zu den religionspsychologischen Exkursen gab; und H. H. Schmid, Bethel, der die Arbeit während ihrer ganzen Entstehungszeit in freundschaftlicher Weise mit kritischen Fragen begleitete.

Herrn Prof. G. Fohrer und dem Verlag danke ich für die Aufnahme der Arbeit in die Reihe der BZAW und die sorgfältige Betreuung der Drucklegung.

Bethel, im April 1970 — Fritz Stolz

Inhalt

Einleitung: Das Problem

Jerusalem hat für die israelitische Religionsgeschichte eine entscheidende Bedeutung. In dieser Stadt ist eine Synthese zwischen den Überlieferungen der in Palästina eingewanderten, halbnomadischen Stämme einerseits und kanaanäischer Religion andererseits zustande gekommen, wie sie für einen großen Bereich alttestamentlichen Glaubens wegweisend wurde.

Diese Synthese hat sich natürlich nicht nur und nicht erst in Jerusalem vollzogen; die Jahrhunderte, in denen die Stämme seßhaft wurden und kanaanäische Lebensform annahmen, leiteten diesen Prozeß ein, der aber doch in Jerusalem zu einem gewissen Abschluß kam. Denn unter David und Salomo wurde aus der Stämmegemeinschaft ein Königtum, das mit andern altorientalischen Reichsgründungen verglichen werden kann. Entsprechend machten sich die Israeliten viele Denk- und Lebensformen, die von der staatlich-nationalen Existenz des Volkes stark abhängig sind, erst jetzt zu eigen. Demgegenüber scheint das spätere nordisraelitische Königtum nie zu einer mit andern Reichen vergleichbaren Größe geworden zu sein[1].

Auch aus einem andern Grunde ist es angezeigt, das Verhältnis zwischen den verschiedenen religionsgeschichtlichen Wurzeln des alttestamentlichen Glaubens exemplarisch am Falle Jerusalems zur Diskussion zu stellen. Nur aus dem Tempel von Jerusalem ist Kultliteratur überliefert[2]; ein Einblick in den Kult aber zeigt am deutlichsten, in welcher Weise verschiedene religiöse Inhalte für das Volk Israel verbindlich waren.

Der Erörterung dieser Problematik stellt sich vom Alten Testament her eine Schwierigkeit in den Weg. Verschiedene Schriften — vor allem Hosea, Jeremia, das Deuteronomium und daran anschließend weitere Literatur jüngeren Datums, weniger explizit aber auch schon

[1] Vgl. M. Noth, Jerusalem und die israelitische Tradition, in: Gesammelte Studien zum AT, 1960², 172ff., bes. 174f.; ds., Geschichte Israels, 1959⁴, 175f. 208f.

[2] Es ist unwahrscheinlich, daß irgendein alttestamentlicher Psalm seinen Ursprung außerhalb des Jerusalemer Heiligtums hätte, wenn überhaupt ein kultischer Hintergrund vorausgesetzt werden kann (was längst nicht bei allen Psalmen der Fall sein dürfte). Die Versuche, bei einzelnen Psalmen außerjerusalemische Herkunft nachzuweisen (z. B. soll Ps 45 im Nordreich entstanden sein, H. Schmidt, Psalmen, 1934, z. St.; Ps 68 im Tabor-Heiligtum, S. Mowinkel, Der 68. Psalm, ANVAO II, 1953, bes. 42ff., und ähnlich H.-J. Kraus, Psalmen, I 1961, z. St.; Ps 80 im Nordreich, O. Eißfeldt, WO 3, 1964, 27ff.), sind nicht stichhaltig; der Raum zur Auseinandersetzung fehlt hier.

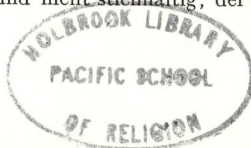

Jesaja — sehen im »Kanaanäischen«, in der Religiosität der vor Israel im Lande wohnhaften Bevölkerung, *die* Gefährdung des »Israelitischen«, des Jahwe-Glaubens[3]: Sie sehen die Alternative, zwischen Jahwe und den »Götzen« zu wählen, wobei die kanaanäischen Götter durchwegs mit Fruchtbarkeitskult in Zusammenhang gebracht werden. Dabei ist freilich festzustellen, daß gerade die Schriften, welche gegen das »Kanaanäische« am heftigsten polemisieren, in ihrer Denkart stark von religiösen Gedanken beeinflußt sind, die aus dem kanaanäischen Raum stammen[4]. Die israelitische Modifikation kanaanäischer Gedankengänge wird also als dermaßen stark empfunden, daß deren Ursprung nicht mehr beachtet wird und sogar als Gegenposition gewertet werden kann. Der ganze Verlauf des Zusammenlebens israelitischer und kanaanäischer Gedanken verdient aber höchste Beachtung, wenn es darum geht, das Eigentümliche alttestamentlicher Glaubensweisen darzustellen[5].

Das Ziel der vorliegenden Arbeit ist es, in diesem Problemkreis eine Einzelheit zu klären. Die Leitfragen lauten: Wie hat die kanaanäische Religion, die in Jerusalem zur Bildung der israelitischen Religion beitrug, ausgesehen? Wie ist sie — nach ihrer Aufnahme in die

[3] Demgegenüber ist in Israel freilich auch die umgekehrte Tendenz zu beobachten, die verschiedene Wurzeln des israelitischen Geisteslebens ganz bewußt miteinander verbinden will; deutlich wird dies vor allem beim Jahwisten, welcher die Schöpfungsgeschichte den Stämmetraditionen voranstellt. Vgl. zum ganzen Problem G. Fohrer, Israels Haltung gegenüber den Kanaanäern, JSS 13, 1968, 64ff.

[4] Bei Hosea beispielsweise erinnert das Bild, das von Jahwe entworfen wird, in manchem an den kanaanäischen Wettergott: Er schickt Regen, die Ehe wird mit ihm in Zusammenhang gebracht usw.; vgl. E. Jacob, L'héritage canaanéen dans le livre du prophète Osée, RHPhR 43, 1963, 250ff. Ähnliches läßt sich bei Jeremia und Ezechiel feststellen.

[5] Die Abqualifizierung des »Kanaanäischen« im AT wird teilweise in der alttestamentlichen Theologie der Gegenwart nachvollzogen; sie hat weniger exegetische als theologiegeschichtliche Hintergründe. Während die Forschung der religionsgeschichtlichen Schule stark die Verwurzelung Israels im Gesamtzusammenhang der altorientalischen Religionen betonte und gleichzeitig die Frage nach dem Verhältnis zwischen dem Christentum und andern Religionen stellte, brachte die Zeit nach dem Einbruch der dialektischen Theologie andere Aspekte des Problems zu Gesicht. Was in der systematischen Theologie unter dem Thema »Glaube und Religion« abgehandelt wurde, erschien in der alttestamentlichen Forschung als »Glaube des Alten Testaments — Religionen des alten Orients«. War die Betrachtung des AT an einem gesamtbiblischen Offenbarungsverständnis orientiert, so fielen andere altorientalische Religionen unter die allgemeine Religionskritik.

Dieser theologiegeschichtliche Hintergrund war und ist nicht immer bewußt. Er ist aber überall dort spürbar, wo das Verhältnis Israel—Kanaan in Schlagwörtern wie »Geschichte oder Natur« und ähnlichem beschrieben wird. Das Verhältnis Israel—Kanaan bedarf ebenso erneuter Beachtung wie die Frage nach Glaube und Religion.

israelitische Denkart und nach der Ergänzung mit andern Traditionssträngen — modifiziert worden?

Die Beantwortung dieser Fragen setzt eine weitere Klärung voraus. In welcher Weise hat überhaupt kanaanäische Religion auf Israel eingewirkt? Die alttestamentliche Forschung ist sich heute weitgehend darüber einig, daß kultische Traditionen, die in der schon vor der Eroberung durch David bestehenden Stadt gepflegt wurden, mindestens teilweise auch nach der israelitischen Inbesitznahme der Stadt fortgesetzt wurden[6]. So wird die Herkunft des größten Teils kanaanäischen Gutes innerhalb der Jerusalemer Tradition zu erklären sein[7].

Damit ist die Aufgabe gestellt, die vorisraelitische Religion Jerusalems in ihren Grundzügen zu beschreiben. Es handelt sich dabei um eine Rekonstruktion; direkte Zeugnisse fehlen. Aus dem im Alten Testament erkennbaren kanaanäischen Material, das der Jerusalemer Tradition zuzuordnen ist, einerseits, und aus dem religionsgeschichtlichen Vergleich mit Anschauungen, die sonst aus Kanaan und dem weiteren altorientalischen Raum bekannt sind, andererseits, soll das Wesen jener vorisraelitisch-jerusalemischen Religion einigermaßen deutlich werden[8].

---

[6] Vgl. dazu die Vorbemerkung zur Geschichte Jerusalems S. 6ff. Schon seit längerer Zeit wurde vermutet, daß kultische Traditionen Jerusalems über die israelitische Eroberung hinweg weiter gepflegt wurden; vgl. vor allem B. Maisler, Das vorisraelitische Jerusalem, JPOS 10, 1930, 181ff.; G. Widengren, The Accadian and Hebrew Psalms of Lamentation, 1937, 78; ds., Sakrales Königtum im Alten Testament und im Judentum, 1955, 11; H. S. Nyberg, Studien zum Religionskampf im Alten Testament, ARW 35, 1938, 328ff., bes. 350ff.; H. Schmid, Jahwe und die Kulttraditionen von Jerusalem, ZAW 67, 1955, 168ff.; in dieser Arbeit werden erstmals ausgiebig ugaritische Texte benützt, um einige Züge zu beschreiben, die Jahwe vom Gott El übernommen hat; E. Rohland, Die Bedeutung der Erwählungstraditionen Israels für die Eschatologie der alttestamentlichen Propheten, Diss. Heidelberg 1956, 123ff.; W. H. Schmidt, Königtum Gottes in Ugarit und Israel, 1967[2]; H. J. Kraus, Psalmen, I 1961, 197ff. 342ff.; ds., Gottesdienst in Israel, 1962[2], 218f. 234ff.

[7] Daneben ist mit der Möglichkeit zu rechnen, daß im Laufe der Königszeit altorientalische Vorstellungen in den Kult von Jerusalem eindrangen, in dem Moment beispielsweise, als Juda zum assyrischen Vasallenstaat wurde. Der Tammuṣ-Kult ist sicher in dieser Zeit eingedrungen (Ez 8 14), hat aber keinen Eingang in die israelitische Kulttradition gefunden. So wird man doch damit rechnen können, daß das akzeptierte kanaanäische Material seit Anfang der Jerusalemer Zeit Israels in Jerusalem heimisch war. Immerhin liegt hier eine mögliche Fehlerquelle der folgenden Betrachtungen.

[8] Der Rekonstruktionsversuch ist natürlich eine Rechnung mit verschiedenen Unbekannten. Trotzdem kann darauf nicht verzichtet werden. Ein Vergleich zwischen der Religion Israels und Ugarits, der auf das rekonstruierte Zwischenglied verzichtet, ist zwar einfacher als der hier unternommene Versuch, ist aber in Gefahr, das Spezi-

Diese Vergleichsarbeit birgt Gefahren in sich. Sehr leicht werden Befunde, die sich am einen Ort erheben lassen, vorschnell auch für andere Gebiete vorausgesetzt. Während die alttestamentliche Forschung der religionsgeschichtlichen Schule vor allem babylonisches Material zur vergleichenden Deutung alttestamentlicher Texte beizog[9], richtete sich das Interesse seit den Dreißiger Jahren auf die neuentdeckten Texte aus Ugarit[10]. Man hatte nun ein dem AT ziemlich nahe stehendes kanaanäisches Vergleichsmaterial und setzte eine kanaanäische Einheitskultur und -religion voraus[11]. Statt des »Panbabylonismus« droht heute der »Panugaritismus«[12].

Erst in jüngster Zeit werden Stimmen laut, die vor einer vorschnellen Ineinssetzung der ugaritischen Religion und derjenigen des vorisraelitischen Jerusalem warnen[13]. Es scheint sich zu zeigen, daß innerhalb des kanaanäischen Raumes eine beträchtliche religiöse und kulturelle Variabilität möglich ist. So verdient auch das mesopotamische und ägyptische Vergleichsmaterial wieder vermehrtes Interesse, weil mit verschiedenartigen Einflüssen dieser Gebiete zu rechnen ist[14].

Wenn also unter Einberechnung der möglichen Variationsbreite kanaanäischer Religion nach den spezifischen Vorstellungen Jerusalems gefragt werden soll, ergibt sich die Notwendigkeit, bei jedem Thema, das im AT als Erbe der jerusalemisch-vorisraelitischen Tra-

---

fische der späteren israelitisch-jerusalemischen Glaubensweise zu übersehen, weil Israel nie direkt mit Ugarit in Berührung kam und nicht von dort abhängig ist.

9 Vgl. vor allem H. Gunkel, Schöpfung und Chaos in Urzeit und Endzeit, 1895.

10 Die erste größere Arbeit, die ugaritisches Material zur Deutung alttestamentlicher Traditionen beizog, war O. Eißfeldts Buch: Ba'al Zaphon, Zeus Kasios und der Durchzug der Israeliten durch das Schilfmeer, 1932. Seltsamerweise wird hier der Einfluß Ugarits auf das AT als durch das Medium der Exodus-Tradition gewirkt gesehen — eine Hypothese, die nicht zu halten ist.

11 So beispielsweise — neben vielen andern — M. Dahood, Ancient Semitic Deities in Syria, StSem 1, 1958, 68ff.; W. H. Schmidt, Königtum Gottes in Ugarit und Israel, 1967², 4.

12 Zum »Panbabylonismus« vgl. C.-M. Edsman, RGG³ V, 35f.; zur Kritik am »Panugaritismus« vgl. die — nicht immer stichhaltigen — Bemerkungen von H. Donner, ZAW 79, 1967, 322ff., die doch exemplarisch zeigen, wie vorsichtig mit ugaritischem Material umzugehen ist.

13 Vgl. vor allem R. Rendtorff, El, Ba'al und Jahwe, ZAW 78, 1966, 277ff.; auf die in Jerusalem wichtige (in Ugarit dagegen ganz in den Hintergrund getretene) Verehrung des Gottes 'Aṯtar-Šalim macht V. Maag, Syrien—Palästina (in: Kulturgeschichte des Alten Orients, hg. v. H. Schmökel, 1961) 581f. aufmerksam.

14 Der allgemeine kulturelle Austausch der Gebiete von Ägypten bis Babylonien läßt sich vor allem am Stil der Kunst beobachten, doch ist er auch sonst sichtbar, beispielsweise in der Häufigkeit mesopotamischer und ägyptischer Fremdwörter im AT (vgl. M. Ellenbogen, Foreign Words in the Old Testament, 1962). Gerade auch religiöse Ausdrücke sind oft entlehnt; mit dem Wort wird aber auch die bezeichnete Sache mindestens teilweise wirksam gewesen sein.

dition erkannt ist, nach entsprechenden Themen in umliegenden Religionen, mindestens in Ugarit und Mesopotamien, zu suchen, um so die Bedeutung der jerusalemischen Ausprägung zu beschreiben[15].

Es ist wesentlich, zu sehen, daß ein bestimmtes Thema altorientalischer Religion — beispielsweise ein bestimmter Mythustyp oder eine bestimmte Götterfigur — nicht überall, in allen Ausprägungen, denselben Sinn haben muß. Es ist wohl ein grundlegender Irrtum der Myth-and-Ritual-Schule, daß derartige entsprechende Themen über Raum und Zeit hinweg identifiziert und als bedeutungsgleich gewertet werden[16].

Die einzelnen Ausprägungen ein und desselben Themas unterliegen bestimmten Gesetzmäßigkeiten, die mit den jeweiligen kulturellen und sozialen Gegebenheiten des Volkes, innerhalb dessen jene ihre Bedeutung haben, zusammenhängen. Solche Strukturgesetze sind durch die Religionsphänomenologie erarbeitet; der hier versuchte Vergleich bedient sich deshalb der religionsphänomenologischen Terminologie[17].

Es ist klar, daß diese Vergleichsarbeit nicht zu schlüssigen Resultaten führen kann, sondern bei mehr oder weniger wahrscheinlichen Hypothesen stehen bleiben muß. Außerdem sind nicht alle Ergebnisse im selben Maße wahrscheinlich[18].

Von allen möglichen Themen, die untersucht werden könnten, sind hier nur wenige ausgewählt: besprochen werden die kultischen Denkformen (Mythus und Kultlied) und die wesentlichen Götterfiguren (El und Šalem).

---

[15] Der ägyptische Bereich wird in der vorliegenden Arbeit nur am Rande erwähnt, da die dort vorhandenen Religionsformen m. E. von denjenigen Kanaans weiter entfernt sind als die mesopotamischen Entsprechungen.

[16] Insofern ist auch das *pattern* des altorientalischen Kultes eine Abstraktion, die gewisse Strukturelemente absolut setzt; vgl. G. Lanczkowski und C. Westermann, RGG³ IV, 90ff., s. v. »Kultgeschichtliche Schule I, II«.

[17] Zur Aufgabe der Religionsphänomenologie als Strukturbeschreibung religiöser Erscheinungen im Zusammenhang mit bestimmten Erlebnisinhalten einerseits und sozialen Formen andererseits vgl. vor allem G. von der Leeuw, Phänomenologie der Religion, 1956², 785f.; R. Pettazzoni, History and Phenomenology in the Science of Religion, in: Essays on the History of Religion, Supplements to Numen 1, 1954, 215ff. Die Legitimität der Religionsphänomenologie wird von manchen Alttestamentlern bestritten, da sie darin eine Gefährdung der geschichtlichen Betrachtungsweise zu verspüren glauben (so z. B. K. Koch, ZThK 62, 1965, 286). Richtig angewendete Religionsphänomenologie verhilft gerade zum vertieften Verständnis geschichtlicher Erscheinungen.

[18] Vor allem sind Züge der jebusitischen Religion, die von der israelitischen Tradition nicht aufgenommen worden sind, jedoch auf Grund von Vergleichsmaterial erschlossen werden, möglicherweise auch durch eine betonte Anti-Stellung alttestamentlicher Aussagen, relativ wenig gesichert. Von diesem Unsicherheitsfaktor ist vor allem das 5. Kapitel betroffen.

Vorbemerkung: Die Geschichte Jerusalems bis David

Die Archäologie hat die Besiedelung der Stadt Jerusalem bis in das dritte vorchristliche Jahrtausend zurückverfolgen können[1]. Eine erste Nennung der Stadt findet sich wahrscheinlich in den ägyptischen Ächtungstexten, die im 20.—18. Jahrhundert anzusetzen sind; demnach gehört Jerusalem in dieser Zeit — mit andern kanaanäischen Staaten zusammen — zu den Feinden Ägyptens[2]. Weiteres läßt sich den Texten nicht abgewinnen, insbesondere sind die Namen der Stadtfürsten leider nicht deutbar[3].

Klarer wird das Bild Jerusalems in den sechs in Amarna gefundenen Briefen, die der Stadtkönig Abdi-Ḫepa seinem Oberherrn, dem Pharao, senden ließ[4]. In einer umsichgreifenden Abfallbewegung palästinensischer Herrschaften, die nach Selbständigkeit gegenüber Ägypten trachten, erscheint Abdi-Ḫepa als treuer Vasall, der um Hilfe gegen die ihn bedrängenden Nachbarn ruft. Doch die konkrete geschichtliche Situation Jerusalems wird auch hier nicht deutlich.

Einige Dinge sind immerhin bemerkenswert: Der Stadtfürst trägt in seinem Namen als theophores Element den Gottesnamen Ḫepa, was mit ḫurritischem Ḫebat gleichzusetzen ist[5]. Ob allerdings der ganze Name in ḫurritischer Weise Puti-Ḫepa zu lesen ist, was vom Ideogramm her möglich wäre, ist zweifelhaft. Es ist nicht anzunehmen, daß in Jerusalem je ḫurritisch gesprochen wurde[6]. Im Zuge der Hyksos-Bewegung scheinen in vielen Gegenden Palästinas Elemente an die Macht gekommen zu sein, die neben ḫurritischen auch arische Elemente aufweisen[7].

---

[1] Zur Geschichte und Archäologie der Stadt Jerusalem seit den Anfängen vgl. vor allem L. Vincent, Jérusalem de l'Ancien Testament, I—III 1954—56; J. Simons, Jerusalem in the Old Testament, 1952.

[2] K. Sethe, Die Ächtung feindlicher Fürsten, Völker und Dinge auf altägyptischen Tongefäßscherben des Mittleren Reiches, 1926, e 27—28; f 18 (dazu ds., in AAB 1926, 5, 53); G. Posener, Princes et pays d'Asie et de Nubie, 1940, E 45; die ägyptische Schreibweise für Jerusalem lautet *ꜣwšꜣmm*.

[3] Bei Posener a. a. O. e 27—82 ist je ein Personenname genannt: *ỉl-qꜣ ʿ-mw* und *sṯʿnw*.

[4] J. A. Knutzon, Die El Amarna-Tafeln, II 1908, Nr. 285—90; vgl. AOT 374ff.; ANET 487ff.

[5] Zu dieser Gottheit vgl. E. v. Schuler, WM I, 172.

[6] In welcher Weise semitische und nichtsemitische Elemente nebeneinander lebten, ist unklar; vielleicht sind an manchen Orten ḫurritische Namen als »Modenamen« in Gebrauch gekommen, ohne daß tatsächlich Ḫurriter anwesend waren. Jedenfalls fehlen ausdrückliche Belege, die einen Einblick in die Verhältnisse gestattet würden. Immerhin ist in Jerusalem mit einem ḫurritisch-arischen Bevölkerungsstratum mit ziemlicher Sicherheit zu rechnen; vgl. u. S. 10 zum Namen Arawna.

[7] A. Malamat, in: Fischer Weltgeschichte Bd. 3, 177. Vgl. aber M. Mayrhofer, Die Indoarier im Alten Vorderasien, 1966.

In einem der Jerusalem betreffenden Briefe wird möglicherweise, wie J. Léwy vermutet, ein Šulman-Tempel erwähnt. Der fragliche Passus redet folgendermaßen von Jerusalem: *âl mât u-ru-šalim*^{ki} *šu-mu-ša* ^{al}*bît* ^{d}*NIN-IB* „(Haupt)-Stadt des Landes Urušalim, deren Name Haus (Tempel) des NIN-IB ist"[8]. NIN-IB ist in Mesopotamien als Ninurta zu lesen, doch ist dieser Gott in Jerusalem sicher nicht verehrt worden. Léwy weist darauf hin, daß Ninurta in Assyrien mit Šulman identifiziert worden sei (hier hätte man eher die ältere Namensform Šalim vorauszusetzen)[9]. Dieses Verständnis des Textes würde im Šalem-Tempel das politische Zentrum des ganzen Stadtstaates sehen, was damaligem Staatsverständnis durchaus entspricht.

Aus der weiteren Geschichte des vorisraelitischen Jerusalem ist nichts bekannt[10]. Jedenfalls dürfte die Stadt einiges politisches Gewicht besessen haben, ihre Ausmaße waren nach letzten archäologischen Berichten recht bedeutend; dem entspricht eine günstige geographische Lage[11].

Im AT wird Jerusalem ausdrücklich als von den Israeliten in vorköniglicher Zeit nicht eingenommene Stadt erwähnt. Überliefert sind die Namen zweier Stadtkönige: Adoniṣädäq, der in militärische Auseinandersetzungen mit Israel verwickelt gewesen sein muß[12], und Malkiṣädäq[13].

Erst David gelang die Eroberung der Stadt, die reibungslos und offenbar ohne wesentliches Blutvergießen vor sich gegangen sein muß[14]. Wesentlich für unsern Zusammenhang ist, daß die jebusitische Bevölkerung in der Stadt blieb und den zugezogenen Israeliten gegenüber wahrscheinlich eine starke Mehrheit bildete. Insbesondere behielt

---

[8] Text: Knutzon a. a. O. 290 Z. 15f.

[9] J. Léwy, The Šulman Temple in Jerusalem, JBL 59, 1940, 319ff.

[10] B. Maisler, Das vordavidische Jerusalem, JPOS 10, 1930, 182ff., rechnet mit einem wichtigen politischen Einschnitt zwischen der Amarnazeit und der Eroberung der Stadt durch David: Um 1200 v. Chr. sei die Stadt von Hethitern eingenommen worden. Doch ist der Ausdruck »Hethiter«, wie er im AT gebraucht wird, wohl einfach Bezeichnung für den nicht-semitischen Kanaanäer (vgl. V. Maag, Syrien—Palästina, in: Kulturgeschichte des Alten Orients, hg. v. H. Schmökel, 1961, 460f.). Mit einer politischen Umwälzung zwischen 1400 und 1000 braucht man also nicht zu rechnen.

[11] A. Alt, Jerusalems Aufstieg, in: Kleine Schriften, III 1959, 243ff., schildert Jerusalem vor David als bedeutungsloses kleines Landstädtchen, womit er aber die Bedeutung der Siedlung unterschätzt haben dürfte; vgl. B. Maisler a. a. O. bes. 186. Zu den neueren archäologischen Ergebnissen vgl. u. a. G. Molin, AfO 20, 1963, 267; R. P. S. Hubbard, The Topography of Ancient Jerusalem, PEQ 98, 1966, 130ff.

[12] Jos 10; auch in Jdc 1 1-8 ist wohl dieser König gemeint, wobei es sich um eine spätere Erzählung handeln dürfte, welche die davidische Eroberung der Stadt in die Richterzeit zurückprojiziert. Die historisch zuverlässige Angabe findet sich in 1 21, wonach die Stadt eigentlich ins Interessengebiet des Stammes Benjamin gehört.

[13] Zu Gen 14 18ff., wo dieser König erwähnt wird, vgl. u. S. 149ff.

[14] Vgl. dazu E. Auerbach, Wüste und Gelobtes Land, I 1932, 227; H. J. Stoebe, Die Einnahme Jerusalems und der Ṣinnor, ZDPV 73, 1957, 73ff.

wohl auch die ehemalige Oberschicht ihren Einfluß und wird Davids Hof gebildet haben[15]. In Jerusalem war David denn auch in erster Linie Stadtkönig wie seine jebusitischen Vorgänger; in Personalunion bekleidete er das anders strukturierte Königsamt Israels[16].

Auch Kultfunktionäre blieben über Davids Eroberung der Stadt hinweg im Amt. Der Priester Ṣadoq, der vermutlich schon im vorisraelitischen Jerusalem seines Amtes gewaltet hatte, wurde jetzt Jahwe-Priester[17], zusammen mit Abjatar, der mit David nach Jerusalem gekommen war und später nach Salomos Thronbesteigung wieder vertrieben werden sollte[18]. Es versteht sich daher von selbst, daß die kultischen Traditionen des alten Jerusalem weiter gepflegt wurden. Die Auseinandersetzung zwischen Ṣadoq und Abjatar macht aber auch das Spannungsverhältnis zwischen den verschiedenen religiösen und politischen Kräften deutlich, die nach der israelitischen Einnahme der Stadt wirksam waren.

Ob auch weitere führende Funktionäre des jebusitischen Kultes ihre Aufgaben weiter behielten, ist unsicher. Vielleicht ist Natan, der stark hervortretende Prophet der davidisch-salomonischen Zeit, als ursprünglich jebusitischer Kultprophet anzusprechen[19]. Einiges spricht für diese These: Sein Garantie-Orakel für die Davidsdynastie wäre dann völlig selbstverständlich; die Maßregelung Davids könnte, nachdem die Mari-Prophetie einigermaßen deutlich geworden ist, auch im Rahmen einer Kultprophetie verstanden werden[20]. Schwieriger ist die Frage nach Natans Stellung zum Tempelbau[21]. Leider ist nicht bekannt, ob der in den Amarna-Briefen vielleicht

[15] So bekleidet Uria, der »Hethiter« (vgl. dazu Anm. 10) nach II Sam 11 11 ganz selbstverständlich eine Stelle in der Armee Davids.

[16] Vgl. M. Noth, Geschichte Israels, 1959⁴, 175f.

[17] H. H. Rowley, Melchisedek and Sadok, in: Bertholet-Festschr., 1950, 471, hält Ṣadoq für den letzten Priester (aber nicht König) des jebusitischen Stadtstaates; G. W. Ahlström möchte in Arawna den letzten jebusitischen Priester-König sehen, Der Prophet Nathan und der Tempelbau, VT 11, 1961, 117, doch vgl. zu Arawna u. S. 10. Phantastisch ist die Hypothese Hauers, Who was Zadok?, JBL 82, 1963, 89ff., nach dessen Ansicht Ṣadoq jebusitischer Priester war, der vor der israelitischen Stadteroberung zu David überlief und später mit der Oberpriesterwürde belohnt wurde. — Diese Vermutungen haben keinen Textanhalt. Rowleys Vermutungen zur Person Ṣadoqs werden den alttestamentlichen Angaben m. E. am ehesten gerecht.

[18] I Reg 2 26ff. [19] So Ahlström a. a. O. 113ff.

[20] Vgl. dazu vor allem W. v. Soden, Verkündigung des Gotteswillens durch prophetisches Wort in den altbabylonischen Briefen aus Mâri, WO 1, 1947—52, 397ff.; M. Noth, Geschichte und Gotteswort im Alten Testament, in: Ges. St. 1960², 230ff. bes. 235ff.; C. Westermann, Die Mari-Briefe und die Prophetie in Israel, in: Forschung am Alten Testament, 1964, 171ff.

[21] Vgl. vor allem Ahlström, a. a. O.; G. v. Rad, Zelt und Lade, in: Gesammelte Studien zum Alten Testament, 1965³, 153ff.; H.-J. Kraus, Gottesdienst in Israel, 1962², 214f.; A. Weiser, Die Tempelbaukrise unter David, ZAW 77, 1965, 153ff. Die drei letztgenannten Autoren sehen in Natan den Vertreter von alt-amphiktyonischen Traditionen, v. Rad und Kraus verweisen insbesondere auf die »Zelt-Tradition«.

erwähnte Tempel noch bestand und wie sich Davids Tempelbauvorhaben zur bestehenden Institution verhielt; je nachdem wäre die Stellungnahme eines altjerusalemischen Kultpropheten zu verstehen. Möglicherweise ist die Geschichte auch nur auf das Motiv zurückzuführen, daß man den Tempelbauplan David zuschreiben wollte, der doch nichts zur Realisierung des Vorhabens getan hatte. Immerhin wird man Natans Stellung doch am ehesten aus einer genuin-israelitischen Opposition gegen eine feste Behausung des Gottes erklären.

Wesentlich für die Frage ist II Sam 10 24f.:

»Und als David sein Weib Batseba getröstet hatte, ging er zu ihr hinein und schlief mit ihr. Und sie gebar einen Sohn, der hieß Salomo; und Jahwe liebte ihn. Und er übergab ihn dem Propheten Natan; der nannte ihn Jedidja (»Liebling Jahs«) um Jahwes willen.«

Der Name Salomo enthält wahrscheinlich das theophore Element des Gottesnamens Šalem[22], der Name entspringt gut jebusitischer Religiosität, wie dies beim Sohn einer Frau aus altem Stadtadel verständlich ist. Daß Natan dem Knaben einen jahwe-theophoren Namen gibt, läßt sich am ehesten daraus erklären, daß er sich als Vertreter und Prophet des Jahwe-Glaubens wußte, wenn man die ganze Geschichte nicht späterer Tendenz, die in Natan wider besseres Wissen einen Jahwe-Propheten sehen *wollte*, zuschreiben will. Doch wird man eher der ersten Lösung den Vorzug geben. Jedenfalls machte Natan gemeinsame Sache mit der ṣadoqidischen Priesterschaft und garantierte durch seinen Spruch ein unisraelitisch-stadtstaatliches Königtum, geriet aber in Gegensatz zur eigentlichen Jahwe-Priesterschaft[23].

Eine weitere Figur, hinter der man eine hervorragende jebusitische Persönlichkeit vermutete, ist Arawna, der nach II Sam 24 dem Eroberer David seine Tenne als zukünftigen Tempelplatz verkaufte. Die Komposition des ganzen Kapitels ist undurchsichtig. Jedenfalls dürfte W. Fuß in seiner Analyse des Kapitels darin recht haben, daß verschiedene Motive in der Erzählung miteinander verflochten sind[24]. Einleuchtend ist die These, daß ein ursprünglich eigenständiges Motiv, für welches jebusitische Entstehung vorausgesetzt werden kann, von der Erscheinung eines Gottes (der später zum מלאך יהוה degradiert wurde) auf der »Tenne Arawnas« berichtete[25].

Dabei ist immer noch manches unklar. Was bedeutet גרן »Tenne« in diesem Zusammenhang? Ist damit einfach ein offener Platz gemeint[26]? Oder soll betont werden, daß er sich um einen landwirtschaftlich gebrauchten Platz handelte, der also kultisch

---

22 Anders zuletzt J. J. Stamm, Der Name des Königs Salomo, ThZ 16, 1960, 285ff.

23 Welche Motive hinter der Gegnerschaft zwischen Abjatar und Natan zu suchen sind, ist dunkel; vielleicht bestanden seit je Spannungen zwischen Priester- und Prophetentum; so wird David nach I Sam 22 5. 20 einerseits vom Propheten Gad, andererseits vom Priester Abjatar beraten. Beide Institutionen waren den Israeliten offenbar schon in vorstaatlicher Zeit bekannt und konnten u. U. als Konkurrenz in Erscheinung treten.

24 II. Samuel 24, ZAW 74, 1962, 145ff.

25 Daß dieses und die andern Motive geradezu als »Erzählfäden«, wie sie aus der Pentateuchkritik bekannt sind, formuliert und verarbeitet vorliegen in diesem Kapitel, ist unwahrscheinlich; so Fuß a. a. O. 160ff.

26 Vgl. J. Gray, The Goren at the City Gate . . ., PEQ 1953, 118ff.

jungfräulich war[27]? Oder ist גרן im Gegenteil terminus technicus für eine Kultstätte[28]? Die Fragen müssen offenbleiben.

Welcher Gott war es, der hier erschien? H. Schmid denkt an El ʿäljon[29]; tatsächlich werden sich dafür Anhaltspunkte zeigen. Man könnte aber auch an andere Götter wie Šalem denken.

Wie ist der Name ארונא zu deuten? Es sind Etymologien versucht worden, die auf den ḫurritischen[30] oder hethitischen[31] Sprachraum verweisen. Es dürfte aber am leichtesten fallen, den Namen mit dem in der Götterliste des zwischen Šubbiluliuma und Mattiwaza, dem Mittanni-Herrscher, abgeschlossenen Vertrages genannten Uruwna zusammenzubringen[32]. Es handelt sich hierbei um den alten indogermanischen Himmelsgott, der in Indien als Varuna, in Griechenland als Uranos wiederkehrt[32a].

Wenn diese Etymologie richtig ist, so wird man in Arawna nicht eine historische Gestalt sehen. Der גרן ארונא ist dann Bezeichnung des altjebusitischen Kultplatzes[33]. Daß eine Heiligtumslegende vom Erscheinen eines Gottes an dieser Stelle erzählt, ist selbstverständlich. Es ist zu vermuten, daß die Jebusiter einen Himmelsgott verehrten, der von der zugezogenen ḫurritisch-indogermanischen Bevölkerungsschicht mit Uruwna identifiziert wurde. Die Untersuchung wird zeigen, daß tatsächlich der Gott El von Jerusalem Züge einer Himmelsgottheit aufweist[34]; insofern wird die Vermutung Schmids gestützt.

Zusammenfassend ist festzuhalten, daß Jerusalem allem Anschein nach eine typische kanaanäische Stadt war mit Stadtkönig und Adel, mit Priesterschaft und Kult, vielleicht auch mit einem Tempel[35].

Das AT läßt erkennen, daß Kult und Kultpersonal durch die israelitische Machtübernahme keine wesentliche Bedeutungseinbuße erlitten; natürlich wuchsen israelitische Traditionselemente und Denk-

---

[27] So u. a. J. Schreiner, Sion—Jerusalem. Jahwes Königssitz, 1963, 57ff., bes. 66.

[28] Ahlström a. a. O. 115f.

[29] Jahwe und die Kulttraditionen von Jerusalem, ZAW 67, 1955, 177.

[30] J. Gray, VT 2, 1952, 212; W. Rudolph, Chronikbücher, 1955, 146.

[31] H. B. Rosén, VT 5, 1955, 317ff.

[32] ANET 206; neben Uruwna sind noch andere indogermanische Götter genannt: Mitra, Indra und die Nasatyas. Vgl. M. Mayrhofer, Die Indoarier im Alten Vorderasien, 1966, 15.

[32a] Vgl. S. Landersdorfer, Theologie und Glaube 15, 1932, 92; E. Brögelmann, OLZ 39, 1936, 727; ds., Dt. Pfarrblatt 40, 1936, 368b.

[33] So mit Recht Fuß a. a. O. 164.

[34] Vgl. u. S. 163ff.

[35] In völlig anderer Art sieht K. H. Bernhardt (Das Problem der altorientalischen Königsideologie im Alten Testament, 1961, 91ff.) die Bedeutung des vorisraelitischen Jerusalem für Israel; seiner Ansicht nach hätte man weder mit einem Königtum noch mit einem Tempel und einem Staatskult zu rechnen, die Jebusiterstadt wäre höchstens Sitz eines Provinzvasallen gewesen. Es wäre dann damit zu rechnen, daß alles gemeinkanaanäische Religionsgut im Laufe der Königszeit in Jerusalem eingedrungen wäre; m. E. ist die Übernahme dieser Traditionen aus Jerusalem eher denkbar.

weisen zu, doch zeigt der Erfolg Ṣadoqs gegenüber Abjatar, wie sehr das kanaanäische Element sich mit der Zeit durchsetzen konnte. Es scheint, daß der Synkretismus der verschiedenen religiösen Traditionen geradezu von Staates wegen gefördert wurde, um so dem neu entstandenen Staatswesen einen einheitlichen ideellen Hintergrund zu geben[36].

---

[36] Vgl. J. A. Soggin, Der offiziell geförderte Synkretismus in Israel, ZAW 78, 1966, 179ff.; manche Aspekte des volkstümlichen Zusammenlebens von Jahwereligion und Kanaanäertum macht G. W. Ahlström, Aspects of Syncretism in Israelite Religion, 1963, sichtbar.

I. Der Chaoskampfmythus

Der Chaoskampf ist eines der Themen der Jerusalemer Tradition, welche als Erbe der jebusitischen Stadtreligion anzusprechen sind. Es empfiehlt sich, mit der Untersuchung hier einzusetzen, weil der Chaoskampf unseres Wissens *das* zentrale Thema sowohl der mesopotamischen als auch der ugaritischen Religion war: *enūma eliš* bildet den Kern des babylonischen Gottesdienstes, und in den ugaritischen Texten nehmen die Auseinandersetzungen Baals mit gegnerischen Kräften den ersten Platz ein.

Enūma eliš hat die Form des *Mythus*; dies geht aus Ritualanweisungen, die erhalten sind, deutlich hervor[1]. Die Form der ugaritischen Texte, die sich um den Chaoskampf Baals drehen, ist zwar umstritten, doch ist es sicher, daß mindestens eine Vorform der uns vorliegenden Texte als Mythus aufzufassen ist[2]. Demnach ist zu vermuten, daß auch im vorisraelitischen Jerusalem der Chaoskampfstoff in der Form des Mythus bekannt war.

Einem Überblick über die einzelnen Chaoskampfmythen und deren Bedeutung soll eine Betrachtung über das Wesen des Mythus überhaupt, wie es von der Religionswissenschaft verstanden wird, vorausgeschickt werden.

A. DAS WESEN DES MYTHUS

Der Mythus ist magisch wirkendes Wort[3]. Er hat seinen Ort in einem magischen Wirklichkeitsverständnis, das zunächst kurz charakterisiert werden muß.

Dieses magische Wirklichkeitsverständnis läßt sich in allen Primitivreligionen, wenn auch in verschieden ausgebildeter Gestalt, beobachten. Der Mensch erlebt hier seine Umgebung, die Natur und die Welt überhaupt immer als auf sich selbst bezogen

[1] Vgl. u. S. 14f.

[2] Vgl. u. S. 48ff.

[3] Vgl. dazu vor allem G. van der Leeuw, Phänomenologie der Religion, 1956², 469f.; ds., Die Bedeutung der Mythen, in: Bertholet-Festschrift, 1950, 287ff.; R. Pettazzoni, Die Wahrheit des Mythus, Paideuma 4, 1950, 1ff.; M. Eliade, Der Mythos der ewigen Wiederkehr, 1953; ds., Das Heilige und das Profane, rde-Taschenbuch 31, bes. 40ff.; Th. H. Gaster, Myth and Story, Numen 1, 1954, 184ff.; V. Maag, Malkût JHWH, VTS 7, 1960, 129ff., bes. 144; ds., Eschatologie als Funktion des Geschichtserlebnisses, Saeculum 12, 1961, 123ff., bes. 124; G. Lanczkowski, LThK VIII, 746ff., s. v. »Mythos«; J. Haekel, RGG³ IV, 1268ff., s. v. »Mythus II«; zum Wesen der Magie vgl. A. Bertholet-C.-M- Edsman, RGG³ IV, 385ff., s. v. »Magie«.

und nicht distanziert. Für ihn leben alle Dinge, und zwar immer in engem Zusammenhang mit seinem eigenen Leben. Die Scheidung zwischen Ich und Außenwelt ist also nicht streng durchgehalten. Das menschliche Denken hat entsprechend Macht über die Welt; man kann von einer »Allmacht der Gedanken« reden. In bezug auf das menschliche Wort läßt sich das magische Wirklichkeitsverständnis dahin charakterisieren, daß die Wirklichkeit des Wortes mehr Gewicht hat als die Wirklichkeit des damit bezeichneten Dinges; ein Ding erhält seine Wirklichkeit eigentlich erst durch ergangenes qualifizierendes menschliches Wort. Durch das Wort, den ausgesprochenen Gedanken, hat der Mensch somit Macht über die Dinge, er vermag sie zu manipulieren und über sie zu verfügen.

Psychologisch liegt diesem Weltverständnis die allgemein menschliche Erfahrung zugrunde, daß durch das Wort menschliche Ordnung geschaffen wird, und daß diese Ordnung auch die nichtmenschliche Welt zu umfassen vermag: Dadurch, daß der Mensch die Natur in seinen Dienst stellt (und dies tut er immer im Rahmen der Sozietät), bezieht er sie in sein Wort ein. So ist es eigentlich das menschliche Wort, das alle Dinge an ihren Ort stellt.

Der Mythus als magisches Wort zielt auf die Dinge in ihrer wahren Gestalt, er schafft vollkommene Welt[4].

Innerhalb dieser Wesensbestimmung ist eine große Variabilität des spezifischen Themas eines jeden Mythus möglich. In unserm Zusammenhang interessieren Mythen, welche die Welt als Ganze zu ihrem Thema haben, wobei stets zu beachten ist, daß nie die Welt »an sich« im Mythus thematisch wird, sondern immer die Welt des jeweiligen in ihr lebenden und sie gestaltenden Volkes oder Stammes[5].

Die magisch-mythische Gestaltung der Welt drückt sich nicht nur im Wort aus, sondern ebenso in der Gebärde, auch in der Musik, im Tanz, im heiligen Spiel. Die Gesamtheit dieser Handlungen wird als *Ritual* bezeichnet. Jeder Mythus ist also Bestandteil eines Rituals. Der Vollzug des Rituals macht die Welt zum Kosmos und versetzt sie in ihren wahren Zustand[6].

Nun ist es klar, daß der Mensch in der Absicht, seine Welt in Ordnung zu bringen, seinerseits geleitet ist von der Erfahrung einer Ordnung, die der Welt innewohnt. Eine der grundlegendsten Naturordnungen ist der Kreislauf der Jahreszeiten. An diese Erfahrung knüpft der kosmologische Mythus meist an. Doch ist wieder das magisch-mythische Wirklichkeitsverständnis zu beachten: Eigentlich besteht diese Ordnung für den Menschen nur durch das sie aktualisierende Ritual, durch das sie aussprechende und qualifizierende Wort[7]. Dieses

---

[4] In dieser Welt fehlt freilich auch die dunkle, dem Menschen feindliche Macht nicht; doch wird sie, gerade durch den Mythus, bewältigt und in Ordnung gebracht.

[5] M. Eliade, Das Heilige und das Profane, 26.

[6] Eliade a. a. O. 56f.

[7] Eliade a. a. O. 45f.; F. Heiler, Erscheinungsform und Wesen der Religion, 1961, 151. Die Vorordnung des Wortes der Wirklichkeit gegenüber zeigt sich sehr schön in

Wort ist fällig, wenn die Zeit wieder da ist, den Kreislauf von neuem zu beginnen. Dabei wird diese Zeit meist in der Jahreszeit angesetzt, die vom Menschen als am zuträglichsten empfunden wird.

Das Ritual, die Zeit des Mythus, findet Gestalt in einem Fest. Nur jetzt darf der Mythus gesagt werden; er untersteht einem Situationstabu[8]. Das Fest hat also jenes Geschehen zum Inhalt, welches auf die wahre menschliche Ordnung zielt[9].

Schon oft ist der Zeitbegriff des Mythus diskutiert worden. Hier ist zu differenzieren: Der Mythus selbst zielt nicht auf zeitliches, sondern auf absolut-unzeitliches Sein. Wenn gesagt wird, der Mythus spiele in der »Urzeit«, dann darf diese Urzeit nicht als »Vorzeit« verstanden werden. In der mythischen Urzeit wird gesetzt, was sich in der Zeit zu realisieren hat. So ist statt des Begriffs der »Urzeit« vielleicht besser derjenige des »Ursprungs« zu verwenden: Die Zeit muß sich je und je in ihrem mythischen Ursprung regenerieren[10].

Weil sich das Fest periodisch wiederholt, mag man von einem periodischen oder zyklischen Zeitverständnis reden. Wesentlicher ist die Tatsache, daß die Zeit mit ihrer Gefährdung menschlicher Ordnungen als Gefährdung der absoluten Ordnungen des Ursprungs verstanden wird und daher immer wieder durch den Mythus zur Ordnung gerufen werden muß[11].

Nach dieser Strukturbestimmung des mythischen Denkens wenden wir uns den Ausprägungen des Chaoskampfmythus im alten Orient zu. Wir werden zu prüfen haben, was sich je für Eigenarten der verschiedenen Mythen zeigen.

B. DER CHAOSKAMPF IM MESOPOTAMISCHEN RAUM

1. Enūma eliš

Der am vollständigsten erhaltene Chaoskampfmythus liegt vor in *enūma eliš*, dem Text des babylonischen Neujahrsfestes[12]. Es ist aus Ritualanweisungen bekannt, wann innerhalb des Festablaufes der

---

einem von Pettazzoni (a. a. O. 5) erwähnten Ausspruch eines Eskimos: »Es ist so, weil man sagt, daß es so ist.«

[8] F. Herrmann, in: Lehrbuch der Völkerkunde, hg. von L. Adam und H. Trimborn, 1958³, 76.

[9] Eliade a. a. O. 50ff.; C.-M. Edsman, RGG³ II, 906ff., s. v. »Feste und Feiern«.

[10] Eliade a. a. O. 40ff.

[11] Eliade a. a. O. 42f.

[12] Textausgaben: S. Langdon, The Babylonian Epic of Creation, 1929; R. Labat, Le poème babylonien de la création, 1935. Übersetzungen: AOT 108ff.; ANET 60ff.; QO 134ff. (Teilübersetzung). Übersetzung mit Kommentar: A. Heidel, The Babylonian Genesis, 1951².

Mythus rezitiert werden soll, welche Priester sich daran zu beteiligen haben und welche Ritualhandlungen dazu gehören[13].

Inhaltsübersicht: *Tafel 1* gibt eine Schilderung des Chaos und seiner Mächte, der Geburt der Götter, die den Kosmos repräsentieren und der so entstehenden Differenzen; es kommt zu ersten Konflikten, die Chaosmacht scheint am Schluß die Überhand zu erlangen. *Tafel 2* erzählt, wie Tiamat Ungeheuer schafft, um gegen die Götter vorzugehen; diese suchen jemanden, der den Kampf wagt. Zwei Götter, Anu und Ea, werden beauftragt, weigern sich jedoch. Schließlich erklärt sich Marduk bereit, die Auseinandersetzung zu wagen. Als Gegenleistung verlangt er von den Göttern Anerkennung seiner Herrschaft. *Tafel 3* berichtet von einer Versammlung der Götter, die sich mit einem Mahl auf die Auseinandersetzung vorbereiten. *Tafel 4* setzt ein mit der »Schicksalsbestimmung« der Götter für Marduk; hierauf folgt der Bericht über den eigentlichen Kampf, der mit dem Sieg Marduks endet: Tiamat, Verkörperung des Salzwassers, wird mitten entzwei geschnitten. So entsteht einerseits der Raum für die Welt, andererseits der diese umgebende kosmische Ozean. — In der Folge sind mancherlei Textlücken zu verzeichnen. Erst vor kurzem ist deutlich geworden, wie die eigentliche Schöpfung der Welt in *enūma eliš* gesehen wird. Der entscheidende Passus, der in den Übersetzungen fehlt, sich jedoch noch als wichtig erweisen wird, lautet folgendermaßen:

»Er (Marduk) setzte fest ihren (Tiamats) Kopf; darauf häufte er den Berg.
Er befreite die tiefen Wasser, und das fließende Wasser ergoß sich.
Er eröffnete in ihren Augen Euphrat und Tigris;
Er häufte auf ihrem Busen fruchtbare Berge auf (*ša-de-e bi-ru-ti*),
Er gab der Erde ihre endgültige Gestalt, indem er aufhäufte Sand im Innern Tiamats.«[14]

Tafel 5 beschreibt die kosmische Ordnung, die Marduk errichtet, in ihrer astralen Dimension; darauf folgt (*Tafel 6*) die Schöpfung der Menschen, die Funktionsdifferenzierung des Pantheons, die Gründung des Haupttempels und der Stadt Babel. Der Mythus schließt (*Ende Tafel 6, Tafel 7*) mit der Akklamation der Götter an ihren Herrn durch die Nennung seiner Ehrennamen[15].

---

[13] »Am 4. Tag des Monats Nisan soll der Priester *Urigallu* vom Tempel *Ekua* nach dem Abendessen am Ende des Tages dem Bel mit erhobener Hand *enūma eliš* vortragen, wobei der vordere Teil der Tiara des Anu und der Thron des Enlil bedeckt bleiben sollen.« F. Thureau-Dangin, Rituels accadiens, 1921, 136; AOT 299; ANET 332. Eine Schilderung der Riten des akitu-Festes gibt R. Pettazzoni, Der babylonische Ritus des Akitu-Festes und das Gedicht der Weltschöpfung, Eranos-Jahrbuch 19, 1950, 404ff.; vgl. auch R. Labat a. a. O. 59ff.

[14] Übersetzung und Erläuterungen zu dieser Ergänzung aus den *Sultantepe*-Tafeln: R. Labat, Les origines et la formation de la terre dans le poème babylonien de la création, AnBibl 12, 1959, 205ff., bes. 211f.

[15] Die Einheit der ganzen Komposition *enūma eliš* ist nicht unbestritten. Vor kurzem hat W. G. Lambert behauptet, es handle sich um eine »sectarian and aberrant combination of mythological threats woven into an unparalleled compositum«. (A New Look at the Babylonian Background of Genesis, JThS NS 16, 1965, 287ff.; 291). Er datiert das Werk auf frühestens 1100 v. Chr. und versucht, einzelne der Komposition zugrunde liegende Motive voneinander zu sondern, so das »Kampfmotiv«, das amoritischer Herkunft sein soll und von daher sowohl in Babylonien wie in Israel eingedrungen sei, und das »Urwassermotiv«, das allgemein verbreitet

Die Deutung des Mythus erfordert, daß einige wichtige Stellen des Mythus genauer betrachtet werden. Zunächst stellt sich die Frage nach dem Wesen der Chaos- und Kosmosmächte. Die ersten Verse schildern das Chaos:

»Als droben die Himmel nicht genannt waren,
Als unten die Erde keinen Namen hatte,
Als Apsu selbst, der Uranfängliche, der Erzeuger der Götter,
Mummu-Tiamat, die sie alle gebar,
Ihre Wasser in eins vermischten,
Als das abgestorbene Schilf sich noch nicht angehäuft hatte,
Rohrdickicht nicht zu sehen war,
Als noch kein Gott erschienen,
Mit Namen nicht genannt, Geschick ihm nicht bestimmt war,
Da wurden die Götter aus dem Schoß von Apsu und Tiamat geboren.
Laḫmu, Laḫamu traten ins Dasein, wurden mit Namen benannt.
Aeonen wurden groß und erstreckten sich lang.
Anšar, Kišar wurden geboren, sie überragten jene.
Die Tage wurden lang, die Jahre mehrten sich.
Anu war ihr Sohn, ebenbürtig seinen Vätern.
Anšar machte Anu, seinen Erstgeborenen, sich gleich.
Anu erzeugte sein Ebenbild Nudimmud . . .«[16].

Die eigentlichen Chaosmächte sind Tiamat, Apsu und Mummu. Tiamat ist die Personifizierung des Salzwassers, Apsu verkörpert das Süßwasser[17]. Die beiden Gestalten bilden vor der Kosmoswerdung eine mann-weibliche Einheit[18]. Die Differenzierung der zwei Gottheiten und damit der Geschlechter überhaupt führt zur ersten Entwicklung, zur Zeugung und zur Geburt der ersten Götterpaare.

Neben Apsu und Tiamat spielt Mummu eine undurchsichtige Rolle auf der Seite der Chaosmächte. Er ist einerseits mit Tiamat identifiziert (I, 4), andererseits aber fungiert er später als Berater des Apsu (I, 30ff.). Der Name Mummus kommt auch später in *enūma eliš* vor:

sei. — Demgegenüber wird sich zeigen lassen, daß diese verschiedenen Motive seit je zusammengehören und ihre Vorgeschichte im sumerischen Bereich haben.

[16] I, 1—16.

[17] Th. Jacobsen, in: The Intellectual Adventure of Ancient Man, hg. v. H. Frankfort, 1946, 170. — Daß Tiamat einerseits als Wasser, andererseits als Drachenwesen vorgestellt wird, braucht nicht, wie Lambert (a. a. O. 294f.) meint, auf zwei verschiedene Versionen des Mythus zurückzugehen; es handelt sich um zwei verschiedene Bilder für das eine Chaos.

[18] Nach sumerischer Vorstellung wird beim Urwasser noch nicht zwischen Salz- und Süßwasser differenziert. Weder der Ausdruck a b - z u noch andere Bezeichnungen für das Urwasser (z. B. der Name der Urgöttin *Nammu*) lassen sich so oder anders festlegen (S. N. Kramer, JCS 2, 1948, 43[6]). Auch die geschlechtliche Bestimmung des Urwassers ist nicht eindeutig. Damit entspricht die sumerische Auffassung der in *enūma eliš* als Urzustand vorgestellten.

In der Akklamation durch die Götter wird Marduk der Titel *mu-um-mu ban ka-la* »Mummu, Schöpfer des Alls« zugesprochen[19]. Es ist zu fragen, ob der Ausdruck *Mummu* als Epitheton oder als Eigenname aufzufassen ist. Um dies zu klären, ist eine Erörterung der Etymologie des Ausdrucks angezeigt.

Sehr wahrscheinlich ist die Deutung Deimels, der das Wort von mud = *alādu* »gebären« ableitet (aus mud-mud wird *mummu*); die Bedeutung wäre demnach »Gebärer(in)«[20]. Als Epitheton für die mann-weibliche Einheit Apsu-Tiamat wäre der Ausdruck in diesem Sinn gut denkbar. Auch andere Götter tragen das Epitheton[21]. Doch ist daraus auch der Eigenname einer Göttergestalt geworden — in diesem Sinne wird der Gebrauch von *^{d}mu-um-mu* in *enūma eliš* I, 30ff. zu verstehen sein. Ea trägt unter anderem den Doppelnamen *^{d}Ea-Mummu*[22]. Der Name der Wasser-Urgöttin *Nammu* dürfte mit dem hier besprochenen Ausdruck zusammenhängen[23].

Nicht ganz klar ist die Stellung des Götterpaares Laḫmu und Laḫamu. Diese Götter erscheinen später in der Reihe der Kosmosgötter[24], andererseits wird Laḫama — wohl mit Laḫamu zu identifizieren — auch auf der Seite Tiamats, des Chaoswesens, erwähnt[25]. Diese Doppeldeutigkeit wird zu erklären sein. Außerdem ist der Zusammenhang zwischen diesem und dem nächsten Götterpaar Anšar und Kišar undeutlich. Handelt es sich um Eltern und Kinder, so wie später Anu als Sohn von Anšar und Kišar genannt wird? Oder steht hinter dem Text die Vorstellung, daß Laḫmu und Laḫamu untaugliche und impotente Kinder der Urgötter sind, und daß erst Anšar und Kišar als zweitgeborenes Kinderpaar Apsus und Tiamats zur Fortpflanzung befähigt sind? Jedenfalls könnte der Text auch so verstanden werden[26].

---

[19] VII, 69. Daneben wird Marduk andernorts auch *mu-um-mu ba-an šamê irṣītim* genannt (A. Heidel, The Meaning of Mummu in Akkadian Litterature, JNES 7, 1948, 102).

[20] A. Deimel, Enuma Elis und Hexameron, 1936; vgl. auch ds., Sumerisch-akkadisches Glossar, 1934, 165. In *enūma eliš* I, 4 ist *mummu* ohne Zweifel als Epitheton Tiamats verstanden.

[21] Heidel a. a. O. 102.

[22] Heidel a. a. O. 101f.; das bedeutet, daß *mummu* mit der Vorstellung des Urwassers verbunden ist, da Ea ja die Funktionen des Apsu übernimmt.

[23] Vgl. u. S. 113f. — Anders erklären die akkadischen Gelehrten den Ausdruck *mummu* — sie geben ihn mit *rigmu* »Wort«, »Zauberformel« wieder (K. Tallqvist, Akkadische Götterepitheta, 1938, 378). S. Langdon nimmt diese Deutung auf (The Babylonian Epic of Creation, 72 Anm. 1) und vergleicht mit *mummu* den griechischen *logos* und dessen Schöpfungsmittlerschaft; doch ist davon in *enūma eliš* nichts zu spüren; vgl. L. Dürr, Die Wertung des göttlichen Wortes im Alten Testament und im antiken Orient, 1938, 129ff.

[24] Tafel III.

[25] I, 141ff.; zu den Laḫama-Wesen und ihrer Bedeutung s. u. S. 22 und Anm. 50.

[26] So A. L. Oppenheim, Mesopotamian Mythology, Or NS 16, 1947, 208f.

Jedenfalls gehören Anšar und Kišar im späteren Kampf eindeutig auf die Seite der Kosmosgötter, mit Anu und Ea-Nudimmud zusammen. Sie alle werden im Kampf überragt durch den Sohn Eas, Marduk, den Nationalgott des babylonischen Pantheons[27].

Eine weitere Einzelheit ist zu beachten: Der Anlaß zur ganzen Auseinandersetzung. Er wird folgendermaßen geschildert:

»Es kamen zusammen die Götter, die Brüder,
um durch ihr ungeordnetes Treiben Tiamat zu stören.
Sie verwirrten tatsächlich Tiamats Gemüt,
indem sie tanzend umhersprangen in der 'Himmelswohnung'.
Sie dämpften ihr Geschrei nicht einmal inmitten des Apsu.
Tiamat schwieg angesichts ihres (Tuns).
Ihr Treiben war (Apsu) peinlich.
Ihr Wandel mißfiel ihm, hatten sie doch sexuelle Reife erlangt.«[28]

Das Motiv, daß Götter einer bestehenden Ordnung durch Lärm gestört werden und daß so ein Konflikt entsteht, erscheint nicht nur hier; es hat seine Parallelen in andern literarischen Kompositionen, nämlich im Atramḫasis-Epos, im Erra-Epos und im Mythus *Labbu und Tišpak*[29]. Es scheint aber, daß dieses Motiv hier in einer besonderen Weise verwendet ist: Zum »Lärm«, von dem die Rede ist, wird getanzt; so wird man an einen Gesang zu denken haben. Gesang und Tanz gehören sehr oft — und offenbar auch hier — in den Bereich der Magie. Magie also ist es, welche ordnende Bewegung in das Chaos bringt und dadurch die Chaosmächte stört. Mit dieser Bewegung gehört nach dem Text die Geschlechtsreife der jungen Götter zusammen. All dies wird sich bei einer religionspsychologischen Interpretation des Stoffes als wichtig erweisen[30].

Dieser Störung wegen kommt es zur Auseinandersetzung. Apsu, beraten von Mummu, will den Kampf aufnehmen. Er wird aber durch Ea mittels Beschwörungen — also wiederum einer Form von Magie — seiner Macht beraubt. Das Süßwasser, der *apsu*, wird so zum Bereich des Gottes Ea und gelangt unter die Kontrolle der Kosmosmächte; vielleicht steht hinter dem Text sogar die Vorstellung, daß der Sieg Eas

---

[27] Marduk vertritt dabei in einer noch näher zu bestimmenden Weise Enlil, der früher die Chaoskämpferrolle innegehabt haben dürfte; vgl. Th. Jacobsen, The Intellectual Adventure of Ancient Man, 1946, 169; R. Labat, Le poème babylonien de la création, 40ff.; trotzdem darf man nicht einfach die Rolle Marduks mit derjenigen Enlils identifizieren, wie Deimel dies tut, indem er prinzipiell den Namen Marduks durch denjenigen Enlils ersetzt (Enūma Eliš und Hexameron, 1936).

[28] I, 21—28; zur Übersetzung s. A. L. Oppenheim a. a. O. 209f.

[29] Zu diesem Motiv s. G. Pettinato, Die Bestrafung des Menschengeschlechts durch die Sintflut, Or NS 37, 1968, 165ff.; leider geht Pettinato nicht auf den Text *Labbu und Tišpak* ein.

[30] Vgl. dazu Exkurs I, s. u. S. 66ff.

über diesen *apsu*-Teil des Urwassers diesen zum Süßwasser macht (I, 60—77).

Es folgen weitere Phasen des Kampfes: Anu geht zum Angriff auf Tiamat über und beunruhigt das Urmeer durch die vier Winde (I, 105ff.), er erscheint also an dieser Stelle als Wettergott. Anu bleibt erfolglos; Tiamat geht zum Gegenangriff über und bringt die Kosmos-Götter in Gefahr; auf ihrer Seite stehen weitere Götter, die als ihre ersten Kinder — offenbar als außerhalb der Generationenfolge, die zu Anu und Ea führt, gesehen — gelten (»... unter den Göttern, ihren Erstgeborenen, die ihren Anhang bildeten, machte sie Kingu groß«, I, 147)[31]. Kingu wird der Oberbefehl, die »Anuschaft« verliehen (I, 157).

Außerdem bringt Tiamat Ungeheuer hervor, um den Kampf zu führen (z. B. *mušmaḫḫu, ušumgallu, bašmu, mušrussû* usw.)[32]. In der Reihe dieser Untiere wird, wie erwähnt, auch *ᵈLaḫamu* genannt. Eine weitere Einzelheit, die sich als bedeutungsvoll erweisen wird, besteht darin, daß dem eigentlichen Kämpfer und Sieger Marduk vor seiner Entscheidungsschlacht auf einem Gastmahl, das unter dem Vorsitz der alten Götter Laḫmu und Laḫamu (oder Anšars?) steht, das Schicksal bestimmt wird. Die Fügung jener Götter also leitet Marduk zum Siege (III, 125—IV, 34).

Marduk siegt in seiner Erscheinung als Gewittergott; seine Waffen sind Abbilder von Naturerscheinungen; er erschafft die vier Winde — die von Anu offenbar nur unvollkommen gehandhabt wurden. Die besondere Waffe Anus ist der »Zyklon« (*abūbum*)[33]. Das Bild des auf einem Wagen daherfahrenden Gottes ist von der Erscheinung der Gewitterwolken her zu verstehen (IV, 59ff.).

Der Bedeutungsumfang von enūma eliš

Enūma eliš repräsentiert als Mythus ein kosmisches Urgeschehen. Welche *Aspekte* hat der Kosmos, der hier zu Wort kommt? Eine erste Antwort ergibt sich aus der zeitlichen Ansetzung des *akītu*-Festes; es findet im Monat *Nisan* statt, der Mythus selbst wird am vierten Tage des Monats vorgetragen[34]. In dieser Zeit erleben die Babylonier die siegreiche Frühjahrssonne, die ihnen Zeichen dafür ist, daß sich der

---

[31] Näheres ist über diese Götter nicht gesagt. I, 9 ist offenbar dahin zu verstehen, daß eine große Zahl von Göttern geboren wird, unter denen sich auch Laḫmu und Laḫamu befinden.

[32] Zu den verschiedenen Vorstellungen von Chaostieren vgl. H. A. Brongers, De Scheppingstraditie bij de Profeten, Diss. Leiden 1945, 47ff. Es zeigt sich, daß es sich fast durchwegs um Seeungeheuer handelt. Vgl. auch Labat a. a. O. 51ff.

[33] *abūbum* = sum. a-maru; bei R. Labat, Manuel d'épigraphie akkadienne, 1963⁴, 237, mit »déluge«, bei Deimel, Glossar, 2, mit »Sturmflut« übersetzt.

[34] Vgl. Anm. 13.

Jahresablauf in seinem natürlichen Wechsel konsolidiert hat[35]. Der »Marduk-Kampf«, die Gewitterstürme sind vorbei; die Regen haben das Land durchtränkt und damit die Voraussetzungen für die Vegetation geschaffen[36]. Dieser Fruchtbarkeitsaspekt des Mythus zeigt sich auch in einem wichtigen Bestandteil des akītu-Rituals: Der König hat mit einer Priesterin zusammen den hieros gamos zu vollziehen[37]. Diese Sitte wird im Rahmen des magischen Weltbildes durchsichtig: Die im Kult erwiesene Macht der Geschlechtlichkeit und Fruchtbarkeit setzt sich in der Natur fort und teilt ihre Kräfte dem ganzen Kosmos mit[38].

Der Mythus beinhaltet also eine Naturordnung, die sich im Wechsel der Jahreszeiten zeigt; doch hat diese Ordnung auch andere Seiten, wie dies aus Tafel 5 hervorgeht: hier zielt der Mythus auf die Ordnung der Gestirnwelt, die als Manifestation jeglicher Ordnung überhaupt verstanden wird[39].

Nun hat der Kosmos, zu dem *enūma eliš* hinführt, aber auch seinen politischen und sozialen Aspekt[40]. Beim akītu-Ritual wird der König jeweils neu inthronisiert; gleichzeitig werden alle Institutionen des Staates erneuert. Nicht wenige Riten des Festes vor dem eigentlichen Inthronisationstag haben den Sinn einer Reinigung: Priesterschaft und Volk müssen sich Lustrationszeremonien unterziehen, die den Zweck haben, alle im Laufe des vergangenen Jahres geschehenen Verstöße gegen die Sozialordnung, die der Mythus setzt (man kann solche Verstöße als »Sünde« bezeichnen), zu tilgen. Auch der König wird rituell gedemütigt, um so für seine Verfehlungen zu sühnen[41]. Nach andern Ritualen wird er vielleicht für einige Tage durch einen Ersatzkönig (*šar puḫi*) ersetzt, der die »Sünden« des regulären Königs zu tragen und zu sühnen hat und deshalb vor der Neu-Inthronisation mit Schimpf

---

[35] Vgl. dazu S. Langdon a. a. O. 20; R. Labat, Le poème babylonien de la création, 64ff.; QO 134. Der Name Marduks deutet darauf hin, daß der Gott schon in seinem ursprünglichsten Charakter solare Züge hatte (a m a r - u t u, »Jungrind-Sonne«).

[36] »Hinter der alljährlich gefeierten Auferstehung des Marduk erkennen wir den Wachstumszyklus, den Kult der Fruchtbarkeit, die sich auf der Erde regelmäßig erneuert.« S. Moscati, Die altsemitischen Kulturen, Urban-Bücher 3, 47.

[37] Dazu R. Labat, La caractère religieux de la royauté Assyro-Babylonienne, 1939, 247.

[38] Vgl. dazu die Bemerkungen auf S. 13.

[39] Den verschiedenen Göttern entsprechen astrale Erscheinungen; die Ordnung unter den Göttern ist demnach aus den himmlischen Gesetzmäßigkeiten ersichtlich. Erst nachher werden die Ordnungen der Erde, der Bau der Heiligtümer und die Erschaffung der Menschen errichtet.

[40] V. Maag spricht daher von einem Natur- und einem Sozialkosmos (Jahwäs Begegnung mit der kanaanäischen Kosmologie, AS 18/19, 1955, 254ff.).

[41] R. Pettazzoni a. a. O. 408; allgemein zu Entsündigungsriten im Rahmen kosmologischer Rituale M. Eliade, Die Religionen und das Heilige, 1954, 454.

und Schande vertrieben wird; in ältester Zeit wurde dieser *šar puḫi* sogar getötet[42].

Die Chaosmacht, die im Mythus gebannt wird, hat also ganz verschiedene Aspekte: Sie repräsentiert die ordnungsbedrohenden, lebensfeindlichen Elemente einerseits der Natur, andererseits der Sozietät; zu den letzteren gehören Mißstände und Ungerechtigkeiten aller Art, die antisozialen Gegebenheiten innerhalb des Sozialkörpers und der Menschen selbst[43], aber auch, und davon wird noch die Rede sein müssen, die Feinde des Volkes, die gegnerischen Nationen[44]. Ein Mythus in der Art von *enūma eliš* zielt also auf einen Kosmos, der die natürliche wie die politisch-soziale, also geschichtliche Komponente des Lebens umfaßt.

Geschichtliche Elemente in enūma eliš

Wenn einerseits *enūma eliš* formal als Mythus bestimmt wurde, wenn andererseits das Wesen des Mythus darin besteht, im Fest den zeitlosen Ursprung der Dinge ins Dasein zu rufen, so stellt sich jetzt die Frage, in welcher besonderen Weise das Wesen des Mythus hier in Erscheinung tritt.

Schon der Beginn von *enūma eliš* zeigt eine Besonderheit dieses Mythus: Der hervorragendste Kämpfer gegen das Chaos, Marduk, ist nicht in derselben Art und Weise ursprünglich wie die Chaosmacht, Tiamat. Er ist Endglied einer langen Entwicklung, die über Ea und Anu und die diesem vorausgehenden Götterpaare zu Tiamat selbst zurückführt. Das heißt, daß Marduk nach dem Bewußtsein derer, die den Mythus verfaßt haben, nicht so selbstverständlich in seiner Rolle agiert wie die Chaosmacht oder auch die älteren Götter.

Dem entspricht die Tatsache, daß Marduk in diesem Mythus wahrscheinlich nicht als erster die Rolle des Chaoskämpfers innehat; in einem früheren Stadium dürfte Enlil der Kämpfergott gewesen sein, wie dies aus einigen Stellen des Mythus noch deutlich wird[45]. Allein die Tatsache, daß Marduk Stadtgott von Babel ist, und daß Babel zur Zeit der uns überkommenen Mythus-Rezension die Hegemonie in Mesopotamien innehatte, verleiht ihm die Stellung des übermächtigen Chaoskämpfers. In einer späteren Zeit, wenn die Übermacht von Babel an Assur übergehen wird, wird der dort verehrte Nationalgott Assur zum Kämpfer. Das bedeutet, daß sich im Mythus die politische Gegenwart, also die Dimension der Geschichte, widerspiegelt.

---

[42] Vgl. M. A. Beek, Ursprung und Vorstellung des stellvertretenden Leidens in der israelitischen Religion, VTS 15 (Volume du Congrès Genève), 1965, 24ff. (Lit.); dazu zuletzt H. M. Kümmel, Ersatzkönig und Sündenbock, ZAW 80, 1968, 289ff.

[43] Maag a. a. O. 254.

[44] Maag a. a. O. 256.

[45] Vgl. dazu die in Anm. 27 angegebene Lit.

Aber auch die Vergangenheit findet Einlaß in den Mythus: Dem Kampf Marduks gehen Kämpfe Anus und Eas voraus. Ihrem Wesen nach sind weder Anu noch Ea Chaoskämpferfiguren. Es sind Gottheiten des sumerischen Pantheons, Gottheiten, die den sumerischen Kosmos garantiert hatten, freilich in einer anderen Weise als Marduk[46]. Auch sie werden nun als Chaoskämpfer gekennzeichnet, aber als erfolglose. Man kann diesen Abschnitt des Mythus wohl nur so verstehen, daß zum Ausdruck kommen soll, daß der sumerische Kosmos[47] überholt ist, abgelöst durch den Kosmos, den Marduk vertritt und der in Babel sein politisch-geschichtliches Zentrum hat. So werden die alten, großen Götter in diesem Mythus zu Vorläufern des jetzigen Götterkönigs, die unfähig sind, dessen Platz einzunehmen[48]. Immerhin sind es diese Götter, welche dem jungen Marduk das »Schicksal bestimmen«: dadurch wird also zugegeben, daß jener vergangene Kosmos von entscheidender Bedeutung ist für den Kosmos der Gegenwart, und daß den alten, fernen Göttern eine Bedeutung zukommt für den Kampf Marduks[49].

Nach dem vorliegenden Mythus ist auch Anu nicht der erste der Götter neben den Urgöttern. Ihm gehen zwei Götterpaare voraus: Laḫmu und Laḫamu, Anšar und Kišar. Erstere sind eine Art Wasserungeheuer; es wurde erwähnt, daß Laḫama auch unter der Schar der von Tiamat später hervorgebrachten Wesen erwähnt wird[50]. Es handelt sich also um Geschöpfe im Übergang zwischen Chaos und Kosmos. Anders verhält es sich mit Anšar und Kišar: Dies sind Begriffe, die sich priesterlicher Reflexion verdanken; sie bezeichnen die räumliche Di-

[46] Zu Anu s. u. S. 107ff.

[47] In diesem Zusammenhang ist an den Nationalkosmos zu denken. Der babylonischen Staatengründung waren ja schon sumerische Großstaatsbildungen vorausgegangen; unmittelbare Vorbilder Babylons waren Isin und Larsa.

[48] Dies kommt auch darin zum Ausdruck, daß die Ehrentitel und Epitheta, die Marduk am Schlusse von *enūma eliš* empfängt (die »50 Namen«), zum großen Teil ursprünglich nicht Marduk zugehören, sondern andern, älteren Göttern, vor allem Enlil und Ea; vgl. F. M. Th. de Liagre Böhl, Die 50 Namen Marduks, Opera minora, 1953, 282ff.

[49] Vgl. dazu u. S. 75. 81f.

[50] Die Laḫama-Wesen sind oft in der Begleitung Eas gedacht; man hat sie sich als Mischwesen vorzustellen (S. Langdon a. a. O. 68 Anm. 3). Sie können das Urwasser also sowohl in seiner antikosmischen wie kosmischen Rolle vertreten; mit Recht spricht Langdon von einer »double rôle« dieser Wesen. — Ganz anders sieht Deimel (a. a. O. 24) diese Gottheiten. In Analogie zum priesterschriftlichen Schöpfungsbericht, der mit der Erschaffung von Licht und Finsternis einsetzt, sieht er auch in *Laḫmu* und *Laḫamu* diese beiden Größen personifiziert; er erklärt die Namen als laḫ-mu »junges Licht« und laḫ-amu »Licht-Mutter« (= Finsternis); doch ist diese Etymologie mehr als fraglich, da Analogiebildungen vorliegen (Almu und Alamu als Elternpaar Ninurtas, Langdon a. a. O. 68 Anm. 3), die eine andere Deutung erheischen. Für Deimels Deutung spricht freilich der Sachverhalt in Gen 1.

mension in ihrer oberen und unteren, himmlischen und irdischen Ausdehnung (šar = *kiššatu*, also »Himmelsgesamtheit«, »Erdengesamtheit«)[51]. So wird ausgedrückt, daß in das Chaos hinein die räumlichen Dimensionen gelegt werden, innerhalb derer sich kosmische Ordnung verwirklichen kann.

Diese Reihe von Göttergenerationen, welche den großen Göttern vorausgeht, hat ihre Vorgeschichte. Während die ältesten Götterlisten Mesopotamiens meist mit An oder seltener Enlil einsetzen[52], wird es von einer bestimmten Zeit an üblich, diesen Göttern eine Vorfahrenreihe voranzusetzen. Eine Götterliste aus altbabylonischer Zeit nennt vor An 15 Götterpaare; der erstgenannte Gott ist ^{d}en-uru-ulla, »Herr des Totenreiches«. Die weiteren Paare erscheinen durchwegs in der Form »Herr des ... / Herrin des ...« (en ... / nin ...)[53]. Die Entwicklung zu den großen kosmischen Gottheiten führt also von einer Gottheit des Todes aus. Die Vorstellung gleicht derjenigen von *enūma eliš*, nach welcher die Lebensgötter sich aus dem lebensfeindlichen Chaos entwickeln. Die zweisprachige »kanonische« Götterliste An = *Anum* beginnt mit den »Vätern und Müttern« Ans und Enlils[54]. Auch Enlil erhält also, wie An, Ahnenreihen zugeschrieben. Eine davon nennt die Paare Enki/Ninki; Enanna/Ninanna; Enmešarra/Ninmešarra (Herr und Herrin der Erde; Herr und Herrin des Himmels; Herr und Herrin der me, der numinosen Weltordnungskraft)[55].

Wenn demnach schon in sumerischer Zeit den großen Kosmosgöttern Vorfahren-Generationen zugeschrieben werden, die alle irgendwie im Bereich des Noch-Nicht-Geordneten, aber Entwicklungsmächtigen wurzeln, so wird man darin einen Niederschlag des Wissens darum zu sehen haben, daß die Ordnung, die von den Göttern verkörpert wird, nicht absolut-unzeitlich gilt, sondern daß sie sich entwickelt hat, daß sie aus Vorformen bestehender Ordnungen geschichtlich geworden ist[56].

---

51 Was genau damit gemeint ist, ist dennoch unklar. Jacobsen (a. a. O. 170) denkt an einen männlichen »Himmelskreis« und einen weiblichen »Erdenkreis«; nach QO 242 Anm. 16 wäre zu übersetzen: »Gesamtheit der höheren Elemente« — »Gesamtheit der niederen Elemente«. Wahrscheinlich sind einfach die Dimensionen des Raumes gemeint.

52 Vgl. dazu D. O. Edzard, WM I, 74; auf Götterreihen, deren erstes Glied Enlil bildet, verweist vor allem Th. Paffrath, Zur Götterlehre in den altbabylonischen Königsinschriften, 1913, 1ff.

53 Th. Jacobsen, JNES 5, 1946, 138.

54 Die Ordnung der Göttergenerationen wird hier schon sehr kompliziert, da den einzelnen großen Göttern niederere Götter zugeordnet werden, soweit sie in einen ähnlichen Funktionsbereich gehören. Vgl. H. Zimmern, Zur Herstellung der großen Götterliste An: *Anum*, ASWG 1911.

55 Th. Jacobsen a. a. O. 138f.

56 Die Geschichte wird also in kosmologische Kategorien übersetzt!

In *enūma eliš* hat die Geschichte also in doppelter, je verschiedener Weise ihre Spuren hinterlassen; zunächst in der Tradition von den Göttergenerationen, die den großen Göttern vorausgingen; sodann durch die Tatsache, daß Marduk in einer gewissen Weise an die Stelle der großen Götter tritt[57].

Es ist selbstverständlich, daß diese Beziehungen zur Geschichte sich mit dem Selbstverständnis des Mythus stoßen, nach welchem absolute, zeitlose Wahrheit gesetzt werden soll. Dadurch, daß eine geschichtliche Situation in den Mythus aufgenommen wird, wird sie einerseits zwar in die mythische Denkweise einbezogen, damit absolut gesetzt und somit dem Raum der Geschichte entnommen: die geschichtlichen Abläufe werden »zyklisiert«, der irreversible Ablauf, der ihnen ursprünglich eigen ist, wird absorbiert. Andererseits wird doch die Erinnerung an gewisse geschichtliche Tatsachen aufbewahrt. Sie bleibt ein störendes Element im Mythus, sie relativiert ihn in seiner absoluten Geltung, indem sie — paradoxerweise auch als »absolute Wahrheit« — stets daran erinnert, daß z. B. Marduk in einer anderen, weniger ursprünglichen Weise den Kosmos vertritt als Tiamat das Chaos.

Bezeichnenderweise ist die so spezifizierte Form des Mythus nicht auf *enūma eliš*, auch nicht einmal auf den babylonischen Raum beschränkt; sie kann unter analogen kulturgeschichtlichen Bedingungen auch andernorts beobachtet werden. Eine analoge Situation zeigt sich beispielsweise im *Denkmal memphitischer Theologie*, das neuerdings von K. Koch interpretiert worden ist[58]. Koch bemerkt — in ausgesprochener Antithese gegen die »landläufige Rede vom ‚zeitlosen' Mythus« —, »daß die berichteten Gegebenheiten deutlich in einem *zeitlichen* Rahmen verlaufen, der für den Erzähler vor der Erbauung der Königsburg von Memphis und vor der dort stattgefundenen Vereinigung von Ober- und Unterägypten liegt . . . Man wird dem Verfasser der Abhandlung nicht unterschieben dürfen, er dächte an ein zeitloses, sich immer wieder ereignendes zyklisches Geschehen. So gewiß der Ägypter jene urzeitlichen Ereignisse von der Jetztzeit und ihre Begebenheiten qualitativ unterscheidet (und deshalb im Kult Anschluß an die Kräfte und Ereignisse der Urzeit sucht), so gewiß bleibt ihm die Urzeit eine Zeitstrecke *vor* der alltäglichen Zeit und schwebt nicht einfach in einem ungewissen Immer und Ewig . . . Die Urzeit läuft auf einen ganz bestimmten Endpunkt zu, nämlich die Vereinigung der beiden Landesteile Ägyptens. Der Endpunkt wird die Voraussetzung alles sinnvollen Geschehens in der Jetztzeit«[59].

---

[57] Dies gilt wieder nur mit den auf S. 22 erwähnten Einschränkungen.

[58] K. Koch, Wort und Einheit des Schöpfergottes in Memphis und Jerusalem, ZThK 62, 1965, 251ff.

[59] A. a. O. 256f.

Es wird deutlich, daß Koch damit im *Denkmal memphitischer Theologie* eine dem Mythus *enūma eliš* ähnliche Struktur feststellt. Ob seine Bestimmung des zeitlichen Denkens im *Denkmal* richtig ist, muß fraglich bleiben. Daß der Mythus in seiner Darstellung der Urzeit auf eine geschichtliche Entwicklung zur Gegenwart hin ausgerichtet sei, ist wohl eine Eintragung, die von einer theologischen Konzeption her gesteuert ist. Eher wird auch in jenem ägyptischen Text zwar historisches Wissen in den Mythus eingedrungen sein, um hier jedoch vom mythischen Bewußtsein zur Zeitlosigkeit erhoben zu werden. Immerhin ist auch hier ein Stück Geschichte aufbewahrt worden, das den Rahmen des Mythus eigentlich sprengt. Solange aber der Mythus in seiner *Form* verbleibt, ist seine Absicht, zeitlos-absolute Wirklichkeit zu schaffen. Erst wenn diese Form aufgegeben wird und das mythische Material in anderer Weise weitertradiert wird (beispielsweise in der Form einer Sage mit mythischen Elementen, eines »Mythenrestes«)[60], ist es möglich, daß die historische Dimension und das ihr zugehörige Wissen um irreversible Abläufe sich durchsetzt.

2. *Enūma eliš und andere mesopotamische Mythen*

Enūma eliš hat nach allem, was heute bekannt ist, keine unmittelbare sumerische Vorlage wie andere Kompositionen[61]. Um seine Stellung innerhalb der gesamtmesopotamischen Mythenliteratur bestimmen zu können, ist ein Überblick über weitere Möglichkeiten des Mythus in diesem Raum nötig.

a) Der Jahreszeitwechsel-Mythus

Oft wird in *enūma eliš* eine Variation des Fruchtbarkeitsmythus gesehen, der den ganzen vorderen Orient beherrscht haben soll[62]. Nun ist, wie erwähnt, die Fruchtbarkeit *auch* Thema von *enūma eliš*, aber wohl nicht einmal Hauptthema. Marduk ist nicht in erster Linie sterbender und auferstehender Gott[63], wenngleich man die Charaktere der einzelnen Gottheiten nicht so genau differenzieren kann und gerade mächtige Götter wie Marduk dazu imstande sind, vielerlei Züge in sich aufzunehmen, die ihnen von Haus aus fremd sind[64]. Mindestens aber

[60] Der Ausdruck »Mythenrest« stammt von V. Maag; zur Sache vgl. R. Pettazzoni, Die Wahrheit des Mythus, Paideuma 4, 1950, 9; M. Eliade, Die Religionen und das Heilige, 1954, 490ff.

[61] R. Labat, Le poème babylonien de la création, 37f.

[62] Vgl. etwa H. Ringgren-Å. v. Ström, Die Religionen der Völker, 1959, 75f.

[63] W. v. Soden, RGG^3 I, 688, s. v. »Auferstehung I«. Freilich bestreitet v. Soden etwas zu kategorisch, daß Marduk auch nur in entfernter Weise mit einem sterbenden und auferstehenden Gotte zu tun haben könnte.

[64] Manche Titel unter den »50 Namen Marduks« entstammen dem Tammuz-Kreis (F. M. Th. de Liagre Böhl, Die 50 Namen des Marduk, Opera minora, 282ff.), auch

ist der lange Zeit als locus classicus für den Erweis des Vegetationscharakters Marduks angeführte Text von Marduks Niederlage[65] durch von Soden ins rechte Licht gerückt worden: Es handelt sich um einen politischen Propaganda-Traktat, welcher den politischen Niedergang Marduks und seines Landes Babel, aus der Sicht der siegreichen Assyrer verfaßt, zum Inhalt hat[66].

Trotzdem muß nach der Struktur des »Fruchtbarkeitsmythus« gefragt werden. Inwiefern ist dieser als Wurzel von *enūma eliš* zu betrachten? Wo wird er in seinen frühesten Formen greifbar?

Nach einer weitverbreiteten Ansicht ist im Fruchtbarkeitszyklus das religiöse Hauptinteresse des Zweistromlandes beheimatet. So schreibt H. Schmökel über das Wesen der sumerischen Religion: »Neben dem konventionellen Götterdienst der Könige ... stand eine andere Frömmigkeit, die im Volk selber wohnte und der Erde, der Natur, den kosmischen Mächten unmittelbarer und enger verbunden war als der verwirrenden Vielheit der Götter — ein Glaube, der aus der eindringlichen Predigt jedes Jahresablaufs von Sprießen, Blühen und Vergehen, von Zeugung, Geburt und Tod, also urewigem Sterben und Wiedergeborenwerden von Mensch, Tier und Pflanze ein Gleichnis auch des Jenseitigen ablas und aus ihm die Kraft schöpfte zur Deutung des Lebens... Hier stoßen wir auf den untergründigen Kern der sumerischen Religion, der nicht von Stadt zu Stadt wechselte, sondern auf und ab durch Sumer einen bleibenden Grundbestand des Glaubens und naturgemäß auch seiner kultischen Äußerungen ausmachte. Wir meinen den Vorstellungskreis um Inanna-Dumuzi, oder, wie sie später heißen, Ištar-Tammuṣ... Das ‚Stirb und Werde' als ewiges Gesetz ist die Offenbarung seiner Lehre«[67].

Welche Rolle spielt nun Dumuzi wirklich? Erst in letzter Zeit ist der Mythenkreis um Dumuzi und Inanna etwas klarer geworden. Es ist zu differenzieren zwischen der sumerischen, ursprünglicheren Fassung des Mythus und der akkadischen Version[68]. Nur die letztere bringt Inanna-Ištar in einen Zusammenhang mit der Vegetation: Wenn Ištar in der Unterwelt weilt, beginnt die blühende Natur dahinzuwelken.

Marduk hat also »tammuz-artige Eigenschaften« (zu diesem Phänomen vgl. A. Falkenstein, CRRA 2, 1951, 24).

[65] E. Ebeling, KAR 143; Langdon (a. a. O. 34ff.) interpretiert ihn unter dem Titel »Death and Resurrection of Bel-Marduk«.

[66] W. v. Soden, Gibt es ein Zeugnis dafür, daß die Babylonier an die Wiederauferstehung Marduks geglaubt haben?, ZA NF 17, 1955, 130ff.

[67] H. Schmökel, Das Land Sumer, Urban-Bücher 13, 123f.; vgl. auch ds., Heilige Hochzeit und Hoheslied, 1956, 6ff.

[68] ANET 52ff. und 106ff.; zur Ergänzung und Korrektur ist wichtig: A. Falkenstein, BiOr 22, 1965, 279f.; S. N. Kramer, The Sumerian Sacred Marriage Texts, PAPS 107, 1963, 492f.; Dumuzis Annual Resurrection, BASOR 183, 31.

Dieser Zug fehlt bezeichnenderweise in der früheren Fassung. Hier geht es im ersten Teil des Mythus nur um einen Streit um die Vorherrschaft über die Unterwelt zwischen den Göttinnen Inanna und Ereškigal. Die Niederlage der Inanna leitet über zum zweiten Teil des Mythus: Für die eigentlich der Unterwelt verfallene Inanna, welche die Götter aber befreien wollen, muß ein Ersatz gefunden werden; dieser soll für Inanna in die Unterwelt verbannt werden. Auf Geheiß der Inanna packen die *gallu*-Dämonen deren Gatten Dumuzi; dieser ruft Utu, den Sonnengott, um Hilfe. Der nicht deutlich erhaltene Schluß läßt erkennen, daß sich jemand findet, der bereit ist, sich auch den *gallu*-Dämonen auszuliefern und mit Dumuzi das Todesschicksal zu teilen: es ist Geštinanna, die Schwester Dumuzis. Dumuzi und Geštinanna haben demnach abwechselnd ein halbes Jahr in der Unterwelt zu verbringen[69].

Wie ist dieses Geschehen zu interpretieren? Da der Konflikt zwischen Dumuzi und Inanna offenbar nichts zu tun hat mit einem Fruchtbarkeitszyklus und auch nichts von einer jährlichen Periodik zu spüren ist, kann der erste Teil des Mythus hier außer acht bleiben[70]. Damit konzentriert sich die Betrachtung auf das Verhältnis zwischen Dumuzi und Geštinanna.

Dumuzi wird in der sumerischen Literatur als Hirte gekennzeichnet. Er vertritt im Mythus also die Kultur der Viehzucht. Geštinanna andererseits, die »Rebe Ans« oder »Himmelsrebe«[71], symbolisiert den Ackerbau, zu welchem Weinbau als integrierender Bestandteil gehört. Daß sich die beiden Gottheiten in halbjährlichem Rhythmus in der Unterwelt ablösen, bedeutet demnach nichts anderes, als daß die Fruchtbarkeit im Verlauf eines Jahres einmal in der Viehzucht, damit also in der Hirtenkultur, das andere Mal im Rebbau, also in der Ackerbaukultur, zu finden ist. Beide Arten von Fruchtbarkeit wechseln sich ab — in jedem Fall ist die im Moment nicht spürbare Art von Fruchtbarkeit »tot«, der Gott, der sie symbolisiert, ist in der Unterwelt. Diese Mythenstruktur weist auf eine Frühzeit mesopotamischer Kultur, in welcher die Landwirtschaft noch nicht so stark auf Ackerbau ausgerichtet war wie späterhin. Damit wird das Bild von der jahreszeitlichen Periodizität, wie beispielsweise Schmökel es voraussetzt, entscheidend

---

[69] Der Grund des Gegensatzes zwischen Dumuzi und Inanna ist unklar. Falkenstein (CRRA 2, 1951, 25ff., und vor allem CRRA 3, 1954, 42ff.) will den Gegensatz zwischen Inanna und Dumuzi daraus erklären, daß Dumuzi ein vergöttlichter Sterblicher und Gatte einer mächtigeren Göttin sei; in diesem Verhältnis sollen sich kulturgeschichtliche Reminiszenzen früherer Zeiten (Polyandrie, matriarchale Kultur) spiegeln. Vielleicht hat man in den beiden Gottheiten eher Vertreter zweier verschiedener Religionssysteme zu sehen, die zu einer gewissen Zeit miteinander in Konkurrenz stehen (dazu s. u. S. 198).

[70] Vgl. u. S. 197f.

[71] Zu dieser Gestalt s. D. O. Edzard, WM I, 67.

korrigiert. Es lösen sich nicht Leben und Tod ab — sondern verschiedene Formen des Lebens.

Eine ähnliche Bedeutung dürfte der ziemlich undurchsichtige Mythus *Inanna und Bilulu* haben[72]. Die beiden Beteiligten des erzählten Konfliktes sind einerseits der Hirte Dumuzi (der getötet wird) und seine Gattin Inanna (die als Rächerin Dumuzis auftritt), andererseits der Mörder Dumuzis, Bilulu (ein mit Iškur und Adad zu vergleichender Gott) und Girgire; offenbar ist den letzteren Göttern die Fruchtbarkeit des Ackers zugeordnet. Wenn auch vieles im Mythus unverständlich bleibt, ist doch klar, daß zwei verschiedene Formen von Fruchtbarkeit miteinander in Konkurrenz gesehen werden und sich abwechseln. Auffällig ist, daß Inanna für Dumuzi kämpft, im Gegensatz zum Mythus von *Inannas Gang zur Unterwelt*[73].

Die Vorstellung, daß der natürliche Ablauf des Jahres aus zwei Perioden, die verschieden, aber je positiv qualifiziert sind, die sich ablösen und doch in einem gewissen Konkurrenzverhältnis zueinander stehen, besteht, findet auch in drei Streitgesprächen ihren Ausdruck. Das Gespräch *Emeš und Enten* schildert die Konkurrenz zwischen dem Winter, der die Fruchtbarkeit der Herden garantiert, und dem Sommer, welcher die Ernte des Ackers bringt; Enlil, der Schiedsrichter, entscheidet für *Enten*, den Winter[74]. Dasselbe Resultat zeitigt das Streitgespräch zwischen *Dumuzi*, dem Hirten, und *Enkimdu*, dem Bauern: Beide freien mit ihren Produkten um Inanna; der Sonnengott Utu, der hier die Schiedsrichterrolle innehat, empfiehlt der Göttin, Dumuzi zu wählen[75]. Etwas anders ist der Inhalt des Streitgespräches *LAḪAR* und *Ašnan*; die beiden Gestalten verkörpern das Mutterschaf und das reife Getreide. Es kommt hier jedoch zu keiner eigentlichen Konkurrenz zwischen beiden Formen menschlicher Kultur; die Menschen werden angehalten, sich beider Formen anzunehmen, um die Götter zu erfreuen und am Leben zu erhalten[76].

---

[72] Übersetzung und Kommentar: Th. Jacobsen-S. N. Kramer, The Myth of Innana and Bilulu, JNES 12, 1953, 160—171; die hier gegebene Interpretation weicht von derjenigen der Textherausgeber beträchtlich ab.

[73] Das Verhältnis zwischen Inanna und Dumuzi ist auch in andern Texten verschieden gesehen. Im Gilgameš-Epos (VI, 46f.) wird vorausgesetzt, daß Ištar ihrem Jugendgeliebten Tammuz »Jahr für Jahr zu weinen bestimmt«; damit ist die Situation von *Inannas Gang zur Unterwelt* vorausgesetzt. Andererseits wird in Hymnen betont, daß Inanna — wie in *Inanna und Bilulu* — um ihren Gatten klagt, er ihr also von einer fremden Macht gegen ihren Willen entrissen wird.

[74] Text und Übersetzung bei J. J. A. van Dijk, La sagesse suméro-accadienne, 1953, 43ff.

[75] Auch hier gruppieren sich die Kräfte also wie in *Inanna und Bilulu*! Text und Übersetzung: van Dijk a. a. O. 65ff.

[76] Zusammenfassung des Textes bei S. N. Kramer, Sumerian Mythology, 1944, 53f.

Das alles weist darauf hin, daß die Erfahrung von Leben und Tod, von Kosmos und Chaos, nicht in erster Linie am Ablauf der Natur orientiert war, solange dieser Ablauf in seinen regelmäßigen Bahnen vor sich ging. Der ganze Normalablauf eines Jahres wird als Kosmos erlebt[77]. Die Chaoserfahrung muß also an einem andern Ort gesucht werden.

b) Der kosmologische Mythus

Das Drachenkampfmotiv, in welchem sich nach *enūma eliš* der Kampf zwischen Kosmos und Chaos abspielt, ist schon in sumerischer Zeit wichtig. Daß es vor dem 23. Jahrhundert bekannt war, beweisen bildliche Darstellungen[78]; wichtiger sind in unserm Zusammenhang literarische Zeugnisse. S. N. Kramer faßt Material zu diesem Thema unter dem Titel »*Myths of Kur*« zusammen[79].

Nicht alle Texte, die Kramer aufzählt, sind eindeutig als »Drachenkampftexte« gekennzeichnet. Problematisch ist vor allem die Zuordnung der Einleitung von *Gilgameš, Enkidu und die Unterwelt* zu diesem Thema. Kramer übersetzt folgendermaßen[79]:

»Nachdem An den Himmel weggenommen hatte,
nachdem Enlil die Erde weggenommen hatte,
nachdem Ereškigal zu Kur als dessen Beute verschleppt worden war ...«

In der dritten Zeile sieht Kramer ein Vergehen des Kur geschildert, das ungefähr dem Raub der Persephone durch Hades ähnlich sein soll. Von diesem Verständnis her sieht Kramer in den folgenden Zeilen den Bericht von einem Rache-Kampf Eas gegen Kur:

»... Nachdem er Segel gesetzt, nachdem er Segel gesetzt hatte,
nachdem Enki Segel gesetzt hatte gegen Kur —
wider den König schleuderte er die kleinen Steine,
wider Enki schleuderte er die großen Steine,
seine kleinen Steine, Steine der Hand,
seine großen Steine, Steine des tanzenden Schilfrohres.
Den Kiel von Enkis Schiff
im Kampf wie der anfallende Sturmwind zerschmettern sie;
wider den König am Bug des Schiffes: das Wasser
verschlingt wie ein Wolf.
Wider Enki am Heck des Schiffes: das Wasser
schlägt zu wie ein Löwe ...«[80]

---

[77] Zum späteren Wandel in der Naturbetrachtung s. u. S. 41f.

[78] H. Frankfort, Cylinder Seals, 1939; Tafel XXIII j; Textabb. 27 (S. 21). Schon hier finden sich Abbildungen des siebenköpfigen Drachens, der klassischen Hydra. Vgl. ANEP 670f. 691.

[79] Sumerian Mythology, 1944, 37.

[80] Diesen Versen geht noch eine Erwähnung der Trennung von Himmel und Erde voraus. Vgl. QO 107, dazu u. S. 113.

Die Übersetzung der dritten Zeile, von der Kramers Verständnis des ganzen Passus abhängt, ist aber sehr fraglich. Die wahrscheinlich richtige Übersetzung lautet: »Nachdem Ereškigal Kur als ihr Anteil in Besitz gegeben war . . .«[81]
Die ersten drei Zeilen wären dann ganz parallel zu verstehen: Drei der Bereiche des Alls empfangen ihren Herrn, nämlich der Himmel den Himmelsgott An, die Erde den Gott Enlil, die Unterwelt ihre Göttin Ereškigal.

Damit stellt sich aber die Frage, was die folgenden Zeilen bedeuten. Meint kur in den Zeilen 3 und 5 dasselbe? Bei der ersten Nennung geht es um den Herrschaftsbereich der Ereškigal; meint der Text, daß Enki der Unterwelt zusegelt? Dann ginge es um einen Kampf zwischen Enki und Ereškigal[82]. Oder ist in Z. 5 mit **kur** »Festland« gemeint? Dann stünde hinter dem Text vielleicht die Vorstellung, daß Enki mit einem Schiff zum Land Sumer gereist kommt, wie dies auch im *Dilmun-Mythus* berichtet wird[83]. Wer führt aber dann den Kampf gegen Enki?

Die Fahrt Enkis über den Ozean, der offensichtlich als Kampf gegen das Wasser verstanden wird und gegen eine Enki entgegengesetzte Macht, gehört jedenfalls — wie die ersten drei Zeilen — zum Prolog der ganzen folgenden Erzählung. Offenbar geht es also auch hier um die Konstitution der Ordnung, innerhalb derer sich das nachher berichtete Geschehen abspielt. Zu dieser Ordnung gehört, daß Teile des Weltalls unter An, Enlil und Ereškigal verteilt sind, und daß auch Enki seinen wie auch immer verstandenen Bereich in Besitz genommen hat; dieser letzte Schritt zur Kosmoswerdung wird offenbar in den Farben einer als bekannt vorausgesetzten Chaoskampfschilderung beschrieben, ohne daß über diese selbst etwas deutlich würde.

Viel deutlicher wird das Wesen des Chaoskampfes im Mythus lugal-e u_6 melám-bi nir-gál, dessen Inhalt in mancher Hinsicht mit *enūma eliš* verglichen werden kann. Leider steht eine neuere Edition des Textes zur Zeit noch aus[84].

Held der Dichtung ist der Gott *Ninurta*[85]; sein Gegner ist *Asag*, ein Dämon, welcher den Kur bewohnt.

---

[81] So Th. Jacobsen, JNES 5, 1946, 144f.; A. Falkenstein, BiOr 5, 1948, 164; F. M. Th. de Liagre Böhl, Het Gilgamesj-Epos bij de oude Sumeriers, 1947, 150.

[82] Mit einer derartigen Auseinandersetzung rechnet Jacobsen (JNES 5, 1946, 144 Anm. 25): Es geht um die Scheidung zwischen der Erde (ki) und der Unterwelt (ki-gal); der Kampf endet damit, daß Enki den ihm zustehenden Teil in Besitz nimmt (und damit erst en-ki »Herr der Erde« wird).

[83] Übersetzung: QO 111ff.

[84] Text und Übersetzung: S. Geller, Die sumerisch-assyrische Serie lugal-e ud melam-bi nir-gal, AOTU I/4, 1917; Übersetzung mit Erweiterungen: M. Witzel, Der Drachenkämpfer Ninib, Keilinschr. Studien 2, 1920. Vgl. weiter dazu S. Langdon, Semitic Mythology, in: Mythology of all Races, V 1931, 119ff.; S. N. Kramer, Sumerian Mythology, 1944, 8ff.; ds., The Sumerians, 1963, 151ff.; ds., Mythologies of the Ancient World, 1961, 105ff. Zeitlich ist *lugal-e* etwas später als Gudea von Lagaš (etwa 2144—2124 v. Chr.) anzusetzen (A. Falkenstein, Zur Chronologie der sumerischen Literatur, CRRA 2, 1951, 14).

[85] Ninurta ist ursprünglich eine chthonische Gottheit; sein Name bedeutet »Herr der Erde« (nin-urta = nin-uraš, vgl. Edzard, WM I, 114). Er ist deshalb für die Fruchtbarkeit des Ackers verantwortlich (SAHG 1) und gibt dem Landmann

Auch in diesem Mythus ist es nicht ganz klar, wo kur zu lokalisieren ist. kur heißt eigentlich »Berg«, doch wird auch die Unterwelt kur genannt (in dieser Bedeutung wird kur als Bereich der Ereškigal genannt, s. o.). Auch das Feindland heißt kur, da vom Zweistromland her gesehen die Feinde immer aus dem Bergland kommen. Der Verlauf der Dichtung legt tatsächlich immer wieder nahe, den Asag-Dämon im feindlichen, bergigen Ausland, beispielsweise bei den Quellen den Tigris, zu suchen.

Man hat jedoch stets zu beachten, daß im Wort kur immer alle Bedeutungen miteinander vereint sind. Das feindliche Ausland repräsentiert in derselben Weise eine das Leben bedrohende Macht wie die Unterwelt; Unterwelt, Tod, Feindesmacht sind also die Aspekte des Wortes kur; es sind dies verschiedene Aspekte des Chaos. Allerdings kann die Unterwelt verschieden qualifiziert werden: Sie gehört in gewisser Weise *auch* zum Kosmos, wie beispielsweise die erwähnte Einleitung zu *Gilgameš, Enkidu und die Unterwelt* zeigt. Sie ist also ambivalent[86]. In *lugal-e* sind aber kur und asag[87] eindeutig qualifiziert: es handelt sich um die Mächte von Unterwelt und Feindesland in ihrem chaosseitigen Aspekt.

Übersicht über den Text:

Tafel 1: Die Einleitung hat die Form eines Hymnus, in welchem Ninurta gepriesen wird. Sprecher ist wahrscheinlich šàr-úr, die göttliche Waffe Ninurtas:

»König, Sturm, dessen Schreckensglanz gewaltig ist,
Ninurta, erster, den Besitzer herrlicher Kräfte des Gebirges hast du besiegt,
die Flut, die nichtruhende Schlange, die im Feindesland . . .
. . . .
Die Kraft der Löwen-Schlange — der heldenhafte Gott zerschmettert sie im Gebirge.«[88]

Tafel 2, von der nur einige Zeilen erhalten sind, scheint die Unordnung, die vor dem Kampf herrscht, zu beschreiben:

»Der Tigris war verwirrt, erschüttert, verstört und krank.«
Ninurta fährt auf einem Schiff zum Kampfe[89].

Anweisungen (J. J. A. van Dijk, La sagesse suméro-accadienne, 1953, 11). Zum Kämpfer gegen die Chaosmacht hat er sich wohl sekundär entwickelt.

86 F. M. Th. de Liagre Böhl (Opera minora, 1953, 234ff.) betont, daß die Unterwelt zum Kosmos, nicht zum Chaos gehöre, ebenso die Macht des Todes. Er zählt verschiedene Aspekte der Todesmacht auf: Steppe, Wüste, Gebirge, Ozean, der Tod des Individuums. — Gerade dieser Katalog weist aber deutliche Chaoselemente auf; am deutlichsten wird dies beim Ozean. Die Unterwelt ist tatsächlich ambivalent. Instruktiv ist ein theologischer Text, der das Wesen Tiamats zu bestimmten sucht: »Ea gleicht dem Apsu, Apsu dem Meer (Tiamat), das Meer der Ereškigal« — also der Unterwelts- und Todesgöttin (B. Meissner, Babylonien und Assyrien, II 1929, 133)

87 Asag ist »ursprünglich ein Krankheitsdämon . . ., dann auch Hypostase des das Land Sumer bedrohenden Feindes im Gebirge, gegen den Inanna und Ninurta ausziehen«. (Edzard, WM I, 48.) Auch bei dieser Definition ist aber zu bedenken, daß kur mehr bedeutet als nur »Bergland«! Wie asag vorgestellt ist, wird nicht klar; immerhin redet Tafel 1 von einer Mischgestalt (Löwen-Schlange), so daß man wohl an einen Drachen denken kann.

88 Aus I, 1—21.

89 Darin ist wohl dasselbe Motiv zu sehen, das die Fahrt Enkis in der Einleitung zu *Gilgameš, Enkidu und die Unterwelt* prägt.

Tafel 3: Wahrscheinlich handelt es sich um Kampfvorbereitungen und erste Kampfszenen.

»Die Flut, deren Ansturm alle Berge zerstört,
der Held Ninurta schloß sie ein im Feindesland.
Seinen . . . im Gebirge tötete er, seine Stadt (schloß er ein).«[90]

Tafel 4 dürfte nochmals eine hymnische gehaltene Aufforderung an Ninurta, den Kampf zu eröffnen, enthalten, worauf *Tafel 5* den Kampf erzählt. Nach Kramers Inhaltsangabe mißlingt der erste Angriff, und Ninurta flieht »wie ein Vogel«[91].

Der von Witzel als Ergänzung vorgeschlagene Text schildert den Kampf folgendermaßen[92]:

»Die Festungsmauer des Drachen stürzt er um;
seinen Fallstrick legte er auf: jenes Land überwältigte er,
(Gifthauch) schleuderte er hinein.
Das Gift zerstörte von selbst die Stadt.
Die Waffe, die zerschmetternde, warf Feuer ins Gebirg,
die Götterwaffe, deren Zahn bitter ist, schlägt die Leute nieder.
Die Waffe, welche die Sinne raubt, zerschmettert die Zähne.
Zieht er den Bogen über die Erde, so füllt sich die Furche mit Blut:
Das Feindesland ließ er, wie Milch die Hunde, schlürfen das Blut.
Da raffte sich nochmals der Feind auf, rief Frau und Kind:
Gegen den Herrn Ninurta zu schlagen hielt er nicht ab seinen Arm.
Seine Waffe bedeckte sich mit Berg-Staub: Der böse Dämon erlangte nicht sein Begehr.
Da legte Šàr-úr von oben seinem Herrn die Hand aufs Haupt:
'O Held, was ist gegen dich geschehen!
Den Zorn des Gebirges hast du noch nicht vernichtet!
Ninurta, Herr, Sohn Enlils: Wie ein Sturm mache dich fest!
Die Pestbeule, die nicht leicht zu entfernen,
der Ausschlag, der aus dem Gesichte nicht weichen will . . .
. . . .
Held, schreite voran, laß nicht ab!
Zermalme ihn, wie man mahlt das Mehl!
Ninurta, schreite voran, laß nicht ab!'
Im Gebirge aus Steinen baute er eine Wand . . .«

Tatsächlich fügt sich dieser Text in die Angabe Kramers von einem zweimaligen Kampf recht gut ein.

Die *Tafeln 6—8* sind weitgehend zerstört; nach Kramers Übersicht ist hier ein Text einzusetzen, den auch Witzel in den Zusammenhang von *lugal-e* einrechnet. Demnach tritt der Kampf Ninurtas jetzt in eine neue Phase ein, da die *kur*-Gewässer das Land überfluten[93]. Was mit dieser Szene genau gemeint ist, ist strittig. Kramer sagt: »Die Urgewässer von Kur steigen an die Oberfläche empor, und zufolge ihrer Wildheit kann kein frisches Wasser mehr die Felder und Gärten erreichen. Die Götter . . ., deren Aufgabe es ist, das Land zu bewässern und es fruchtbar zu machen, sind verzweifelt. Der Tigris steigt nicht; er hat kein 'gutes' Wasser in seinem Bett. (Textzitat:)

---

90 Dies sind die einzigen erkennbaren Verse von Tafel III.

91 S. N. Kramer, The Sumerians, 151.

92 A. a. O. 57ff.

93 Witzel (a. a. O. 2ff.) hat erkannt, daß der schon von Reisner und Radau bearbeitete Text zum Thema von *lugal-e* gehört. Ich füge ihn an dieser Stelle auf Grund der Zusammenfassung Kramers ein.

'Der Hunger war groß, nichts wurde erzeugt.
An den kleinen Flüssen war kein Händewaschen.
Die Wasser stiegen nicht.
Die Felder wurden nicht bewässert,
keine Gräben wurden gebaut.
Auf all den Feldern wuchs kein Korn,
nur Unkraut.'«[94]

Während also Kramer *kur* als Unterwelt versteht, die *kur*-Wasser entsprechend als Unterweltswasser, sieht Witzel[95], nach ihm ähnlich Jacobsen[96], die Unheilswirkung des Wassers als Folge gewaltiger Überschwemmungen; unter *kur* ist dann das Bergland, das Quellgebiet von Euphrat und Tigris, zu verstehen. Doch ist nach dem Text deutlich, daß die Wirkungen des *kur*-Wassers nicht eigentlich in einer Überschwemmung bestehen, sondern in einer allgemeinen Unordnung.

Diesem Chaos steuert Ninurta:
»Daraufhin besann sich der Herr in seinem erhabenen Sinn.
Ninurta, der Enlilsohn, setzte große Dinge ins Werk.
Zu einem Haufen häufte er Steine im Gebirge an,
wie fliegende Wolken zogen sie von selbst herbei,
wie eine große Mauer im Angesicht des Landes (stellten sie sich hin).
Sämtliche 'Zwinger' stellte er fest.

Der Held obsiegte: Sämtliche Städte (befreite er) zumal.
Die gewaltigen Wasser hatte er mit Steinen überwältigt.
Jetzt stieg das Wasser niemals wieder von der Erde bis zum Berg.«[97]

Hierauf folgt eine Schilderung, wie Ninurta die Wasser kanalisiert, in den Tigris leitet und so eine sinnvolle Bewässerung möglich macht. Das hat seine Folgen:
»Siehe, alle Dinge nun auf Erden
frohlocken weithin über Ninurta, den König des Landes.
Die Felder bringen reichlich Korn hervor.
Die Weingärten und Obstgärten bringen Frucht.
Es wird in den Kornkammern und auf den Hügeln gesammelt.
Der Herr verscheucht die Trauer aus den Landen,
beglückt die Herzen der Götter.«[98]

Die Götter stimmen nun das Lob der Mutter Ninurtas, Nin-maḫ, an. Diese ist begeistert ob der Taten ihres Sohnes und möchte ihn aufsuchen auf der Stätte seines Kampfes. Ninurta lädt sie dazu ein und macht sie zur Königin des über dem Wasser aufgeworfenen Berges:

»Herrin, die du zum kur kommen willst,
Nin-maḫ, die du um meinetwillen das Feindland betreten möchtest,
da du keinen Schrecken hast vor den Drohungen der Schlacht, die mich umringen,
möge der Hügel, den ich aufgeworfen habe, ich, der Held,
ḫur-sag heißen, und mögest du seine Königin sein.«[99]

94 Kramer a. a. O. 151f.
95 A. a. O. 17ff. u. ö.
96 JNES 5, 1946, 146.
97 Witzel a. a. O. 2ff. Z. 13ff.
98 Kramer a. a. O. 152.
99 Kramer ebd.

Nach Kramers Angabe segnet Ninurta nun den ḫur-sag, den Urberg, daß »er alle möglichen Kräuter hervorbringen möge, Wein und Honig, verschiedene Baumarten, Gold, Silber und Bronze, Rinder, Schafe und alle vierbeinigen Geschöpfe«[100].

Die *Tafeln 11—13* haben die Schicksalsbestimmungen des Ninurta zum Inhalt, wobei sich diese Segnungen und Flüche eigenartigerweise ausschließlich auf Steine beziehen. Die Steine, welche im Kampf zu Ninurta hielten, werden gesegnet, die dem Asag freundlich gesinnten dagegen verflucht.

Welche Bedeutung ist dem *lugal-e*-Mythus eigen? Kramer zählt ihn zwar unter die Drachenkampfmythen und spricht von einem Kampf gegen die Unterweltswasser, ohne aber zu einer eigentlichen Interpretation zu kommen[101]. Witzel und Jacobson interpretieren den Text als »Naturmythus«: Witzel sieht hier menschliche Kulturarbeit »mythologisiert«: Das Ungeheuer ist der »Tigrisdrache«, der immer wieder durch menschlichen Kanalbau und Bewässerungstechnik »gezähmt« und domestiziert werden muß, der aber doch immer wieder losbricht und in Überschwemmungen die menschliche Kultur gefährdet[102]. Jacobson präzisiert weiter: kur ist ein geographischer Terminus und meint Berg (akkadisch ist das Wort mit *šadê* wiedergegeben), genauer die Berge am Rande des Zweistromlandes im Ursprungsgebiet der großen Flüsse. Auch der Ausdruck ḫur-sag hat dann keinen kosmologischen, sondern nur geographischen Sinn; er ist synonym mit kur zu verstehen. Der Sinn des Mythus geht dann dahin, daß er erklärt, wie Ninurta durch die Errichtung der Berge die Wasser so kanalisiert hat, daß in Sumer kein Schade mehr entstehen kann[103].

Ganz anders versteht A. Falkenstein den Mythus. Er verweist vor allem auf die Stellen, wo vom Feindland geredet wird, von der Bedrohung feindlicher Städte und ähnlichem. Dies sind deutlich Elemente aus dem Bereich der Geschichte, und deshalb versteht er den Text als »Mythologisierung« eines historischen Ereignisses; dazu erwähnt Falkenstein Parallelen[104].

Diese verschiedenen Deutungen scheinen sich auf den ersten Blick auszuschließen. Die rein »naturalistischen« Deutungen werden allen Einzelheiten des Textes so wenig gerecht wie eine Interpretation, die sich auf die geschichtlichen Züge beschränkt. In Kramers Deutung wird nicht klar, welche Rolle die *kur*-Wasser spielen.

Eine Beobachtung, die bereits von Geller stark betont wurde, führt weiter: Der Mythus *lugal-e* ist in manchen Zügen *enūma eliš* ähn-

---

[100] Kramer ebd.

[101] Kramer a. a. O. 151.

[102] A. a. O. 188f. 233 u. ö.

[103] JNES 5, 1946, 146; auch für andere Stellen bestreitet Jacobsen zu Unrecht, daß ḫur-sag kosmologische Bedeutung habe (z. B. in bezug auf den Eingang von *LAḪAR und Ašnan*, S. 141).

[104] BiOr 5, 1948, 166.

lich[105]: Auch er dürfte *hieros logos* eines Neujahrsfestes gewesen sein. Die Parallelen zwischen beiden Mythen sind augenfällig: Hier wie dort geht es um den Kampf eines jungen Gottes gegen eine Macht, die alles in Unordnung zu bringen droht; die Chaosmacht ist je mit der Vorstellung von Wasser verbunden, wobei in *enūma eliš* die kosmische Funktion dieses Urwassers deutlicher wird. Auf den Kampf folgt je eine Strukturierung des Weltalls; während Marduk nach *enūma eliš* zunächst eine astrale Ordnung festsetzt, um hernach den Göttern und Menschen ihre Funktionen zuzuweisen, fixiert Ninurta mit Segen und Fluch über die verschiedenen Steine die Grenze zwischen der Welt der Ordnung und dem Raum der Unordnung.

Auch inhaltliche Einzelheiten beider Mythen entsprechen sich. So wird der zweimalige Kampf der Kosmosgötter in *enūma eliš*, der das eine Mal gegen Apsu, ein zweites Mal gegen Tiamat geführt wird, in Entsprechung zum Auftreten Ninurtas zuerst gegen Asag, dann gegen die Wasser zu sehen sein. Die besonders wirksame Waffe Marduks, der *a-bu-bum*, entspricht dem šàr-úr Ninurtas, einer Götterwaffe, die allgemein bekannt war[106].

Das *enūma eliš* zugrunde liegende Geschehen ist demnach dem Fest, das hinter *lugal-e* steht, zu vergleichen. Ein dritter Text erinnert in manchen Anspielungen an *lugal-e*: die Tempelbauhymnen des Gudea[107]. Die Taten des *Ningirsu* (»Herr von Girsu«, eine lokale Erscheinungsform Ninurtas) sind offenbar denen Ninurtas in *lugal-e* zu vergleichen. Die Tempelbauhymnen aber haben ihren Sitz bei der Tempelweihe, die ihrerseits mit dem Neujahrsfest zusammenfallen dürfte[108]. So ist anzunehmen, daß der Bedeutungsumfang von *lugal-e* demjenigen von *enūma eliš* entspricht. Tatsächlich scheint dies der Fall zu sein. Man kann den Mythus verstehen als Kampf der Kultmagie gegen die Bedrohung des Menschen durch die Natur, durch die Überschwemmungsgewalt der Ströme, welche die menschliche Ordnung aus dem Gleichgewicht bringt; man kann ihn verstehen als Wort, das im Raum der Geschichte wirkt, das gegen die Feinde des eigenen Landes angeht und sie besiegt; man kann den Mythus endlich auch als Fruchtbarkeitsmythus verstehen: die erwachende Fruchtbarkeit, die auf dem *ḫur-sag*, dem Weltberg, entsteht, ist eines der Zentren des Mythus. *Lugal-e* zielt also auf menschliche und kosmische Ordnung in jedem Sinne, der Mythus ist gegen jede Art von Unordnung gerichtet.

Die Stellung der Götter ist in *lugal-e* von derjenigen in *enūma eliš* verschieden. Während in *enūma eliš* An und Ea als Vorläufer Marduks

---

[105] A. a. O. 351ff.

[106] Vgl. Gudea-Zyl. (SAHG 32) A IX, 24; B VII, 14; S. Langdon, The Babylonian Epic of Creation, 132 Anm. 12.

[107] Übersetzung: SAHG 32.

[108] Vgl. u. S. 78.

erscheinen, die nicht in der Lage sind, die Rolle des Kämpfers auszufüllen, Enlil andererseits ganz durch die Gestalt Marduks verdrängt worden ist, wird Ninurta in *lugal-e* deutlich als von seinem Vater Enlil abhängiger Götterkönig und Kämpfer charakterisiert. Die Autorität des alten, fernen Gottes wird hier also nicht angetastet, auch nicht an ein spekulatives Prinzip delegiert, wie das in *enūma eliš* geschieht.

Eine Frage bleibt offen: Was hat der »Damm«, der »Hügel«, welcher die Chaoswasser zurückhält, für eine Bedeutung? Die Erklärung Jacobsens, es handle sich um die Randgebirge Mesopotamiens, welche die Wasser zurückhielten und nur einzelne Ströme bergab fließen ließen, ist anschaulich und wird eine gewisse Berechtigung haben[109]. Aber sie vermag nicht allen Aspekten jenes Berges gerecht zu werden; daß alle menschliche Kultur auf jenem Berg entsteht, paßt schlecht dazu. Wenn das *kur*-Wasser das den Kosmos bedrohende Urwasser ist, wird der darauf errichtete Urberg auch eine kosmische Funktion haben. Diese Funktion des »Berges von Himmel und Erde«, wie er in der sumerischen Literatur oft genannt wird, wird im Mythus nicht deutlich; sie ist, religionsgeschichtlich gesehen, zur Zeit von *lugal-e* nicht mehr recht bewußt[110].

Neben *lugal-e* stehen andere Varianten des Chaoskampf-Themas[111]. Die Erzählung von *Inanna und Ebeḫ* (wahrscheinlich handelt es sich nicht um einen Mythus im strengen Sinn; die Frage nach der Form kann nicht eindeutig beantwortet werden, weil keine Textausgaben vorliegen, sondern nur Zusammenfassungen)[112] schildert, wie Inanna gegen den Ratschlag Ans den Kampf gegen das Ungeheuer Ebeḫ aufnimmt. Inanna trägt denn auch nach Kramer das Epitheton »Vernichterin *Kurs*«; es soll sich in diesem Falle aber nicht um den kosmischen *kur* handeln, sondern um eine geographische Bezeichnung, um ein

---

109 A. a. O. 146.

110 Vgl. u. dazu S. 110ff.

111 Außer den hier erwähnten Mythen bespricht Witzel die Serie an-dim-gim-ma (a. a. O. 73ff.); diese scheint sehr viel Ähnlichkeit mit *lugal-e* zu haben. Held ist auch hier Ninurta, Chaoswesen ein Meerungeheuer. Bezeichnend für den Inhalt der ganzen Serie ist II, 3 (Obv.):

»Das Meeresungeheuer hatte schreckliche Herrschaft erlangt,
Furchtbaren Herrschaftsglanz hatte Anu am Himmel ihm zum Geschenk gegeben.
Die Anunnaki, die großen Götter, wagten nicht, ihn anzugreifen.
Da stürzte der Herr wie eine Sturmflut herbei.
Ninurta, zerstörend die Mauer des feindlichen Landes, stürzte wie eine Sturmflut herbei.
Wie ein Wetter tobt er am Fundament des Himmels ...«

Das Bild wird vervollständigt durch Selbstprädikationen Ninurtas, der sich mit seinen Waffen zusammen als Kämpfer gegen allerlei Feinde vorstellt. (Witzel a. a. O. 82ff.)

112 Inhaltsübersicht bei Kramer, Sumerian Mythology, 82f.

feindliches Fremland. Falkenstein deutet genauer[113]: Ebeḫ ist ein alter Name der Gottheit von *Ǧebel Hamrīn*; demnach spiegelt sich in der Erzählung ein Sieg Utuḫegals über gutäische Horden wider. Falkenstein stellt Parallelen zwischen *lugal-e* und *Inanna und Ebeḫ* fest, hinter welchen zwei Texten er dasselbe Thema sieht; in ersterer »verbindet sich der Bericht über den siegreichen Kampf Ninurtas, des Enlilsohnes, gegen den im Bergland hausenden Asag-Dämon mit der Ordnung der Welt in der Schicksalsentscheidung für die Steine«[114]. Auch hier ist zu ergänzen, daß es nicht um eine sekundäre Verbindung beider Themen geht; die *eine* Ordnung, in welcher die Götter beider Dichtungen gesehen werden, umfassen die Natur wie die politisch-geschichtlichen Institutionen; es mag sein, daß in *Inanna und Ebeḫ* fast nur diese politisch-geschichtliche Seite der Ordnung ins Blickfeld rückt.

Keine konkrete geschichtliche Situation zeigt sich im Mythus von *Labbu und Tišpak*[115].

Inhaltsübersicht: Durch den Lärm der Menschen wird der Gott Enlil aus dem Schlafe aufgeschreckt. Um die Menschen zu bestrafen, schafft er *Labbu*, dem Namen nach also einen Löwen[116], der allerdings auch »*Labbu im Meere*« genannt wird. Es handelt sich wohl um ein Mischwesen, ein riesenhaftes Meer-Ungeheuer. Die Götter bekommen es mit der Angst zu tun und gehen zu Sin, um bei ihm Hilfe gegen Labbu zu erhalten. Sin bittet Tišpak, Labbu zu töten; ein erster Kampfversuch dieses Gottes scheitert, der zweite ist erfolgreich, da sich Tišpak einer besonderen Waffe, des Gewitter-Sturmes, bedient.

Die Ähnlichkeiten mit *lugal-e* sind auffällig: Tišpak wird im ḫurritischen Bereich oft mit Ninurta gleichgesetzt[117]; die zwei Waffengänge und der Erfolg des Kämpfergottes dank der besonderen Waffe entsprechen sich[118].

Interessant ist der Anfang des Textes, der stark an *enūma eliš* erinnert: Hier wie dort wird ein Gott in seiner Ruhe gestört, was zum Beginn des Kampfgeschehens führt. Während in *enūma eliš* Enlil, dessen Gestalt in Marduk aufgegangen ist, auf der Seite der Kosmosmächte steht, gehört er hier zu den chaotischen Mächten: er schafft das Meerungeheuer. Enlil vertritt also in *Labbu und Tišpak* eine Welt, die vom Mythus abgelehnt und geradezu als Chaos verstanden wird. Dies wird aus der geschichtlichen Situation, innerhalb derer der Mythus

[113] BiOr 5, 1948, 166.

[114] Ebd.

[115] Dazu Th. Jacobsen, The Chief God of Ešnunna, OIP 13, 1932, 51ff.; A. Heidel, The Babylonian Genesis, 1951², 141ff.; Witzel a. a. O. 87ff.; AOT 138f.

[116] So wird auch der Gegner Ninurtas in *lugal-e* genannt (in I, 21 der assyrischen Übersetzung heißt die feindliche Macht *e-muq lab-bi muš-gal-li*, sumerisch zag ug-ga muš-gal-la); es handelt sich demnach um dieselbe Gestalt.

[117] Jacobsen a. a. O. 53.

[118] Vgl. o. S. 32.

entstanden ist, zu verstehen sein. Tišpak ist im Zweistromland ein fremder Gott, er ist ḫurritischer Herkunft und ursprünglich mit dem in Kleinasien verehrten Tešup identisch[119]. Als Chaoskämpfer hat er wohl einen einheimischen Gott, den früheren Stadtgott von Ešnunna, verdrängt; Jacobson denkt an Ninazu, einen »jungen Gott« vom Typus Ninurtas[120]. Es ist wahrscheinlich, daß die eingedrungene ḫurritische Bevölkerung und ihre Religiosität in ein Konkurrenzverhältnis eintrat zu den Kräften der einheimischen Bevölkerung, sowohl in religiöser als auch in politischer Hinsicht. Das erstarkende, unter ḫurritischer Führung stehende Ešnunna hat sich mit anderen, sumero-babylonischen Stadtstaaten auseinandersetzen müssen. So ist Enlil als Vertreter jener sumero-babylonischen Ordnung zum Prototyp der lebensfeindlichen Macht geworden[121].

3. Geschichte und Bedeutung des babylonischen Chaoskampfmaterials

Die beiden Hauptversionen des mesopotamischen Chaoskampfmaterials erscheinen formal als Mythus; sie haben ihre Funktion im Kult und begründen die politisch-geschichtliche und naturhafte Ordnung der Gemeinschaft, innerhalb derer sie in Geltung sind. Die kul-

---

119 Jacobsen a. a. O. 52.

120 A. a. O. 55ff.

121 Es wären noch einige weitere Texte zu nennen, in denen das Chaoskampfmotiv anzutreffen ist; der von E. Ebeling bearbeitete Text von der »großen Schlange« (OLZ 19, 1916, 106ff.; vgl. auch A. Heidel, The Babylonian Genesis, 143) ist als kleines Bruchstück einer größeren Komposition zu werten. Erhalten ist nur die Schilderung der Ausmaße des Seeungeheuers (hier *ṣiru* genannt) und der Verheerungen, die durch es unter Menschen und Vieh angerichtet werden. — Auch einige Episoden, die mit dem »Sturmvogel« *Imdugud/Zû* zu tun haben, weisen eine gewisse Nähe zur Chaoskampfthematik auf. Nach den Gudea-Hymnen gehört Imdugud zu den von Ninurta besiegten Wesen, andererseits ist er Symboltier des Gottes. Den Chaoskämpfern werden gern Epitheta und Symbolgestalt der Chaoswesen zugeschrieben (so werden beispielsweise Ningirsu, Ninurta, Nergal und Inanna u š u m - g a l genannt, was eigentlich Bezeichnung für den Chaosdrachen ist; vgl. A. Falkenstein, Sumerische Götterlieder, AHW 1959, 66). Imdugud scheint in früher Zeit oft »die bösen Gewalten zu verkörpern, die die Haustiere bedrohen«. (D. O. Edzard, WM I, 81.) Dies ist vor allem aus bildlichen Darstellungen ersichtlich. In der Dichtung *Gilgameš, Enkidu und die Unterwelt* gehört Imdugud mit der Dämonin Lilit und einer Riesenschlange zusammen zu den Mächten, welche der Göttin Inanna den Ḫuluppu-Baum streitig machen, also zu den Chaosmächten. (Vgl. F. M. Th. de Liagre Böhl, Het Gilgamesj-Epos bij de oude Sumeriers, 1947, 145ff.; Zusammenfassung des Textes A. Schott, Das Gilgamesch-Epos, Reclam Universal-Bibliothek 7235/35a, 112f.) Zu den Zusammenhängen zwischen der Gestalt des Imdugud-Zû und *enūma eliš* s. S. Langdon, The Babylonian Epic of Creation, 18ff; weiteres über dieses Wesen, dessen Name vielleicht richtiger *Anzu* zu lesen ist, bei C. Wilcke, Des Lugalbandaepos, 1969, bes. 61ff.

tische Funktion ist in *lugal-e* weniger deutlich als in *enūma eliš*, wo die genaue Kenntnis des Rituals die verschiedenen Aspekte des Mythus klar werden läßt. Die Parallelen beider Mythen lassen jedoch auf analoge Funktionen schließen.

Die Frage nach Form und Sitz im Leben läßt sich bei den Kompositionen *Inanna und Ebeḫ* und *Labbu und Tišpak* nicht klar beantworten. Vielleicht liegen wirkliche Mythen vor, es ist aber auch möglich, daß hier mythisches Material zu nicht kultisch gebundener Literatur verarbeitet worden ist. Jedenfalls ist der mythische Hintergrund noch spürbar.

Es ist versucht worden, auf Grund inhaltlicher Kriterien die Bedeutung der hier zusammengestellten Mythen zu unterscheiden. So scheidet Heidel grundsätzlich zwischen *enūma eliš* und *Labbu und Tišpak*, indem er betont, daß es sich in der ersteren Komposition um eine »Schöpfungsgeschichte« (*creation story*) handle, nicht aber in der letzteren: »The fight with this creature (sc. Labbu) . . . took place not *before*, but *after* the creation of the world, after man had already been created and cities had already been built«[122].

Diese Scheidung ist jedoch von einem abendländischen Geschichtsbegriff her an das Mythenmaterial herangetragen. Der Mythus anerkennt kein »vorher« oder »nachher« außer sich. *Enūma eliš* ist ja nicht ein Schöpfungs»bericht«, der einen einmaligen Vorgang beschreiben will, von welchem aus sich ein irreversibler Geschichtsablauf entwikkelt[123]. Der Unterschied zwischen den beiden Mythen ist also anders zu bestimmen. Die Tatsache, daß die ganze Welt in *Labbu und Tišpak* nicht thematisch wird und nicht in den Kampf einbezogen ist, deutet darauf hin, daß der Ordnungshorizont in diesem Mythus enger gesehen ist als in *enūma eliš*: Er umfaßt in erster Linie den menschlich-politisch-sozialen Raum. Die Unterschiede zwischen beiden Mythen sind aber nur relativ.

Wenn also die Chaoskampfmythen in ihrer Intention als relative Einheit verstanden werden können, so ist jetzt das Verhältnis zwischen diesen und Mythen, wie sie um Dumuzi und Geštinanna gebildet wurden, zu bestimmen.

Jene Jahreszeitwechsel-Mythen hatten in der Frühzeit Mesopotamiens wohl sehr viel Gewicht; sie zielen auf den regelmäßigen Verlauf des Jahres, auf die Abfolge der verschiedenen Jahreszeiten. Wenn diese Perioden mit ihrer verschiedenartigen Form von Fruchtbarkeit im Gleichgewicht sind, ist die Ordnung solcher Mythen eingehalten. Die verschiedenen Jahreszeits-Personifikationen sind meist nicht Gegner in einem Kampfe, sie leben schiedlich-friedlich nebeneinander.

---

122 Heidel a. a. O. 143; ähnlich Brongers a. a. O. 55.

123 Vgl. o. S. 3f.

Es ist anzunehmen, daß die noch dörfliche Kultur der mesopotamischen Frühzeit in einem so strukturierten Vegetationskult ihr religiöses Zentrum hatte; die hauptsächlichen Götter, die im Mythus erschienen, waren personifizierte Kräfte der Natur. Die menschliche Gemeinschaft und ihre sozialen Ordnungen wurden wohl als in die Ordnung der Natur integriert empfunden. Der hieros gamos beispielsweise — eine Institution, die schon in den frühesten Zeiten bestanden haben muß — bildet im Kult die sich erneuernde Vegetation vor. Die Priester, welche diesem Kult vorstanden, werden zugleich Herrscherfunktionen innegehabt haben[124].

Ohne Zweifel kannte schon diese Zeit der »Naturreligion« Erfahrungen des Chaos — dann nämlich, wenn die durch den Agrarmythus gesetzte Ordnung in Frage gestellt wurde durch irgendwelche Naturkatastrophen, Überschwemmungen beispielsweise, Springfluten, Unwetter, auch Dürre. Die Chaosgestalt des späteren kosmologischen Mythus hat ihre naturhafte Seite[125]. Trotzdem scheint die Chaoskampfthematik erst in einer Zeit in den Vordergrund getreten zu sein, als anti-kosmische Kräfte nicht nur und nicht einmal mehr in erster Linie in der Natur empfunden wurden — sondern im Feld von Geschichte und Politik. Um die Wende vom 4. zum 3. vorchristlichen Jahrtausend entwickelte sich aus der dörflichen Kultur Mesopotamiens eine städtische Hochkultur. Die entstehenden Stadtstaaten wurden zu politischen Größen, die gegenseitig rivalisierten und sich in der Vorherrschaft über das Land ablösten. Nach einer weitgehend friedlichen Frühzeit Mesopotamiens, mit der man zu rechnen hat, beginnen mit der höheren kulturellen Entwicklung die Kriege. Jacobson umschreibt diese Wende in der Kulturgeschichte Mesopotamiens ganz kurz so, daß in der Religion neben dem Thema »Hunger« nun auch das Thema »Krieg« aktuell wird[126].

Die militärische Aktivität der Staaten des Zweistromlandes wird dadurch gefördert, daß immer neue Gruppen semitischer Nomaden einrücken[127]. Die geschichtliche Chaos-Erfahrung, das Wissen um ge-

---

[124] Zum Brauch der heiligen Hochzeit im sumerischen Bereich vgl. S. N. Kramer, The Sumerians, 1963, 140f.; allgemein zu dieser Entwicklungsstufe der mesopotamischen Religion: Th. Jacobsen, Ancient Mesopotamian Religion: The Central Concerns, PAPS 107, 1963, 473ff., bes. 474—76.

[125] In außermesopotamischen Religionskreisen existiert Chaossymbolik, die ganz an den chaotischen Erscheinungen der Natur orientiert ist, so beispielsweise im altgermanischen Bereich (Midgardschlange).

[126] PAPS 107, 1963. 474. 479. Jacobsens Formulierung ist freilich insofern nicht ganz richtig, wenn er als Inhalt der Religion *Angst* vor Hunger bzw. Krieg vermutet; es geht im Gegenteil um die *Bewältigung* der Themen Hunger und Krieg! Vgl. zur Sache auch F. R. Kraus, altmesopotamisches Lebensgefühl, JNES 19, 1960, 118f.

[127] D. O. Edzard in: Fischer Weltgeschichte II, 61ff.

ordnetes Inland und ordnungsgefährdendes Ausland vertieft sich dadurch weiter.

Diese neue Situation prägt sich natürlich im Selbstbewußtsein der Menschen aus. Menschliche Gesellschaft ist nicht mehr *nur* von der Natur her zu sehen. Sie lebt nun auch in einem geschichtlich-politischen Bezugssystem, in welchem sie sich als von Feinden gefährdet sieht. Der geschichtliche Aspekt der Gesellschaft wird in der Mythenbildung unabhängig vom »natürlichen« thematisch und erhält so ein Eigengewicht[128].

Der ganze Umbruch bedeutet einen erheblichen kulturellen Fortschritt. Jetzt erst lernen einzelne Staaten, einzelne Volkskörper, sich selbst in ihrer Unterschiedenheit zu andern Staaten zu sehen. Bezeichnenderweise tritt die Schrift ihren Siegeszug an.

Dies alles findet Ausdruck im Chaoskampfmythus. Dem Erlebnis der geschichtlichen (und natürlich immer auch naturgegebenen) Gefährdung des Staatswesens entspricht der Kampf zwischen Chaos- und Kosmosmacht. Dabei ist zu beachten, daß diese geschichtlichen Gefährdungen nicht nur von außen her, aus dem Ausland kommen; in einer differenzierten Sozietät, deren Institutionen nicht mehr so selbstverständlich sind wie in einer primitiven Gesellschaft, wachsen auch die Gefahren von innen, Kräfte, die das soziale Gleichgewicht stören oder etwa einen Umsturz herbeiführen möchten.

Die uns bekannten Mythen mit dem Chaoskampfthema, *lugal-e* und *enūma eliš*, zeigen, daß auch das Thema »Fruchtbarkeit« hier eine wichtige Rolle spielt: Der Sieg Ninurtas erwirkt ein Aufleben der Natur, und zum Ritual, in dem *enūma eliš* seinen Platz hat, gehört der hieros gamos. Das bedeutet, daß die Chaoskampfmythen auch die Funktionen des Naturmythus übernommen haben. Der *eine* Mythus gibt somit der Wirklichkeit der Natur wie der Geschichte ihre Gestalt[129].

Dadurch verändert sich das Verständnis der Natur. Der Ablauf des Jahres wird in späterer Zeit nicht mehr als Folge verschiedenartiger guter Jahreszeiten gesehen, indem sich die Fruchtbarkeit von Acker und Herde abwechseln, sondern tatsächlich nun als Abfolge von Leben

---

[128] Dieser Umbruch spiegelt sich auch in den religiösen und politischen Institutionen. Nach Jacobsen (Early Political Development in Mesopotamia, ZA NF 18, 1960, 91 ff.) waren in der Frühzeit die Funktionen des en-Priesters ganz auf die Fruchtbarkeitsreligion ausgerichtet (Verkörperung des Fruchtbarkeitsgottes, Ausübung der heiligen Hochzeit usw.), während die politischen Funktionen der lugal innehatte. Wenn diese These für die Vorzeit stimmen sollte, so zeigt sich in historischer Zeit eine veränderte Lage; jetzt sind politischer und religiöser Kosmos völlig ineinander verwoben. Vgl. zu diesem Problem auch D. O. Edzard, Fischer Weltgeschichte II, 73 ff.

[129] Vgl. E. O. James, Myth and Ritual in the Ancient Near East, 1958, 305.

und Tod. Ištar und Tammuz sind Symbole der *einen* Fruchtbarkeit, sie verkörpern also nicht einander ergänzende Aspekte wie Dumuzi und Geštinanna. Das »Gut und Böse«, das in der Geschichte unter der Gestalt von »Inland und Ausland« gesehen wird, zeichnet sich damit auch in der Natur ab.

Andererseits wird das Verstehen von Geschichte durch das Erlebnismodell der Natur gesteuert. Der Bestand des Staates wird gewissermaßen durch die Wiederkehr des Jahres gewährleistet. Der Mythus hat also die Funktion, einen geschichtlichen Zustand in derselben Weise als absolute und unveränderliche Wahrheit zu begründen, wie den Wechsel der Jahreszeiten. Natürlich widersetzt sich die Geschichte in ihrem Ablauf solchen Festsetzungen. So erklärt sich die paradoxe Tatsache, daß sich zwar in den Chaoskampfmythen ein gewisser geschichtlicher Ablauf spiegelt, daß mindestens die geschichtlich gewordene Entwicklung bis zur Gegenwart hin verarbeitet wird, daß diese Gegenwart aber absolut gesetzt und zur ewig-gültigen Urtatsache erhoben wird. Damit wird die Geschichte vom Mythus absorbiert, die geschichtliche Erfahrung wird dem zyklischen Denkmodell integriert.

Eine weitere Beobachtung ist wesentlich: Die Chaoskampf-Götter der mesopotamischen Mythen sind fast ausschließlich »junge« Götter, d. h. Angehörige der zweiten Generation im Schema des Pantheons. Außerdem sind sie oft National- oder Stadtgötter, was nicht erstaunt, wenn der erkämpfte Kosmos stark mit dem jeweiligen Staatswesen zusammenhängt: Marduk ist Stadtgott von Babel, Ningirsu die in Lagaš verehrte Gestalt Ninurtas, Tišpak ist der Gott von Ešnunna; vielleicht darf man Ninurta geradezu als den Prototyp dieses jungen, kämpferischen, in enger Beziehung mit einem Staatsgebilde stehenden Gottes bezeichnen[130].

In fast allen Chaoskampfmythen wird deutlich, daß diese jungen Götter im Auftrage alter Götter, vor allem Enlils, handeln. Enlil erscheint auch selbst gelegentlich als Chaoskämpfer[131], doch nur selten. Die Tatsache, daß sich die alten Götter nach mesopotamischer Auffassung unter Umständen gegen das Land wenden, um es zu zerstören — eine Aussage, die beispielsweise von Ninurta nie gemacht wird — führt zu den Fragen nach dem Verhältnis zwischen den jungen und alten Göttern einerseits und nach der Möglichkeit, eine Krise des durch den Mythus gesetzten Kosmos religiös verarbeiten zu können, andererseits[132].

[130] Es sei nochmals daran erinnert, daß dies wohl nicht der ursprüngliche Charakter Ninurtas ist (vgl. Anm. 85). Auch er hat seine Entwicklung wohl diesem allgemeinen Umbruch der religiösen Strukturen zu verdanken.

[131] Außer der erschlossenen Vorform von *enūma eliš* ist der Hinweis von B. Meissner, Babylonien und Assyrien, II 1929, 107, zu beachten.

[132] Vgl. dazu unten Kap. 3.

C. CHAOSKAMPF IN UGARIT

Eine Interpretation der ugaritischen Texte begegnet beträchtlichen Schwierigkeiten, weil es — abgesehen von den sprachlichen Unsicherheiten — noch immer nicht möglich ist, eine in allen Einzelheiten befriedigende Reihenfolge der Texte des Baals-Zyklus herzustellen. Zudem ist es fraglich, ob alle irgendwie zum Thema gehörigen Texte (AB, BH, IV MF, VI MF = UT 1001, 1003) zu ein und derselben Version des Baalszyklus gehören[133].

Jedenfalls ist es klar, daß zwischen zwei Haupttypen des Baalskampfes unterschieden werden muß. Zwar ist Baal als Kämpfer immer gleich gekennzeichnet: er ist der Gewitter- und Fruchtbarkeitsgott[134]. Seine Gegner sind einerseits Mot, andererseits Jam, dem Namen nach die Götter von Tod und Meer.

Wenn auch die Kämpfe Baals mit beiden Göttern voneinander zu scheiden und für sich zu betrachten sind, damit ein Verständnis des je verschiedenen Sinnes beider Kämpfe möglich wird, so ist doch festzuhalten, daß die beiden Mythenkreise nicht im Sinne der Literarkritik auseinandergehalten werden können. Zwischen den Mythenkreisen bestehen Querverbindungen. So spielt beispielsweise Mot in seinen Drohungen Baal gegenüber auf dessen Sieg über Jam an[135]; auch in weite-

---

[133] Im folgenden wird die Textgruppe BH nicht berücksichtigt; es scheint sich hier um einen Abschnitt einer größeren Komposition zu handeln, die sonst nicht erhalten ist. — Ausgaben der ugaritischen Texte: C. H. Gordon, Ugaritic Textbook, 1965; A. Herdner, Corpus des tablettes en cunéiformes alphabétiques, 2 Bde, 1963; G. R. Driver, Canaanite Myths and Legends, 1956. Übersetzungen: C. H. Gordon, Ugaritic Literature, 1949; G. R. Driver a. a. O.; J. Aistleitner, Die mythologischen und kultischen Texte aus Ras Schamra, 1964²; A. Jirku, Kanaanäische Mythen und Epen aus Ras Schamra-Ugarit, 1962; H. L. Ginsberg in ANET 129ff. Die Textzitation folgt O. Eißfeldt (Synopse der Textbezeichnungen bei J. Aistleitner, Wörterbuch der ugaritischen Sprache, 1963, 348ff.; Driver ersetzt AB durch »Baal«, mit folgenden Abweichungen: III* = IIIAB; III = I AB; I,i = I AB I, 1*ff.; kleine Abweichungen der Verszählung).

[134] Dazu s. A. S. Kapelrud, Baal in the Ras Šamra Texts, 1952, 93ff.; W. H. Schmidt, Baals Tod und Auferstehung, ZRGG 15, 1963, 1ff. Auf die verschiedenen Züge im Wesen Baals, die vielleicht auf ursprünglich getrennte Gottheiten zurückgehen können, macht R. Hillmann, Wasser und Berg, Diss. Halle 1965, aufmerksam.

[135] I* AB I, 1ff.:
»Weil du niederschlugst Lotan, die flüchtige Schlange,
ein Ende bereitetest der geringelten Schlange,
dem Ungeheuer mit sieben Köpfen —
damals welkte und erschlaffte der Himmel, wie der Gürtel
deines Kleides, ich selbst aber ward dahingerafft wie ein roher Bissen, und ich starb
— darum, fürwahr, mußt du herabsteigen in die Gurgel des Els-Sohnes Mot . . .«
Die hier gegebene Übersetzung ist freilich sehr unsicher, so daß nicht recht klar wird, in welcher Weise Mot mit dem Kampf zwischen Baal und Jam zu tun hat. Stimmt

ren Einzelheiten haben die Stoffe aufeinander eingewirkt, eine Tatsache, die zu interpretieren sein wird.

Das Geschehen zwischen Baal und Mot entwickelt sich folgendermaßen:

Nachdem Baal seine Herrschaft errichtet hat (durch den Sieg über Jam und dessen Trabanten) sendet er Botschafter zu Mot, um von diesem Anerkennung seines Königtums zu erlangen[136]. Mots Antwort besteht in einer Drohung: Wenn auch Baal über Jam zu siegen vermochte, jetzt wird er selbst hinuntersteigen müssen in den Schlund Mots. Baal läßt es gar nicht erst zum Kampf kommen, sondern er ergibt sich freiwillig und steigt hinab in die Unterwelt. — Später wird dem obersten Gott El gemeldet, daß Baal tot aufgefunden wurde. El und Anat, die Schwester-Geliebte Baals, begehen die üblichen Trauerriten[137].

Nach einem nicht offensichtlich zum Baal-Mot-Zyklus gehörigen Textabschnitt spielt sich ein nächster Akt zwischen Mot und Anat ab: Die Göttin bittet Mot um den Leichnam Baals. Die Bitte wird abgeschlagen, und die erzürnte Anat packt Mot, zerreißt ihn und verstreut sein zerstückeltes Fleisch, wie Samen ausgestreut wird[138].

El erfährt im Traum, daß Baal wieder am Leben sei; er freut sich darob und lacht. Baal ist tatsächlich am Leben: er greift die Aṯirat-Söhne (ist damit vielleicht der Anhang Mots gemeint?) an, ohne daß es zu einer entscheidenden Kampfesphase käme. Es vergehen Jahre[139].

Endlich kommt es doch zu einer Entscheidung: Baal und Mot geraten erneut in Streit, Baal siegt, Mot muß das Königtum seines Gegenspielers anerkennen[140].

Der Kampf zwischen Baal und Jam entwickelt sich nach der Darstellung von O. Kaiser[141] in folgenden Szenen:

Jam erreicht bei El die Bewilligung, für sich einen Palast zu bauen. Damit ist ihm unter den Göttern eine Vorrangstellung eingeräumt, die Neid hervorruft[142].

Jam berichtet der Götterversammlung von seinem Palastbau. Es kommt darob zu einem Streit zwischen Baal und Jam; Jam verlangt von den Göttern und insbesondere von El die Auslieferung Baals zur Bestrafung; er will dessen Platz einnehmen. Baal jedoch will zum Kampf gegen Jam antreten. Der Ausgang der Szene ist unsicher[143].

Es folgt der Angriff Baals auf Jam. Mit seiner Wunderwaffe vermag er zu siegen, unterstützt vom Erfinder jener Waffe, *Kṯr wḪss*[144].

In die Nähe dieser Kampfschilderung gehört eine Szene, in der Anat massenweise Feinde niedermetzelt. Es geht offenbar um menschliche Feinde, nicht um Götter[145].

---

die Übersetzung, so sieht Mot, der zur Zeit des Jam-Kampfes machtlos war, seinen jetzigen Sieg als Rache.

136 II AB VII.

137 I*AB und I AB,I.1*ff.

138 I AB 2.

139 I AB III; V.

140 I AB VI.

141 Die mythische Bedeutung des Meeres in Ägypten, Ugarit und Israel, 1962², 44ff.

142 III AB,C.

143 III AB,B.

144 III AB,A.

145 V AB,B.

In einigen Szenen, die nicht direkt zum Baal-Jam-Zyklus zu gehören scheinen, wird erzählt, daß Baal oder Anat Jam und seine Helfer getötet oder mindestens geknebelt hätten[146].

Wie ist der Baals-Zyklus zu deuten? Gaster faßt den gesamten Mythenzyklus als einheitliche Größe auf. Jeder der Götter repräsentiert eine Jahreszeit: Baal ist der Gott des Regens, des Gewitters, der Fruchtbarkeit in jeder Beziehung[147]. Jam ist der Gott des Meeres; Gaster erläutert: Jams Bereich ist »sea in an extended sense, which includes all lakes, rivers, and other inland expanses of water, such as were considered in ancient thought to be fed by the upsurging of the subterranean ocean«[148]. Mot ist das Prinzip des Todes und der Sommerhitze; seine Wohnstatt ist sowohl die sonnenverbrannte Wüste als auch die Unterwelt[149].

Das Jahr ist unter die Herrschaft dieser Götter verteilt: Baal herrscht von September bis Mai, Mot von Mai bis September. Baal kann seine Herrschaft der Fruchtbarkeit aber erst antreten, wenn er Jam besiegt hat: Dieser versucht zu Beginn der Baals-Jahreszeit alljährlich das Land durch Überschwemmungen unter seine Kontrolle zu bringen[150].

Auch eine Episode des Baals-Zyklus, in welcher der Gott ʿAṯtar erscheint, wird in die Deutung einbezogen. Von diesem Gott wird berichtet, er hätte nach Baals Tod den Thron auf dem Ṣaphon besteigen sollen, sei aber dazu zu klein gewesen[151]. ʿAṯtar wird von Gaster als Gott der Bewässerung verstanden. Zwischen der Zeit des Regens und der Dürre versucht der Mensch, mittels künstlicher Bewässerung die Fruchtbarkeit zu erhalten, was auf die Dauer aber doch nicht genügen kann[152].

So überzeugend diese Interpretation auf den ersten Blick ist, die Schwierigkeiten, die sich ihr in den Weg stellen, sind außerordentlich groß. Daß Jam das Land überschwemmt, wird nirgends deutlich; überhaupt finden sich bei ihm keine »naturhaften« Züge. Ebensowenig erscheint ʿAṯtar als Gott der Bewässerung[153].

Es ist aber deutlich, daß Jam als Gott des Meeres mancherlei Ähnlichkeiten aufweist mit der Chaosmacht des mesopotamischen Raumes. Es wurde darauf hingewiesen, daß die Chaoserfahrung dort keineswegs nur mit Überschwemmungskatastrophen erklärt werden

[146] I*AB I, 1ff.; IV MF, VI MF.

[147] Th. H. Gaster, Tespis. Myth, Ritual, and Drama in the Ancient Near East, 1961² (Anchor-Books A230), 123f.

[148] A. a. O. 125.

[149] Ebd.

[150] A. a. O. 126.

[151] I AB I, 25ff.

[152] A. a. O. 126f.

[153] Zu diesem Gott und seiner ursprünglichen Bedeutung vgl. u. S. 185ff.

kann[154]. Die Tatsache, daß in Ugarit nur männliche Wesen als Chaoskräfte fungieren, ist vielleicht zufällig. Jedenfalls entspricht Jam ungefähr Apsu in *enūma eliš* (wobei dieser Gott ursprünglich nicht nur das Süßwasser, sondern das Urwasser überhaupt repräsentierte) oder Asag in *lugal-e*; Lotan wird mit einem der Drachenwesen um Tiamat zu vergleichen sein[155]. Daß auch im kanaanäischen Bereich weibliche Chaoswesen bekannt waren, beweist die im AT genannte Rahab[156]. Eine Differenz in den Chaosvorstellungen Babyloniens und Kanaans wird sich vielleicht dahin formulieren lassen, daß in Babylon eher das weibliche, in Kanaan eher das männliche Element dominiert[157].

Das bedeutet, daß der Kampf zwischen Baal und Jam in Ugarit aller Wahrscheinlichkeit nach ungefähr denselben Platz einnimmt wie entsprechende Kämpfe in Mesopotamien. Der Baal—Jam-Mythus ist ein kosmologischer Mythus[158]; man mag ihn einen »Schöpfungsmythus« nennen, wenngleich die Welt als Ganzes in den erhaltenen Bruchstükken nie thematisch wird[159]. Es ist auch immer zu bedenken, daß es sich um Schöpfung im Sinne des Mythus handelt; dessen Zeitvorstellung duldet keine »vorzeitliche« Schöpfung, von der aus eine geschichtliche Entwicklung ausginge. Wie in bezug auf *Labbu und Tišpak* sind Überlegungen, daß der Baalskampf gegen Jam sich *nach* der Weltschöpfung abspiele, müßig, da sie von sachfremden Denkstrukturen her gestellt sind[160].

---

[154] Vgl. S. 33; S. 66ff.

[155] Dieses Wesen hat sieben Köpfe (I*AB I,3; I,29; V AB,D,39), ist also mit den entsprechenden babylonischen Wesen zu vergleichen. Vgl. V. Maag, RGG³ IV, 337f., s. v. »Leviathan«. Vielleicht ist Lotan auch mit Jam identisch? Daneben wird ein *tnn* (»Drache«) genannt (V AB,D 37; UT 1001,1.8).

[156] Dazu s. u. S. 63.

[157] Allgemein zu diesen Chaosgestalten vgl. Kaiser a. a. O. 75f.; Kapelrud a. a. O. 101; A. Jirku, Der Mythus der Kanaanäer, 1966, 28ff.

[158] Möglicherweise hat man mit mancherlei Textlücken zu rechnen. Es ist nicht ausgeschlossen, daß der Jam-Komposition eine kosmogonische Einleitung voranging, doch ist eine solche zum Verständnis des Textes nicht nötig.

[159] Mit Recht unterscheidet R. L. Fisher (Creation at Ugarit and in the OT, VT 15, 1965, 313ff.) zwischen »creation of the Baal type« und »creation of the El type«. Statt aber auf die verschiedenen Gegenstände der Schöpfungen beider Götter zu verweisen (El: kosmogonische Schöpfung, Baal: Palast, Kampf, Ordnung als Schöpfungswerke), tut man besser daran, die verschiedenen Denkstrukturen auseinander zu halten, innerhalb derer die beiden Schöpfungsarten gesehen sind. Baals Schöpfung ist Schöpfung, wie sie durch den Mythus verstehbar wird — zu ihren Gegenständen gehört beispielsweise auch die Natur und deren Jahreszeitenwechsel, vielleicht, wenn ein entsprechendes Stück verlorengegangen ist, auch die Welt als Ganzes. Zu den El-Schöpfungen s.u. S. 167ff.; die Gegenstände beider Schöpfungen können sich ohne weiteres überschneiden.

[160] So Kaiser a. a. O. 75f.

Das alles führt zum Resultat, daß Baal im Blickfeld des Jam-Kampfes in erster Linie als Garant kosmischer, somit auch nationaler Ordnung gesehen ist[161]. In der Tat hat Baal, wie Eißfeldt an Hand eines Briefes und einer Votivstele deutlich gezeigt hat[161a], auch die Funktionen eines Stadtgottes von Ugarit; als solcher heißt er *b'l 'ugrt*[162].

Eine ganz andere Konfliktsituation zeigt sich im Baal—Mot-Zyklus. Hier gehört ursprünglich tatsächlich zu Baal die Jahreszeit der durch den Regen geförderten Fruchtbarkeit, zu Mot diejenige der Sommerdürre.

Dennoch kann man nicht behaupten, daß Mot nur als negative Macht geschildert wäre. Dies wird vor allem an der Stelle klar, die berichtet, auf welche Weise Anat dem Mot ein Ende bereitet:

»Sie packt den Sohn Els, Mot,
sie spaltet ihn mit dem Schwerte,
sie worfelt ihn mit der Getreideschwinge,
sie röstet ihn am Feuer,
sie mahlt ihn mit der Mühle,
sie streut seine Überreste auf das Feld.
Nicht fressen die Vögel seine Glieder,
nicht verzehren die Gefiederten die Überreste einzeln.«[163]

Das Schicksal des Mot wird beschrieben wie dasjenige des reifen Kornes; so wie Baal Gott der aufkeimenden und blühenden Fruchtbarkeit ist, so ist Mot, mindestens unter einem Aspekt, Gott der vollendeten, gereiften Fruchtbarkeit[164]. Damit ist die Wirksamkeit Mots im Ablauf des Jahres ebenso notwendig für die Erhaltung des Lebens wie diejenige Baals. Mit Recht ist betont worden, daß in Palästina keine Jahreszeit als eigentlich »tot« empfunden wird; freilich darf daraus nicht der Schluß gezogen werden, im Konflikt zwischen Baal und Mot spiegelten sich einander abfolgende Fruchtbarkeits- und Dürreperioden, da derartige Perioden nicht so regelmäßig sind, daß sie in ein mythisches Modell gefaßt werden könnten[165].

---

[161] Es ist zu vermuten, daß die vom Mythus gesetzte Ordnung dieselben Aspekte hatte wie in Mesopotamien; anders J. Gray, der die Mythen nur für die Aspekte der Naturordnung, der Fruchtbarkeit usw. bedeutsam hält, die Sozialordnung aber ausschließlich dem Gotte El zuordnet (The Hebrew Conception of the Kingship of God, VT 6, 1956, 268ff., bes. 273). Zum Verhältnis zwischen Mythus und fernem Gott s. u. S. 106f.

[161a] Ba'al Ṣaphon von Ugarit und Amon von Ägypten, in: Kl. Schr., IV 1968, 53ff.

[162] Kapelrud a. a. O. 59.

[163] I AB II, 30ff.; die Übersetzung ist nicht völlig gesichert.

[164] Vgl. u. a. Gray a. a. O. 57f.; Pope, WM I, 301f.

[165] Gegen C. H. Gordon, Ugaritic Literature, 3ff.; ds. in: Mythologies of the Ancient World, ed. S. N. Kramer, 1961, 195; Pope, WM I, 262ff. — Noch anders erklärt G. R. Driver a. a. O. 20f. den Zyklus.

So wird man daran festzuhalten haben, daß sich im Baal—Mot-Mythus ursprünglich der jährliche jahreszeitliche Wechsel widerspiegelte. Ursprünglich aber war wohl jede der beiden Jahreszeiten positiv qualifiziert, der Wechsel in der Herrschaft der Götter wird auch gar nicht immer als Kampf geschildert; nach einer Stelle räumt Baal das Feld kampflos, um sich in die Unterwelt zu begeben[166]. Freilich ist festzuhalten, daß die jetzige Fassung des Baalskampfes mit Mot wesentlich komplizierter strukturiert ist, als man von einem Agrarmythus, der den Wechsel der Jahreszeiten zum Inhalt hat, erwarten würde. Der zweimalige Sieg von Anat und Baal über Mot, die Auseinandersetzung zwischen Baal und der Aṯirat-Sippe und andere Besonderheiten lassen vermuten, daß eine Bearbeitung des ursprünglichen mythischen Stoffes vorliegt[167].

Wenn die hier gegebene Interpretation des Mot-Stoffes richtig ist, dann ist im Baal—Mot-Mythus eine ähnliche Struktur festzustellen

---

[166] I* AB,I.

[167] Die Frage nach dem Sitz im Leben der ugaritischen Texte, die manches Einzelproblem der Interpretation klären könnte, ist noch ungelöst. Einerseits ist deutlich, daß die Texte irgendwie mit dem Kult in Zusammenhang stehen; darauf deuten schon die rituellen Anweisungen, die sich da und dort finden. Man hat daraus den Schluß gezogen, daß die heute vorliegenden Texte tatsächlich als Mythen im strengen Sinne des Wortes aufzufassen sind (so Kapelrud a.a.O. 13ff.; Gray, The Legacy of Canaan, 1957, 18ff.; Gaster a. a. O. 114ff. und andere); andererseits erklärt Eißfeldt: »Die Epen von Ras Schamra sind ja nicht unmittelbarer Niederschlag der zu ihrer Gegenwart lebendigen Religion, sondern Dichtungen, die sich der damaligen religiösen Anschauungen bedienten, selbst aber bei aller innerer Bindung an sie doch zugleich frei sind, wie alle wahre Dichtung einen gewissen Abstand zu der ihr als Stoff dienenden Wirklichkeit einnimmt« (El im ugaritischen Pantheon, 1951, 58). — Für Eißfeldts These spricht mancherlei; zunächst die Tatsache, daß Jam- und Mot-Mythus miteinander verknüpft sind. Sodann die Feststellung gewisser literarischer Momente: Das Palastbaumotiv wird — sicher sekundär — auf den Gott ʿAṯtar übertragen (dazu s.u.S. 187f.). Die mehrmaligen Kämpfe zwischen Baal und Mot entsprechen nicht dem ursprünglichen Jahreszeitmythus, ebenso die Angabe, daß die Kämpfe in mehrjährigen Intervallen stattfinden; der Baal—Mot-Zyklus ist in der vorliegenden Form tatsächlich nicht einfach Jahreszeitmythus (so mit Recht W. H. Schmidt, Baals Tod und Auferstehung, ZRGG 15, 1963, 12). Trotzdem darf man nicht von »Dichtung« reden — die Ritualbemerkungen dürfen nicht übersehen werden. Außerdem ist es unzweckmäßig, einen abendländischen Begriff von »Dichtung« an die Texte heranzutragen. — Nimmt man alle Beobachtungen zusammen, so läßt sich der Baals-Zyklus wohl als reflektierende Bearbeitung mythischen Stoffes bezeichnen. Darauf weist die Verknüpfung beider Mythen hin. Da die Tafeln im Tempelarchiv gefunden wurden, wird man nicht fehlgehen, diese Reflexionen als priesterliches Werk zu verstehen. Solche priesterlich-spekulativen Reflexionen, die doch recht nahe beim Inhalt des Mythus bleiben, liegen auch andernorts vor — beispielsweise im *Denkmal memphitischer Theologie* oder in der Priesterschrift.

wie in den mesopotamischen Jahreszeitwechsel-Mythen, beispielsweise in *Dumuzi und Geštinanna* und *Inanna und Bilulu*. In diese Richtung weist die Tatsache, daß gewisse Züge Mots auch dem Tammuz eigen sind[168].

Wenn dies der ursprünglichen Intention des Baal—Mot-Mythus entspricht, dann ist doch festzustellen, daß in der jetzt vorliegenden Redaktion des Mythus das Verhältnis zwischen den beiden Göttern durch schärfste Feindschaft gekennzeichnet ist. Wie ist dies zu erklären?

Vielleicht ist auch in Ugarit, wie in Mesopotamien, eine gegenseitige Beeinflussung des Mythus, der auf den jahreszeitlichen Wechsel zielt, und des kosmologischen Mythus anzunehmen. Baal ist in beiden Mythen beteiligt; möglicherweise hatten auch beide Mythen ursprünglich ihren Sitz in demselben Fest. So könnte sich die Qualifikation von Kosmos und Chaos im kosmologischen Mythus in einem gewissen — nicht zu überschätzenden — Ausmaß im Jahreszeitmythus festgesetzt haben.

Es ist auffällig, daß zwischen Mot und Jam im ganzen Baals-Zyklus keine Feindschaft besteht; wenn beispielsweise Gasters Interpretation des Zyklus zutreffen würde, müßte Mot durch Jam besiegt werden[169]. So wird man anzunehmen haben, daß zwischen Mot und Jam, zwischen Chaosmacht und Sommerhitze, eine gewisse assoziative Nähe besteht. Doch ist demgegenüber auch festzuhalten, daß keine ausgesprochenen Beziehungen zwischen Jam und Mot bestehen, von einer in der Übersetzung schwierigen Stelle abgesehen[170]. Beide Mythenkreise sind demnach auseinanderzuhalten, in ihrem Inhalt sind sie aber je voneinander abhängig[171].

---

[168] Vgl. Pope, WM I, 301f. Sowohl Baal als auch Mot tragen also Züge, die im mesopotamischen Bereich auf Tammuz konzentriert sind. Das zeigt, daß jedenfalls verschiedene Elemente der Fruchtbarkeit in je anderer Weise mit Göttern in Zusammenhang gebracht werden konnten. Zu Mot als Fruchtbarkeitsgott vgl. auch Løkkegard, A Plea for El..., in: Studia Orientalia Ioanni Pedersen Dicata, 1953, 231.

[169] Vgl. Gaster a. a. O. 124ff.

[170] Diese These stimmt überein mit Beobachtungen Cassutos (Baal and Mot, IEJ 12, 1962, 77ff.), daß im Baals-Zyklus zwar das »Vegetationsdrama« zugrunde liege, jedoch dahin variiert sei, daß Mot nicht mehr einfach Gott der Sommerdürre, sondern des Todes und Verderbens in ganz allgemeinem Sinne sei. Freilich ist Cassutos Deutung problematisch, wo die Rollen von Mot und Jam bestimmt werden: Jam wird als »assistant of Môt« gesehen (84); der Zusammenhang zwischen beiden Größen wird von Naturerscheinungen her gedeutet: Tiefe und Meer, Mot und Jam gehören einfach zusammen. Damit ist die ursprüngliche Eigenständigkeit des Mot- und des Jam-Zyklus übersehen. — Zum fraglichen Text, der Mot und Jam zusammen erwähnt, vgl. Anm. 135.

[171] Das bedeutet, daß die Bemerkungen zum Naturverständnis in Mesopotamien (S. 41f.) auch für Kanaan Geltung haben.

Ein Motiv des ugaritischen Baals-Zyklus, das noch beachtet werden muß, ist das des Palastbaus[172]. Die Streitigkeiten zwischen Jam und Baal brechen aus, weil jeder dieser beiden Götter einen Palast — gemeint ist damit natürlich ein Tempel — haben will. Baal betont, daß er kein Haus habe wie andere Götter, sondern mit seinen drei Bräuten bei El wohnen müsse. El will jedoch zuerst dem Jam ein Haus bauen lassen; so bricht der Konflikt aus, der mit Baals Erfolg endet[173].

Welche historischen Hintergründe sind hinter diesem Motiv zu suchen? Es ist natürlich unsinnig, anzunehmen, daß Jam als Inbegriff der Chaosmacht einen Tempel hätte erhalten sollen. Zwar hat auch Jam einen gewissen Kult; er wird gelegentlich als Empfänger von Opfern genannt[174], doch gelten diese wohl dem Herrn des Meeres in seiner innerkosmischen, nicht chaotischen Dimension; und auf *diesen* Jam sind die Seefahrer schließlich angewiesen. Der Jam des Mythus aber repräsentiert ein Chaos, das jedem Kult prinzipiell entgegengesetzt ist.

Eine Angabe in der Schilderung der Konfliktvoraussetzungen ist immerhin richtig: Baal hat nicht seit ältester Zeit ein Heiligtum in Ugarit besessen. Er ist auch nicht der ursprüngliche Fruchtbarkeitsgott der Stadt; in dieser Rolle ist ursprünglich Dagan, der in Ugarit einen älteren Tempel besitzt, zu sehen[175].

Von diesen Tatsachen her läßt sich auf Grund der Angaben im Mythus eine gewisse historische Entwicklung vermuten. Baal-Hadad ist in Ugarit ein »neuer« Fruchtbarkeitsgott. Er ist vielleicht vorerst nicht in festen Heiligtümern, sondern auf freien Anhöhen verehrt worden, wie dies später aus dem Süden Kanaans überliefert ist. Mit der Zeit ist er zu einer Konkurrenz Dagans geworden, er hat diesen Gott in den Hintergrund gedrängt, ist zum vordergründigsten Fruchtbarkeitsgott geworden und hat gar einen neuen Tempel erhalten, der größer war als derjenige Dagans. Dies wird nicht ohne Widerstände vor sich gegangen sein[176]. Diese Widerstände waren, von der Sicht der

[172] Vgl. zu diesem Motiv F. Løkkegard, The House of Baal, ActOr (Kopenhagen) 22, 1955, 10ff.; A. S. Kapelrud, Temple Building, a Task for Gods and Kings, Or NS 32, 1963, 56ff.
Da der Tempelbau auch in anderen kosmologischen Mythen eine Rolle spielt (in *enūma eliš* gehört der Bau von *e-sagila* mit zum Urgeschehen, andererseits ist die Tempelweihe des Gudea mit dem kosmologischen Mythus in Bezug gesetzt), wird man das Motiv als ursprünglich mit dem Baal—Jam-Kreis in Zusammenhang zu bringen haben. Originell ist in Ugarit die breite Ausführung des Tempelbaumotives.

[173] Zum Thema gehörige Texte: III AB C,B,A; II AB. Zum Tempelbau-Motiv und ʿAṯtar s. u. S. 187f.. [174] UT 1, 13; 9, 6.

[175] V. Maag, BHH I, 311ff., s. v. »Dagan« (Lit.).

[176] Mit solchen Widerständen ist aus verschiedenen Richtungen zu rechnen: Einerseits von den Anhängern der alten Dagan-Verehrung her, andererseits von den Anhängern einer herkömmlichen Baals-Verehrung auf freiem Felde her.

später etablierten Baals-Verehrung her gesehen, als ordnungswidrig und chaotisch zu qualifizieren. Sie werden darum projiziert auf die Chaosmacht Jam, das Verhältnis zwischen Baal und seinem »Vorgänger« Dagan aber erscheint den Späteren als völlig ungetrübt: Baal wird zum Sohne Dagans, dessen Funktionen er übernommen hat[176a].

Damit zeigt sich im Baals-Zyklus wieder eine Strukturanalogie zu *enūma eliš*: Hier wie dort ist ein Stück Geschichte in den Mythus eingedrungen. Auch hier handelt es sich um ein Stück »Religionsgeschichte«, welche davon berichtet, wie Baal-Hadad in Ugarit einen Tempel bekam und in die Rolle des National- und Fruchtbarkeitsgottes aufrückte.

Ein Unterschied zwischen dem Baals-Zyklus einerseits und den mesopotamischen Chaoskampfmythen andererseits ist zu verzeichnen. Während in *lugal-e* Ninurta seinen Kampf offenbar im Auftrage Enlils ausführt, während die alten Götter in *enūma eliš* entweder Marduk untergeordnet oder auch als seine Beschirmer verstanden werden, nimmt El in Ugarit als alter, ferner Gott eine etwas andere Stellung ein. Er steht über allen Kampfparteien, jede Kampfesphase bedarf seiner Zustimmung. Daß El als übergeordnete Instanz über Baal und Mot erscheint, hat seine Parallele in der Rolle der »Schiedsrichtergötter« in den aus mesopotamischem Gebiet bekannten Streitgesprächen. Daß er aber auch über dem Gegensatz von Baal und Jam steht, ist singulär. Denn dies bedeutet, daß der Bereich Els über den Ordnungshorizont, den der kosmologische Mythus überhaupt schafft, hinausgeht. Die Bedeutsamkeit des alten, fernen Gottes reicht also über die des nahen, jungen Gottes hinaus; doch dies vermag der Mythus nur anzudeuten[177].

D. WEITERE AUSPRÄGUNGEN DES CHAOSMOTIVS

Während beim babylonischen und ugaritischen Chaoskampfmaterial enge Parallelen zu demjenigen des vorisraelitischen Jerusalem

---

[176a] Vielleicht spielt in der aufkommenden Baals-Verehrung auch eine kulturgeschichtliche Umwälzung eine Rolle. J. Obermann (Ugaritic Mythology, 1948) sieht in den Baals-Anhängern Vertreter der Metallzeit, welche sich einer kulturgeschichtlich primitiveren Bevölkerung gegenüber durchsetzte; er stützt sich vor allem auf die Beschreibung der wunderbaren Waffen Baals (*jgrš* und *'ajmr* III AB, A, 11f. 19), die aus Metall sein sollen. Kaiser (a. a. O. 72) hält die »Waffen« für Blitze, die der Wettergott schleudert. — Die Waffen haben ihre Entsprechung im mesopotamischen Raum und entsprechen denjenigen Ninurtas und Marduks (vgl. o. S. 35; Gaster a. a. O. 138). Auch šàr-úr ist aus besonderem Material hergestellt, nämlich *ḫuluppu*-Baumholz (Gudea-Zyl. A XV, 22f.; B VI, 45ff.; vgl. C.-F. Jean, La religion sumérienne, 1931, 76), andererseits ist er mit dem Blitz identisch. Beide Vorstellungen schließen sich nicht aus. Es ist gut möglich, daß die ugaritischen Texte an Metallwaffen denken, welche zum Sieg führen; vgl. dazu auch den Text S. 55.

[177] Vgl. dazu Kap. 3.

aufgewiesen werden können[178], gibt es in andern Gebieten des Alten Orients eigenständigere Fassungen desselben Materials. Ein Überblick über diese Stoffe lohnt sich deshalb, weil daran deutlich wird, wie sich die Strukturen, innerhalb derer Chaoskampfmotive erscheinen, verändern können. Die Übersicht über diese Variationsbreite ermöglicht einen vertieften Einblick in das Wesen des Chaoskampfmotivs.

1. *Der hurritisch-hethitische Raum*

Es sind zwei Versionen des kosmologischen Mythus bekannt, nämlich die Geschichte vom Drachen Illujanka und der »Gesang von Ullikummi«.

Der *Illujanka-Mythus*[179] ist der hieros logos des *purulli*-Festes[180], eines Neujahrsfestes in Kleinasien.

Der Mythus ist in zwei Versionen überliefert, die nach einer Einleitung formularischen Charakters (Segensspruch und Situationsbezug auf das *purulli*-Fest) hintereinander wiedergegeben werden.

Die *erste Fassung* blickt zunächst zurück: Der Wettergott ist vom Drachen[181] überwunden worden. Er ruft daher andere Götter zu Hilfe, daraufhin gibt die Göttin Inara ein Fest und versichert sich der Hilfe des Hupasija, eines Sterblichen, den sie zur Belohnung zu ihrem Geliebten macht. Es gelingt Hupasija, den Drachen, der sich auf dem Fest betrunken hat, zu fesseln[182], worauf das Ungeheuer vom Wettergott erschlagen wird. Nun baut Inara für Hupasija ein Haus, verbietet ihm aber, durch das Fenster zu sehen, weil er sich sonst wieder an seine Familie erinnert. Nach zwanzig Tagen übertritt der Sterbliche das Verbot, Inara demoliert bei ihrer Rückkehr das Haus und Hupasija kommt um. — Es folgt ein Abschnitt, der die nun wiedererwachende Fruchtbarkeit zum Thema hat.

Nach der *zweiten Fassung* nimmt der Wettergott die Tochter eines Armen zur Frau, zeugt einen Sohn und verheiratet diesen mit der Tochter des Illujanka. Der Sohn verlangt von seinem Schwiegervater Herz und Augen des Wettergottes, die diesem vom Drachen offenbar vorher im Kampf abgenommen worden sind. Nachdem der Wettergott so wieder seine Gestalt erlangt hat, kann er den Kampf wieder aufnehmen und tötet schließlich Illujanka am Meeresufer samt seinem eigenen Sohn[183].

---

178 Vgl. u. S. 63ff.

179 Übersetzungen der Texte: ANET 125f.; Gaster, Thespis, 245ff. Vgl. auch H. G. Güterbock, Hittite Mythology, in: Mythologies of the Ancient World, ed. S. N. Kramer, 1961, 150ff.

180 Gaster a. a. O. 245. Wann das *purulli*-Fest stattgefunden hat, ist nicht ganz sicher (vgl. H. Otten, OLZ 51, 1956, 101ff.).

181 »Illujanka« ist eigentlich nicht Eigenname, sondern Appellativ in der Bedeutung »Drache«; vgl. E. Laroche, OLZ 51, 1956, 422.

182 Zum Motiv des »Fesselns« vgl. in den ugaritischen Texten V AB, D, 37; VI MF.

183 Daß die Tötung am Meeresufer geschieht, enthält offenbar die Erinnerung, daß zwischen Meer und Chaosmacht ein Zusammenhang besteht. In der Tatsache, daß auch der Sohn des Wettergottes umkommt, könnte sich ein Ersatzkönigsritual spiegeln.

Es ist deutlich, daß hinter beiden Versionen ein Kampf zwischen dem Wettergott und einem Chaosuntier steht; doch weisen die erste und vor allem die zweite Fassung mannigfache literarische Elemente, beispielsweise Märchenmotive, auf, die mit dem ursprünglichen Mythus nichts zu tun haben. Mit Recht spricht Gaster von »several subsidiary traits of purely literary or artistic origin«[184]. Immerhin wird, gerade durch Gasters Erläuterungen[185], deutlich, daß viele Züge, die in *enūma eliš* und im Baals-Zyklus zu beobachten sind, hier wiederkehren. Auch das *purulli*-Fest, zu dem die Erzählungen gehören, ist in Parallele zu den Neujahrsfesten in Babylon und Ugarit zu sehen.

Offenbar wird der Chaoskampfstoff hier aber schon durch volkstümliche Erzähler-Tradition geprägt. Der Mann, der nicht zum Fenster hinausschauen darf, weil er sonst Heimweh bekommt, es aber trotzdem tut und daran zugrunde geht — dies ist ein Wandermotiv aus der Märchenwelt. So geht der Stoff aus der Form des Mythus langsam in andere Formen über und gerät in Ähnlichkeit zur *Sage*; wenn die Sage als Form so bestimmt werden kann, daß ein historischer Kern im Laufe der Tradition mit volkstümlichen Wandermotiven ausgestaltet wird, so handelt es sich hier darum, daß das Geschehen des Mythus den Kern bildet, der weitergeformt wird. Vom inhaltlichen Gesichtspunkt her kann man von einem Mythenrest sprechen[186].

Immerhin ist bei den hier vorliegenden Erzählungen noch festgehalten, daß diese zur Liturgie des *purulli*-Festes gehören; sie bilden sicher nicht den eigentlichen Mythus, was schon deshalb ausgeschlossen ist, weil zwei Fassungen nebeneinander dargeboten werden; sie stehen wahrscheinlich auch nicht in einem engen Zusammenhang mit dem Ritual, das im Anschluß an die zweite Fassung der Erzählung ganz kurz resümiert wird. Man wird deshalb formal vielleicht von »Festlegenden« reden können.

Anders ist der »*Gesang von Ullikummi*« zu beurteilen[187]. Dieser Text bildet die Fortsetzung der bekannten ḫurritischen Theogonie[188]. Die ganze Textkomposition dürfte kultische Funktionen gehabt haben; auch hier ist an ein Neujahrsfest zu denken[189].

Inhalt: Die Voraussetzungen zum Ullikummi-Kampf erwachsen aus der Theogonieerzählung heraus; dort wird berichtet, wie die Götterkönige Alalu, Anu, Kumarbi

[184] A. a. O. 246.

[185] A. a. O. 251f.

[186] Vgl. Anm. 60.

[187] Text: H. Otten, Mythen vom Gott Kumarbi, 1950, 13ff.; H. G. Güterbock, The Song of Ullikummi, JCS 5, 1951, 135ff.; JCS 6, 1952, 8ff.; Übersetzungen: ANET 120f.; QO 163ff.

[188] Übersetzungen: ANET 121ff.; QO 160ff. Ursprünglich werden beide Textkompositionen miteinander hieros logos eines Neujahrsfestes gewesen sein (QO 160).

[189] Vgl. zum ganzen H. G. Güterbock, Hittite Mythology, 155ff.

und der Wettergott sich im Kampf ablösen und je stürzen. Der Wettergott siegt über Kumarbi mit Hilfe Anus. — Der Ullikummi-Gesang geht davon aus, daß Kumarbi, der entthronte Gott, wieder zur Herrschaft gelangen will. Zu diesem Zweck beabsichtigt er, einen Gegenspieler des Wettergottes zu schaffen; er zeugt mit einem Felsen ein Kind. Auf seiner Seite stehen das personifizierte Meer, auch hier Chaosmacht, und dessen Vezier Impaluri. Kumarbis Sohn Ullikummi, dessen Leib aus Dioritstein besteht, wird auf Upalluri, einem dem Atlas-Riesen ähnlichen Urgott, befestigt, nachdem er von Göttinnen aufgezogen worden ist. Die Götter Enlil und der Sonnengott erschrecken vor dem Ungeheuer, das täglich eine Elle wächst und endlich Himmelshöhe zu erreichen droht. Der Wettergott sieht mit Ištar und einem andern Gott zusammen Ullikummi vom Berg Hazzi (dem Ṣaphon der Ugariter und mons Casius der Römer) aus; auch er verzagt und weint. Ištar versucht, den Wettergott zum Kampf anzutreiben; da ihr dies nicht gelingt, versucht sie selbst, Ullikummi mit magischen Gesängen zu betören. Doch der Gott ist taub; auch Ištar verzweifelt. — Es kommt doch noch zum Kampf. Ein Angriff des Wettergottes scheitert, ebenso ein Kampfversuch aller 70 Götter zusammen. Ullikummi wächst weiter; er bedroht die Götterstadt Kumija, und die Gemahlin des Wettergottes, Hebat, muß die Stadt verlassen. Ullikummi will Götter und Menschen, die gesamte Weltordnung, vernichten. Die älteren Götter Ea und Enlil beraten untereinander; schließlich erhält Ea von Upalluri, dem Urgott, den Rat, mit dem Messer, »mit dem Himmel und Erde getrennt worden waren«, die Füße Ullikummis abzuschneiden. Der Schluß ist nicht deutlich. Offenbar siegt der Wettergott in einem nochmaligen Angriff, nachdem der Rat des Urgottes ausgeführt worden ist.

Manche Ähnlichkeiten des Ullikummi-Mythus (im Zusammenhang mit der vorangehenden Theogonie betrachtet) mit *enūma eliš* fallen auf; nach einer Generationenreihe von Göttern erscheint erst der Hauptgott, der den Kampf auszufechten hat. Die spezifische Eigenart der ḫurritischen Theogonie besteht darin, daß es sich bei der Generationenfolge jedesmal um Kämpfe der sich entthronenden Götter handelt; der am Anfang der Generationenreihe genannte Alalu ist auch in Mesopotamien bekannt gewesen[190]. Vielleicht spiegelt sich in der Konkurrenz der Götterahnen ein Stück Geschichtsablauf; es wäre denkbar, daß hinter Kumarbi und dem schließlich siegreichen Wettergott verschiedene Bevölkerungsschichten stehen, deren Rivalität im Mythus ausgetragen wird. Jedenfalls ist der eigentliche Kämpfer je ein junger Gott, der in der Gewittertheophanie erscheint.

Andererseits ist die Verwandtschaft des Mythus zum ugaritischen Baals-Zyklus ebenso deutlich. Der Wettergott sieht seinen Gegner vom Berge Hazzi aus — es handelt sich also um den auch in Baal verehrten Herrn des Zaphon, wenn auch die nationalen Bindungen der Gottheit im ḫurritischen Mythus zweifellos anders gesehen werden als in Ugarit, nämlich auf den eigenen Nationalkosmos bezogen.

Einzelne Motive des Mythus weisen teils auf Verwandtschaft mit mesopotamischem, teils mit ugaritischem Material. Daß Ullikummi aus Diorit(?)stein besteht, erinnert an die seltsame Angabe in *lugal-e*,

190 Vgl. u. S. 125.

daß zu den Gegnern Ninurtas unter anderem auch Steine zählen, die im Schlußteil des Mythus verflucht werden. Auch der zweimalige Angriff, der in seiner ersten Phase scheitert, ist dem Ullikummi-Mythus und *lugal-e* gemein. Auf der andern Seite erinnert das gemeinsame Vorgehen von Ištar und dem Wettergott an das Paar Anat—Baal in Ugarit — in keiner mesopotamischen Chaoskampfversion kämpfen Ištar und ein Gott gemeinsam. Die Tatsache, daß Ullikummi der Schützling des alten Gottes Kumarbi ist, erinnert an die Tatsache, daß in Ugarit Jam zuerst die Bewilligung Els zum Tempelbau erhält und stereotyp *mdd 'il* genannt wird[191]. Kumarbi und El werden in Ugarit identifiziert[192].

Damit zeigt sich, wie sehr der ḫurritische Mythus sowohl im mesopotamischen als auch im kanaanäischen Einflußbereich steht. Daneben sind ihm viele originelle Züge eigen. Interessant ist vor allem, wie der Chaoskampf schließlich zur Entscheidung kommt: Ullikummi, der den Kosmos gefährdet, steht auf der Urberg-Gottheit Upalluri[193]. Ihm müssen mit dem Messer, mit dem Himmel und Erde getrennt wurden, die Füße durchgeschnitten werden — daraufhin kann er vernichtet werden. Offenbar hat sein Erscheinen die Trennung von Erde und Himmel wieder gefährdet — sie muß deshalb neu vollzogen werden. Zweierlei wird dadurch klar: Der Chaoskampf wiederholt das kosmologische Urgeschehen der Trennung von Himmel und Erde — andererseits ist der Kampf gegen Ullikummi doch nicht mit der ersten Trennung der Urelemente identisch; seither fanden die ganzen Götterkämpfe der Theogonie statt, sowohl die Chaosmacht Ullikummi wie der Kämpfergott sind Spätkömmlinge unter den handelnden Göttern. So hat auch in diesem Mythus eine gewisse historische Spannung Eingang gefunden, die dem Wesen des Mythus eigentlich zuwiderläuft. — Nur eine genauere Kenntnis der historischen und religionsgeschichtlichen Verhältnisse in Kleinasien könnten die einzelnen Elemente des Mythus noch deutlicher werden lassen.

Ein weiterer Text, auf den Gaster aufmerksam gemacht hat[194], verdient Interesse (KUB XVII 95, iii 9—17); er überschreibt ihn mit: »A Hittite Ritual Combat«.

Der Text lautet folgendermaßen:

(9) Dann teilen sich die Männer in zwei Gruppen. Sie geben sich Namen.
(10) Die eine Gruppe wird »Männer der Stadt Ḫatti« genannt.
(11) Die andere Gruppe wird »Männer der Stadt Masa« genannt.
(12) Die Männer von Ḫatti haben Waffen aus Bronze, aber die Männer von Masa (13) haben Waffen, die aus Schilf gemacht sind. Dann kämpfen sie.

[191] Dazu vgl. u. S. 140f.
[192] C.-G. Brandenstein, Zum Churrischen der Ras Schamra-Texte, ZDMG 91, 1937, 561.
[193] Zu Urgottheiten dieser Art s. u. 117ff.
[194] Thespis 267ff.

(14) Die Männer aus Ḫatti siegen. Sie nehmen Beute (15) und weihen sie ihrem Gott. Dann heben sie ihren Gott (bzw. dessen Bild) auf und bringen es in den Tempel. Sie stellen es auf den Altar. (17) Sie opfern eine Handvoll Brot; sie bringen eine Bier-Libation dar; sie stellen Sonnenplatten auf.

Man wird auch hier an ein jährlich begangenes Ritual zu denken haben. Gemeinsam mit den besprochenen Chaoskampfmythen ist fast nur noch das Kampfelement. Die Tatsache, daß das Gottesbild in der Ritualschlacht gegenwärtig ist, läßt vermuten, daß ursprünglich Gott als der eigentlich Kämpfende vorgestellt wurde.

Zu beachten ist, daß die *Form* des Mythus fehlt; nur die Ritualanweisung ist überliefert. Ob ein Mythus, der das Geschehen in Worte faßte, überhaupt vorhanden war, ist eher zu bezweifeln.

Was ist mit dem Chaoskampfmythus geschehen? Er ist offenbar an einer ganz bestimmten Situation haften geblieben, nämlich bei der Schlacht zwischen den Männern von Ḫatti und denen von Masa. Dies war, wie das Ritual in Erinnerung behält, ein kulturgeschichtlich einschneidendes Ereignis: Männer mit Bronzewaffen siegten über weniger gut bewaffnete Repräsentanten einer zu Ende gehenden Zeit. Das Ritual spricht natürlich aus der Sicht der Sieger, die Besiegten repräsentieren die Chaosmacht, die erledigt wird.

Das Fest, das hinter dem besprochenen Text steht, ist also so etwas wie eine »Schlachtfeier«, zu vergleichen etwa der »Näfelser Fahrt« im Kanton Glarus oder der Morgartenfeier der Schwyzer. Die Form der Feier ist das Chaoskampfritual. Das Chaos aber erscheint in völlig historischer Dimension; die Erinnerung an die Geschichte geschieht also auch hier in der Denkform des Mythus[195].

2. *Ägypten*

Die Chaoskampfthematik in Ägypten ist darum interessant, weil sie sich vorwiegend an anderen Vorstellungen ausgebildet hat als in Mesopotamien und Kanaan. Trotzdem zeigen sich parallele Strukturen und Entwicklungen, die kurz zu zeigen sind.

Osiris und Seth repräsentieren in klassischer Zeit hauptsächlich die Vegetationsperioden von Fruchtbarkeit und Dürre. Seth ist nicht nur der Gott der Hitze, sondern auch der Wüste, des »Berglandes«. Der Mord des Seth entspricht dem jährlichen Sieg der Dürre über die

---

[195] Es ist nicht eindeutig, ob und in welchem Maße die jährlich im Fest gestaltete Erinnerung an ein historisches Ereignis, das nun also in mythischer Form erscheint und mittels des Erlebnismodells der Natur fixiert ist, als historisch einmalig und in einer irreversiblen Geschichtslinie liegend bewußt ist. Ähnliche Fragen stellen sich natürlich im israelitischen Raum, wo geschichtliche Ereignisse wie Exodus, Landnahme usf. mit Ackerbaufesten verbunden erscheinen. Jedenfalls ist der Schritt von derartigen Festen zu eigentlich historischem Bewußtsein hin nicht mehr groß.

Fruchtbarkeit der feuchten Jahreszeit, die Auferstehung des Osiris-Horus bezeugt das Wiedererwachen der Vegetation[196].

Trotzdem ist die Vegetation, der Kreislauf der Natur, nicht das einzige Thema des Osiris—Seth-Zyklus. Seth und Osiris scheinen ebenso politische Mächte Ägyptens[197] wie Aspekte der Natur zu vertreten[198], wie dies vor allem im *Denkmal memphitischer Theologie* deutlich wird [199]. Seth steht für eine Macht Ägyptens, die von einer nachmaligen Ordnung als »chaotisch« empfunden wurde, also unterlegen war.

Seth gilt auch als Gott der Fremdvölker. Die Hyksos sollen nach ägyptischer Auskunft reine Seth-Verehrer gewesen sein — sie hielten sich also ganz auf der Seite der Macht des Verderbens auf[200]. Aus späterer Zeit wird ersichtlich, daß man unter jenem Hyksos-Seth den Gott Baal verstand, und Baal-Seth wird später als eine Gottheit verehrt[201]. Baal ist also in Ägypten mit Funktionen vertraut, die in seiner Heimat Kanaan die Götter Mot und Jam, die schärfsten Gegner Baals, innehaben! So zeigt sich in Ägypten wie in Mesopotamien und — weniger deutlich — in Ugarit, daß National- und Naturkosmos im Verständnis der Menschen sich wechselseitig bedingen[202].

Ein Chaoswesen ganz anderer Art ist der Apophis-Drache; er wird vor allem im *Papyrus Bremner Rhind* (»Apophisbuch«) erwähnt[203]. Es handelt sich hierbei um einen kosmogonischen Text: Der Urgott Re zeugt und schafft alle Gestalten, Menschen und Götter. Dabei widersteht ihm ein Gegenspieler (der offenbar nicht von Re erschaffen wurde, sondern einfach da ist). Re schickt seine Kinder, die Götter, zum Kampf gegen Apop, der im folgenden getötet, verbrannt und also völlig vernichtet wird; auf diese Vernichtung konzentriert sich der Hauptteil der Schilderungen im Text.

Dem Kampf gegen Apop, der in der Urzeit stattfindet, entspricht ein immer wiederkehrendes Ur-Datum der Natur: Allnächtlich steigt

---

[196] Vgl. Gaster a. a. O. 377ff. und 399ff. (zwei verschiedene Versionen desselben Stoffes); R. Anthes, Mythology in Ancient Egypt, in: Mythologies of the Ancient World, ed. S. N. Kramer, 1961, 68ff.

[197] H. Kees, Götterglaube im alten Ägypten, 1941, 194ff. In früher Zeit ist meist Osiris, seltener Seth-Königsgott, zuweilen nehmen beide diese Stellung gemeinsam ein.

[198] Zur ursprünglichen Fassung und Bedeutung des Osirismythus vgl. W. Helck, WM I, 382f.

[199] ANET 4. 6; vgl. dazu zuletzt K. Koch, Wort und Einheit des Schöpfergottes in Memphis und Jerusalem, ZThK 62, 1965, 255f.

[200] S. Morenz, Ägyptische Religion, 1960, 250f.

[201] R. Stadelmann, Syrisch-palästinensische Gottheiten in Ägypten, 1967, 19.

[202] Vgl. o. S. 41f. 49.

[203] AOT 2—4; ANET 6f.; QO 68ff.

Re in die Finsternis; der Sonnengott begibt sich in den Herrschaftsbereich des Finsternis-Drachen, wird von diesem gar verschlungen. Am Morgen aber steigt der Sonnengott strahlend wieder auf: Der Finsternis-Drache ist besiegt. Auch dieses astrale Chaoskampfmotiv ist, wie dasjenige, das mit der Vorstellung vom Urwasser arbeitet, nicht nur auf einen Kulturraum beschränkt[204].

Damit zeigt sich, daß die Chaoskampf-Symbolik auch an astralen Zyklen, nicht nur am Jahreszeitszyklus, Gestalt annehmen kann. Licht und Finsternis nehmen in diesem Fall die Symbolvalenz von Kosmos und Chaos an.

Neben den Kämpfen zwischen Horus und Seth sowie Re und Apop existiert auch in Ägypten eine Kampfversion, nach der das Wasser bekämpfte Chaosmacht ist[205]; an zwei Stellen wird auf eine derartige Auseinandersetzung angespielt. Die erste steht in der Lehre für Merikare[206]; es wird hier ein Wasserungeheuer erwähnt (*śnk n mw*, wörtlich »Gierige des Wassers«), das vom Schöpfergott besiegt wird. Die andere Stelle[207] lautet in der Übersetzung: »So wie Seth das Meer (*w3d wr*) besprochen hat, so bespricht Seth auch dich, du Krankheit der Asiaten!« Parallel wird vom Vorgehen desselben Gottes gegen das Meer und gegen die »Krankheit der Asiaten« — damit kann nur die für ägyptisches Gebiet bedrohliche Feindeinwirkung der Asiaten gemeint sein — gesprochen. Der Chaosmacht des Mythus, dem Meer, entspricht die Chaosmacht der Geschichte, der Feind. Interessant ist, daß die Waffe des Gottes das Wort ist, also ein magisches Mittel[208]. An dieser Stelle ist Seth Bekämpfer des Chaos, derselbe Gott, der als Hyksos-Gott das Chaos vertreten kann! Hier hat sich das Wissen um die Chaoskämpferrolle Baals über die nationalen Gegensätze hinweggesetzt[209].

Kaiser hält[210], im Gegensatz zu Posener[211], dafür, daß diese Chaoskampf-Vorstellungen nicht genuin-ägyptisch sind, sondern aus kanaanäscher Beeinflussung zu erklären sind. Das ist durchaus möglich; immerhin ist zu bedenken, daß einerseits die Vorstellung von einem

---

[204] Gaster, Thespis, 141. 227ff., und u. S. 59.

[205] Vgl. zum folgenden O. Kaiser, Die mythische Bedeutung des Meeres in Ägypten, Ugarit und Israel, 1962², 36ff.

[206] Kaiser a. a. O. 36f.

[207] Kaiser a. a. O. 37f.

[208] Das göttliche Wort gehört nicht nur hier in dem Umkreis des Chaoskampfmythus; viele Belege, die Dürr (Die Wertung des göttlichen Wortes im Alten Testament und im Antiken Orient, 1938) aufführt, sind in gleichem Kontext zu verstehen.

[209] Ebenso kann der Pharao, der gegen Feindvölker ins Feld zieht, mit dem kämpfenden Baal—Seth verglichen werden (Stadelmann a. a. O. 39ff.).

[210] A. a. O. 38f.

[211] La légende égyptienne de la mer insatiable, AIPH 12, 1953, 469ff.

Chaoskampf überhaupt auch in Ägypten seinen Platz hat, und daß andererseits das Wasser in Ägypten in ausgesprochenem Maße Chaoselement ist, wenn es auch in anderen Denkstrukturen als derjenigen des Chaoskampfmythus häufig zu finden ist[212]. So ist die Möglichkeit einer ägyptischen Entstehung dieses Chaos-Wasserkampfmotives nicht auszuschließen.

3. Indien

Um zu zeigen, daß auch in ganz anderen Kulturkreisen das Thema »Chaoskampf« ähnlich Gestalt annehmen kann, wie dies in Mesopotamien und Ugarit der Fall ist, sei kurz auf Indien hingewiesen.

Kämpfergott ist *Indra*, sein Gegenspieler *Vṛtra*. J. Gonda schreibt über den Kampf der beiden Gegner: »Indras größter Gegner ist *Vṛtra*. . Wer oder was ist *Vṛtra*? Schon Yaska stellte diese Frage und erwähnt zwei Antworten: Nach den Aitihasikas, d. h. den Kennern der alten Überlieferungen war er ein Dämon, ein Sohn Tvaṣṭars, nach den Nairuktas, den Kennern der Etymologien, eine Wolke. . . . Er wird beschrieben als eine hand- und fußlose Schlange, die, prahlerisch und sich überhebend auf dem Berge lagernd, im Besitz von Maya (d. h. von übernormaler Gestaltungskraft) sich stark fühlend und breit machend, die Wasser oder Flüsse, auch die himmlischen, raubt, versperrt, umstellt, verschlingt. Die Wasser waren augenscheinlich irgendwo in der Höhe in Bergen oder in einem Steinbehälter eingeschlossen, und um alle Flüsse herum lag *Vṛtra* . . . Aber *Indra*, vom Soma gestärkt, überwindet und zerschmettert ihn mit einer Wurfkeule, spaltet seinen Kopf und befreit, für alle Zukunft Sieger, die Wasser, die nun, nachdem Gott ihnen Bahn gebrochen, wie brüllende Kühe stracks zum Meere laufen. Einige Male fügt ein Dichter hinzu, daß dieses hochwichtige Ereignis von dem Aufgehen der Sonne begleitet war . . . An andern Stellen wird die *Vṛtra*tötung mit der Ausbreitung und Befestigung von Himmel und Erde, d. h. mit der Trennung dieser Teile des Universums, oder auch mit der Festsetzung der Berge verknüpft...«[213]. Gonda betont, daß »naturalistische« Deutungen des Mythus ungenügend sind: »*Vṛtra* ist weder eine Wolke noch ein Drache oder schlechthin ein Dämon der Dürre. . . (Er) bringt universelle Unordnung mit sich, durch die sogar die Götter in Angst und Not geraten«[214]. Es handelt sich also um einen »Weltordnungsmythus«, die Chaosmacht hat einen kosmologischen Aspekt; daß auch das Feld von Politik und Geschichte zu diesem Kosmos gehören, wird von Gonda an dieser Stelle

---

[212] Hier ist das von Kaiser a. a. O. 9ff. genannte Material zu nennen; vgl. dazu u. S. 117ff.

[213] Die Religionen Indiens, I 1960, 55f.

[214] Ebd.

nicht ausdrücklich erwähnt, doch weist er andernorts darauf hin, daß mit dem Wort *Vṛtra* auch die den Ariern entgegentretende, feindliche Bevölkerung Indiens bezeichnet werden kann[215].

Wenn auch Zusammenhänge dieses indischen Chaoskampfmaterials mit demjenigen Mesopotamiens nicht ganz ausgeschlossen sind — die Induskultur könnte vielleicht ein Zwischenglied beider Kulturgebiete bilden — so zeigt sich doch, daß die indische Ausprägung ganz eigenständig entwickelt ist[216]. Die *Funktion* des Mythus aber, seine Art, Weltordnung zu schaffen, läßt sich mit den andern besprochenen Mythen durchaus vergleichen. Das weist darauf hin, daß sowohl Struktur als auch Bildmaterial des kosmologischen Mythus über die Kulturräume hinaus eine Konstanz aufweisen, die aus historischen Abhängigkeiten allein nicht erklärt werden kann[217].

E. CHAOSKAMPF IM VORISRAELITISCHEN JERUSALEM

Vom bisherigen Wissen über Möglichkeiten und Funktion des Chaoskampfmythus und mittels des alttestamentlichen Chaoskampfmaterials soll versucht werden, nach dem voralttestamentlich-jerusalemischen Chaoskampfmythus zurückzufragen. Die im folgenden angegebenen Stellen interessieren also nicht in ihrer alttestamentlichen Bedeutsamkeit, sondern in einem zu rekonstruierenden ursprünglicheren Zusammenhang. Die einzelnen Aussagen sind also als Glieder eines Mythus gewertet.

Diesem methodischen Vorgehen stehen zwei Bedenken entgegen. Erstens: Gab es nur *eine* voralttestamentlich-jerusalemische Chaoskampfversion[218]? Oder waren es verschiedene Variationen? Zweitens: Inwiefern hat der Mythenstoff vielleicht inneralttestamentliche Veränderungen erfahren — jetzt nicht nach dem formalen, sondern auch nach inhaltlichen Gesichtspunkten betrachtet?

Beide Fragen sind nicht ganz eindeutig zu beantworten. Erstens: Es ist wahrscheinlich tatsächlich nur mit einer kanonischen und offiziellen Fassung des Mythus zu rechnen, die für den alten Staatskult Gültigkeit hatte. Es ist nicht bekannt, daß beispielsweise in Babylon neben *enūma eliš* eine zweite Chaoskampfversion offiziell als Mythus in Geltung gewesen wäre. Zudem enthalten die alttestamentlichen Texte keine Elemente, die sich gegenseitig ausschließen. Immerhin ist hier eine mögliche Fehlerquelle der folgenden Ausführungen vorhanden.

---

215 Gonda a. a. O. 55.

216 Vgl. dazu W. N. Brown, Mythology of Ancient India, in: Mythologies of the Ancient World, ed. S. N. Kramer, 1961, 281ff., bes. 286.

217 Vgl. u. S. 66ff.

218 Vgl. zu dieser Frage H. Gunkel, Schöpfung und Chaos in Urzeit und Endzeit, 1921², 86ff.

Zweitens: Die israelitische Bearbeitung der Chaoskampfvorlage hat offenbar vorwiegend in einer formalen Umsetzung des Stoffes[219] und inhaltlichen Ergänzung durch andere israelitische Traditionen[220] bestanden, als in einer Fortsetzung der Arbeit am mythischen Stoff selbst. Diese immerhin zu erwägende Fehlerquelle ist m. E. als unbedeutend zu werten.

Das Alter der verschiedenen Texte spielt keine große Rolle — wesentlich ist das Alter der zur Sprache kommenden Kulttradition. Immerhin sind manche Texte vorexilisch und reichen sehr wahrscheinlich bis in die älteste Königszeit zurück[221].

Die Texte:

»Du wirst des Aufstandes des Meeres Herr — wenn seine Wellen sich erheben, du beruhigst sie.
Du hast Rahab niedergetreten als eine Durchbohrte, durch den Arm deiner Macht deine Feinde zerstreut.« Ps 89 10

»Du hast das Meer aufgescheucht in deiner Macht, hast zerschmettert die Köpfe Tannins[222] ob den Wassern.
Du hast zerschlagen die Köpfe Livjatans, den Haifischen des Meeres[223] ihn zum Fraß gegeben.« Ps 74 13f.

»Wach auf, wach auf! Waffne dich mit Kraft, du Arm Jahwes!
Wach, auf, wie in der Urzeit Tagen, bei den Geschlechtern der Ewigkeit!
Bist du es nicht, der Rahab erschlug[224], der Tannin durchbohrte?
Bist du es nicht, der das Meer ausgetrocknet, die Wasser der großen Urflut?«
Jes 51 9

»In seiner Kraft schreckte er das Meer auf, in seiner Einsicht schlug er Rahab nieder.
Durch seinen Hauch ward der Himmel heiter, seine Hand durchbohrte die flüchtige Schlange.« Hi 26 12f.

»An jenem Tage wird Jahwe mit seinem großen, harten und starken Schwert heimsuchen Livjatan, die flüchtige Schlange, und Livjatan, die gewundene Schlange, und wird Tannin töten, der im Meer ist.« Jes 27 1

»Ja, Gott zerschmettert das Haupt seiner Feinde, den Scheitel dessen, der einhergeht in seiner Schuld.
Es spricht der Herr: ‚Ich bändige die Seeschlange; ich bändige die Tiefen des Meeres.'«[225]
Ps 68 23

---

[219] Dazu s. u. S. 221ff.

[220] Vor allem das Exodus-Motiv wird gern mit Chaoskampfvorstellungen verknüpft, z. B. Ps 77 17ff. Jes 51 9ff.

[221] Im einzelnen sind die Datierungsfragen schwierig und umstritten. Bei Ps 89 nimmt eine große Mehrzahl der Ausleger vorexilische Entstehung an. Wahrscheinlich sind auch Ps 46 und 68 sehr alt, obwohl dies stark bezweifelt wird. — Zum ganzen Chaoskampfmaterial vgl. vor allem Gunkel a. a. O. 30—88; Kaiser a. a. O. 140ff.; Gaster a. a. O. 442ff.; Ph. Reymond, L'eau, sa vie et sa significance dans l'Ancien Testament, 1958, 182ff.; Schmidt a. a. O. 46ff. [222] l. sg. (BH).

[223] Zur Übersetzung vgl. H. J. Kraus, Psalmen, I 1961, z. St.

[224] l. מֹחֶצֶת (BH).

[225] Das Chaosuntier heißt hier בשן (ugar. *bṯn*, akk. *bašmu*); vgl. zu dieser Stelle M. Dahood, JBL 80, 1961, 270f.; P. D. Miller, HThR 57, 1964, 240.

»Darum fürchten wir nichts, wenngleich die Erde wankt[226], und die Berge taumeln in die Tiefe des Meeres.
Mögen tosen, mögen schäumen seine Wogen, die Berge erzittern bei seinem Aufruhr...«
Ps 46 3f.

»Er schilt das Meer und trocknet es aus, läßt alle Ströme versiegen.«
Nah 1 4

»... der du stillst den Aufruhr des Meeres, das Brausen ihrer Wellen und das Tosen der Völker ...«
Ps 65 8

»Einst erhoben die Fluten, Jahwe, einst erhoben die Fluten ihre Stimme — wieder erheben die Fluten ihr Tosen.
Mächtiger als das Brausen großer Wasser, mächtiger als die Brandung des Meeres ist Jahwe in der Höhe!«[227]
Ps 93 3f.

»Da sah man die Bette des Meeres, und aufgedeckt wurden die Gründe der Erde,
vor deinem Schelten, Jahwe, vor dem Schnauben deiner Nase!«
Ps 18 16

»... der die Erde auf ihre Pfeiler gegründet[228], daß sie nimmermehr wankt —
die Urflut hatte sie wie ein Kleid gedeckt[229], über den Bergen standen die Wasser;
doch sie flohen vor deinem Schelten, vor deines Donners Stimme wichen sie scheu.«
Ps 104 5ff.

»Siehe, durch mein Schelten trockne ich aus das Meer, mache Ströme zur Wüste,
daß ihre Fische sterben aus Mangel an Wasser, und ihre Tiere sterben an Durst[230].
Ich kleide den Himmel in Schwarz, Trauergewand mache ich zu seiner Hülle.«
Jes 50 2f.

»Die Wasser sahen dich, Gott, die Wasser sahen dich und erzitterten, die Urmeere bebten.
Es gossen Wasser die Wolken, es donnerte das Himmelsgewölk, deine Pfeile flogen dahin.
Die Stimme deines Donners durch die Räder! Blitze erleuchteten die Erde, das Land wankt und bebt[231].
Ps 77 17-19

»... der das Meer erregt, daß seine Wogen brausen ...«
Jer 31 35
Jes 51 15

»Wo warst du, als das Meer geboren wurde[232], da es hervorbrach, aus dem Mutterschoß kam?
....
als ich ihm seine Schranke setzte[233], ihm Tor und Riegel setzte und sprach: Bis hieher und nicht weiter! Hier sollen sich legen deine stolzen Wogen![234].«
Hi 38 8ff.

---

226 Txt. emend. (BH).

227 Txt. emend. (BH).

228 l. יִסַּד (BH).

229 l. כִּסַּתָּה (BH).

230 Hier ist ein Subjekt eingesetzt, das im masoretischen Text offenbar verloren ist.

231 Auch nach jerusalemischer Vorstellung fährt der Gott, der gegen das Chaos ankämpft, auf einem Wagen; nach diesem Text sind es die Räder des Kriegswagens, die den Lärm des Gottes bewirken. Zur Vorstellung vom Fahren Gottes vgl. auch Ps 68 5, wo Gott »Wolkenreiter« genannt wird (רכב בערבות; in Ugarit ist Baal *rkb ʿrpt* I*AB II, 7; II AB III, 11. 18; IV—V 122 usw.) und Ps 18 10f.

232-234 Der Text ist ziemlich verderbt; vgl. die Verbesserungsvorschläge in BH.

»... der ich dem Meer den Sand als Grenze gesetzt, als ewige Schranke, die es nicht überschreiten darf:
Ob es schon stürmt[235], es bezwingt sie nicht; ob seine Wellen tosen, sie überschreiten sie nicht.« Jer 5 22
»Beschilt das Wesen im Schilf, die Rotte der Starken unter den Völkerkälbern![236].« Ps 68 31

Von diesen Stellen her ergibt sich ein relativ deutliches Bild der Jerusalemer Chaoskampf-Vorstellung. Chaosmacht ist auch hier das Meer; wenn der Gegner יָם genannt wird, hat man wohl, wie in Ugarit, in erster Linie einen Eigennamen zu hören.

Neben ים stehen andere Chaosgestalten, so תנין und לויתן[237]; vielleicht ist die eine oder andere Gestalt mit ים identisch, oder aber beides sind Drachenwesen in der Begleitung der Chaosmacht. Der Ausdruck נהר — meist pluralisch gebraucht — bezeichnet wohl, wie in Ugarit, die beiden »Ströme« des Urozeans ober- und unterhalb der Erde; auch *Jam* trägt in Ugarit den Titel *ṯpṭ nhr*, »Strom-Herrscher«[238].

Im Unterschied zu Ugarit begegnet in Jerusalem auch ein weibliches Chaoswesen, nämlich רהב[239]. Die Chaoswasser werden auch als תהום[240] bezeichnet; das Wort entspricht etymologisch dem Namen der akkadischen Tiamat[241]. Ihn welchem Verhältnis weibliches und männliches Chaoselement zueinander gestanden haben, läßt sich schwer beurteilen.

Die einzelnen Elemente der Chaoskampfschilderung können folgendermaßen in eine Ordnung gebracht werden (wobei aber immer

---

[235] l. sg. (BH).

[236] Der Text ist stark verderbt, hier ist die traditionelle Übersetzung wiedergegeben. Zu Textverbesserungen vgl. die Kommentare; deutlich ist jedenfalls, daß es um ein Chaosungeheuer geht.

[237] Die Namen dieser Ungeheuer begegnen schon in Ugarit (vgl. Anm. 155); sie bedeuten »der Gewaltige« und »der Gewundene«. Zu תַּנִּין vgl. auch Hi 7 12 Ez 29 3ff. 32 2ff., wo der Pharao mit dem Chaostier verglichen wird; er ist mehrköpfig (Ps 74 14).

[238] Vgl. vor allem Hab 3 8f.; Anspielungen auch in Ez 32 2 Jer 46 7f. Nah 2 7. Der Titel des ugaritischen Chaosgottes erscheint in III AB, A 4. 15. 17. 22 usw.

[239] Der Name hängt wohl mit der Wurzel *rhb* »unruhig sein« zusammen; vgl. vor allem die Texte Ps 89 10ff. Jes 51 9 Hi 26 12; auch Hi 9 13.

[240] Neben den in den angeführten Texten vorkommenden Belegen von תהום (Jes 51 10 Ps 77 17) wird öfter beim Gebrauch von תהום auf dessen Chaosbedeutung angespielt (z. B. Ps 36 7 42 8: an beiden Stellen ist das vernichtende Gericht Jahwes mit der Vernichtungsmacht des Chaos verglichen; auch Hi 28 14 Gen 1 2 usw.).

[241] Es ist aber kaum an eine direkte Entlehnung aus dem akkadischen zu denken, sonst wäre wohl das inlautende ʾ erhalten. Die Etymologie und der Weg des Wortes sind dunkel. — Zu den Bezeichnungen für die Chaoswesen vgl. auch P. Humbert, A propos du »serpent« (*bšn*) du Mythe de Môt et Alëin, AfO 11, 1936, 235ff.

die erwähnte Fehlerquelle der vielleicht doch vorhandenen Mythusvarianten zu berücksichtigen ist):

Die Gottheit reizt die Chaosmacht und scheucht sie auf; das Motiv hat seine deutliche Entsprechung in *enūma eliš*, wo die Chaosgötter durch ihre Gegner aus der Ruhe gebracht werden. Vielleicht nahm dieses Motiv im ursprünglichen Mythus einen wichtigen Platz in der Begründung des Kampfes ein.

Die Chaosmächte greifen an: Sie überschreiten die ihnen gesetzten Grenzen mit großem Gebrüll — doch sie werden noch übertönt vom Chaoskämpfer. Dessen Kampferscheinung ist deutlich in den Farben der Gewittertheophanie gezeichnet[242]; das charakteristische Verb גער ist in diesem Kontext zu verstehen. Seine naturalistische Komponente ist der Donner[243]. Auch in Jerusalem fährt der Kämpfer auf dem Wolken-Wagen[244].

Gott zerschmettert die Häupter des (oft mehrköpfig gedachten) Chaoswesens[245]. Nach anderer Aussage bändigt er das Untier nur. Vielleicht liegt die Vorstellung zugrunde, daß verschiedene Chaoswesen nicht ein und dasselbe Schicksal teilen. Andererseits schließen sich die beiden Aussagen, auch wenn sie für dasselbe Wesen gelten, wohl nicht aus: Das Chaos ist zwar vollständig geschlagen, aber es erweist sich doch immer wieder als virulent. In anderer Vorstellungsweise bedeutet der Kampf Gottes, daß das Meer trockengelegt wird, oder daß es mindestens in seine Schranken verwiesen wird.

Es wird deutlich, wie sehr der Kampf kosmische Dimensionen hat. Die Berge taumeln, die Welt ist in ihrem Bestand in Frage gestellt. Wieder ist nicht zu fragen, ob der Kampf »vor« oder »nach« der Schöpfung stattfindet[246]. Im Kampfmythus aktualisiert sich die Schöpfung je und je. Mutatis mutandis gilt von der Struktur des Jerusalemer Mythus dasselbe, was zum Baal—Jam-Mythus und zu *enūma eliš* zu sagen war. Manchmal ist die Erinnerung bewahrt, daß das Geschehen des Mythus in der Urzeit spielt[247].

---

242 Vgl. dazu Gaster, Thespis, 442ff.; anders J. Jeremias, Theophanie, 1965, 91ff., wo behauptet wird, im Jerusalemer Festkult hätte eine Theophanie nie ihren Ort gehabt.

243 Vgl. vor allem Nah 1 4 Ps 68 31 18 16 Hi 26 11f. Die Grundbedeutung des Verbs dürfte »schelten« sein, in dieser Bedeutung wird es im Ugaritischen verwendet (III AB, A 28; B, 24), wo es nicht im Rahmen des Chaoskampfmythus erscheint. Das dürfte jerusalemische Besonderheit sein.

244 Vgl. Anm. 231.

245 Vgl. Anm. 237 und 155.

246 Vgl. dagegen die Erwägungen von Kaiser a. a. O. 145.

247 Wenn in Jes 51 9 von den ימי קדם (»Tagen der Vorzeit«) und דרות עולמים (»Geschlechtern der Urzeit«) geredet wird, versteht der Verfasser das sicher nicht in mythischem Sinn; seine geprägte Formulierung stammt aber aus einem mythisch denkenden Sprachzusammenhang.

Es ist fraglich, inwieweit in Jerusalem eine Entsprechung zum Baal—Mot-Zyklus von Ugarit bekannt war, und in welchem Verhältnis diese zum Chaoskampfmythus gestanden hat. Einzelne Stellen lassen erkennen, daß mit der Unterwelt die Vorstellung einer Gottheit verbunden ist. מות, die Entsprechung von ugaritisch *Mt*, ist oft als personhaft-numinose Größe gedacht, ebenso die Bezeichnung für die Unterwelt, שאול[248].

Jesaja läßt nach Kap. 28 15 seine Gegner sprechen:
»Wir haben mit מות einen Bund gemacht, mit שאול einen Vertrag geschlossen:
Die wogende Welle (emend.), wenn sie einherfährt, wird nicht über uns kommen.
Denn wir haben Lüge zu unserer Zuflucht gemacht und durch Trug uns geborgen.«

Die »wogende Welle« wird manchmal mit den Chaoswassern in Zusammenhang gebracht[248a]. Das läßt vermuten, daß in Jerusalem Chaoskampf- und Jahreszeitsmythus sich ähnlich nahe kamen wie in Ugarit, so daß Jesaja mit der Vorstellung arbeiten kann: Die Frevler haben sich mit den Unterweltsmächten (שאול, מות) zusammengetan, darum werden ihnen die Chaosmächte (שֶׁטֶף שֹׁטֵף) nichts anhaben.

שאול wird oft ähnlich beschrieben wie Mot in Ugarit:

»Darum öffnet שאול weit ihren gierigen Rachen, und sperrt auf ihren Schlund über die Maßen, und es fährt hinab (Jerusalems) Pracht.« (Jes 5 14)[249].

Das Schicksal des blühenden Jerusalems wird mit Formulierungen beschrieben, die einst demjenigen des Vegetationsgottes galten. Ob Jesaja dies noch wußte, ist eine andere Frage.

Auch nach Hab 2 5 sperrt die widergöttliche Macht den Rachen auf wie שאול, hier ist also derselbe mythologische Hintergrund vorausgesetzt. Nach Hi 18 13 endlich wird der Frevler vom »Erstgeborenen des מות« gefressen; demnach hat die Unterweltsgottheit also auch Kinder[250].

Wahrscheinlich hat also auch in Jerusalem ein Mot/Mawät-Mythus bestanden. Von ihm ist jedoch in der alttestamentlichen Textüberlieferung viel weniger zu spüren als von Jam-Mythus[251]. Es ist weiter

---

[248] Die Etymologie des Wortes ist nicht eindeutig geklärt; nicht unwahrscheinlich ist die Vermutung W. Baumgartners (ThZ 2, 1946, 233ff.), der שאול mit akkadisch *šu'aru*, »Totenland« zusammenbringt. Demzufolge hätte man mit einem religionsgeschichtlichen Einfluß des Zweistromlandes in Jerusalem zu rechnen, was die Vorstellung des Todes betrifft.

[248a] Es ist hier unmöglich, dem Motiv vom »Flutwasser« weiter nachzugehen; es sind vor allem folgende Stellen aufschlußreich: Ps 42 8 Ps 124 4 Jes 8 8 10 22 Ez 13 11 Jer 47 2.

[249] Vgl. I*AB I, 6ff.

[250] Neben dem »Erstgeborenen des Todes« wird der »Schreckenskönig« erwähnt, in dem jedoch eine andere Art Unterweltsnumen zu sehen ist (dazu s. u. S. 209).

[251] An manchen Stellen wird noch etwas von der Gier des Totenreiches, das Menschen »lebendig verschlingen« will, deutlich; vgl. Prov 1 12 27 20 30 15f. Ez 27 36 28 19 Jer 9 20f. (dazu N. Cassuto, Baal and Mot, IEJ 12, 1962, 82ff.). Auch in Ps 48 15 ist vielleicht Mot erwähnt (es wäre zu übersetzen: »Du (Jahwe) bist uns Führer gegen

anzunehmen, daß, ähnlich wie in Ugarit, beide Mythenzyklen in einer gewissen gegenseitigen Abhängigkeit standen — in welcher Weise, ist kaum mehr zu klären[252].

Es wurde vorausgesetzt, daß das voralttestamentliche Chaoskampfmaterial in die Form des Mythus gefaßt war. Die alttestamentlichen Belege, die das Chaoskampfmotiv zum Inhalt haben, erscheinen als Bestandteil von Lob- und Klagepsalmen. Es ist zu fragen: Ist diese Umsetzung formaler Art israelitisches Werk, oder ist schon im vorisraelitischen Jerusalem mit einem Nebeneinander von Chaoskampfmythus und -lied zu rechnen? Hat derselbe Inhalt, in verschiedene Formen gefaßt, je unterschiedliche Bedeutung?

Eine weitere Frage stellt sich von der Beobachtung her, daß die israelitische Verwendung des Chaoskampfmotives mit diesem sehr oft das Motiv vom Kampfe Gottes mit den Fremdvölkern verbindet[253]. Nun wurde darauf hingewiesen, daß die Inland-Ausland-Beziehung für den Chaoskampfmythus zentrales Thema ist; aber die Fremdvölker selbst werden in den besprochenen Texten fast nie erwähnt; ein eigentlicher »Völkerkampfmythus« findet sich nirgends[254]. Wie ist das israelitische Fremdvölkerkampfmotiv demnach zu deuten?

Im weiteren wird zu fragen sein, welcher Gott in Jerusalem als Chaoskämpfer galt. Die Texte des AT geben darüber natürlich keine unmittelbare Auskunft — für sie ist Jahwe auch Chaoskämpfer. Der wirkliche Sachverhalt muß erschlossen werden.

Mit diesen Fragen ist der weitere Gang der Arbeit skizziert.

Exkurs: Chaoswasser und Chaoskampf — die Bedeutung des Bildes[254a]

Es hat sich gezeigt, daß in verschiedensten Bereichen Chaoskampfmythen bestehen, die als Chaosmacht zumeist das Bild des Wassers verwenden. Darüber hinaus zeigten sich manche Struktur-

---

Mot«; so A. R. Johnson, Sacral Kingship in Ancient Israel, 1967², 89f.). J. Gray will das Motiv vom »Opferfest für Gott« mit der Mot-Verehrung in Zusammenhang bringen (The Hebrew Conception of the Kingship of God, VT 6, 1956, 268ff., bes. 270).

[252] Insbesondere läßt sich nicht beurteilen, ob ähnlich wie in Ugarit zwei relativ selbständige Mythenkreise bestanden oder ob beide ineinander verwoben waren.

[253] Auf diese Tatsache hat die alttestamentliche Exegese sehr viel Gewicht gelegt, weil man in der Verbindung von Chaos- und Völkerkampf eine typisch israelitische Historisierung eines mythischen Motives sah; vgl. etwa H. J. Kraus, Psalmen, I 344.

[254] S. Mowinckel (Psalmenstudien II 57ff.) spricht zwar von einem »Völkerkampfmythus«, doch ist bei ihm der Mythusbegriff nicht scharf genug gefaßt (vgl. dazu seine Bemerkungen a. a. O. S. 54f.).

[254a] Die folgenden Ausführungen sind ein Versuch, ein weithin unbeachtetes Problem im Ansatz darzustellen. Ich hoffe, an anderer Stelle näher darauf eingehen zu können.

ähnlichkeiten, wenngleich der eigenständige Charakter jeder einzelnen Mythusversion nicht in Frage gestellt werden darf.

Wie sind die Gemeinsamkeiten zu deuten? Ist eine historische Abhängigkeit festzustellen in dem Sinn, daß an einer Stelle im altorientalischen Raum der Chaoskampfmythus entstanden wäre und von da aus zu andern Völkerschaften gekommen wäre? Auch wenn das der Fall sein sollte, müßte einerseits eine Deutung des Ursprunges des Bildes, andererseits der Tatsache, daß gerade dieses auch von anderen als der am historischen Ursprung stehenden Gemeinschaften verwendet wurde, versucht werden. Doch ist überhaupt ein historischer Zusammenhang unbeweisbar; er kann nicht einmal als wahrscheinlich gelten. Eher ist das Motiv an verschiedenen Orten und zu verschiedenen Zeiten spontan entstanden. So stellt sich die Frage nach dem Sinn des Chaoswasserbildes.

Schon oft ist versucht worden, die Funktion des Chaoswassers aus dem Naturerleben des Menschen zu erklären: Furchtbare Überschwemmungen gefährden die menschliche Existenz, sie überfluten alles und lagern Geröll über dem fruchtbaren Land ab[255]. Doch dabei ist zu bedenken, daß man dem Wasser nicht nur Überschwemmungen, sondern auch Fruchtbarkeit verdankt[256]. Zudem ist das Bild der Überschwemmung in Chaoskampfmythen nirgends deutlich zu sehen. Das Wasser der Tiamat in *enūma eliš* beispielsweise ist nicht normales Meerwasser, sondern es hat kosmische Dimension, es lagert über dem Himmel und unter der Erde; die Wirkung des Chaoswassers in *lugal-e* liegt nicht in einer Überflutung, sondern darin, daß Unkraut wächst.

Es bleibt die Möglichkeit, daß das Wasser Bild ist für ein bestimmtes Erlebnismuster, das in verschiedenen Volksgemeinschaften in derselben Weise Ausdruck findet[256a].

Offenbar werden gewisse Phänomene, die in verschiedensten Religionen in analoger Weise gesehen werden, mit großer Regelmäßigkeit in konstanten Bildern aus-

---

[255] Man denkt dabei an Flußüberschwemmungen, Sturmfluten, Seebeben u. a. m.; vgl. J. Pedersen, Israel . . ., I 1926, 471ff.; O. Eißfeldt, Gott und das Meer in der Bibel, in: Kl. Schr., III 1966, 256ff.; Th. H. Gaster, Thespis, 126; R. Hillmann, Wasser und Berg, Diss. Halle 1965, 31ff.; A. Jirku, Der Mythus der Kanaanäer, 1966, 28; O. Kaiser, Die mythische Bedeutung des Meeres in Ägypten, Ugarit und Israel, 1962², 65f.

[256] Dieser Einwand entfällt natürlich, wenn man Überschwemmungen des Meeres annimmt. An solche aber ist z. B. in der indischen Mythenversion sicher nicht gedacht. — Alle naturalistischen Deutungen haben ihre Teilberechtigung; Sturmfluten, Überschwemmungen usw. prägten das Bild vom Chaoswasser mit, sind aber nicht für die Entstehung des Bildes verantwortlich.

[256a] Daß Mythen wie *enūma eliš* einen physischen, einen politischen und einen psychologischen Aspekt haben, bemerkt sehr schön C. F. v. Weizsäcker, Die Tragweite der Wissenschaft, 1964, 27ff.

gedrückt. So ruft das Erlebnis des Chaos nach dem Bild des Wassers. Bestimmten Erlebnismustern entsprechen Figurtypen, welche die Religionsphänomenologie aufzeichnet[257]; in der Terminologie der Psychologie von C. G. Jung könnte man sie als Archetypen bezeichnen.

Mit der religionsphänomenologischen kann sich also eine religionspsychologische Fragestellung verbinden; es ist in der Religionsphänomenologie da und dort deutlich geworden, daß die psychologischen Fragen immer auch gestellt werden müßten. »Ein jeder Mythus liegt irgendwo in unserem Unterbewußtsein begraben und kann jederzeit lebendig werden, wie die Tiefenpsychologie ausgiebig zeigt.«[258]

Diese Betonung des Allgemein-Gültigen eines Bildes in den Religionen ist freilich gefährlich, weil dann nur zu oft die geschichtliche Ausprägung des Symbols, oder, anders gesagt, die einmalige Form des Erlebnismusters, nivelliert wird. Religionsgeschichte und -phänomenologie werden in jedem Fall ergänzend zur Anwendung gelangen müssen.

Somit stellt sich die Aufgabe, das Erlebnismuster, das im Bild vom Chaoswasser Ausdruck findet, zu beschreiben. Dies soll an Hand eines Vergleichs mit dem Denkmodell der Psychoanalyse S. Freuds geschehen.

Die folgenden Überlegungen gehen von der Beobachtung aus, daß bei Freud nicht nur das Bild vom Wasser als einer Chaosmacht vorhanden ist, sondern daß seine Denkbewegung auch sonst weitgehend der des Mythus entspricht. Demnach hat auch Freud zur Darstellung seiner Psychologie — der offenbar ein dem Geschehen im Chaoskampf ähnliches Erlebnismuster zugrunde liegt — zum Bild vom Wasser gegriffen. Ganz unabhängig von seiner Religionskritik ist Freud dadurch zu einem Interpreten des Mythus geworden. Die hier versuchte Explikation dieser Interpretation möchte nicht nur das Erlebnismuster zu klären versuchen, sondern zugleich einen Beitrag zur Freud-Interpretation bilden.

In der Verhältnisbestimmung von *Ich* und *Es*, von intellektbestimmtem, realitätsangepaßtem Bewußtsein und unkontrolliertem Unbewußten, läßt Freud seine Überlegungen in einen Ausruf ausmünden, der als Motto über sein ganzes Werk gesetzt werden könnte: »Wo Es war, soll Ich werden. Das ist Kulturarbeit etwa wie die Trockenlegung der Zuydersee«[259].

Wie ist der Charakter des mit dem Meer vergleichbaren Es, welchem der Kampf angesagt wird? Es ist ein Feld »unbekannter, unbeherrschbarer Mächte«[260], in dem Kampf der verschiedenen Triebe herrscht. Mit Recht hat ein Darsteller der Freudschen Psychologie

---

[257] Vgl. G. van der Leeuw, Phänomenologie der Religion, 1956², 770ff., und oben Anm. 17 zu Kap. 1.

[258] G. van der Leeuw, Die Bedeutung der Mythen, Bertholet-Festschr., 1950, 292; dazu A. Bertholet, Zur Religionsphänomenologie, FF 1945/48, 21ff.

[259] Neue Folge der Vorlesungen zur Einführung in die Psychoanalyse. Gesammelte Werke Bd. XV (im folgenden wird nur die Nummer des Bandes angegeben), 86.

[260] Das Ich und das Es, XIII 251.

unter Benützung von Zitaten das Es folgendermaßen dargestellt: »Das Es besitzt ‚primitiven und irrationellen Charakter', im Gegensatz zu dem mit Hilfe des an der Erfahrung gestalteten und dank der tonischen Besetzung stabilisierten Ich-Kosmos ist das Es ein Chaos, ‚ein Kessel voll brodelnder Erregung ...'«[261]. Das Ich, der Raum der Bewußten und Verfügbaren, steht in schroffem Gegensatz zum Es; das Ich kämpft gegen das Es an, es möchte die Herrschaft über jene »Mächte« erlangen.

Wie wird das Ich Herr über das Es? Indem es die unbewußten Inhalte des Es bewußt macht; dies geschieht, wenn »Sachvorstellungen (wie sie im Unbewußten vorkommen) durch die Verknüpfung mit ihnen entsprechenden Wortvorstellungen überbesetzt werden. Solche Überbesetzungen, können wir vermuten, sind es, welche eine höhere psychische Organisation herbeiführen und die Ablösung des Primärvorganges durch den im *Vbw* herrschenden Sekundärvorgang ermöglichen«[262]. Die *Sprache* also ist es, die den Sieg des Ich über das Es herbeizuführen vermag. Wenn ein Wort eine im Es vorhandene Sache bewältigt, geht diese in den Bereich des Ich-Kosmos über. — Die Parallele zum Wortverständnis des Mythus ist offensichtlich.

Das psychologische Modell Freuds kennt noch einen andern Kampf als den zwischen Ich und Es, den einzubeziehen hier notwendig ist: den Kampf zwischen Lebens- und Todestrieb[263]. Diese beiden Antagonisten beherrschen nach Freuds metapsychologischer Schrift »Jenseits des Lustprinzips« das ganze Geschehen der organischen Natur; es geht in dieser Schrift nicht um Spekulationen, sondern um Explikation des die analytische Arbeit interpretierenden Denkmodells. Freuds Darstellung nach fällt »die Libido unserer Sexualtriebe mit dem Eros der Dichter und Philosophen ... (zusammen), der alles Lebende zusammenhält«[264]. Daher geht Freud jetzt auch zu einer neuen Nomenklatur über: Die Libido wird von jetzt an, um in ihrem umfassenden Charakter sichtbar zu werden, als »Lebenstrieb« bezeichnet.

Freud kommt zur Einsicht, daß neben dem Lebenstrieb ein Todestrieb am Werk ist, der sich zwar kaum je auffällig äußert, da er isoliert nicht zu fassen ist; nur in Triebmischungen und -entmischungen wird er spürbar, doch ist er immer am Werk, wo sich der Lebenstrieb regt. Er trachtet danach, die Formen des Lebens wieder in ihren Ursprungszustand zurückzubringen, also aufzulösen. Die Todestriebe sind konservativ, sie suchen zu bewahren, was einst war: der Tod. »Das Ziel alles Lebens ist der Tod, und zurückgreifend: Das Leblose war früher

[261] G. Bally, Einführung in die Psychoanalyse S. Freuds, rde-Taschenbuch 131/2, 93.

[262] Das Unbewußte, X 300.

[263] Jenseits des Lustprinzips, XIII 1ff.

[264] XIII 54.

da als das Lebende«[265]. Selbsterhaltungs-, Macht- und Geltungstrieb werden als Partialtriebe dieses einen Todestriebes entlarvt.

Die ganze organische Welt, so meint Freud, zeigt keine Triebe, die sich nicht dem Lebens- oder dem Todestrieb zuordnen ließen. Wie ist es aber zum Kampf dieser beiden Triebe gekommen? Freud antwortet mit einem »wissenschaftlichen Mythos«[266]:

»Irgendwo einmal wurden in unbelebter Materie durch eine noch ganz unvorstellbare Krafteinwirkung die Eigenschaften des Lebenden erweckt. Vielleicht war es ein Vorgang, vorbildlich ähnlich jenem andern, der in einer gewissen Schicht der lebenden Materie später das Bewußtsein entstehen ließ. Die damals entstandene Spannung in dem vorhin unbelebten Stoff trachtete danach, sich abzugleichen; es war der erste Trieb gegeben, der, zum Leblosen zurückzukehren«[267]. Diesem Todestrieb wirken aber die Lebenstriebe entgegen, die zu immer neuen Formen des Lebens treiben[268].

Wichtig in diesem Abschnitt ist die Bemerkung, die — freilich unter dem Vorbehalt »vielleicht« — die Entstehung des Lebens mit derjenigen des Bewußtseins parallelisiert. Das Bewußtsein ist ja der Raum des Ich; die Kraft, die dafür sorgte, daß die in jenem ersten Vorgang erzeugte Spannung immer wieder erhalten wurde, ist der Lebenstrieb; der Ausdruck »vorbildlich ähnlich« wird sich dahin verstehen lassen, daß die Funktion der Entstehung des Bewußtseins jener ersten Bewegung entspricht: es wird neuer Raum geschaffen für den Lebenstrieb. So steht denn das Bewußtsein, das Ich, im Dienste des Lebenstriebes[269].

Wie steht es dagegen im Es? Jedenfalls ist in ihm keine Entscheidung getroffen, es herrscht ein Kampf, seitdem jenes rätselhafte Er-

---

265 XIII 40. — Eine Paraphrase Th. Jacobsens zu einer Götterliste, die als Vorbild des Proömiums von *enūma eliš* zu werten ist, tönt fast wie eine Übersetzung des Freudschen Satzes: »Death, it would appear, was and ruled before life, and all that is came into being—that is, all life originated in (or emanated from) death, lifelessnes.« (JNES 5, 1946, 138).

266 Freud braucht den Ausdruck in Zusammenhang mit seiner Darstellung von Urvater und Urhorde (Massenpsychologie und Ich-Analyse, XIII 151; hier deutet übrigens Freud den Chaoskampfmythus selbst: es handelt sich um einen »psychologischen Mythus«, der die Tötung des Urvaters zum Thema hat). Ein »wissenschaftlicher Mythos« hat bei Freud die Bedeutung, analytische Ergebnisse interpretatorisch in ein Denkmodell einzubauen und ist daher ein außerordentlich wichtiges hermeneutisches Mittel.

267 XIII 40.

268 Freuds psychologisches Modell ist demnach streng dualistisch: »Unsere Auffassung war von Anfang an eine *dualistische*, und sie ist es heute schärfer denn zuvor, seitdem wir die Gegensätze nicht mehr Ich- und Sexualtriebe, sondern Lebens- und Todestriebe nennen.« XIII 57; vgl. dazu auch u. S. 121.

269 »Das Ich ... hat die Aufgabe der Selbstbehauptung ... Das Ich strebt nach Lust, will der Unlust ausweichen.« Abriß der Psychoanalyse, XVII 68.

eignis der Bewußtseinsentstehung stattfand. »Eros und Todestrieb kämpfen in ihm... Wir könnten es so darstellen, als ob das Es unter der Herrschaft der stummen, aber mächtigen Todestriebe stünde, die Ruhe haben und den Störenfried Eros nach den Winken des Lustprinzips zur Ruhe bringen wollen, aber wir besorgen, doch dabei die Rolle des Eros zu unterschätzen«[270]. Freuds Beurteilung des Kräfteverhältnisses im Es schwankt also; es ist aber deutlich, daß der Todestrieb eher größeres Gewicht hat. Um so mehr setzt sich im Ich der Lebenstrieb zur Wehr.

Der Kampf zwischen Ich und Es, in welchem Zusammenhang das Bild vom Wasser verwendet wird, steht also im größeren Zusammenhang vom Kampf zwischen Lebens- und Todestrieb.

Damit ist die Möglichkeit eines Vergleiches des Freudschen Denkmodells und der Chaoskampfmythen gegeben. Nach *enūma eliš* bricht der Kampf los, weil herrschende Mächte durch die jungen Götter gestört werden. Diese jungen Götter stören durch die Möglichkeiten ihrer Sexualität[271], die als mit der Kosmosmacht der Götter verbunden gedacht ist. Durch das Mittel des Wortes wird der Kosmos konstituiert, der sich gegen die verderbenbringenden Mächte durchsetzen kann und das Leben erhält.

Alle diese Aussagen können mutatis mutandis vom Chaoskampfmythus und vom Denkmodell Freuds gemacht werden, wobei wieder zu beachten ist, daß »der Chaoskampfmythus« eine Abstraktion der verschiedenen Versionen ist, das gemeinsame Grundmuster des Chaoskampf-Erlebens.

Im Zentrum des Chaoskampfmythus steht das Ich und das Ich-Bewußtsein eines Volkes, nicht eines einzelnen (wie bei Freud). Dieses Volk lebt nicht mehr in selbstverständlich-traditionellen, dem Ablauf der Natur entsprechenden Lebensbezügen, sondern es lebt als Kulturvolk, angesichts seiner geschichtlichen Leistungen, und im Gegenüber zu andern Kulturvölkern oder -Gemeinschaften. Dieses Gegenüber macht aber auch die Gefährdungen der eigenen Existenz bewußt: Nur im Kampf kann das Leben einer Kulturgemeinschaft erhalten bleiben. Im mythischen Wort findet dieser Kampf seine deutlichste Gestalt, er realisiert sich aber in jeder Kulturarbeit, in der Bebauung des Feldes, im militärischen Kampf gegen Feinde usf. Alle diese Kulturarbeit steht unter dem Motto: Wo Chaos war, soll Kosmos werden. Der Staatskosmos des Mythus hat (wie der Ich-Kosmos im Denkmodell Freuds) einen universalistischen Zug, er will seine Grenzen erweitern und die feindlichen Mächte sich eingliedern[272]. — So zeigt sich im Vergleich eine ziemlich weitgehende Konstanz des Erlebnismusters.

---

[270] Das Ich und das Es, XIII 289.

[271] Vgl. o. S. 18. [272] Vgl. u. S. 76f.

II. Die feindlichen Fremdvölker

A. MESOPOTAMIEN

1. Das Motiv des Völkerkampfes in Lobliedern

Die Vorstellung, daß ein Gott gegen fremde, feindliche Völker zu Feld zieht, ist in Götterhymnen des mesopotamischen Raumes überaus häufig. Es sind in erster Linie Götter der jüngern Generation, die diesen Kampf zu führen haben, so u. a. auch *Ninurta.* Ein Hymnus auf ihn lautet folgendermaßen:

». . . . .
Herr Ninurta, wie Irra vollendet in Heldenkraft,
Drache mit den Vorderfüßen eines Löwen, mit den Hinterfüßen eines Adlers,
mein König, der die Felder des aufsässigen Landes vernichtet,
dem der große Herr Enlil Kraft verliehen,
mein König, der die Felder des aufsässigen Landes vernichtet,
dem der große Herr Enlil Kraft verliehen,
(dir), meinem König, erzeugt dein Leib immer wieder
wütend Geifer wie der Leib der Schlange,
Herr Ninurta, dir erzeugt dein Leib immer wieder
wütend Geifer wie der Leib der Schlange.
Mein König, Umbruchpflug, der den ‚bösen Ort' aufreißt,
Egge, die über die Felder des aufsässigen Landes hinwegfährt,
Herr Ninurta, Umbruchpflug, der den ‚bösen Ort' aufreißt,
Egge, die über die Felder des aufsässigen Landes hinwegfährt.
mein König, ein Urteil wie deins schöpft kein großes Gericht,
ein Wort wie deins findet keine Ratsversammlung,
mein König, ein Urteil wie deins schöpft kein großes Gericht,
ein Wort wie deins findet keine Ratsversammlung.
Mein König, wenn du dem Feinde nahst,
machst du ihn wie Gras, reißt ihn aus wie . . .
Herr Ninurta, wenn du dem Feinde nahst,
machst du ihn wie Gras, reißt ihn aus wie . . .
Dem Hause des Feindes ist er der Böse,
dessen Stadt der Feind,
der Herr Ninurta ist dem Hause des Feindes der Böse,
dessen Stadt der Feind.
Dem, der ihm nicht willfährig ist, ist er der Böse,
dessen Stadt der Feind,
der Herr Ninurta ist dem, der ihm nicht willfährig ist, ist er der Böse,
dessen Stadt der Feind.« SAHG 2

Ninurta wird zunächst geschildert nach der Art des Imdugud-Vogels; seine Gestalt ist im Kampf gegen die Völker also dieselbe wie im Chaoskampf[1]. Hernach folgt die Schilderung, wie Ninurta die Feinde selbst vernichtet.

Es ist deutlich, daß keinerlei bestimmte historische Erfahrung hinter dem Lied steht. Es gehört zur Aufgabe Ninurtas, geradezu zu seinen »Eigenschaften«, daß er gegen die Fremdvölker kämpft. Neben Ninurta haben andere junge Götter dieselbe Eigenschaft, so z. B. Numušda, Nergal, Iškur, Martu usw.[2]

Daneben wird aber auch einer der »alten Götter« als Völkerkämpfer beschrieben: Enlil, der Vater Ninurtas:

»Weiser Herr, Planender, wer kennt deinen Willen?
Mit Stärke begabt, Herr des Ekur,
im Gebirge geborgen, Herr des Ešarra,
böses Wetter von gewaltiger Kraft, Vater Enlil,
großgezogen von Dingirmaḫ, der ungestüm zum Kampf antritt,
der das Bergland wie Mehl hinstreut, wie Gerste mit der Sichel abmäht,
gegen das aufsässige Land bist du für deinen Vater angegangen,
hast dich dem Gebirge vernichtend genaht,
knickst das feindliche Land wie ein einzelnes Rohr,
machst alle Feindländer *eines* Sinnes:
‚Aller Feindländer große Mauer, ihr Verschluß bin ich!'
. . . . .
Das Land, das sich nicht fügt, wirfst du in Haufen hin,
das aufsässige Land, das sich nicht fügt, läßt du nicht wieder erstehn . . .
‚Der Herr bin ich, der Löwe des heiligen An, der Held des Landes Sumer,
die Fische des Meeres lasse ich froh sein, die Vögel nicht fallen,
der kluge Bauer, der das Feld pflügt, Enlil bin ich.'
Der Herr, der groß geworden, der Held deines Vaters bist du!
Deiner Rechten entgeht kein Feind,
deiner Linken entflieht kein Bösewicht.
. . . . .

[1] Ninurta und sein Symboltier sind hier als eine einzige Erscheinung gesehen; auch Gudea sieht im Traum Ningirsu als Imdugud-Vogel (SAHG 32 A IV, 14ff.; V, 13ff.). Zum Symboltier vgl. Anm. 121 zu Kp. 1.

[2] Die hier genannten Götter sind ursprünglich recht verschieden in Funktion und Charakter: Ninurta ist eigentlich Erd- und Fruchtbarkeitsgott (vgl. Anm. 81 zu Kap. 1), Nergal ist eine grimmige Unterweltsgottheit, Iškur Gewittergott; Numušdas eigentliche Funktion ist unbekannt, jedenfalls ist er Stadtgott von Kazallu (nach SAHG 23 besitzt er alle Qualitäten des jungen Nationalgottes), Martu ist ursprünglich eine ausländische Gottheit, diejenige der Martu-Nomaden; erst in neusumerischer Zeit erhält er seinen Platz im Pantheon (vgl. A. Falkenstein, CRRA 2, 1951, 16). Damit zeigt sich, daß man genau unterscheiden muß zwischen dem ursprünglichen Charakter einer Gottheit und deren Funktion in einem bestimmten Zusammenhang. Es ist durchaus möglich, daß diese beiden Aspekte sich widersprechen. Auch Götter haben ihre Geschichte!

das Feindesland, dem dein Spruch ergangen, läßt du nicht wieder erstehn,
im aufsässigen Land, das du verflucht hast, läßt du niemanden übrig.
.....« SAHG 12

Auch in diesem Lied wird der Kampf Enlils gegen die Völker deutlich. Ein einzelnes Element der Schilderung verdient Beachtung: Die Selbstprädikation Enlils, er sei »der Völker große Mauer, ihr Verschluß«; es ist dies eine Aussage, die in hymnischen Texten nicht vereinzelt vorkommt, es wird z. B. Numušda dieselbe Eigenschaft zugeschrieben[3]. Die Prädikation erinnert stark an Formulierungen von *lugal-e*: Genauso, wie Ninurta dort »Dammbauer« gegen die Chaoswasser ist, so ist der Gott hier Damm gegen die Fremdvölker[4]. Dem Chaoswasser des Mythus entspricht also völlig das Fremdvolk der Geschichte[5].

Wesentlich in diesem Lied aber ist auch, daß das Fremdvölkermotiv nicht isoliert erscheint. Daneben steht das Motiv der Fruchtbarkeit, für das der Gott verantwortlich ist, und, wenn auch nur angedeutet, dasjenige der innern sozialen Ordnung, des Rechtes; dies sind die Gebiete menschlicher Existenz, die von Chaosmächten bedroht sind[6].

Die Art, wie der Gott gegen die Feinde zieht, ist auch skizziert: Enlil zieht aus als »böses Wetter von gewaltiger Kraft« — es handelt sich also um die Theophanie im Gewitter; analoge Schilderungen des Eingreifens Gottes gegen den Feind sind sehr viel ausführlicher gehalten und lassen die Farben des Gewitters deutlicher erkennen[7].

Nun zeigt sich, daß oft in derartigen Hymnen eine deutliche Beziehung zwischen *Gott und König* besteht. So heißt es in einer Hymne auf Martu[8]:

».....
Die Anunna-Götter, die großen Götter
haben ihm höchste Heldenkraft verliehen,
haben die Heldenkraft in der Schlacht vor ihm gehen lassen,

[3] SAHG 23, 10.

[4] Zum Motiv des Dammbaus vgl. M. Witzel, Keilinschriftl. Studien 5, 1925, 55 (II 1ff.); 61. Auch Witzel bringt das Motiv vom Dammbau mit dem Chaoskampf Ninurtas zusammen, gibt dem ganzen Zusammenhang aber eine andere Deutung (vgl. o. S. 34).

[5] Diesem Sachverhalt entspricht die Tatsache, daß die Grenzsteine in Mesopotamien sehr oft Kosmossymbole aufweisen, welche von Chaossymbolen umgeben sind (Schlangen und ähnliches). Vgl. die Abbildungen bei A. Champdor, Babylonie et Mésopotamie, 1953, 120; H. Frankfort, Kingship and the Gods, 1948, Fig. 44; B. Meissner, Babylonien und Assyrien, II 1929, Taf.-Abb. 1.

[6] Vgl. Kap. 1.

[7] Theophanieschilderung Iškurs, des eigentlichen Gewittergottes, dessen Erscheinung sich aber gegen die Feinde richtet, in SAHG 14; Theophanie und Fremdvölkerkampf Ninurtas bei A. Falkenstein, Sumerische Götterlieder I, AAH 1959 I, 110 (VII, 58ff.).

[8] Dieser ursprünglich feindliche Gott (vgl. Anm. 2) ist hier also in die Rolle des Kosmoskämpfers eingerückt!

haben ihm die Waffe, die Götterwaffe, die unwiderstehliche, den Orkan in die Hand gegeben,
haben ihm vollendete Göttlichkeit verliehen.
Er hat sich erhoben, ist in den Fluren umhergegangen,
gewaltig, angetan mit der Kraft eines Löwen,
Schrecken einflößend wie ein junger Löwe,
stark sich bäumend wie ein Wildstier.
Die ‚sieben' Wind hat er aufgeboten, läßt Feuer regnen,
vernichtet den Feind in Kampf und Schlacht, leuchtet wie der Blitz,
die drückende Angst vor ihm packt den Bösen, wie ein Sturmwind überwältigt er ihn.
Der Stadt, die er verflucht, kehrt ihre Kraft nicht wieder,
für den König vernichtet er alle Feindländer, die sich nicht fügen,
dem guten Hirten, den er im Herzen erwählt,
bringt Martu, Ans Sohn, seine Hilfe.« SAHG 4

Der Gott führt also den Krieg für den König; die Völkerkampffunktion ist der Königsfunktion beigeordnet, im Königtum verwirklicht sich somit die Tat des Gottes[9]. Gleichzeitig ist in diesem Lied bemerkenswert, daß der Kämpfergott als Sohn Ans charakterisiert wird; später im Lied wird klar, daß die Kämpferfunktionen dem jungen Gott Martu von An delegiert sind. Auch An, der alte, ferne Gott, steht somit in einem positiven Verhältnis zum Kosmos, den der Gott bzw. der König erkämpfen[10].

Handelt im besprochenen Gedicht der Gott für den König, so ist im nächsten der König selbst der Handelnde. So heißt es in einem Lied des Lipitištar auf An, bzw. in der orakelhaft gehaltenen Antwort des Gottes:

»Lipitištar, dir habe ich Kraft verliehen — mögest du stolz das Haupt zum Himmel erheben,
wie ein tobendes Unwetter, das aufsteigt, mögest du mit schrecklichem Glanz angetan sein,
alle Feinde, das unbotmäßige Fremdland möge dein Unwetter bedecken!
Gerechtigkeit hast du für Sumer und Akkad gesetzt, das Herz des Landes froh gemacht . . .
. . . . .« SAHG 20, 35ff.

Der König Lipitištar erscheint an genau derselben Stelle, wie sonst der Kämpfergott: seine Epiphanie gegen das Feindland erfolgt im Gewitter, die Folgen seines Auftretens sind Sieg gegen außen, Errichtung rechtlicher Ordnung im Innern[11].

[9] Zu diesem Thema in der altbabylonischen Glyptik (Verbindung von Schlachtbildern und Chaoskampfsymbolik) vgl. W. Nagel, Ein altassyrisches Königssiegel, AfO 1957, 97ff.

[10] Ein ähnliches Verhältnis zwischen An bzw. Enlil und Ninurta besteht nach dem Zeugnis von *lugal-e* und den Gudea-Tempelhymnen.

[11] Das Motiv des Kampfes für die Ordnung im Innern des Landes kehrt in mehreren Hymnen wieder (z. B. SAHG 27, 78ff.).

In einem Lied wird der Zusammenhang der Völker- und Chaoskampfthematik und der Königsideologie besonders deutlich:

»Enlil! Gutium, die Viper des Berges (muš-gir ḫur-sag-ga) ...
welche das Königtum von Sumer ins Bergland hinweggenommen hat,
hat Sumer mit Unrecht erfüllt,
hat dem Gatten seine Gattin geraubt,
hat Feindschaft und Gegnerschaft im Land hervorgerufen.
Enlil, König der Länder!'
Um seinen (sc. Gutiums) Namen zu zerstören
gab Auftrag dem Utuḫegal,
dem mächtigen mächtigen Mann,
König von Erech, König der vier Weltgegenden
der König, dessen Spruch nicht geändert wird,
Enlil, der König aller Länder ...«[12]

Die ersten Zeilen des Liedes sind in der Diktion der Klage gehalten, was einen formalen Unterschied zu den vorher besprochenen Hymnen ausmacht[13]. Inhaltlich wird aber deutlich, daß die Macht, die der König im Auftrag seines Gottes bekämpft, sich in allen Bereichen des Lebens chaotisch auswirkt. Dazu kommt, daß Gutium ausdrücklich mit einer Schlange (die Übersetzung vom muš-gir mit »Viper« ist nicht sicher), also einem Chaosuntier verglichen wird.

Die Königsideologie, die sich in Hymnen, Titulaturen und anderen literarischen Gattungen Mesopotamiens und anderer Gebiete ausspricht, weist auf die kriegerische, rechtssetzende und fruchtbringende Funktion des Königstums hin[14]; dies entspricht den hier wiedergegebenen Ergebnissen: Es hat sich gezeigt, daß ebendiese Themen auch dem Chaoskampfmythus eigen sind. Es wird zu fragen sein, wie sich Mythus und Loblied in ihren Funktionen zueinander verhalten. Zuvor jedoch muß noch eine Variante des Fremdvölkermotives betrachtet werden.

2. Die Befriedung der Völker in Lobliedern

Die Fremdvölker sind nicht nur Objekte der Kriegsführung des Gottes; sie werden von diesem dienstbar gemacht, unterworfen und befriedet. Dieses Bild entspricht natürlich der politischen Wirklichkeit: das besiegte Fremdland wird tributpflichtig und hat seine Abgaben zu bringen[15]. So ist in einer Königshymne auf Iddindagan von Isin Völkerkampf- und Völkerbefriedungsmotiv verbunden:

---

[12] Text und Übersetzung bei F. Thureau-Dangin, RA 9, 1912, 111ff.

[13] Dazu s. u. S. 121ff.

[14] Dazu V. Maag, Malkût JHWH, VTS 7, 1960, 146f.; H. H. Schmid, Gerechtigkeit als Weltordnung, 1968, 24ff.

[15] Vgl. dazu auch P. Grelot, Un parallel babylonien ..., VT 7, 1957, 319—321. Die bildliche Darstellung dieser Szene ist weitaus häufiger als deren literarische Bezeugung.

».....
Dein hoher Name ist im Lande Sumer berühmt,
dein Name erstrahlt bis an den Himmelsrand.
Mächtiger, in Heldenkraft zu Kampf und Schlachtgetümmel tretend
weißt du das aufsässige Land niederzuwerfen:
Das hat dir Dagan vom Mutterleib an zum Los bestimmt.
Dein Ruhm ist in aller Mund gelegt,
dein Königtum macht die Menschen froh,
dein Hirtentum befriedet die Herzen
Durch dich vermehren sich die Menschen, breiten sich aus,
ruhen die Feindländer in Frieden,
schaut das Volk Tage des Überflusses.
.....« SAHG 26, 47ff.

Die Fremdvölker, die so den Frieden zu spüren bekommen, werden zu Abgaben verpflichtet:

»Der du als Herr im heiligen Himmel strahlend erschienen, der im Land Sumer zu aller Staunen dasteht,
mein Urninurta, alle Länder mögen dir üppige Gaben bringen.«
SAHG 21, 86f.

Gilt der Tributzug der unterworfenen Völker hier dem König, so gibt es doch auch Belege dafür, daß die Ankunft der Huldigenden einem Gotte gilt:

»Alle Götter Himmels und der Erde mögen mit Opfern und Gebeten vor dir erscheinen,
die Könige der Länder mögen ihren schweren Tribut bringen.
Die Menschen — mit Opfern, Gebeten und Proskynese mögen sie täglich vor dir stehen!«[16]

Hier kann man, in Anlehnung an den Sprachgebrauch der alttestamentlichen Exegese, geradezu von einer »Völkerwallfahrt« reden. Der Gott, dem in diesem Fall die Huldigung gilt, ist An[17].

Damit zeigt sich die Völkerwelt in einem andern Aspekt: Sie ist eigentlich darauf angelegt, in den Staatskosmos eingebaut zu werden; das Chaos ist bestimmt dazu, geordnet zu werden. Diese Ordnung ist erreicht, wenn der fremde Volkskörper, das Ausland, dem Inland integriert ist, wobei diese Integration selbstverständlich ein Abhängigkeitsverhältnis beinhaltet. Der mesopotamische Staatskosmos hat in dieser Weise einen »universalistischen« Zug[18].

[16] R. Thureau-Dangin, Rituels accadiens, 1921, 70, 9ff.

[17] Daß An in dieser Position erscheint, ist außerordentlich, da er kaum je als Chaos- und Völkerkämpfer erscheint; doch ist auch hier das in Anm. 2 Gesagte zu bedenken.

[18] Dies geht auch aus der Königstitulatur hervor, die seit Naramsin den Titel »König der vier Weltgegenden« enthält (vgl. D. O. Edzard in: Fischer Weltgeschichte II, 106). In dieser Zeit hat sich das Selbstbewußtsein des mesopotamischen Staatskosmos voll ausgebildet, doch hat der Titel seine Vorstufe schon in der Ur III-Zeit: Lugalzagesi herrschte »vom Untern Meer bis zum Obern Meer« (Edzard a. a. O. 85).

3. *Chaoskampf, Völkerkampf, Tempel*

Vor allem in den Tempelbau-Hymnen des Gudea wird klar, wie sehr Völker- und Chaoskampfthematik in der Tempelideologie verankert sind. Daß der Tempelbau bzw. die Tempelweihe u. a. Thema des Chaoskampfmythus ist, wurde schon an Hand von *enūma eliš* klar (die Tafel 6 schildert ja besonders die Gründung des Tempels *e-sagila*, der den eigentlichen Grundstein zur Stadt Babel bildet); auch im Baals-Zyklus hat der Tempel seinen festen Ort[19].

Daß diese Hymnen ihren Ort bei der Tempeleinweihung haben, geht öfter aus dem Inhalt hervor; dieses Tempelweihfest hat so viele Analogien zum späteren babylonischen Akītu-Fest, daß es auch als Neujahrsfest aufgefaßt werden muß[20]. Die Tempelgründung entspricht damit der Kosmosgründung, sie entspricht, um den einzelnen Aspekten dieses Kosmos Ausdruck zu geben, dem Sieg über das Chaos in seiner mythischen und historischen Dimension.

Der Tempelweihe geht, wie beim babylonischen Akītu-Fest, eine Zeit der Unordnung voraus. Es wird eine Art Karneval gefeiert:

»Am Tage, an dem (Gudeas) König ins Haus einzog,
auf sieben Tage,
stellte sich die Sklavin der Herrin gleich,
ging der Sklave neben dem Herrn . . .«[21]

Die Tempelweihe — mit Neujahrsfest und Chaoskampfmythus verbunden — soll diese Unordnung beseitigen.

Bezeichnend ist die Symbolik der im Tempel abgebildeten Tiere. Zentral ist natürlich das Emblem des Ningirsu-Ninurta, der Imdugud-Vogel[22]. Doch fehlt auch die Waffe des Gottes nicht: Die Herstellung der šàr-úr-Waffe wird ausführlich geschildert[23], daneben werden noch weitere göttliche Waffen genannt, die alle ihren Platz im Heiligtum erhalten:

»Die Šarur-Waffe rammte er wie eine große Standarte in Lagaš ein, setzte sie ins *šugalam*, den schrecklichen Ort (des Hauses), ließ darüber Schrecken lagern . . .«[24]

Neben diesen Symbolen des Heils finden sich im Tempel auch Unheilsgestalten, die von Ninurta gebannt sind; es handelt sich um

---

[19] Vgl. o. S. 50f.

[20] Den Abschluß der Hymnen bildet eine Beschreibung des Tempelweihfestes, das mancherlei Parallelen zum *akītu*-Fest in Babylon aufweist (Schicksalsbestimmung B XX, 1ff.; hieros gamos B XVII, 1—3; Festmahl der Götter B XIX, 17ff).

[21] B XVII, 18ff.

[22] Vgl. Anm. 1.

[23] A XV, 20ff.

[24] A XXII, 20f.; vgl. B VII, 15ff.

die *dubla*-Heiligtümer, Abbilder von Wildstieren, Drachen, Löwen und Laḫama-Göttern des Abzu[25].

Im Tempel werden auch die Schicksale entschieden, und zwar zu dem Zeitpunkt, wo die Götter einziehen[26].

Vom Tempel her geschieht der Kampf gegen die Fremdvölker:

»Des Hauses großer Schrecken lastet schwer auf dem Land Sumer.
Seine Macht liegt auf dem Fremdland,
der Schrecken des Eninnu deckt alle Länder wie ein Tuch zu.«[27]

Interessant ist auch die folgende Stelle:

»Haus, großer Mast des Landes Sumer,
mit Himmel und Erde zusammengewachsen,
Eninnu, gutes Ziegelwerk, dem Enlil gutes Schicksal bestimmt,
schöner Berg, der zu aller Staunen dasteht,
der aus allen Ländern hervorragt:
Das Haus ist ein großer Berg, reicht bis an den Himmel,
ist (wie) der Sonnengott, erfüllt das Innere des Himmels,
das ‚Eninnu-Imdugud-strahlt' hat im Feindland zahlreiche (Menschen) getötet,
hat die Menschen (fest) wohnen lassen, hat das Land Sumer geleitet.«[28]

Die Symbolik des Tempels als Berg, der bis zum Himmel reicht, soll später erörtert werden[29]; wesentlich in diesem Zusammenhang ist der Gedanke, daß der Tempel für das Land Sumer Heil und Friede, für das feindliche Ausland aber Vernichtung bedeutet[30].

Doch findet sich auch in den Gudea-Hymnen der andere Gedanke, daß die Feinde willfährig werden:

»Mein Haus, das Eninnu, das An gegründet hat[31]
. . . . .
Sein schrecklicher Glanz reicht bis zum Himmel,
meines Hauses großer Schrecken liegt auf allen Fremdländern,

---

[25] A XXV, 24—XXVII, 6; die erwähnten Untiere werden alle durch Baumale dargestellt worden sein. — In A XXI, 26ff. wird das Fundament des Tempels mit Chaossymbolik beschrieben:
»Des Hauses Grundriß legte man —
ein Drache des Abzu, der überall hervorkommt, ist es,
ein Wort das im Himmel . . .
eine riesige Schlange, die in kur über das Schicksal verfügt,
sein Egiguru ist eine Schlange, die in kur überall liegt . . .«
Weiteres zur Tempelideologie und Chaossymbolik vgl. u. S. 111ff.

[26] B V, 1ff.

[27] A XXIX, 15ff.

[28] B I, 1ff.

[29] Vgl. u. S. 110ff.

[30] Zu vergleichen ist die bildliche Darstellung bei Frankfort, Kingship and the Gods, 1948, Fig. 48: Während die einen Götter den Tempel errichten, vertreiben andere die Feinde.

[31] Wie Chaos- und Völkerkampf wird auch die Tempelgründung auf die Weisung des alten, fernen Gottes zurückgeführt; der junge Gott handelt in dessen Auftrag.

um seinen Namen scharen sich von den Grenzen des Himmels her alle Fremdländer,
Magan (und) Meluḫḫa kommen dahin von ihrem fernen Land herauf.«

Sprecher dieser Zeilen ist Ningirsu; der Schrecken seines Tempels erschüttert also die Bewohner auch der fernsten Länder (Indien und Ägypten?)[32] am »Ende der Erde«[33] und läßt sie zur Huldigung zum Eninnu ziehen. Andernorts wird sogar erwähnt, wie diese Fremden sich am Tempelbau betätigen:

»Gudea tat Lehm in die Ziegelform,
vollzog die verpflichtenden Riten,
ließ den Ziegel für das Haus strahlend erstehn.
Alle Fremdländer sprengten Öl,
sprengten Zedernharz mit ihm,
seine Stadt, der Ort Lagaš, verbrachte in heller Freude den Tag.«[34]

Daß endlich das Thema Fruchtbarkeit auch in diesen Hymnen nicht fehlt, sei nur kurz erwähnt. Die Inbetriebnahme des Tempels hat zur Folge, daß die ganze Natur sich regeneriert; es wird berichtet, welche Produkte jetzt in Überfluß vorhanden sind: Fische, Getreide, Groß- und Kleinvieh[35].

Es zeigt sich also, daß in der Tempelideologie Chaos- und Völkerkampfmotiv sich treffen. Die Motive der hymnischen Formen wiegen zwar vor, aber die Tempelbausymbolik entspricht Elementen des Mythus. So stellt sich nun die Frage nach dem Verhältnis zwischen Mythus und Loblied und der Funktion des Tempels dabei.

4. *Das Verhältnis von Mythus und Lobhymnus*

Der Mythus, so lautete das Resultat des ersten Kapitels, begründet eine zeitlose Wirklichkeit; diese Wirklichkeit umfaßt die Ordnung von Staat und Natur. Dramatis personae sind Götter, also zeitlose Wesen, mindestens im Blickwinkel des Mythus.

Wie ist demgegenüber die Aussageform des Lobhymnus zu bestimmen? Zunächst ist festzustellen, daß neben den Kämpfergott der König tritt. Dies kann so ausgedrückt werden, daß der Gott für den König kämpft, oder aber der König selbst wird in den Farben des Gottes dargestellt: Seine Epiphanie ist die des Gottes selber.

Aber auch die kosmoswidrige Macht erscheint dem Mythus gegenüber verändert: Nun wird sie durch den Feind, das Ausland, reprä-

---

32 So Falkenstein in SAHG 415f.

33 So der Sprachgebrauch entsprechender alttestamentlicher Texte; sachlich besteht kein Unterschied.

34 A XVIII, 23ff.

35 B XIV, 20ff.

sentiert; zwar nicht in der Weise, daß historische Züge in den einzelnen Liedern sichtbar würden (mindestens sind sie so sehr im Hintergrund, daß sie nicht mehr als solche erkannt werden können). Die Lieder sind ebenso formularisch wie der Mythus. Aber *prinzipiell* kommt hier doch die historische Dimension zu Sprache, oder anders gesagt: hier kommt die *Dimension der Erfahrung* zur Sprache.

Wenn also das Verhältnis zwischen Mythus und Lobhymnus bestimmt werden soll, läßt sich dies etwa dahin formulieren, daß der Mythus die Ordnungs-Wirklichkeit begründet, der Lobhymnus aber die Erfahrung ausdrückt, welche die Wahrheit jener Wirklichkeit bestätigt. Es muß betont werden: *Nur die* Erfahrung kann vom Hymnus erfaßt werden, welche die Wahrheit des Mythus bestätigt. Andere Erfahrungen können nicht in dieser Form geäußert werden. Mythus und Lobhymnus sind also aufeinander bezogen, der Mythus aber besitzt sachliche Priorität.

Nun ist noch die Rolle des Tempels zu bestimmen. Daß der Mythus seinen Ort hat im Tempel, geht einmal daraus hervor, daß der Tempel Ort seiner Rezitation ist; zudem bildet der Tempel in seiner Architektur selbst das Geschehen des Chaoskampfes in räumlicher Dimension ab. Dadurch, daß nun das Material der Erfahrung, also die (erfolgreichen!) Erlebnisse im politischen Leben, aber auch in der Landwirtschaft, in die vom Kult bereitgestellten Formen gefaßt werden, werden sie zur Bestätigung der Wahrheit des Mythus. Die zeitlose Wahrheit wird durch die zeitliche Wahrheit erwahrt.

Von da her wird klar, warum im Mythus selber die Feinde der historischen Dimension nicht genannt werden. Der Mythus kennt nur die *eine* Wahrheit: daß der äußere Feind abgewehrt und die Ordnung des Staates durchgesetzt wird. Die geschichtliche Wirklichkeit aber kennt auch die gegenteilige Erfahrung: Hier besteht die Möglichkeit, daß der Feind obsiegt. Daher würde dieser Feind im Mythus dessen Ordnung stören, weil seine geschichtliche Wirklichkeit nicht eindeutig ist. Nur als erfahrene Bestätigung der staatlichen Ordnung kann also der Feind innerhalb der Denkstruktur des Hymnus thematisch werden. Es stellt sich natürlich auch hier die Frage, wie eine Erfahrung religiös qualifiziert und verarbeitet wird, die die Wahrheit des Mythus *nicht* bestätigt[36].

Eine Beobachtung bei *lugal-e* und den Gudeahymnen verdient noch Beachtung: Neben dem jungen, kämpfenden Gott steht, mehr im Hintergrund, der ferne, ältere Gott; es ist einerseits Enlil, andererseits An. Dieser ferne Gott delegiert die Kosmosfunktion dem jungen Gott bzw. dem König, er gründet das Königtum, den Tempel, und er

[36] Dazu s. u. S. 121ff.

übergibt es dann dem jungen Gott[37]. Die erkämpfte Autorität ist also verankert in einer übergeordneten Autorität. So scheint es, daß diese fernen Götter fast funktionslos geworden sind und durch die nahen ersetzt sind. Es ist hier schon zu betonen, daß dies tatsächlich *hier* der Fall ist — aber *nur* hier, d. h. innerhalb der Denkform des Mythus.

5. *Nachwirkungen des mythischen Denkmodells in der Geschichtsschreibung*

Es ist bekannt, daß die mesopotamische Geschichtsschreibung die Geschichte gern als Wechsel von Heils- und Unheilszeiten beschreibt[38]. Da im Chaoskampfmythus offenbar Geschichte durch den Mythus verstanden und also einem zyklischen Erleben eingeordnet wird, ließe sich leicht denken, daß diese zyklische Ordnung auch zum Verständnis von Zeiträumen hätte angewendet werden können. So schreibt denn W. v. Soden: »Mythus und Geschichte haben für die Sumerer die gleiche Realität. Der Rhythmus der Geschichte wird für sie durch den dauernden Wechsel von *Glückszeiten* und *Unheilsperioden* bestimmt . . .«[39]. Auf der andern Seite wird vor solchem Verständnis des mesopotamischen Geschichtsbildes gewarnt: »Die Unbestimmbarkeit des Einbruches einer Unheilszeit verbietet es, im Wechsel von Heils- und Unheilszeit eine zyklische Geschichtsauffassung zu suchen. Auch die Dauer von Heils- und Unheilszeit ist ganz unterschiedlich, und somit unbestimmbar. Es gibt hier keine Periodenlehre, die die Geschichtsauffassung begründen könnte«[40].

Nun existiert ein Text, der in diese Streitfrage doch ein gewisses Licht bringt; es handelt sich um eine Chronik, die durch den Wechsel von Heils- und Unheilszeiten gekennzeichnet ist[41]. Interessant ist in unserm Zusammenhang vor allem der Anfang: Der Text setzt ein mit

---

[37] Vgl. H. H. Schmid, Gerechtigkeit als Weltordnung, 1968, 42ff. Es wird noch zu differenzieren sein, inwiefern An und Enlil die Funktionen des fernen Gottes untereinander teilen (vgl. u. S. 115f.).

[38] Vgl. dazu W. v. Soden, Leistung und Grenze sumerischer und babylonischer Wissenschaft (zuerst erschienen in: Die Welt als Geschichte 2, 1936, 411ff.; 509ff.; Neudruck 1965, bes. S. 451ff. = 61ff.); H. G. Güterbock, Die historische Tradition und ihre literarische Gestaltung bei den Babyloniern und Hethitern bis 1200, ZA 42, 1936, 1ff.; ZA 44, 1938, 45ff.; E. A. Speiser, Ancient Mesopotamia, in: The Idea of History in Ancient Near East, ed. R. C. Dentan, 1955, 35—76, bes. 55ff.; H. Gese, Geschichtliches Denken im Alten Orient und im Alten Testament, ZThK 55, 1958, 127ff., bes. 133ff.; J. J. Finkelstein, Mesopotamian Historiography, PAPS 107, 1963, 461ff.

[39] A. a. O. 452 = 62; ähnlich Speiser a. a. O. 55.

[40] H. Gese a. a. O. 133f.

[41] H. G. Güterbock, ZA 42, 1936, 50ff.

der Weltschöpfung und geht dann über zur Schilderung eines Kampfes zwischen zwei Göttergruppen; die feindlichen Götter unterliegen. Erst jetzt setzt die eigentliche Chronik ein. — Dieser Einsatz der Chronik ist wohl literarischer Reflex des Chaoskampfmythus. Zur Weltschöpfung gehört ein Kampf der Götter; es sind hier aber nicht die mythischen Götterfiguren, Kosmoskämpfer und Chaoswesen. Die Götter erscheinen sogleich in ihrem politisch-geschichtlichen Aspekt: Als Götter von Inland und Ausland. Wenn nach dieser Einleitung die Chronik von einem Wechsel von guten und schlechten Zeiten berichtet, kann diese Entwicklung der Geschichte nicht anders denn als Verlängerung jenes ursprünglichen Geschehens, des Chaoskampfes, angesehen werden. So zeigt sich also hier, daß tatsächlich die zyklische Geschichtsbetrachtung — mindestens nach dem Zeugnis dieses einen Textes — ihre Wurzeln im mythischen Weltverständnis hat. Daß es sich nicht mehr um *rein* mythisches Denken handelt — tatsächlich sind die Zyklen von unterschiedlicher Dauer und Qualität —, soll damit nicht bestritten werden[42].

B. UGARIT

In den aus Ugarit bekannten Texten sind bis jetzt noch keine Lobpsalmen bekannt; die Form, welche als ursprüngliche Trägerin des Völkerkampfmotivs anzusehen ist, fehlt also. Entsprechend fehlt auch das Motiv selbst fast vollständig.

Die Tatsache, daß noch keine solchen Lobhymnen gefunden worden sind, wird man wohl einem Zufall zuschreiben müssen. Es ist schwer denkbar, daß diese Form in Ugarit nicht bekannt gewesen wäre. Sollten einst Hymnen gefunden werden, so ist anzunehmen, daß auch hier das Völkerkampfmotiv seinen Platz hat[43].

Immerhin verdient in diesem Zusammenhang der Text *V AB, B* Beachtung. Hier ist von einem Kampf Anats die Rede:

»Sieben Mädchen schminkten (die Göttin?) mit Parfum von Moschusböckchen und der *'anhb* (Bienen?).
Es schloß Anat die Tore des Palastes.
Dann trafen die Jünglinge mit der Herrin des Berges zusammen.
Und nun kämpfte Anat im Tale;

---

[42] Ob dieses Denken in »Geschichtszyklen« als »volkstümlich« gewertet werden soll (so Finkelstein a. a. O. 470), ist fraglich. Die Leistung, mythisches Denken auf die Geschichtsbetrachtung anzuwenden, weist eher auf theologische Reflexion hin.

[43] Entsprechend ist anzunehmen, daß Baal nicht nur Chaosbekämpfer, sondern auch Besieger der Fremdvölker ist. Tatsächlich setzen ägyptische Texte diese Eigenschaft für Baal-Seth voraus (R. Stadelmann, Syrisch-palästinensische Gottheiten in Ägypten, 1967, 39ff.).

sie metzelte nieder Stadt-Bewohner
und schlug das Volk im Westen
und schlug die Menschen des Ostens.
Unterhalb ihrer lagen Köpfe wie Schwaden,
neben ihr (abgehauene) Glieder, wie Heuschreckenschwarm,
wie Haufen von Getreide die Glieder der Knappen.
Bald reichten ihr die Köpfe bis an den Rücken,
ragten ihr die Glieder bis an den Schoß.
Sie tauchte ihre Knie in das Blut der Tapferen,
ihre Knöchelringe in die Blutlachen der Knappen.
Sie vertrieb mit einem Stecken *Greise*,
auf die Schenkel hin zielte sie mit ihrem Bogen.
Hernach ging sie in ihr Haus,
es begab sich die Göttin in ihren Palast.
Und nicht wurde sie satt des Mordens im Tale,
ihres Metzelns bei den Stadtbewohnern!
Sie schmiß Stühle wider die Knappen,
sie schmiß Tische auf die Soldaten,
und Schemel auf die starken Helden.
Viele hieb sie nieder und sagte dabei:
‚Anat metzelt und freut sich,
sie läßt schwellen ihre Leber,
des Lachens wird voll ihr Herz,
der Freude wird voll die Leber Anats.‘
Wonne fühlte sie, als sie ihre Knie in das Blut der Helden tauchte.
Bis sie satt wurde, schlachtete sie im Haus,
metzelte sie Tischgenossen.
Verwischt wurde . . . das Blut der Helden.
Es quoll aus das Schmer der Knappen.
In einem Becken reinigte ihre Hand die Jungfrau Anat,
ihre Finger die ‚Schwägerin der Mannen‘[44].
Vom Blut der Helden reinigte sie ihre Hände,
vom geronnenen Blut der Knappen ihre Finger . . .«[45]
(Es wird berichtet, wie sich Anat nochmals wäscht und parfümiert.)

Der Zusammenhang, in welchem dieser Text zu verstehen ist, läßt sich nur in groben Zügen herstellen. Jedenfalls hat Baal seinen Sieg über die Chaosmächte errungen (wobei zu bedenken ist, daß ja nach V AB, D Anat Mitstreiterin und Mitsiegerin ist!) und ist im Begriff, seinen Palast zu erbauen. So gehört also der Sieg Anats über ihre Feinde in den Kontext der Siege der Kosmosmächte über das Chaos[46].

---

[44] So ist der schwierige Ausdruck *jbmt ʿmm* vielleicht zu fassen.

[45] Die Übersetzung folgt meist Aistleitner; die einzelnen textlichen Schwierigkeiten fallen für den Gesamtzusammenhang nicht ins Gewicht.

[46] Daß sich der Völkerkampf im Baals-Zyklus wie ein unbedeutender Anhang zum Chaoskampf zeigt, erweist das sachliche Verhältnis beider Themen. Wenn die

Es ist aber deutlich, daß es sich bei den Gegnern Anats um Menschen handelt, also um Feinde der historischen Dimension: Sie werden genannt *bn qrjtm*[47] »Städter«, *l'em ḫp jm* »Volk des Meeresufers« = »Volk des Westens« (oder vielleicht gar »Seevolk«?[48]), *'adm ṣ'at špš* »Menschen des Sonnenaufgangs« = »Menschen des Ostens«[49]. Zum Kampf gegen die Chaosmächte gehört also auch hier der Kampf gegen die zum Chaos gehörigen Menschen. Es handelt sich nicht um *ein* konkretes Volk, gegen das die Göttin angeht, sondern sie wendet sich gegen Ost und West[50]; in Analogie zum babylonischen Material wird man sagen dürfen: sie wendet sich gegen das Ausland ganz allgemein.

Wahrscheinlich stehen hinter der Schilderung des Textes ganz konkrete Bräuche des Kriegslebens. Kaiser denkt wohl zu Recht an eine »rituelle Tötung von Kriegsgefangenen bzw. die Verstümmelung von Gefangenen«[51]; er verweist auf analoge ägyptische Bräuche. Damit zeigt sich, daß der Krieg des Volkes gegen die Feinde und der erfochtene Sieg von der Wirklichkeit des Mythus her verstanden wird[52]. Insofern entspricht die ugaritische Sicht der in Mesopotamien gültigen.

Eigenartig ist jedoch, daß die Kosmosfeinde in ihrer historischen Gestalt in der Dimension des Mythus erscheinen, wo wir nach babylonischem Vorbild nur idealtypische Gegner, also symbolhafte Chaosuntiere, zu erwarten hätten. Vielleicht ist diese Tatsache so zu erklären, daß in den ugaritischen Texten ja doch wohl keine eigentlichen Mythen mehr vorliegen, sondern reflektierende Spekulationen mit mythischem Material[53].

Chaosmacht im Mythus besiegt ist, folgen die Konsequenzen im Raum der Geschichte automatisch.

[47] V AB, B 6f.

[48] V AB, B 7. Vielleicht ist der Ausdruck *'adm ḫp jm* tatsächlich im Sinne von Seevolk, wie der Ausdruck von der orientalistischen Geschichtswissenschaft gebraucht wird, zu verstehen; *ḫp jm* ist jedenfalls kein gebräuchlicher Ausdruck für »Westen«. Zudem liegt Ugarit an der Küste, es gibt also gar keine unmittelbar westlich wohnenden Völkerschaften. Diese Vermutungen gehen in dieselbe Richtung wie die These von Obermann (How Baal destroyed a Rival, JAOS 67, 1948, 195ff.), der zu zeigen versucht, daß Jam die Seevölker verkörpere, Baal aber das (noch) siegreiche Ugarit. Diese Interpretation Jams ist natürlich viel zu wenig umfassend, doch ist es durchaus möglich, daß die historische Erscheinung Jams zur Zeit der Abfassung des Baals-Zyklus im Seevölkersturm bestand.

[49] V AB, B 8.

[50] Vgl. o. S. 72ff.

[51] O. Kaiser, Die mythische Bedeutung des Meeres ..., 1962², 71[289].

[52] Die Krieger Ugarits tun demnach nichts anderes, als daß sie mit ihren Kriegsbräuchen das Tun der Göttin nachvollziehen.

[53] Vgl. dazu oben Anm. 167 zu Kap. 1.

C. JERUSALEM[54]

1. Der Kampf Gottes gegen die Fremdvölker[54a]

Das Völkerkampfmotiv ist im AT, insbesondere in prophetischen und psalmartigen Texten, außerordentlich häufig. Es soll hier nicht angestrebt werden, sämtliche Stellen, in denen das Motiv vorkommt oder wo darauf angespielt wird, in extenso zu besprechen; wie beim Chaoskampfmaterial sollen die wichtigeren und ausführlicheren Belege gesammelt werden und auf ihren ursprünglichen formalen und materialen Charakter hin untersucht werden, damit sich Rückschlüsse zunächst auf das vorisraelitisch-jerusalemische Gut gestatten.

Die Belege:

»Ha! Tosen vieler Völker! Wie das Tosen des Meeres tosen sie.
Und Brausen von Nationen! Wie das Brausen gewaltiger Wasser brausen sie[55].
Doch er (sc. Jahwe) beschilt sie, da fliehen sie fernhin,
werden gejagt wie die Spreu auf den Bergen vor dem Winde, wie die Distelstaude[56] vor dem Sturm.
Zur Zeit des Abends: siehe da, Schrecken. Ehe der Morgen kommt — sind sie nicht mehr da.« Jes 17 12ff.

». . . und er wird ein Panier aufstecken dem Volk[57] aus der Ferne und es herbeilocken vom Ende der Erde,
und siehe: eilends, schnell kommt es;
kein Müder, kein Strauchelnder in ihm, nicht schläft noch schlummert es[58];
keinem geht der Gurt seiner Lenden auf, keinem zerreißt der Riemen der Schuhe.
Seine Pfeile sind geschärft, und alle seine Bogen gespannt . . .
Es tost über ihm an jenem Tage wie das Tosen des Meeres.
Da blickt er (sc. Jahwe) auf die Erde, und siehe da, bange Finsternis, und das Licht wird verfinstert durch ihr (sc. der Feinde) Gewölk.«
Jes 5 26ff.

»Siehe, ein Volk kommt aus dem Lande Ṣaphon, eine gewaltige Völkerschaft erhebt sich von den Enden der Erde.

[54] Auf das ägyptische Material braucht hier nicht eingegangen zu werden, da E. Hornung in einer Untersuchung (Geschichte als Fest, 1966) gezeigt hat, in welcher Weise die Geschichte durch das Festritual, damit also auch den Mythus, verstanden wird. Seine Darstellung der ägyptischen kultischen Geschichtsbetrachtung entspricht weitgehend den Resultaten, die die vorliegende Untersuchung für Kanaan und Mesopotamien erwiesen hat. — Zu einzelnen Berührungen zwischen kanaanäischem, speziell jerusalemischem Material und ägyptischem Material, besonders in bezug auf das Fremdvölkerkampfmotiv, vgl. z. B. J. de Savignac, OTS 9, 1951, 107ff., und VT 7, 1957, 82ff.

[54a] Vgl. H. M. Lutz, Jahwe, Jerusalem und die Völker, 1968.

[55] Der wiederholende Zusatz ist zu streichen, vgl. BH.

[56] Vgl. HAL, s. v. גלגל.

[57] l. sg. statt pl. (BH).

[58] Die Aussage vom Feind, daß er »weder schläft noch schlummert«, will dessen göttliche Macht sichtbar machen; sie gilt sonst für Jahwe, vgl. Ps 121 4.

Bogen und Wurfspieß führen sie, hart sind sie, und ohne Erbarmen.
Ihre Stimme ist tosend wie die des Meeres, sie reiten auf Rossen,
als ein Kriegsmann gerüstet wider dich, Tochter Zion ...« Jer 6 22ff. = 50 41ff.
»Siehe, ich bringe über euch ... ein Volk aus der Ferne;
ein uraltes Volk ist es, ein Volk aus der Vorzeit ist es;
ein Volk, dessen Sprache du nicht verstehst und dessen Rede du nicht kennst.
Sein Rachen[59] ist wie ein offenes Grab, alle sind sie Helden ...«
Jer 5 15ff.
»Siehe, wie Wolken steigts herauf, wie Sturm seine Wagen, schneller als Adler sind seine Rosse ...« Jer 4 13
»Siehe, Könige taten sich zusammen, zogen heran insgesamt.
Sie sahen hin — da erschraken sie, erstarrten, liefen davon.
Zittern ergriff sie daselbst, Wehen wie eine Gebärende.
Durch den Urzeits-Sturm[60] zerschmetterst du Tharsisschiffe!«
Ps 48 5f.
»Warum toben die Völker, und planen die Nationen vergebliche Dinge?
Könige der Erde stehen auf und Fürsten tun sich zusammen wider Jahwe und seinen Gesalbten:
,Laßt uns zerreißen ihre Bande, und von uns werfen ihre Fesseln!' ...
Dann redet er (sc. Jahwe) in seinem Zorn, in seinem Grimm schreckt er sie ...
,Du magst sie zerschlagen ... wie Töpfergeschirr!'« Ps 2 1ff.
»Jahwe spricht zu meinem Herrn:
,Setze dich zu meiner Rechten, daß ich hinlege deine Feinde als Schemel für deine Füße!'
Jahwe wird dein mächtiges Zepter ausstrecken vom Zion; herrsche inmitten deiner Feinde ...
Der Herr steht zu deiner Rechten, er zerschmettert Könige am Tage seines Zorns.
Er hält Gericht unter den Völkern, daß es voll wird von Leichen.
Er zerschmettert das Haupt des (Objekt?) ...«[61] Ps 110 1ff.
»Die Heereskönige, sie fliehen, sie fliehen, auf dem Hausflur wird verteilt die Beute...[62]
Als Šaddaj Könige daselbst zerstreute, fiel Schnee auf dem Zalmon ...
Ja, Gott zerschmettert das Haupt seiner Feinde ...« Ps 68 13ff.

---

[59] Statt אשפתו l. אשר פיהו (HAL 93). Die Vorstellung vom »geöffneten Rachen« gehört zum Gott מות (vgl. o. S. 65f.). So wie der Feind in anderen Texten durch die Wasser-Chaosmacht qualifiziert wird, so hier durch die Gestalt des Todesgottes.

[60] So ist רוח קדים wohl zu übersetzen. Es handelt sich nicht um einen gewöhnlichen, sondern um den mythischen Sturm. Ein Text, der stark an die hier zitierte Stelle erinnert, handelt vom Gott Baal: Im Vertrag zwischen Esarhaddon und Baal von Tyrus heißt es in Rev. II, 10ff., in der Fluchandrohung: »Mögen Baal-Šamem und Baal-Malage und Baal-Ṣaphon einen Sturm entstehen lassen gegen deine Schiffe; es mögen zerreißen ihre Taue, es mögen ausgerissen werden ihre Haltpflöcke, es möge eine gewaltige Flut sie in die See reißen« (W. F. Albright, Baal-Zephon, in: Bertholet-Festschr., 1950, 9). Der jerusalemische Chaoskämpfergott trägt demnach Züge des Meeres- und Seefahrergottes (vgl. dazu R. Hillmann, Wasser und Berg, Diss. Halle 1965, 76ff.).

[61] Der Text ist nicht gut erhalten. Vgl. Kraus, Psalmen, II z. St.; als Objekt ist vielleicht »Feind« zu ergänzen.

[62] Vgl. Kraus, Psalmen, I z. St.

»Völker toben, Königreiche wanken, er läßt seine Stimme hören, da bebt die Erde . . .
Kommt, seht die Taten Jahwes, der Entsetzliches tut auf Erden! . . .
Der den Bogen zerbricht, den Speer zerschlägt und die Wagen im Feuer verbrennt . . .«

Ps 46 7. 9f.

»Gott ist in Juda offenbar, groß sein Name in Israel.
In Šalem entstand seine Hütte, seine Wohnstatt auf Zion.
Dort zerbrach er die Blitze des Bogens, Schild und Schwert und Krieg.
Furchtbar[63] bist du, herrlich, vom Urgebirge her.
Zur Beute wurden die Tapfern, sanken hin in ihren Schlaf, allen Kriegshelden versagte die Kraft.
Vor deinem Schelten, Gott Jakobs, sank in Betäubung Reiter wie Roß.«

Ps 76 2-7

»Siehe, ich erwecke die Helden[64], das grausame, ungestüme Volk,
das in die Weiten der Erde zieht, Wohnungen einzunehmen, die nicht sein sind.
Schrecklich ist es und furchtbar ist es. Von ihm gehen Gewalt und Macht aus.
Schneller als Panther sind seine Rosse, grimmiger als Steppenwölfe[65].«

Hab 1 6ff.

»Jahwe ist König — es toben die Völker, er der Kerubenthroner — es bebt die Erde!«

Ps 99 1

». . . der da schlägt große Könige, und tötet mächtige Könige . . .«

Ps 136 17f.

Das *Alter* der wiedergegebenen Texte ist umstritten. Jedoch dürfen einige zeitliche Fixpunkte vorausgesetzt werden: Die Jeremia-Texte sind ohne Zweifel echt. Das Motiv des »Völkersturms aus dem Norden« erscheint schon in der Berufungsvision[66] und wird durch das ganze Jeremia-Buch immer wieder thematisch, oft nur in Anspielungen[67]. Für Ps 2 und 110 ist das Königtum vorausgesetzt; und gerade im zweitgenannten Psalm ist eine Entstehung in der frühen Königszeit sehr wahrscheinlich, weil sich das Königtum hier offenbar ganz bewußt als Nachfolgeinstitution des vorisraelitischen jebusitischen Königtums versteht[68]. Auch bei den jesajanischen Stücken ist, da Echtheit angenommen werden darf, an Tradition des frühen Königtums zu denken[69],

[63] l. נוֹרָא (BH).

[64] l. גבורים (BH); die Völkerbezeichnungen sind spätere Interpretationen des Textes auf bestimmte historische Situationen hin.

[65] l. זאבי ערבה (K. Elliger in: Festschr. Bertholet, 1950, 158ff.).

[66] Jer 1 13ff.

[67] Jer 10 22; als Drohung gegen andere Völker wird das Motiv verwendet Jer 25 32 46 5ff. 47 50.

[68] Zu Ps 110 vgl. H. H. Rowley, Melchisedek and Sadok, in: Bertholet-Festschr., 1950, 113ff. Der Verfasser hält Ṣadok für den jebusitischen Priester der Stadt, der die Herrschaft Davids anerkennt und seine Loyalität bezeugt; so hätte der Psalm seinen ganz bestimmten einmaligen Ort, was bezweifelt werden muß.

[69] Vgl. H. Wildberger, Die Völkerwallfahrt zum Zion, VT 7, 1957, 62ff.; ds., Jesaja (Bibl. Kommentar, 2. Lfg. 1966, zu Jes 2 1ff.). G. Wanke, Die Zionstheologie der Korachiten, 1966, versucht zu zeigen, daß alle diese Stellen (Jesaja-Stellen und Zionpsalmen) nachexilischen Ursprungs seien. Er rekonstruiert die »Zionstheologie«

ebenso bei den Psalmen 46 48 68[70] 76[71]; in Ps 99 1 wird wenigstens im Inthronisationsruf[72] altes Material vorhanden sein, wogegen die Komposition des ganzen Psalmes sicher sehr spät erfolgte.

Das Völkerkampfmotiv hat in Israel also seinen Ort seit der frühesten Königszeit. Wie das Chaoskampfmotiv ist es als jebusitisches Erbe anzusprechen[73].

Wie steht es mit den *Formen*, in denen das Motiv erscheint? Nach Analogie der mesopotamischen Belege ist zu erwarten, daß die Formen des Lobliedes ursprünglich sind. Tatsächlich ist diese Form in Ps 48 5f. erhalten, sowie in der allerdings späten Stelle Ps 136 17f. Hierher gehört auch die Gattung des Thronbesteigungsorakels, die in Ps 2 und Ps 110 anzutreffen ist: Im Rahmen der Akklamation an den neu eingesetzten Herrscher wird diesem die Herrschaft über die Völker zugesagt, wobei dieser Triumph seinerseits als Werk Gottes verstanden wird[74]. Daß Königsideologie und Wirklichkeit des Chaoskampfmythos

---

einer nachexilischen Tempelsängergruppe, die er für die Korachpsalmen postuliert. Es ist unmöglich, hier ausführlich auf Wankes Argumentation einzugehen, doch seien folgende Andeutungen bemerkt: Wanke zeigt zwar, daß gewisse Motive in den von ihm besonders untersuchten Psalmen häufig vorkommen, übersieht aber, daß sie auch anderen Psalmen bekannt sind; dies ist gerade beim Völkerkampf- und Völkerwallfahrtsmotiv der Fall. Daß das Motiv von Völkerkampf und -wallfahrt außerisraelitisch nicht zu belegen sei, wurde zur Genüge widerlegt — man darf nur nicht einen Völkerkampf*mythus* suchen wollen! Die Gottesnamen, die Wanke als typisch für die Zionstheologie der Korachiten wertet (יהוה צבאות, אלהי יעקב) dürften beides alte Bezeichnungen für den Gott Israels in Jerusalem gewesen sein. — Man wird Wanke darin recht geben, daß die Korachpsalmen eine gewisse theologische Einheitlichkeit aufweisen — aber das wird man dem Interesse der Sammler, die sich einer bestimmten, althergebrachten Tradition verpflichtet wußten, zuschreiben müssen.

70 Zu Ps 46 und 48 vgl. Kraus z. St.; daß Ps 68 ursprünglich an einem außerjerusalemischen Kultheiligtum in Gebrauch gewesen wäre (S. Mowinckel, Der 68. Psalm, 1953, bes. 68ff.; ähnlich Kraus), läßt sich m. E. nicht erweisen. Wahrscheinlich spiegelt der Psalm die Konkurrenzsituation zwischen Jerusalem und andern ehemals kanaanäischen Heiligtümern im Norden wider.

71 Der Psalm hat seine Entstehungszeit wohl in der Epoche Davids; vgl. O. Eißfeldt, Psalm 76, in: Kleine Schriften, III 1966, 448ff.

72 Zu den Thronbesteigungspsalmen und deren Elementen vgl. E. Lipinski, La royauté de Yahwé dans la poésie et le culte de l'ancien Israël, 1965.

73 Damit bestätigt sich eine These, die u. a. schon von E. Rohland, Die Bedeutung der Erwählungstraditionen Israels für die Eschatologie der alttestamentlichen Propheten, Diss. Heidelberg 1956, 140; H.-J. Kraus, Psalmen, I 344; J. Schreiner, Sion — Jerusalem, Jahwes Königssitz, 1963, 226. 235; Lutz a. a. O. 171ff. geäußert worden ist. Anders u. a. B. S. Childs, Enemy from the North and Chaos Tradition, JBL 78, 1959, 187ff.

74 Dies wird vor allem bei Ps 2 deutlich; vgl. damit etwa das Enlil-Lied mit Bitte für Urnammu (SAHG 17, bes. Z. 14ff.), wo ganz ähnliche Vorstellungen vorhanden sind.

zusammengehören, wurde schon im mesopotamischen Raum konstatiert. Ebenfalls in der Diktion des Lobhymnus sind Ps 68 12ff. und Ps 99 1[75] gehalten.

Ps 46, der sich am ehesten als »Vertrauenslied des Volkes« bestimmen läßt[76], gehört damit gattungsmäßig zu den Kollektivklagen. Doch zeichnet sich die israelitische Volksklage gerade dadurch aus, daß in ihr das Element des Rückblickes auf früheres Heilshandeln Gottes eine sehr ausgeprägte Rolle spielt[77]. Und dieser Rückblick ist in der Diktion des Gotteslobes gehalten[78]. An diesem Ort ist in Ps 46 die Erwähnung der Fremdvölker zu sehen.

Die *prophetischen Texte* haben Material und Formen des Kultus aufgenommen. In ursprünglicher Funktion wird das Motiv verwendet in Jes 17 12ff. Nur Vers 14c dürfte jesajanische Applikation eines dem Propheten bekannten Stücks aus einem Loblied sein, das in einer Stunde der Not der Bevölkerung Jerusalems Trost sein soll. In gerade umgekehrtem Sinn braucht Jesaja das Motiv in 5 26ff.: hier ist Gott selber der, welcher die ursprünglich chaosmächtigen Feinde gegen Jerusalem schickt als göttliche Strafe. Ein Element des Lobliedes wird damit als Gerichtsankündigung benützt. Genauso verfährt Jeremia. Offenbar hat die jesajanische Umkehrung des Völkerkampfmotives in prophetischen Kreisen Beachtung und Tradition erfahren. Jedenfalls erscheint die ursprüngliche, positive Fassung des Motivs bei Jeremia nie[79].

Die Frage, warum bei Jeremia die feindlichen Völker »aus dem Lande צָפוֹן« kommen, kann nicht hinreichend geklärt werden. Ist der Begriff צפון hier als Element des religiösen Weltbildes (das Wort »mythologisch« vermeidet man besser[80]) oder als geographischer Terminus gebraucht? An einigen Stellen des AT meint צפון zweifellos den Götter- und Weltberg, ist also religiös-weltbildhaft gemeint. Aber haben jene Stellen etwas mit der Aussage zu tun, daß die feindlichen Fremdvölker von צפון her

---

[75] Die Inthronisationsformel gehört sowohl zur »himmlischen« Thronbesteigung des Gottes wie zur »irdischen« des Königs; eigentlich darf zwischen diesen beiden Aspekten gar nicht geschieden werden (wie immer gilt diese Aussage nicht für Israel, sondern für den Ort der Aussage im ursprünglichen Zusammenhang der Königsideologie). Thronbesteigungsorakel und Inthronisationsformel gehören eng zusammen.

[76] Rohland a. a. O. 124; vgl. auch Kraus, Psalmen, I 340f.

[77] C. Westermann, Das Loben Gottes in den Psalmen, 1963³, 41; vgl. auch u. S. 224f.

[78] Westermann ebd.

[79] Zwar wird das Motiv auch als Drohung gegen Fremdvölker verwendet (vgl. Anm. 67), doch nie in Verbindung gebracht mit dem Ṣion. So handelt es sich hier wahrscheinlich um eine erneute Uminterpretation, indem ein Motiv, welches zur Schilderung des Gerichtes gegen Jerusalem verwendet wird, jetzt auch mit Feinden in Zusammenhang gebracht wird.

[80] Ich verwende »mythisch« als »zum Mythus gehörig«; der Ausdruck »mythologisch« ist durch die Entmythologisierungsdebatte so sehr strapaziert worden, daß er in diesem Zusammenhang nicht verwendet werden sollte.

kommen? A. Lauha versucht zu zeigen, daß die Aussage vom Götterberg in צפון »ausschließlich mythologischen Ursprungs« sei: Der Polarstern im Norden als Fixpunkt des Sternenhimmels werde als Spitze des Götterberges gesehen[81]. Lauha versucht dies vor allem an babylonischem Material zu erweisen[82], doch sind gerade hier seine Thesen undurchführbar: Weder ist Anu ursprünglich und in erster Linie mit dem Weltberg verbunden[83], noch hat dieser ursprünglich mit astralen Vorstellungen zu tun[84]. — Lauha vermutet weiter, daß dieser Weltberg und somit auch die Bezeichnung צפון eine ambivalente Begriffsgruppe bildeten: Der Berg reicht mit seiner Spitze zwar bis zum Himmel, wo die Götter wohnen und, ganz allgemein ausgedrückt, »das Gute« ist, andererseits gründet er in der Unterwelt, der »Hölle«, also dem Ort des »Schlechten«[85]. Wenn die Fremdvölker also aus צפון kommen, dann bezeichnet dies ihre metaphysisch-übergeschichtliche Schlechtigkeit und Kosmoswidrigkeit[86]. — Auch diese Vermutung wird nicht zu halten sein. Wohl gründet nach babylonischer Vorstellung der Weltberg in der Unterwelt, aber diese Qualifikation ist ursprünglich positiv zu verstehen[87].

Man wird demnach zu vermuten haben, daß צפון in diesem Zusammenhang doch eine rein geographische Bezeichnung ist. Denn die feindlichen Völker, in denen sich nach mythischem Weltverständnis das Chaos konkretisiert, sind für Jerusalem wohl i. a. aus dem Norden gekommen. So ist es durchaus möglich, daß seit uralter, vielleicht sogar vorisraelitischer Zeit der Feind »aus dem Norden« kam. Es ist ja zu bedenken, daß im Süden bzw. Südwesten der ägyptische Oberherr Jerusalems saß, der als Feind nicht in Betracht kam.

Sicher ist dies freilich nicht, da ja keine einzige Psalmstelle überliefert ist, in der ein »Feind aus dem Norden« erwähnt wird. So ist das Motiv vielleicht in prophetischen Kreisen entstanden und tradiert worden. Zu beachten ist vor Jeremia schon Jes 14 31:
»Heule, Pforte! Schreie, Stadt! Verzage, ganz Philisterland!
Denn von צפון her kommt Rauch, und unter seinen Scharen sondert sich keiner ab.
Was wird man den Boten der Völker antworten?
,Jahwe hat Zion gegründet, und dort finden Zuflucht die Elenden seines Volkes!'«
Jesaja spricht von der drohenden Assyrergefahr, die aus Norden kommt, und zwar ganz in der Terminologie des Völkerkampfmotivs. Doch hat צפון hier für Jesaja ohne Zweifel einen Unterton: In der Kultterminologie ist ja צפון auch mit Zion identisch im Sinne des Götterberges. Jesaja meint also: Jahwe ist es, der die Fremdvölker auf die Philister losläßt — Jerusalem aber, der Zion, bleibt verschont.

Dieser Doppelsinn könnte auch hinter den jeremianischen Dichtungen stecken[88]. Die unheilbringenden Fremdvölker gehen vom Norden aus — aber auf Jahwes Geheiß.

---

[81] A. Lauha, Zaphon, 1943, 36ff.

[82] Ebd.

[83] Dazu s. u. S. 110ff.

[84] Wenn Lauha bemerkt, die Erde werde von den Babyloniern als »Länderberg« gesehen, so ist dies durchaus richtig. Doch sind die astralen Deutungen dieser Vorstellungen in Mesopotamien erst sekundär.

[85] A. a. O. 57f.

[86] A. a. O. 57. 62. 66 u. ö.; Lauha zeigt, daß das Motiv bei verschiedensten Propheten verwendet wird; insofern wird man an spezifisch prophetische Tradition des Motivs denken.

[87] Vgl. u. S. 112ff.

[88] Auch bei Jeremia ist festgehalten, daß Jahwe die Feinde schickt (1 15 4 12 usf.).

»von צפון« her. Diese m. E. wahrscheinlichere Deutung des Motivs setzt also voraus, daß die Fremdvölkertradition schon stark israelitisch, insbesondere prophetisch bearbeitet ist: Das Fremdvolk ist Instrument in der Hand des Gottes, der sich souverän über mythisch geprägten Staatspositivismus und die Kultideologie hinwegsetzt[89].

Zusammenfassend läßt sich also sagen, daß in der vorisraelitischen jerusalemischen Tradition das Motiv des Völkerkampfes in der Form des Lobliedes heimisch ist — genau wie im mesopotamischen Bereich.

Einige *inhaltliche* Einzelheiten sind noch bemerkenswert. Auch in der Jerusalemer Tradition ist der Tempel eng mit dem Völkerkampfmotiv verbunden (Ps 48 1ff. Ps 76 1ff.), so wie in den Tempelbauhymnen des Gudea von Lagaš der Tempel gewissermaßen die Wahrheit des Chaoskampfmythos und der Völkerkampfideologie symbolisiert und garantiert. Dieser Tempel scheint nun in sehr realer Weise Schauplatz des Völkerkampfgeschehens gewesen zu sein. Schon S. Mowinckel hat auf die Stellen aufmerksam gemacht, wo von einem »Sehen« die Rede ist (vor allem Ps 48 6 46 9; vgl. Ps 77 17)[90]. Er deutet diese Stellen auf ein Kultdrama hin: Das Handeln Jahwes ist tatsächlich sichtbar, es wird im Ritus dargestellt.

Man wird freilich Mowinckels Auffassung in einem Punkt variieren müssen. Ein Kultdrama besitzt als Text in der Regel einen entsprechenden Mythus; so spricht Mowinckel von einem »Völkerkampfmythos«[91]; diese Form hat jedoch nie existiert[92]. Tatsächlich handelt es sich auch hier um eine Darstellung des Chaoskampfmythus. Genauere Vorstellungen lassen sich davon nicht mehr gewinnen, doch wird ohne Zweifel die Theophanie, das Erscheinen Gottes zum Kampf und der Kampf selbst irgendwie dargestellt worden sein sowie die nachfolgende Inthronisation des Gottes[93]. Mit einem derartigen Fest ist mindestens für den jebusitischen Kult zu rechnen[94].

---

89 Vgl. u. S. 222ff.

90 Psalmenstudien, II 1922, 128; nach Mowinckel ähnlich manche Vertreter der »kultgeschichtlichen Schule«, neuerdings beispielsweise H. Gottlieb, Amos und Jerusalem, VT 17, 1967, 430ff., bes. 440.

91 A. a. O. 57ff. (vgl. RGG³ IV, 1274ff., s. v. »Mythos«); auch Gottlieb a. a. O. 438ff.

92 Vgl. Anm. 254 zu Kap. 1.

93 Die Frage nach der Darstellung der Theophanie in *Israel* ist insbesondere von A. Weiser gestellt worden (Die Frage nach der Beziehung der Psalmen zum Kult, in: Bertholet-Festschr., 1950, 513ff.; dazu W. Beyerlin, Herkunft und Geschichte der ältesten Sinaitradition, 1961, 153ff.; H.-P. Müller, Die kultische Darstellung der Theophanie, VT 14, 1964, 183ff.). Alle diese Arbeiten erklären die Theophanie Israels aus dem amphiktyonischen Bundeskult, und nicht, wie die »kultgeschichtliche Schule«, aus dem »pattern« heraus. Müller differenziert innerhalb der Bundestradition zwischen Amphiktyoniekult und der Tradition des heiligen Krieges, welche beiden Institutionen die Theophanie kennten. — Jedenfalls sind in der israelitisch-jerusalemischen Theophanietradition mehrere Wurzeln zu erkennen. Wenn auch genaueres über die einzelnen Wurzeln dieser Theophanietradition nicht mehr auszu-

Dem »Sehen« der Kultteilnehmer der sich im Kult zeigenden Gottestat folgt die Akklamation. Die Fremdvölker werden geradezu aufgefordert, in diese Akklamation einzustimmen und von ihrer Angriffslust abzulassen, die ohnehin durch das Kultgeschehen zur Ohnmacht verurteilt ist, wie die Niederlage der Chaosmächte beweist. Von hier aus verstehen sich die Stellen, in welchen Chaosmächte bzw. Fremdvölker aufgefordert werden, ins Gotteslob einzustimmen[95].

Diesem »Sehen« entspricht nun aber auch ein weiterer Begriff: Das »Sich-erkennen-lassen« Gottes; mit Recht weist Rendtorff darauf hin, daß es sich beim Verb נוֹדַע um einen zentralen Offenbarungsbegriff handelt[96]. Doch ist genau zu bestimmen, in welcher Weise er verwendet wird; er gehört völlig in das Wortfeld des Chaos- und Völkerkampfmotivs. Wenn also נוֹדַע auch Erkenntnis Gottes in einem geschichtlichen Ereignis bezeichnet, so ist dieses Ereignis nicht als kontingentes göttliches Handeln verstanden, sondern als ein Handeln innerhalb einer vom Mythus gesetzten Wirklichkeit[97].

Ein weiterer Begriff, der im AT von einigem Gewicht ist, gehört in diesen Zusammenhang: Der des »Werkes Jahwes« (פֹּעַל יהוה)[98]. Die Alternative, ob es sich hierbei ursprünglich um ein Werk der Schöpfung oder der Geschichtsfügung handle, ist falsch gestellt[99]. Es handelt sich

machen ist, so ist doch eine Sinai-Theophanie noch erkennbar (wobei diese ihren Sitz allerdings kaum in einem »Bundes-« oder gar »Amphiktyonie-Kult« hatte) und eine Theophanie des heiligen Krieges. Eine dritte Wurzel wird aber in der Theophanie des Chaoskämpfergottes des jebusitischen Kultes zu sehen sein.

94 Auf die ganze Problematik eines allfälligen israelitischen Thronbesteigungsfestes kann hier nicht eingegangen werden; vgl. zum ganzen u. S. 179f.

95 Akklamierende Chaosmächte: Ps 96 11 98 8 u. ö. Akklamierende Völker: Ps 47 2 117 1 u. ö.

96 Die Offenbarungsvorstellungen im alten Israel, in: Offenbarung als Geschichte, 1963², hg. v. W. Pannenberg. Rendtorff bezieht sich vor allem auf die Stellen Ps 48 4 76 2 9 17.

97 Wieder gilt diese Aussage vom Ursprung der jeweiligen Verwendungen der Ausdrücke; inwieweit der alttestamentliche Gebrauch davon abweicht, läßt sich im einzelnen schwer zeigen. Allgemein zur Umsetzung der vorisraelitischen Strukturen vgl. u. S. 221ff.

98 Jes 5 12 Hab 1 5 3 2 Ps 9 17 77 13 92 5 usw. Mit Recht macht P. Humbert (in ZAW 65, 1953, 35ff.) darauf aufmerksam, daß in Ps 74 12 das Verb פעל im Zusammenhang der Chaoskampfschilderung verwendet wird; er sieht darin den ursprünglichen Zusammenhang des göttlichen פעל. Andere Verba des Schaffens (z. B. עשה) und auch deren Derivate haben ihren ursprünglichen Ort in andern Zusammenhängen. Insofern ist פֹּעַל und auch מִפְעָל nicht ohne weiteres mit מַעֲשֶׂה zu vergleichen, obschon der *israelitische* Sprachgebrauch hier nicht mehr differenziert.

99 Vgl. einerseits H. Wildberger, Jesajas Verständnis der Geschichte, VTS 9, 1963, 83ff., bes. 95ff., andererseits G. v. Rad, Das Werk Jahwes, in: Studia Biblica et Semitica Th. C. Vriezen ..., 1966, 290ff. Für andere Schöpfungsausdrücke als פעל sind Wildbergers Beobachtungen zutreffend.

um das Werk, das der Mythus tut: Und dieser umfaßt, wie gezeigt, die Dimensionen beider Bereiche.

2. *Die »Völkerwallfahrt« zum Zion*[100]

Wie im mesopotamischen Bereich besteht in der jerusalemischen Tradition die Vorstellung, daß die Völker sich freiwillig unterwerfen und mit ihren Tributleistungen zum Kultzentrum kommen.

Die Texte:

»Es wird geschehen im Laufe der Zeit[101], da wird der Berg mit dem Hause Jahwes festgegründet stehen
an der Spitze der Berge und wird die Hügel überragen[102];
und alle Völker werden zu ihm hinströmen, und viele Nationen werden sich aufmachen
und sprechen: ‚Kommt, laßt uns hinaufziehen zum Berge Jahwes' . . .«
Jes 2 1ff.

»Entbiete, o Gott, deine Macht, die Gottesmacht[103], die du für uns gewirkt hast,
von deinem Tempel über Jerusalem! Könige sollen dir Gaben darbringen!«
Ps 68 29f.

»Die Könige von Taršiš und den Inseln müssen Geschenke geben,
die Könige von Šaba und Seba müssen Gaben darbringen.
Alle Könige müssen ihm huldigen, alle Völker müssen ihm dienen.«
Ps 72 10f.

»Alle Völker, die du geschaffen, werden kommen und vor dir niederfallen und deinen Namen ehren, Herr!« Ps 86 9

»Dann werden die Völker Jahwes Namen fürchten, und alle Könige auf Erden deine Hoheit,
wenn Jahwe Zion wieder gebaut hat, wenn sich gezeigt hat sein Lichtglanz . . .
. . . . .
wenn die Völker sich versammeln zumal und die Königreiche, Jahwe zu dienen!«
Ps 102 16. 23

»Ja, das grimme Edom[104] soll dich preisen, der Rest Hamats[105] eine Prozession zu dir führen[106].

---

[100] Vgl. dazu P. Grelot, Une parallèle babylonien d'Isaïe 60 et du Psaume 72, VT 7, 1957, 319ff.

[101] Der Text ist nicht im strengen Sinne als »eschatologisch« zu verstehen (vgl. H. Wildberger, Jesaja, 2. Lfg., 1966, z. St.).

[102] Daß der Tempelhügel als Weltberg alles überragt, ist eine übliche Aussage altorientalischer Tempelideologie (vgl. o. S. 79f. und u. S. 110ff). Daß dies als gewissermaßen »geographische Realisierung« in einer heilvollen Zukunft erwartet wird von Jesaja, ist im Rahmen der allgemein-prophetischen Transposition gegenwärtiger Heilsideologie in die Zukunft zu sehen (vgl. zu dieser Erscheinung V. Maag, Malkût JHWH, VTS 7, 1960, 150f.).

[103] Zur Übersetzung vgl. Kraus, Psalmen, I z. St.

[104] So H. Schmidt, Die Psalmen, 1934, z. St.

[105] Schmidt ebd.

[106] Mit LXX ist תְּחַגֶּךָּ zu lesen, wobei dieses Wort im ursprünglichen Sinne als »eine Wallfahrt, Prozession veranstalten« zu fassen ist.

Sprecht Gelübde und erfüllt sie Jahwe, euerm Gott! Alle seine Nachbarn sollen ihm
Gaben bringen[107]!
Er demütigt den Sinn der Fürsten, furchtbar begegnet er den Königen auf Erden!«
Ps 76 11ff.

»Alsdann wird man Jerusalem nennen ‚Thron Jahwes', und dorthin werden alle Völker
zusammenströmen . . .« Jer 3 17

»Die Fürsten der Völker sind versammelt beim[108] Gotte Abrahams . . .«
Ps 47 10

». . . und ich werde erschüttern alle Völker, und dann werden die Kostbarkeiten[109]
aller Völker kommen, und ich werde dieses Haus mit Pracht erfüllen . . .«
Hag 2 7

»Alle Enden der Erde werden sich besinnen und umkehren[110] und alle Geschlechter der
Völker vor ihm[111] niederfallen.
Denn Jahwes ist das Königtum, er ist Herrscher über die Völker.
Ps 22 28

Zu diesen Stellen gehört noch Jes 60, wo das Motiv zu einer breiten eschatologischen Heilsschilderung ausgedehnt ist.

Das *Alter* der Texte ist unterschiedlich, doch ist mindestens Ps 72 vorexilisch. Psalm 76 ist vielleicht sogar in der Zeit Davids anzusetzen[112]. Auch Jes 2 1ff. wird man für echt halten dürfen[113]. Doch ist das Motiv lebendig geblieben, freilich nicht als Bestand gegenwärtiger Kultideologie, sondern als Erwartung einer von Jahwe gewirkten Zukunft.

Bei Jes 2 und Hag 2 7 wird deutlich, daß auch bei diesem Motiv der Tempel im Zentrum steht. Auch diese Eigentümlichkeit wurde in Texten aus Mesopotamien gefunden.

Daß ursprünglich auch das Motiv der Völkerwallfahrt, wie das des Völkerkampfes, seinen Platz in der Form des Lobhymnus hatte, versteht sich von selbst.

So zeigt sich der vorisraelitisch-jerusalemische Staatskosmos mit seinem universalistischen Anspruch. Wenn auch der jerusalemische Stadtstaat in seiner Ausdehnung und in seinem Machtpotential in keiner Weise mit den mesopotamischen Staatengebilden verglichen werden kann, zeigt sich doch hier und dort dasselbe Verständnis vom *Wesen* des Staates und seines Rituals.

---

107 Der Rest ist zu streichen.

108 Statt עַם l. עִם.

109 l. חֲמֻדוֹת (BH).

110 Str. אל יהוה (BH).

111 l. לפניו (BH).

112 Zur politischen Situation, die vielleicht vorausgesetzt ist, vgl. O. Eißfeldt, Der 76. Psalm, in: Kl. Schr., III 448ff.

113 H. Wildberger, Jesaja, 2. Lfg., z. St.

3. Chaos- bzw. Völkerkampf in der Form der Sage[114]

In *Gen 6* 1-4[115] wird altes, den Israeliten von außen überkommenes Mythenmaterial verwendet und durch den hier zu Wort kommenden biblischen Autor — man mag an den Jahwisten[116] oder eine andere Quellschrift denken[117] — auf die Urgeschichte der Menschheit hin interpretiert. Ein Versuch, diese israelitischen Interpretamente aus dem Text zu entfernen und eine vorjahwistische Version der Geschichte zu rekonstruieren, ergibt etwa folgendes[118]:

»Als aber die Menschheit anfing, sich auf Erden zu vermehren, und von ihnen auch Töchter geboren wurden, da sahen die Götter die Menschentöchter, wie schön sie waren, und nahmen sich Weiber von allen, welche sie nur wollten ... Zu jenen Zeiten ... als die Götter zu den Menschentöchtern eingegangen waren, da gebaren ihnen diese die ‚Riesen' auf Erden; das sind die Helden der Vorzeit, die hochberühmten.«

Im jetzigen biblischen Zusammenhang bildet die Geschichte den Auftakt zur Sintflutkatastrophe. Dieser Kombination dürfte mit der Urform der Sage das gemeinsam sein, daß die Ehen von Göttern und Menschen mit einer Katastrophe endeten[119]. Freilich wird es sich dabei nicht um eine Flut, sondern eher um eine Schlacht gehandelt haben. Dieses Element der Sage dürfte den Anspielungen von Ez 32 zugrunde liegen; es handelt sich um eine Gerichtsankündigung gegen den Pharao in Form eines Spottgedichtes:

»‚Ich will sie herabfahren lassen[120] ins unterirdische Land zu denen, die zur Grube gefahren sind! Aus deiner stolzen Macht fahre hinab! Laß dir betten bei den Unbeschnittenen!' Inmitten vom Schwerte Erschlagener wird er hinsinken, und neben ihm wird liegen all seine Menge. Es werden von ihm sagen die starken Helden aus der Mitte des Totenreiches: ‚Herabgekommen ist er, liegt hingestreckt bei seinen Helfern, den Unbeschnittenen, vom Schwerte Erschlagenen!' Da ist Assur mit seiner ganzen Schar ..., lauter Erschlagene, durchs Schwert gefallen, die einst Schrecken verbreiteten im Lande der Lebenden ... (Es folgt ein Katalog anderer Völker, darunter Elam,

---

114 Zur Verwendung des Ausdruckes »Sage« vgl. o. S. 53.

115 Jüngste Literatur zur Stelle: B. S. Childs, Myth and Reality in the Old Testament, 1960, 49ff.; E. Dexinger, Sturz der Götter oder Engel vor der Sintflut, 1966; J. Scharbert, Traditions- und Redaktionsgeschichte von Gen 6 1-4, BZ NF 11, 1967, 66ff.; O. Loretz, Götter und Frauen, Bibel und Leben 8, 1967, 120ff.

116 So die traditionelle Exegese, z. B. G. v. Rad, Das erste Buch Mose, 1961^6, z. St.

117 Scharbert a. a. O. 69ff.

118 Vgl. Scharbert a. a. O. 72ff.

119 Dexinger (a. a. O.) will den Ausdruck *'ᵃlohîm* nicht als »Götter«, sondern als »Heroen« fassen. Er nimmt Heroenfiguren in der Art eines Gilgameš an. Vielleicht sind tatsächlich diese Gestalten einst so gesehen worden, wohl kaum aber im ursprünglichsten Stadium der Sage.

120 l. אֹרִדֵם (BH). Unbedeutende Emendationen sind nicht vermerkt.

Mesech, Thubal.) Und wahrlich[121], sie liegen bei den Helden, den ‚Riesen' der Vorzeit[121a], die ins Totenreich stiegen in voller Rüstung und denen man das Schwert unter das Haupt legte und den Schild auf die Gebeine; denn Schrecken vor ihrer Heldenkraft herrschte im Lande der Lebenden. (Es folgen weitere Völker: Edom, die Fürsten aus Ṣaphon.)« (32 18ff.)

Aus diesem Gedicht geht hervor, daß diese »Helden« geradezu als Unterweltsgottheiten gedacht sind: Sie begrüßen alle Neuankommenden und sind irgendwie Prototypen aller dieser untergehenden Völker, übertrafen sie offenbar auch noch an Gewalttätigkeit und Überheblichkeit, als sie noch im »Lande der Lebenden« weilten.

Die Kombination der beiden Stellen Gen 6 1ff. und Ez 32 ergibt nun ungefähr den Verlauf dieser Sagen von den נְפִילִים, den »Gefallenen«[122], diesen Vorzeitsheroen: Sie waren Nachkommen von Göttern und sterblichen Frauen, verbreiteten daraufhin Unordnung auf der Erde, erhoben sich wohl gar gegen die Götter, und wurden endlich — wahrscheinlich in einem Kampf — besiegt und in die Unterwelt verbannt, wo sie jetzt als Gottheiten jener Sphäre ihr Dasein fristen.

Nicht nur im 32. Kapitel vergleicht Ezechiel das Schicksal überheblicher und untergehender Völker mit jenen Urzeitgestalten. Auch das Drohwort gegen Tyrus enthält dieselben Vorstellungselemente: Tyrus soll »hinabgestoßen werden zu denen, die zur Grube gefahren, zum Volke der Vorzeit«, und es soll »wohnen im unterirdischen Land« (Ez 26 20). Anklänge an dasselbe Motiv zeigen sich auch in Ez 31 15f.

Nun ist auffällig, daß das Wort נפילים auch in einem scheinbar ganz andern Zusammenhang verwendet wird: Im Zusammenhang mit den »Kundschaftergeschichten«. Die ausgesandten Kundschafter berichten Mose und dem Volk:

»Das Land, das wir durchzogen haben, es auszukundschaften, frißt seine Bewohner, und das ganze Volk besteht aus hochgewachsenen Leuten. Wir sahen dort sogar die ‚Riesen' (נפילים), und wir kamen uns vor wie Heuschrecken, und so erschienen auch wir ihnen.« Num 13 32f.

Die im jetzigen Kontext unverständliche Bemerkung vom »Land, das seine Bewohner frißt« wird von Ez 32 her verständlich: Die Riesen sind verschlungen worden von der Unterwelt, in der sie jetzt leben.

---

121 Wie an manchen andern Stellen des AT ist לֹא hier wahrscheinlich nicht in der Bedeutung von »nicht«, sondern als Verstärkungspartikel zu fassen. Anders die meisten Kommentatoren, z. B. Zimmerli, Ezechiel, z. St.

121a l. נְפִילִים מֵעוֹלָם.

122 Die gebräuchliche Deutung von נפילים bringt den Ausdruck mit נפל »fallen« zusammen; anders A. Boissier (OLZ 13, 1910, 196f.), der auf akkadisch *napalu* = *gabaru* »stark sein« hinweist. Das Wort נפילים hätte dann dieselbe Bedeutung wie גבורים, was zuweilen als Bezeichnung für die feindlichen Fremdvölker verwendet wird (Jer 5 16 46 5 50 9 Nah 2 4 Joel 2 7 Sach 10 5).

Das heißt also: Nach dieser Version sind die Riesen ein Geschlecht, das einst in Palästina wohnte, bevor die Israeliten ins Land kamen. Man wird aber wie bei Gen 6 1ff. auch hier zu bedenken haben, daß der verbreitete Sagenstoff den Israeliten schon vorgelegen hat: Schon die ansässigen Kanaanäer betrachteten diese Riesen als ihre Vorgänger und Urbevölkerung des Landes. Der israelitische Landnahmebericht übernimmt diese Erzählungen, so daß die Riesen als unmittelbare Vorgänger der Israeliten erscheinen.

Eine Glosse in Num 13 33 identifiziert diese »Riesen« mit dem Stamm der Enakiter, die auch sonst öfter erwähnt werden (Dtn 1 28 9 2 Jos 11 21f. u. ö.) und deren Kriegsruhm bekannt war (Jos 14 15). Handelt es sich hierbei um einen historischen Völkerstamm? Wohl kaum! Denn die Enakiter werden in Dtn 2 10. 21 zusammen mit dem Stamm der רְפָאִים genannt, welcher zwar im AT zuweilen auch als ganz normaler Bevölkerungszweig erscheint (z. B. Gen 15 20), meist aber doch als Geschlecht von Riesen gilt (Dtn 2 11. 20; hier ist die Erinnerung festgehalten, daß nicht die Israeliten, sondern schon die Kanaanäer diese Völker vertrieben!). Og von Basan gilt als letzter Rephaiter (Dtn 3 11. 13 Jos 12 4 13 12 17 15). Sein Sarg weist ihn zweifellos als Riesen aus (Dtn 3 11). Im AT kann רָפָא denn auch einfach »Riese« bedeuten (I Chr 20 4. 6).

Im AT kann der Ausdruck רְפָאִים aber auch den »Toten« oder den »Totengeist« bezeichnen, z. B. Jes 26 14-19 Prov 9 18 21 16. Parallelausdruck ist zuweilen מֵתִים »Tote«, in Prov 2 18 aber »Tod«, מָוֶת.

Eine derartige Bedeutung von רְפָאִים ist auch in Jes 14 9 und Hi 26 5 anzunehmen:

»שאול geriet drunten in Aufruhr ob dir, als du nahtest; es schreckte die רפאים auf um deinetwillen, alle Fürsten der Erde, ließ aufstehen alle Könige der Völker von ihren Thronen.«
Jes 14 9

Es wird dieselbe Situation vorausgesetzt wie in Ez 32: Ort ist die Unterwelt, wo die Unterweltsmächte versammelt sind, zu denen auch die ehemaligen Gewalthaber der Erde gehören; und jetzt wird ein »Neuer« erwartet, der zu diesen Mächten stößt[123].

»Die רפאים werden von Zittern erfaßt, es erbeben die Wasser und ihre Bewohner. Nackt liegt שאול vor ihm (sc. Jahwe), und ohne Hülle der Abgrund.«
Hi 26 5f.

Interessant ist hier, daß neben den Unterweltsgöttern die Chaosmacht Wasser genannt ist — beide Mächte gehören hier zusammen, so wie nach mesopotamischer Vorstellung eine gewisse Nähe zwischen Ereškigal und dem Urwasser besteht[124].

---

[123] Zu weiteren Elementen von Jes 14 7ff. s. u. S. 211f.

[124] Vgl. o. S. 31.

So zeigt sich also, daß die Begriffe נפילים und רפאים je eine doppelte Bedeutung haben: Es handelt sich einerseits um Gestalten der Unterwelt (wobei der Ausdruck רָפָא soweit verblassen kann, daß er oft jeglichen Toten bezeichnet), genauer um Götter oder Halbgötter, andererseits um eine meist riesenhaft vorgestellte Bevölkerungsgruppe, die vor Israel, bzw. nach der ursprünglichen Fassung vor den Kanaanäern im Land saß.

Wer sind nun diese Riesen tatsächlich und wie ist die vorliegende Sage zu deuten?

Die Frage wird noch kompliziert durch die ugaritischen Texte. Die *rp'u*-Gestalten sind ganz verschieden gedeutet worden: Als »Schatten, Geister«[125], »chthonische Geister«[126], als eine bestimmte ethnische Gruppe[127], als Fruchtbarkeitsgottheiten[128], als »(Götter)-Fürsten«[129] oder als »Schar halbmythologischer Wesen, die einem bestimmten religiösen Kult huldigen und die zu einer Art Bruderschaft zusammengeschlossen sind«[130].

Es ist noch nicht möglich, die Texte bis ins letzte zu klären. *Dan'el* wird stereotyp *mt rp'e*, »Dienstmann des *Rapa'u*« genannt[131]; Rapa'u ist hier wahrscheinlich Bezeichnung für Baal, den Götterfürsten, welche Bedeutung also hier anzunehmen ist.

Die einzige Stelle des Baals-Zyklus (I AB VI, 42*ff.) braucht als Parallelbegriff *'elm*, also »Götter«; *rp'u* bezeichnet hier also eine Gruppe von Göttern, zu welchen offenbar u. a. *Špš* und *Kṯr-wḪss* gehören.

Der Text *Rephaim* selbst ist dunkel. Die *rp'um* sind zu einem Mahl eingeladen, das vielleicht zur Inthronisation Baals als Götterkönig gegeben wird; sie weigern sich zuerst, die Einladung anzunehmen, kommen dann aber doch. — Bei allen Unklarheiten ist deutlich, daß die *rp'um* göttliche Wesen sind[132].

Die *Etymologie* des Wortes ist auch völlig unsicher. Vielleicht liegt tatsächlich die Wurzel *rp'* »heilen«, ursprünglich wohl auch »fruchtbar machen« vor[133], so daß man es mit Fruchtbarkeitsnumina zu tun hätte. Doch lassen die ugaritischen Texte davon nichts mehr spüren. Auch die Wurzel *rp'* = *rpj* »schwach sein« ist in Betracht zu ziehen. Die *rp'um* wären dann die »Schwachen (Geister)« — wohl apotropäisch aufzufassen[134]. Vielleicht hat auch Aistleitner recht, wenn er das Wort aus dem Akkadischen ableiten will[135].

Jedenfalls ist das deutlich: Die ugaritischen *rp'um* sind Götter, wahrscheinlich eine bestimmte Klasse von Göttern, in der Art der Anunnaki in Mesopotamien. Daß

---

[125] Ch. Virolleaud, Syria 22, 1941, 1ff.

[126] J. A. Montgomery, nach Driver Canaanite Myths and Legends, 155.

[127] Th. H. Gaster, nach Driver a. a. O. 155.

[128] J. Gray, Legacy of Canaan, 1957, 16. 92f. 154.

[129] J. Aistleitner, Wörterbuch der ugaritischen Sprache, 1963, s. v.

[130] A. Jirku, ZAW 77, 1965, 82.

[131] I D 20. 36ff. 47 usf.

[132] Vgl. die verschiedenen Möglichkeiten, die Gaster, Thespis, 228 (Anm.), diskutiert.

[133] J. Gray a. a. O. 92.

[134] So V. Maag (mündlich).

[135] A. a. O. Aistleitner vergleicht mit akk. *rubû* ,»Fürst«.

sie in Ugarit etwas mit der Unterwelt zu tun hätten, läßt sich kaum erweisen[136]. Ihre Funktion ist dunkel.

Die Gemeinsamkeit der *rp'um* in Ugarit und der רפאים des AT besteht also darin, daß es sich je um göttliche Gestalten handelt.

So ist die Frage nach dem Sinn der Nephilim-Sage zu stellen. Es hat sich gezeigt, daß die »Riesen« in einer gewissen Nähe zu den Chaos- und Feindmächten beschrieben sind: Sie wohnen bei den Chaosmächten (Hi 26 5), sie sind »Helden der Urzeit« (Jer 5 15 Gen 6 1ff.); die jeweiligen Exponenten der Fremdvölker gehen nach ihrem Untergang in die Reihen jener Vorweltgötter ein.

Damit dürfte erwiesen sein, daß auch die Sage von den Vorweltsriesen eine Variation des Chaoskampfthemas wiedergibt. Daß die Chaoswesen nach ihrer Niederlage zu Unterweltsgottheiten werden, ist eine Vorstellung, die auch in Babylonien belegt werden kann[137].

Das Eigentümliche dieser Variante des Themas besteht darin, daß der Kampf weit zurückliegt, in einer grauen Vorzeit. Aus diesem Grunde ist es berechtigt, von einer Sage zu sprechen[138], die allerdings mythisches Material enthält. Analoge Formen desselben Themas sind in größerer Zahl aus dem griechischen Raum bekannt. Die Gigantomachie bildet nach Form und Inhalt das genaue Gegenstück zur Vorweltsriesensage[139].

Ein Motiv der Sage muß noch gedeutet werden: Dasjenige, welches diese numinosen Gestalten der Vorzeit als Riesen zeichnet. Hier ist zu erinnern, daß die vorsemitische Bevölkerung Palästinas Trägerin einer Megalithkultur war[140]. Daß einer späteren Bevölkerung die Baumonumente jener Menschen als Werke von Riesen vorkamen, ist verständlich[141].

Damit wird klar, in welcher Bedeutung die Chaoskampfthematik hier erscheint. Als »chaotisch« wird die vergangene Kultur empfunden, die versunken ist und einer neuen Ordnung hat Platz machen müssen. Der Chaoskampf bezeichnet damit eine einmalige kulturgeschichtliche

---

136 Immerhin bezeichnet das Wort nicht nur im Hebräischen eindeutig die Unterweltsgestalt, den Toten, sondern auch im Phönizischen und Punischen (vgl. KAI 13, 8; 14, 8; 117, 1).

137 So wird Kingu nach seiner Niederlage (und vor seiner Schlachtung) nach *enūma eliš* IV, 120 »unter die Zahl der toten Götter« — d. h. der Unterweltsgötter — gerechnet.

138 Ähnlich redet Scharbert a. a. O. 72 von einer »ätiologischen Kurzsage«, die in Gen 6 1ff. vorliege. Vgl. auch Dexinger a. a. O. 61.

139 Vgl. W. Baumgartner, Israelitisch-griechische Sagenbeziehungen, in: Zum Alten Testament und seiner Umwelt, 1957, 157f.; Dexinger a. a. O. 61ff.

140 Vgl. P. Karge, Rephaim, 1917.

141 Karge a. a. O. 612.

Umwälzung, die Sage behält also die Erinnerung an ein Stück Kulturgeschichte.

Wir stellten fest, daß in der Form des Mythus eine zeitlose Wirklichkeit gesetzt wird, und daß in der Form des Hymnus zeitlich-historische Wirklichkeit erfahren wird, die die Wahrheit des Mythus bestätigt. In der Form der Sage erscheinen beide Wirklichkeitsebenen miteinander verwoben. Der kulturgeschichtliche Umbruch, den die Vorweltsriesen-Sage zum Inhalt hat, liegt zurück: Er wird nicht wiederholt und ist durch die historische Entwicklung sichergestellt. Keine neuen Ereignisse können ihn gefährden. Die Wahrheit des Mythus und diejenige der Geschichte sind als identisch erwiesen; darum können die beiden Denkweisen miteinander verknüpft werden.

III. Der ferne Gott und seine Geschichte

A. URSPRÜNGLICHE ASPEKTE DER GESTALT

Besonders seit den Forschungen von A. Lang[1] ist die Religionswissenschaft auf die Tatsache aufmerksam geworden, daß in vielen Religionen verschiedenster Ausprägung *eine* göttliche Gestalt eine wie auch immer geartete Sonderstellung einnimmt.

Diese Beobachtung hat die verschiedensten Religionstheorien ins Leben gerufen. P. W. Schmidt[2] versucht einen ursprünglichen und allgemeinen Urmonotheismus der ganzen Menschheit nachzuweisen, wobei seinen ethnologischen Studien stets die kirchliche Lehre zugrunde lag; die Verdunkelung der ursprünglichen natürlichen Gotteserkenntnis durch die Sünde glaubte Schmidt gewissermaßen kulturhistorisch illustrieren zu können. Der von ihm entworfene »Hochgott« hat eine erstaunliche Ähnlichkeit zum christlichen Gott des ersten Glaubensartikels[3].

Spätere Forschungen, die weniger stark durch theologische Prämissen vorbelastet waren, halfen, das Bild jener Gottesgestalt zu differenzieren. N. Söderblom[4] gebraucht den Begriff des Urhebers. Damit tritt ein Charakterzug der Gottheit in den Vordergrund: Sehr oft (aber nicht immer!) ist sie die Macht, welcher die Menschheit (im primitiven Raum ist darunter natürlich nur je der betreffende Stamm zu verstehen) oder die Welt ihren Ursprung verdankt. Söderblom versucht auch, diese Göttergestalt zu interpretieren: Der Urheber gibt »Antwort auf die Frage: ‚Wer hat das gemacht?'«[5]. Im Urheberglauben manifestiert sich also kausales Denken, hier wird vom Menschen versucht, sich selbst und seine Welt rational zu erfassen.

G. van der Leeuw[6] handelt vom »Höchsten Wesen« in einem Kapitel, das mit dem Titel »Die heilige Hinterwelt. Macht und Wille im Hintergrund« überschrieben ist[7]. Damit schon wird klar, daß van der Leeuw bemüht ist, das »Höchste Wesen« in ein Verhältnis zu bringen mit dem »Vordergrund« und dessen Strukturen, deren wesent-

[1] The Making of Religion, 1898.

[2] Der Ursprung der Gottesidee, 1913ff.

[3] Zur Kritik vgl. W. E. Mühlmann, Das Problem des Urmonotheismus, ThLZ 78, 1953, 705ff.

[4] Das Werden des Gottesglaubens, 1916.

[5] A. a. O. 178; vgl. ähnlich F. Heiler, Erscheinungsformen und Wesen der Religion, 1961, 456.

[6] Phänomenologie der Religion, 1956^2.

[7] A. a. O. 171ff.

liche Aspekte »Macht« und »Wille« sind, und die gewöhnlich mit den Ausdrücken »Dynamismus« und »Animismus« bezeichnet werden[8]. Das »Höchste Wesen« wird in seiner Funktion also im Rahmen der Primitivreligionen bestimmt — ganz ähnlich, wie der Mythus in seinem Wesen im Raume der Primitivreligionen geortet wurde.

Wie verhält sich nun das Höchste Wesen zu jenen Aspekten des Vordergrundes, also der menschlichen »Normalwelt«? »Der Mensch übt Macht vornehmlich in Riten, die er beherrscht, die er vollzieht, und die seine Welt beherrschen. . . Er empfindet das Bedürfnis, eine höhere Instanz, wenn auch im Hintergrund, aufzustellen, eine Macht, auf die er alle andere Macht, auch seine eigene, zurückführen kann, die seine Riten gleichsam autorisiert«[9]. Diese Äußerung trägt der Tatsache Rechnung, daß die verschiedensten »Höchsten Wesen« mit den Macht-Begriffen in engem Zusammenhang stehen. Oft ist es ein und dasselbe Wort, was die Gottesgestalt und die Macht bezeichnet, oft sind es zwei Formen desselben Wortes[10].

Doch betont van der Leeuw, daß das »Höchste Wesen« nicht einfach Mächtigkeit ist, sondern tatsächlich Gestalt[11]. Manchmal besteht es nicht nur aus einer, sondern aus zwei Personen[12]. Insofern hat das »Höchste Wesen« seine bestimmten Züge, seine Individualität, seinen Willen. Doch äußert sich dieser Wille nicht direkt dem Menschen gegenüber, er ist »kein dem Menschen gegenüberstehendes Du«[13].

Einige weitere Züge stellt van der Leeuw heraus: In der Regel besitzt das Höchste Wesen keinen regelmäßigen Kult. Eventuell wird ein gelegentliches Gebet an es gerichtet, besonders in Situationen äußerster Not des einzelnen — doch erwartet der Beter kaum, daß er erhört wird[14]. Oft werden Züge oder die Gestalt des »Höchsten Wesens« mit Elementen der Natur illustriert, ohne daß es sich doch um eine eigentliche Naturgottheit, d. h. die Personifizierung und Vergöttlichung eines Aspektes der Natur, handelte[15]. Gelegentlich wird der Name des »Höchsten Wesens« in der Spruchweisheit genannt, als Garantie der hier zur Sprache kommenden Wahrheit[16].

---

[8] Vgl. W. E. Mühlmann, RGG³ I, 389ff., s. v. »Animismus«; N. Söderblom-C.-M. Edsman, RGG³ IV, 564ff., s. v. »Macht I«.

[9] Van der Leeuw a. a. O. 181.

[10] Beispiele bei Ringgren-Ström, Die Religionen der Völker, Kröner-Taschenbuch 291. 483; van der Leeuw, Einführung in die Phänomenologie der Religion, 1961, 18. 88.

[11] Die Struktur der Vorstellung des sogenannten Höchsten Wesens, ARW 29, 1931, 93.

[12] Ebd. [13] Ebd.

[14] Ebd.; vgl. weitere Belege bei F. M. Bergounioux-J. Götz, Die Religionen der vorgeschichtlichen und primitiven Völker, 1960, 66ff.

[15] Van der Leeuw, Die Struktur . . ., 94; andererseits trägt das Höchste Wesen oft auch Züge des Urahnen oder Urzauberers (ebd.).

[16] A. a. O. 94; als Beispiel wird der Stamm der Batak genannt.

Es wird deutlich, daß nach van der Leeuws Schilderung die Figur des »Höchsten Wesens« die verschiedensten Züge annehmen kann. Eine Differenzierung will deshalb R. Pettazzoni vornehmen[17]. Er unterscheidet zwischen den »Schöpferwesen«, jenen Gestalten, welche nach einem einmaligen Schöpfungswerk sich als *deus otiosus* in eine untätige, kaum mehr wahrnehmbare Existenz zurückziehen, und deren Aktivität sich eher auf die Welt, ihren Ursprung und ihr Schicksal bezieht einerseits, und den »allwissenden Göttern«, die höchst aktiv sind, über soziale Ordnungen und menschliche Verhaltensweisen wachen und in ihrem Wesen somit eher auf den Menschen hin zentriert sind[18]. Doch sieht Pettazzoni selbst, daß diese Unterscheidung nicht grundsätzlicher Art ist und daß zwischen beiden Gestalt-Gruppen Zusammenhänge bestehen[19]. Zudem gibt es »Urheber«-Gestalten, die nun wirklich *nur* auf den Menschen bezogen sind, und in deren Schöpfung die Welt als Ganzes überhaupt nicht zur Frage steht[20]. Pettazzonis Differenzierung behält ihren Wert darin, daß sie die ganze Breite der möglichen Vorstellungen hat sichtbar werden lassen.

Ethnologische Forschungen haben die verschiedenen Ausprägungen des »Höchsten Wesens« deutlicher werden lassen[21]. So zeigt sich, daß in primitivsten Kulturen diese Gestalt meist recht deutlich hervortritt, eine gewisse Aktivität entfaltet und oft genannt wird. Mit zunehmender Differenzierung der Kultur wird es meist blasser, es entwickelt sich gern zum »*deus otiosus*«; neben ihm erscheinen andere Gestalten, beispielsweise der »Herr der Tiere« oder der »Kulturbringer«. Die Entwicklung kann soweit gehen, daß das »Höchste Wesen« fast ganz verschwindet oder in den Raum philosophischer Spekulation gerät[22].

Die wesentlichen Fragen stellen sich, wenn man nach dem Erlebnisinhalt fragt, welcher hinter diesen verschiedensten Gestalten liegt. Man wird auch hier im Horizont einer Primitivreligion und

---

17 Der allwissende Gott, Fischer Bücherei 319; vgl. auch schon: Allwissende Höchste Wesen bei primitivsten Völkern, ARW 29, 1931, 108ff. 209ff.

18 A. a. O. 71ff.; der Auffassung Pettazzonis steht G. Widengren in seiner Untersuchung persischer Vorstellungen nahe. Er nennt das »Höchste Wesen« nun »Hochgott«; diese Figur ist vor allem für das Schicksal des Menschen verantwortlich.

19 A. a. O. 73.

20 Dies gilt beispielsweise für weite Gebiete Afrikas (vgl. H. Baumann, Schöpfung und Urzeit des Menschen im Mythos afrikanischer Völker, 1936).

21 Vgl. K. Dittmer, Allgemeine Völkerkunde, 1954, 58ff.; J. Haekel in: Lehrbuch der Völkerkunde, hg. v. K. Adam und H. Trimborn, 1958, 49ff.; F. Herrmann, Symbolik in den Religionen der Naturvölker, 1961, 65ff.

22 Gestalten der Spekulation werden z. B. Brahma und Prajapati in Indien; vgl. zu diesem Thema G. van der Leeuw, Einführung in die Phänomenologie der Religion, 1961, 21ff.

-gesellschaft ansetzen müssen, wie dies beim Erlebnisinhalt des Magisch-Mythischen durchgeführt wurde. Pettazzoni versucht diese Fragen folgendermaßen zu beantworten und differenziert schon hier zwischen den beiden Gestalten des »Urhebers« und des »allwissenden Gottes«: »Hinter dem Komplex der göttlichen Allwissenheit steckt nicht jene elementare Daseinsangst, wie sie im Allgemeinen in den Ursprungsmythen und im besonderen in denen der Schöpfung zum Ausdruck kommt (wobei Pettazzoni die Gestalt des Urhebers diesen Mythen zuordnet). Sondern es handelt sich um eine Erfahrung *sui generis*, in der noch über dem Gefühl der unsicheren Lage der Schatten einer anderen Angst zittert, die Empfindung von einer ungreifbaren unablässigen Gegenwart, die auf dem Menschen lastet, in jedem Augenblick und an jedem Ort, ohne Rast und ohne Rettung, ohne Zuflucht, ohne Ausweg — von einem Blick, dem nichts entgeht und dem niemand sich entziehen kann — von einem Geheimnis, das den Menschen umgibt, ihn bindet und gefangenhält und von Zeit zu Zeit in der großartigen Gewalt atmosphärischer Erscheinungen hervorbricht«[23]. Die Bestimmung des Wesens der Ursprungsmythen steht hier nicht zur Diskussion; jedenfalls kommt in den eigentlichen Mythen gerade nicht Angst, sondern Macht des Menschen zum Ausdruck, zudem ist zu fragen, ob der Urheber mit dem Ursprungsmythus identifiziert werden darf[24].

Die Erlebnisform, die der Gestalt des »Allwissenden Gottes« entspricht, wird von Pettazzoni als Angst vor einer menschliches Vermögen übersteigenden Macht charakterisiert. Nun wird man den Begriff der Angst besser aus dem Spiel lassen; Angst führt zu kultischer Betätigung des Menschen, der so seine Angst zu bewältigen sucht. Gerade Kult gehört aber, wie gesagt, durchaus nicht zur Figur des fernen Gottes[25]. Wohl aber ist an Pettazzonis Charakterisierung richtig, daß der Mensch im fernen Gott seine Grenzen und seine Ohnmacht symbolisiert sieht[26]. Sehr richtig formuliert van der Leeuw, daß sich im Urheber-Glauben ein »Grenzen der Menschheit«-Bewußtsein spiegelt[27]; doch wird man hier den Ausdruck »Urheber« ersetzen

---

[23] Der allwissende Gott 75.

[24] Die Figur des fernen Gottes impliziert einen Verstehenshorizont, der über den des Mythus hinausgeht; vgl. u. S. 106f.

[25] Höchste Wesen empfangen allenfalls Sühnopfer, die dann am Platze sind, wenn ein Mensch die von Gott gesetzte Ordnung gefährdet hat, und Primitialopfer, die das Eigentumsanrecht des Gottes am Leben der Natur ausdrücken (Herrmann a. a. O. 71ff.).

[26] V. Maag spricht von einem »Symbol der Unverfügbarkeit«.

[27] Die Struktur ... 96; die der Urheber-Figur adäquate menschliche Haltung ist demnach die Demut (ebd.). Dies steht in schroffem Gegensatz zum Allmachtsbewußtsein der Magie.

müssen, da nicht alle derartigen Götter mit Schöpfungseigenschaften ausgestattet sind; auch der Ausdruck »Höchstes Wesen« ist ungeeignet, da er Inhalte impliziert, die nicht für alle Gestalten, die damit bezeichnet werden sollen, zutrifft. Man braucht besser den Ausdruck »ferner Gott«[28].

Es sei versucht, die so verstandene Figur des fernen Gottes in Beziehung zu setzen mit dem magisch-mythischen Weltverstehen. Die Magie wurde beschrieben als Erfahrung der Macht des Menschen, mit seiner Welt umzugehen; der ferne Gott ist Zeichen dafür, daß auch die gegenteilige Erfahrung möglich ist. Magie und ferner Gott gehören also als korrespondierende Elemente zueinander; sie entsprechen den menschlichen Erfahrungen von Macht und Ohnmacht. Dazu paßt die Tatsache, daß der ferne Gott keinen Kult besitzt, denn Kult ist ja nichts anderes als praktizierte Magie[29].

Aber das Verhältnis zwischen Magie und fernem Gott ist nicht nur ein negatives; sonst könnte nicht so oft beides mit demselben Wort bezeichnet werden. Die beiden Erscheinungen stehen jedoch nicht auf derselben Ebene. Normal ist für den Menschen die Erfahrung der Macht, des Bewältigen-Könnens, damit die Magie. Die unerwartete Erfahrung des Gegenteils beweist größere, übermenschliche Macht, die im Hintergrund wirkt. So ist der ferne Gott *gerade* Inbegriff und Quelle aller Macht, was aber nur in Ausnahmefällen sichtbar wird.

Es ist natürlich, daß diese Erfahrungen in verschiedenster Weise Gestalt annehmen; doch dürfte sich sowohl in der Gestalt des »reinen« Urhebers, der Welt oder Menschen schafft und sich dann völlig zurückzieht, wie auch in der des nur allwissenden Gottes, dem nicht die geringste Schöpfungstätigkeit zugeschrieben wird, diese *eine*, hier beschriebene Erfahrung manifestieren. Es ist bezeichnend, daß dem Handeln derartiger ferner Götter manchmal nicht nur die Weltentstehung, sondern auch das Weltende zugeschrieben wird[30]: hier findet die Erfahrung Gestalt in einer Zukunftsprojektion.

Von den letzten Bemerkungen her legt es sich nahe, nach der Zeitkategorie zu fragen, in welcher die Schöpfung des fernen Gottes erlebt wird, dies gerade auch in Abgrenzung gegen die mythische Schöpfungsvorstellung und deren Urzeitskategorie.

Wenn vom fernen Gott ausgesagt wird, er hätte die Welt bzw. das betreffende Volk geschaffen, so ist damit gemeint, daß hier der Raum geschaffen ist, in dem sich menschliche Ordnung nun verwirklichen kann. Der ferne Gott handelt also, *bevor* menschliches Handeln

[28] Der Ausdruck wird im selben Sinn verwendet von W. H. Schmidt, Jerusalemer El-Traditionen bei Jesaja, ZRGG 16, 1964, 304.

[29] Vgl. V. Maag, Malkût JHWH, VTS 7, 1960, 144.

[30] Vgl. dazu V. Maag, Eschatologie als Funktion des Geschichtserlebnisses, Saeculum 12, 1961, 126; G. Mensching, Die Religion, Goldmann-Taschenbücher 882—3, 178ff.

sich äußern kann. So wird man die Zeit des fernen Gottes am besten als *Vorzeit* bezeichnen, wobei *»vor«* nicht nur eine zeitliche, sondern auch eine sachliche Komponente enthält. Beschränkt auf die rein temporale Ebene kann die Zeit des fernen Gottes ja auch *Nachzeit* sein, indem dann die Welt aus ihrer Ordnung wieder zurückgeführt wird in einen chaotischen Ursprungszustand. Doch bleibt auch dann die sachliche Verordnung der Zeit des fernen Gottes bestehen, indem menschliche Zeit von ihr aufgelöst wird.

Die Vorzeit des fernen Gottes ist somit unter Umständen auch der Urzeit des Mythus vorgeordnet; in der Regel allerdings fallen beide Zeiten zusammen.

B. DIE FERNEN GÖTTER IM SUMERISCH-BABYLONISCHEN PANTHEON

Es wurde erwähnt, daß die Figur des fernen Gottes in verschieden gearteten Religionen eine je verschiedene Funktion hat. Welche Stellung nimmt der ferne Gott im mesopotamischen Raum ein? Jedenfalls hat er seinen Platz innerhalb von Religionen mit durchorganisierten Panthea entsprechend der hochentwickelten Kultur und der differenzierten Sozialordnung der Staaten Mesopotamiens. Entsprechend der Fragestellung des ersten und zweiten Kapitels nach der Geschichte des Mythus und den Dimensionen seiner Bedeutsamkeit ist hier nach der Geschichte des fernen Gottes und seinen Beziehungen zu den nahen Göttern und dem Mythus zu fragen.

1. An

Das sumerische Wort An bezeichnet einerseits den Himmel und ist andererseits Name dieses als göttliche Gestalt gesehenen Himmels. Das Ideogramm AN stellt einen Stern dar[31]; es wird nicht nur an gelesen, sondern auch dingir, »Gott« und kann somit auch als Determinativ bei Götternamen oder göttlichen Elementen verwendet werden[32]. Die Gestalt Ans, seine Identität mit dem Himmel, weist ihn allein schon als »allwissenden Gott« aus; daß sein Ideogramm zugleich allgemein »Gott« bedeutet, zeigt, daß er nach dem Verständnis der Sumerer Gottheit kat'exochen war, Inbegriff und Ursprung alles Göttlichen[33].

---

[31] Vgl. die frühesten Formen des Zeichens bei R. Labat, Manuel . . ., 1963², 48.

[32] Diese Mehrdeutigkeit des Zeichens ist seit frühester Zeit anzunehmen; vgl. A. Falkenstein, Archaische Texte aus Uruk, 1936, 60.

[33] Entsprechend ist die »Anuschaft« im Sumerischen und Akkadischen Bezeichnung für die höchste göttliche Herrschaft.

In den Götterlisten der ältesten Zeit erscheint An immer an erster Stelle[34]; erst in späterer Zeit werden ihm vorausgehende Generationen zugeschrieben, im Rahmen theologisch-priesterlicher Spekulation. Die andern Götter gelten als seine und seiner Gemahlin, der Erde (ursprünglich uraš[35], später ki) Kinder. Wie Enlil scheint An im ganzen sumerischen Gebiet bekannt gewesen zu sein.

An ist Garant für die Ordnung der Welt. Er übergibt die *me*[36], die »göttlichen Kräfte«[37]. Trotzdem wirkt er nicht direkt auf das Geschehen, in das Götter und Menschen verwickelt sind, ein. Er ist deus otiosus, seine Ordnungsmacht wird vermittelt durch die nahen Götter bzw. durch den König. Direkt wird An nur wirksam, wenn diese Ordnung gestört wird. Diese zwei möglichen Wirkungsweisen werden genauer besehen werden müssen[38].

Manche Texte zeigen An als Schöpfer. Gelegentlich hat er im Verein mit andern großen Göttern gewirkt: »An, Enlil, Enki und

[34] Vgl. D. O. Edzard, WM I, 75; andere, weniger ursprüngliche Listen setzen mit Enlil ein (Th. Paffrath, Zur Götterlehre in den altbabylonischen Königsinschriften, 1913, 9ff.).

[35] Vgl. A. Falkenstein, Sumerische religiöse Texte 3, ZA NF 18, 1960, 73ff.

[36] Die genaue Bedeutung des Wortes me ist umstritten. »me ist gleichzeitig Macht und Ordnung, das me der einzelnen Götter ist nach ihren Funktionen differenziert, es strahlt in mystischer Weise von Göttern und Tempeln aus, wird als eine Substanz vorgestellt, durch Embleme symbolisiert, kann von einem Gotte auf den andern übertragen werden.« (B. Landsberger, Revue de la faculté de Langues, d'Histoire et de Géographie Ankara 3, 1945, 150). me ist die Kraft der Weltordnung (H. H. Schmid, Gerechtigkeit als Weltordnung, 1968, 61ff.; ds., Wesen und Geschichte der Weisheit, 1966, 115ff.). Doch ist darauf zu achten, daß der Ausdruck nicht in allen Denkstrukturen beheimatet ist, sondern nur in Hymnus, Klage und Mythus, nicht aber in epischen und weisheitlichen Texten (K. Oberhuber, Der numinose Begriff ME im Sumerischen, 1963, 5). Es kann auch vom me der Feinde die Rede sein (in der Klage; Oberhuber a. a. O. 4). Damit ist wohl deutlich, daß es sich tatsächlich um einen Machtbegriff handelt, der mit dem fernen Gott zusammengehört; in der Regel setzt sich me als Ordnungskraft durch, kann aber auch — wie der ferne Gott — die Ordnung, die besteht, wieder in Frage stellen. Zum ganzen Problem vgl. zuletzt J. J. A. van Dijk, Einige Bemerkungen zu sumerischen religionsgeschichtlichen Problemen, OLZ 62, 1967, 229ff.

[37] So bekommt Enki seine me von An (Falkenstein, Sumer. rel. Texte 1, ZA NF 15, 1957, 114 Z. 7); andererseits verleiht aber auch Enlil die me an Enki (vgl. *Enki und die Weltordnung*, Z. 60ff.; der Text ist bearbeitet von Bernhardt-Kramer, WZ Jena 9, 1959/60). An und Enlil haben dieselbe Funktion und sind vielleicht manchmal beinahe identifiziert, vgl. u. S. 115f., wogegen Enki deutlich abgesetzt ist — vielleicht weil er kein alt-sumerischer, sondern semitischer Gott ist (so Kramer, JCS 2, 1948, 55).

[38] Vgl. zur Rolle Ans auch T. Jacobsen in: The Intellectual Adventure of Ancient Man, ed. H. Frankfort, 1946, 139f.; H. Frankfort, Kingship and the Gods, 1948, 237; F. M. Th. de Liagre Böhl, Christus und die Religionen der Erde, V 1951, 458f. (Beschreibung Ans als eines Hochgottes nach der Sicht von P. W. Schmidt).

Ninḫursag hatten die Schwarzköpfigen erschaffen«[39], nach anderem Beleg ist die Trias An, Enlil, Enki Schöpferin des Mondes[40]. Doch werden auch spezifische Schöpfungswerke Ans genannt:

»Als Anu die Himmel geschaffen hatte,
Nudimmud den Ozean als seine Wohnung ins Dasein rief,
da kniff Ea im Ozean Lehm ab . . .«[41]
»Nachdem Anu den Himmel erschaffen,
der Himmel die Erde erschaffen,
die Erde die Wasserläufe erschaffen,
die Wasserläufe die Kanäle erschaffen . . .«[42]
»Als An auf dem ‚Berg von Himmel und Erde' die Annuna-Götter erschaffen hatte ...«[42a]

Die ersten beiden Texte sehen den Himmel als Werk Ans an; im einen Fall ist dann Enki der eigentliche Schöpfer, im andern geht ein Werk aus dem andern hervor. Nach dem dritten Zeugnis ist An nur Erschaffer der Götter. Eigentliche Belege, daß An der Schöpfer von Welt und Menschen sei, fehlen. — An gilt als Begründer des Königtums; auch dies ist in gewisser Weise eine Schöpfungstat:

»Zepter, Diadem, Krone und Stab
lagen vor Anu im Himmel.
Es gab noch keine Ratsversammlung der Menschen . . .
Da stieg das Königtum vom Himmel (bzw. von An) herab . . .«[43]

Schließlich ist noch zu vermerken, daß Anu nach dem *enūma eliš* Schöpfer der Winde ist[44].

Ob An ursprünglich Schöpfungsqualifikationen hatte, oder ob diese erst sekundär an ihn herangetragen wurden in Analogiebildung zu den eigentlicheren Schöpferfiguren Enlil und Enki, ob er in der Reihe der fernen Götter eher zu den »Allwissenden« oder zu den »Urhebern« gehörte, oder ob er tatsächlich beide Züge auf sich vereinigte — all das wird sich kaum beantworten lassen.

2. Enlil

Wie An ist auch Enlil seit ältester Zeit und überall im sumerischen Bereich bekannt[45]. Sein Name bedeutet »Herr-Wind«. Man wird in Enlil demnach einen alten Sturmgott zu sehen haben[46].

[39] H. Wohlstein, Anu in den Urzeitsmythen, RSO 36, 1961, 160.
[40] Wohlstein a. a. O. 160. [41] AOT 129; QO 148.
[42] AOT 133; ANET 100; QO 150.
[42a] S. N. Kramer, Sumerian Mythology, 1944, 39.
[43] Einleitung des Etana-Epos, ANET 114ff. [44] I, 105.
[45] Vor allem in den Ǧemdet-Naṣr-Texten wird Enlil häufig erwähnt, einmal wohl auch in den ältesten Uruk-Texten (A. Falkenstein, Archaische Texte aus Uruk, 1936, 38 Anm. 2).
[46] Der Name Enlils ist auch anders gedeutet worden; F. Nötscher (RLA II, 382ff., s. v.) hält die Deutung »Herr der Menschen« für wahrscheinlich, während S. N.

Anders als bei An ist es im Falle Enlils nicht ratsam, aus dem Namen weitreichende Schlüsse zu ziehen: Zwar wird Enlil sehr oft mit dem Sturm und dem Gewitter überhaupt zusammengebracht — doch damit wird m. E. vom eigentlichen Charakter Enlils und dessen Ursprüngen wenig deutlich. Dabei ist überhaupt zu bedenken, daß die Geschichte der Religion der Sumerer in ihrer Frühzeit wenig geklärt ist, wie die Geschichte der Sumerer überhaupt. Diese werden gegen Ende des 4. Jahrtausends in Mesopotamien eingetroffen sein, fanden hier aber bereits eine Bevölkerung vor, in der sich wahrscheinlich diverse semitische Elemente fanden, in der aber andere, bisher auf Grund sprachlicher Beobachtungen erschlossene Bevölkerungsschichten vorherrschten[47]. — So wird man natürlich auch für die *Religionsgeschichte* der Sumerer zu bedenken haben, daß es sich seit frühester Zeit nicht um eine einheitlich gewachsene Religion handelt, sondern um eine Mischreligion; semitische und »protoeuphratische« Elemente sind anzunehmen. So dürfte Inanna z. B. keine eigenständige sumerische Gottheit sein, sondern seit je die sumerische Benennung der semitischen Ištar[48]. Die Enlil-Gestalt aber wird ihre Grundzüge nicht einem Sturmgott, also nicht dem sumerischen Enlil, sondern einer einheimischen Gottheit verdanken.

Das hauptsächlichste Epitheton des Gottes ist kur-gal, »großer Berg«[49]. Das akkadische Äquivalent, *šadû rabû*, wird folgendermaßen kommentiert: »*ša-du-u rabu*^u^ *im-ḫur-sag ša ri-ša-a-šu ša-ma-mi ša-an-na ap-su-u el-lim šur-šu-du uš-šu-šu*«: »Großer Berg, Windberg(?), dessen Spitze bis zum Himmel reicht, dessen Fundament im glänzenden Apsu gelegt ist«[50]. Nicht ganz sicher ist in der Bedeutung im-ḫur-sag: ḫur-sag wird, wie kur, durch das akkadische Äquivalent *šadû* wiedergegeben. im ist mehrdeutig; Deimel gibt als Bedeutungsmöglichkeiten: »Wind, Himmelsgegend, Himmel, Regen, Erde«[51]. Weil das Epitheton Enlil gilt, wird man vielleicht der Bedeutung »Wind« den Vorzug geben, doch sind auch die andern Möglichkeiten zu beachten; ḫur-sag hat sonst mit dem Wind nichts zu tun, so daß man vielleicht auch mit den Bedeutungen »Himmel« oder »Erde« rechnen muß. Jedenfalls geht aus der hier gegebenen Deutung von kur-gal hervor, daß es sich um einen Berg kosmischer Dimension handelt, der aus dem Urmeer Apsu bis in den Himmel reicht[52]. Damit ist es geboten,

Kramer (JCS 2, 1948, 54f.) lil nicht eigentlich als »Wind« auffassen will, sondern als »Hauch, Geist«, ähnlich hebr. רוח. Enlil ist dann der Gott, der die Welt beseelt und ordnet. Ich habe freilich nirgends Belege für diese Bedeutung von lil gefunden.

[47] Vgl. zum ganzen Problem S. N. Kramer, AJA 52, 1948, 156ff.; ds., The Sumerians, 1963, 39ff.; I. J. Gelb, Jahrbuch für kleinasiatische Forschung 2, 1953, 23ff.; zuletzt K. Oberhuber, Die Keilschrift, 1967, 50ff. (und 152f. zu Enlil).

[48] Dazu s. u. S. 195.

[49] Vgl. K. Tallqvist, Akkadische Götterepitheta, 1938, 221.

[50] Tallqvist ebd.

[51] Sumerisches Glossar, 1934, 134.

[52] Diese Vorstellung wird verschiedenartig erläutert. Deimel (Enuma Eliš und Hexaemeron, 1934, 34f.) deutet so: »Der Berg ist der auf der Erde stehende und bis an das Himmelsgewölbe reichende Luftraum, der als ein wirkliches ,Band zwischen Himmel und Erde' (dur-an-ki) galt.« Witzel dagegen denkt an das Himmelsgewölbe selbst (Keilinschriftl. Studien 5, 153, und 6, 93). Dhorme (Les religions de Babylonie et

nach Ursprung und Bedeutung dieser Vorstellung überhaupt zu fragen. Zuvor jedoch noch weitere Einzelheiten:

Als Gattin Enlils gilt in frühester Zeit Nin-ḫur-sag, die »Herrin des Berges«; sie ist eine Ausprägung der Muttergottheit[53].

Neben der Aussage, daß Enlil selbst der »große Berg« ist, wird auch gesagt, daß dieser Berg sein Geburtsort ist:

»Nunamnir, ewiger Hirte des Landes, der aus dem großen Berg hervorgegangen ist«.
^{d}nu-nam-nir sipa-dari-kalam-ma kur-gal-ta è-a[54].

Dieses Motiv der »Geburt des Gottes im Berg« gehört nicht nur zu Enlil, sondern auch zu andern Göttern; dabei wechseln als Ausdrücke für jenen Geburtsberg kur und ḫur-sag, sie sind offenbar synonym[55].

Neben den Ausdrücken kur und ḫur-sag ist noch dur-an-ki zu nennen: »Band zwischen Himmel und Erde«; Enlil wird dingir-dur-an-ki[56] genannt, er ist also der die beiden Elemente zusammenhaltende Gott.

Dieser Weltberg ist abgebildet im Tempel, vor allem im Tempel e-kur, »Berg-Haus« Enlils in Nippur[57]. Doch tragen andere Tempel ähnliche Namen: e-temen-an-ki »Haus des Fundamentes von Himmel und Erde«; usw.

Auch der du_6-kù, der »reine Hügel« gehört in diesen Zusammenhang. Jeder Tempel besitzt einen du_6-kù; er ist der Ort der »Schicksalsbestimmung«, der Begründung des Kosmos, dessen Zentrum er damit ist[58].

---

d'Assyrie, 1949, 47) bringt den Titel kur-gal mit dem Windcharakter Enlils zusammen: Der Wind kommt vom Gebirge her, darum ist Enlil mit diesem Gebirge gleichgesetzt.

53 Als Muttergöttin ist Ninḫursag auch Mutter der Götter (ama-digir-re-ne, vgl. ZA NF 21, 1963, 17). Die Göttin wird auch nin-maḫ »große Herrin« genannt. Diese »große Mutter« ist nach Kramer (JCS 2, 1948, 55, und The Sumerians, 1963, 122) ursprünglich mit ki »Erde« gleichzusetzen. Von daher ergibt sich die Vermutung, daß der »Weltberg« und die Welt ein und dasselbe sind; dies wird sich bestätigen.

54 A. Falkenstein, Sumerische Götterlieder I, AAH 1959/1, 26.

55 Falkenstein a. a. O. 116; u. a. wird von Numušda die »Geburt im reinen Berg« ausgesagt (SAHG 23, 5). Diesem Geburtsmotiv entspricht die Tatsache, daß Ninḫursag Mutter der Götter ist (vgl. Anm. 53). Die Szene ist auch bildlich festgehalten (vgl. die Darstellung bei H. Frankfort, Kingship and the Gods, 1948, Fig. 50; die hier gegebene Überschrift »A God is Liberated from the Mountain« ist demnach zu korrigieren: Ein Gott wird aus dem Berg geboren!).

56 Vgl. Falkenstein a. a. O. 31; zu dur-an-ki auch ds., ZA NF 13, 1955, 196.

57 Interessant ist die Aussage, daß Enlil seinen Tempel e-kur »wie einen Berg hat groß werden lassen« (ḫur-sag-fl-la-gim), Sumer. Götterlieder I, AAH 1959/I, 26 Z. 38

58 J. J. A. van Dijk, Sumer. Götterlieder II, AAH 1960/1, 134. Andererseits stellt S. Langdon, The Babylonian Epic of Creation, 1929, 202 Anm. 2, fest, daß mit

Neben diesen Aussagen, die der stereotypen Phraseologie der Epitheta entnommen sind, gibt es nun noch einige weitere Hinweise auf die Funktion dieses Weltberges. Das Streitgespräch *LAḪAR und Ašnan* beginnt mit den Worten:

»Als An im ‚Gebirge von Himmel und Erde‘ (hur-sag an-ki-bi-da-ke_4) die Annuna-Götter geschaffen hatte . . .«[59]

Diese Örtlichkeit wird mit dem du_6-kù identifiziert. Es wird dann berichtet, wie die Gottheiten von Getreide und Viehzucht die Götter versorgen; doch das genügt nicht zum Unterhalt, so bringen die beiden Göttinnen ihre Kultur zu den Sumerern, damit diese für das Wohl der Götter sorgen können. Alle Kultur hat demnach ihren Ursprung im du_6-kù, und auch die Götter sind dort entstanden; nach dieser Version als Werk Ans[60].

Eine andere Stelle, wo dieser Berg genannt wird, findet sich in *lugal-e*. Dort wird, wie berichtet, die Aufschüttung des ḫur-sag als Werk Ninurtas verstanden, der damit die Urwasser zurückhält; hernach wird der Berg als Geschenk der Muttergöttin Nin-ḫur-sag übergeben. — Auch hier entspringt alle Kultur diesem Berg[61]. Entsprechend kennt auch *enūma eliš* den Urberg, der über Tiamat aufgeschüttet wird[62].

Diese Stelle und die oben wiedergegebene Erklärung des Epithetons kur-gal setzen den Urberg in Beziehung zum Urwasser. Tatsächlich existiert die Vorstellung, daß das Land, das Trockene überhaupt, diesen Urberg darstellt; so redet ein Text von ki-en-gi kur-gal-ma-da-an-ki[63], »Sumer, großer Berg, Land Himmels und der Erde«, wobei die Bezeichnung für das Land Sumer die gesamte Welt meint.

Es stellt sich hier die Frage, welche Bedeutung hier dem Wasser zukommt. In *enūma eliš* ist das Wasser die Chaosmacht, doch zeigt sich, daß in früherer Zeit diese Beurteilung nicht in derselben Weise vollzogen wurde.

Die sumerischen Bezeichnungen für das numinose Urwasser sind ab-zu, eigentlich »Vater-Zeugung« (zu bedeutet hier wohl »erkennen«

---

du_6-kù auch das Urwasser bezeichnet ist! Zwischen Urwasser und Urberg besteht also eine Beziehung.

[59] S. N. Kramer, Sumerian Mythology, 1944, 39.

[60] Zum ganzen Mythus vgl. Kramer a. a. O. 53f. Insofern der Urberg Ursprung aller Kultur ist, könnte er auch als »Paradies« bezeichnet werden (so W. F. Albright, AJSL 35, 1919, 161ff.), doch handelt es sich um eine so andere »Paradies«vorstellung als im AT, daß man besser auf den Ausdruck verzichtet.

[61] Vgl. o. S. 33f.

[62] Vgl. o. S. 15.

[63] Falkenstein, Sumer. Götterlieder I, 51.

im sexuellen Sinn, vgl. hebräisch *jd*ʿ)[64], und nammu, vielleicht aufzulösen in nam-mu(d), »Gebär-Wesen«[65]. Daneben kann das Urwasser auch einfach a-ab-ba »Vater« genannt werden[66].

Die Sumerer schieden nicht zwischen Salz- und Süßwasser, wie dies später die Babylonier taten; immerhin ist ja in *enūma eliš* (I, 3) erinnert, daß es eine Zeit gab, wo »Apsu und Tiamat ihre Wasser in eins vermischt hatten«. Dieses eine Urwasser enthält also in sich eine schöpferische Potenz, die sowohl männliche wie weibliche Sexualität umfaßt.

Die Göttin Nammu gilt als Mutter aller Dinge: Sie gebiert einerseits Himmel und Erde (ama-tu-an-ki, »Mutter, die Himmel und Erde geboren hat«[67]), andererseits die Götter (ama-palil-u-tu-dingir-sar-sar-ra-ke$_4$-ne, »Mutter, Ahnin, die alle Götter gebar«[68]).

Versucht man, alle diese Elemente in einem Zusammenhang zu sehen, so ergibt sich die Grundvorstellung, daß sich aus einem schöpferischen Urwasser ein Urberg erhebt, aus dem seinerseits nun alles Leben entsteht.

Die sumerische Kosmologie kennt nun ein weiteres Element, welches dieses Bild ergänzt: dasjenige der Trennung von Himmel und Erde. Vor allem zwei Texte sprechen davon, zunächst die kosmologische Einleitung zu »*Gilgameš, Enkidu und die Unterwelt*«:

»Nachdem der Himmel von der Erde getrennt worden war,
nachdem die Erde vom Himmel getrennt worden war,
nachdem der Name des Menschen festgesetzt worden war,
nachdem An den Himmel genommen,
nachdem Enlil die Erde genommen,
nachdem der Ereškigal die Unterwelt als Geschenk gegeben worden war ...«[69]

Nach der Einleitung des *Lehrgedichtes von der Hacke* ist es Enlil, der diese Trennung vornimmt:

»Der Herr, der wahrlich erscheinen ließ, was angemessen ist,
der Herr, dessen Entscheidungen unumstößlich sind,
Enlil, der heraufbringt die Saat des Landes aus der Erde
machte sich daran, den Himmel von der Erde zu trennen,
machte sich daran, die Erde vom Himmel zu trennen ...«[70]

---

64 Deimel, Sumerisches Glossar, 1934, 7; ds., Enuma Eliš und Hexaemeron, 1934, 21.

65 Das Wortelement nam wird im Sumerischen zur Bildung von Abstracta verwendet; zu mu(d) s. o. S. 17).

66 S. N. Kramer, JCS 2, 1948, 48 Anm. 16.

67 Kramer, Sumerian Mythology, 1944, 114.

68 Kramer ebd. Nammu und Ninḫursag erscheinen also in derselben Rolle als Urgöttinnen, wie andererseits du$_6$-kù sowohl das Urwasser als auch den Urberg bezeichnet.

69 Zum Text vgl. o. S. 29f.

70 Kramer, Sumerian Mythology, 52.

So liegen hier also zwei Bilder ineinander: Einerseits ragt der Urberg aus dem Urwasser heraus, andererseits werden Himmel und Erde durch Enlil getrennt; doch gehören sie zusammen: Enlil als kur-gal hält Himmel und Erde bzw. den unter der Erde liegenden ab-zu zusammen.

Von allem Gesagten her fällt nochmals ein Licht auf *Mummu*, die rätselhafte Gestalt zu Beginn des *enūma eliš*, die einerseits mit Tiamat identisch, andererseits Vezier des Apsu und drittens Epitheton mehrerer Götter, u. a. des Marduk, ist (in dieser Position wird das Epitheton erläutert durch den Ausdruck *ban kala*, »Schöpfer des Alls«)[71]: Mummu bezeichnet die schöpferische Potenz von Urwasser und Urberg, wobei vielleicht gar nicht so genau zwischen diesen beiden Größen differenziert wurde, mindestens nicht in ältester Zeit.

Ein kosmogonischer Text, dessen Entstehungszeit erst etwa ins 6. Jahrhundert fällt, hat das hier vorausgesetzte Bild von der Weltwerdung sehr schön bewahrt[72]:

»Beschwörung. Das heilige Haus, eine Wohnung der Götter
an heiliger Stätte war nicht erbaut.
Kein Schilfrohr war hervorgesproßt,
kein Baum erschaffen worden.
Kein Ziegel war gelegt worden, keine Ziegelform war gemacht worden.
Kein Haus war errichtet, keine Stadt gebaut.
Keine Stadt war erbaut worden, kein Lebendiger war da.
Nippur war nicht gebaut, das e-kur war nicht gebaut.
Uruk war nicht gebaut, das e-an-na war nicht gebaut.
Der Apsu war nicht gemacht, Eridu war nicht erbaut.
Die Baustelle für das heilige Haus, eine Wohnung der Götter, war nicht gemacht.
Alle Länder waren Meer.
Eine Quelle, inmitten des Meeres, (sprudelte auf wie) eine Wassersäule (?).
Damals wurde Eridu gebaut, das e-sagil wurde gebaut.
Lugal-du$_6$-kù-ga legte die Fundamente des e-sagil mitten im Apsu.
.....«

Der Text fährt fort mit der Schilderung von Schöpfungstaten des Gottes Marduk; es werden Götter, Menschen, Dinge der Natur usw. aufgezählt.

Aus dem Text geht klar hervor, daß zuerst nur das Urmeer besteht. Dann gründet der »König des Urhügels«, lugal-du$_6$-kù-ga das e-sagil, d. h. den Tempel von Eridu, damit natürlich auch die Stadt selbst[73]. Es ist noch deutlich, daß das zugrundeliegende Bild

[71] Vgl. o. S. 17.

[72] AOT 130f.; QO 146ff.

[73] In *enūma eliš* ist auch die Erinnerung erhalten, daß der Tempel Esagila auf der Urflut gegründet wird.

dasjenige eines Hügels ist, der aus dem Meer emporragt. Daraufhin entstehen jetzt Götter, Menschen usw.

Der Titel lugal-du$_6$-kù-ga gehört ursprünglich zu Enlil[74], sekundär wurde er auch Ea und Alala zugeschrieben[75]. Neben dem Herrn des Urhügels ist auch eine Herrin des Duku (nin-du$_6$-kù-ga)[76] bekannt; so wird auch hier deutlich, daß die Urhügel männliche und weibliche Potenz in sich vereinigt. Marduk wird in *enūma eliš* der Titel dumu-du$_6$-kù-ga gegeben, er ist in dieser Benennung also deutlich von seinem Vater abgesetzt[77]. Im hier vorliegenden kosmogonischen Entwurf aber ist es offensichtlich, daß das Epitheton »Herr des Urhügels« zu Marduk gehört, der alle Schöpferfunktionen übernommen hat.

Enūma eliš stellt demnach eine spätere Entwicklungsform der Kosmogonie dar als der hier besprochene Text. Aus dem Schöpfer-Urberg, der sich aus dem Urwasser erhebt, wird der Kampf des Gottes gegen die Chaoswasser. Enlils Beziehungen zum Urwasser geraten in Vergessenheit, statt dessen tritt Ea als Abzu-Gott in den Vordergrund. Zwar ist Enlil noch kur-gal, dieses Epitheton wird aber nicht mehr mit Bedeutungsinhalten zusammengebracht. Ähnlich konstatiert Kramer, daß Enlil das Epitheton ab »Vater« trägt, das seinen Zusammenhang mit ab-zu und a-ab-ba erweist, in historischer Zeit aber nichts mehr mit dem Wasser zu tun hat[78].

Welches ist nun aber Enlils Funktion in historischer Zeit[79]? Er erscheint in einer doppelten Rolle. Einerseits kann er in einer Position gesehen werden, die völlig der des An entspricht: Auch er ist für die Erhaltung des Kosmos verantwortlich; er ist ferner Gott, der seine Autorität an nahe Götter bzw. den König delegiert. Besonders ist die Beziehung Enlils zum Königtum betont worden[80]; tatsächlich wird er in diesen Zusammenhängen sehr viel öfter genannt als An, was mit der Vorgeschichte der beiden Götter zusammenhängen dürfte: Als ursprünglicher Herr der Kultur hat Enlil von Haus aus ein enges Ver-

---

[74] S. Langdon, The Babylonian Epic of Creation, 1929, 202[2]. K. Tallqvist, Akkadische Götterepitheta, 1938, 351.

[75] Tallqvist ebd.

[76] Tallqvist ebd.

[77] VII, 83.

[78] JCS 2, 1948, 48 Anm. 16.

[79] Vgl. dazu Th. Paffrath, Zur Götterlehre in den altbabylonischen Königsinschriften, 1913, 1—31, wo viel Gewicht auf den politischen Aspekt der Vorrangstellung Enlils gelegt wird, ohne daß aber das Verhältnis zwischen Enlil und andern Göttern geklärt würde.

[80] H. Frankfort, Kingship and the Gods, 1948, 227ff.; H. Hirsch, Die Inschriften der Könige von Agade, AfO 20, 1963, 1ff.: hier zeigt sich, daß der Gott der Könige meist Enlil ist. Wenn aber An genannt wird, dann vor Enlil.

hältnis zu den Institutionen dieser Kultur, insbesondere natürlich des Königtums. Trotzdem zeigt sich hier keine wesentliche Differenz[81].

Die Parallelität der Funktionen beider Götter geht soweit, daß sie oft als ein und dieselbe Gestalt erscheinen. So erhält Enki, der in der Ranghöhe deutlich unter An und Enlil steht[82], seine *me*, seine »göttlichen Kräfte«, einmal von An, das andere Mal von Enlil[83]; beide Götter wohnen in *ekur*[84]. Bezeichnend ist auch die folgende Formulierung:

»Enki lenkt mit An zusammen ,die Gerechtigkeit' auf seinem Thron.
Enki bestimmt mit Enlil zusammen auf dem ,Berg der Weisheit' die Geschicke.«[85]

Kramer ist der Ansicht, daß zwar die Namen An und Enlil noch auseinandergehalten werden, es sich aber dennoch um *eine* Gottheit handelt[86] und spricht in diesem Zusammenhang von einer »An—Enlil-Binität«[87].

Doch daneben kann Enlil auch völlig anders erscheinen: Er kann auch in der Rolle des nahen Gottes fungieren. Hierher gehören seine Unwettererscheinungen, die sich gegen Feinde und Fremdland richten[88]; ebenso ist es nicht ausgeschlossen, daß Enlil als Chaoskämpfer bestimmter, nicht hinlänglich bekannter Mythen galt[89]. Zudem hat er zuweilen Züge des sterbenden und auferstehenden Gottes getragen[90].

81 Die Differenzierung Frankforts (a. a. O. 231), der in An »the aloof heaven, personifying the majesty of kingship«, in Enlil »the violent storm-wind, its executive power« sehen will (ähnlich auch Jacobsen, The Intellectual Adventure . . ., 143), hat an den Texten keinen Anhalt. An und Enlil können in derselben Position als ferne Götter erscheinen (vgl. S. N. Kramer, JCS 2, 1948, 53). Wenn Enlil in den Vordergrund tritt, hat er die Funktion des nahen Gottes inne, doch ist mir kein Text bekannt, in dem Enlil die Position des nahen, An daneben diejenige des fernen Gottes innehat.

82 Die Trias An-Enlil-Ea ist viel jünger als die Dyas An-Enlil; demnach ist Ea immer wichtiger geworden; vgl. Th. Paffrath a. a. O. 28ff.

83 Vgl. o. Anm. 37.

84 Falkenstein, Sumer. rel. Texte, ZA NF 15, 1957, 114 Z. 7.

85 *Enki und die Weltordnung*, Z. 73f. (WZ Jena 9, 1959/60, 231ff.).

86 I. Bernhardt-S. N. Kramer, WZ Jena 9, 1959/60, 251 Anm. 3.

87 Ebd.

88 Vgl. z. B. SAHG 12.

89 Darauf weist B. Meissner, Babylonien und Assyrien, II 1929, 131, hin.

90 Der Mythus »Enlil und Ninlil« (vgl. die Inhaltsangaben bei S. N. Kramer, Sumerian Mythology, 43ff.; ds., Mythologies of the Ancient World, 1961, 96ff.) wird in diesem Sinne zu verstehen sein. Auch andere Götter haben »tammuz-artige Eigenschaften« (A. Falkenstein, CRRA 2, 1951, 24), so Nanna, Enki und Ištar, wohl auch Ninurta (vgl. den Mythus »Ninurtas Stolz und Bestrafung«; Übersicht Falkensteins in BiOr 22, 1965, 280). Die Tatsache, daß der Charakterzug des sterbenden und auferstehenden Gottes sich bei verschiedensten Göttern durchgesetzt hat, zeigt die zentrale Bedeutung dieser Gestalt (vgl. zur Sache auch Th. Jacobsen, Ancient Mesopotamian Religion. The Central Concerns, PAPS 107, 1963, 476).

Es zeigt sich damit, daß die Enlil-Gestalt für alle möglichen Funktionen geeignet war und deshalb eine sehr große Variationsbreite der Bedeutungsmöglichkeiten aufweist.

Exkurs: »Urberg und Urwasser« und »Trennung von Himmel und Erde« — die Bedeutung der Bilder

Die erörterten kosmogonischen Themen und das zugehörige Bildmaterial sind nicht nur in Mesopotamien bekannt, sondern weit herum verbreitet. Vor allem in *Ägypten* treten sie nebeneinander auf. »Ein fast allen örtlichen Kosmogonien gemeinsames Thema ist das von der erstmalig aufgetauchten Ur-Erde als der ersten geologischen Wirklichkeit des Weltgeschehens. Es handelt sich, wohlverstanden, nicht um das Erscheinen der Erde im allgemeinen, sondern um das Erscheinen einer außergewöhnlichen Insel, die sich als Kernpunkt der Welt in den Nun hineinschob, ‚als weder der Himmel, noch die Erde, noch die Unterwelt entstanden waren'«[91].

Das zitierte Textfragment macht deutlich, inwiefern der »Urhügel« Inbegriff des ganzen Kosmos ist, indem er alle kosmischen Dimensionen (Himmel, Erde, Unterwelt) umfaßt[92]. Alle bedeutenden Städte haben den Anspruch erhoben, der Ort zu sein, an dem dieser Urhügel seinen tatsächlichen Platz hatte, wobei diese Urberge ihre individuellen Namen hatten (z. B. *Ta-tenen*, die »Erde, die sich erhebt«[93] in Memphis oder der »Hügel, der im Anfang über den Nun gestellt wurde«[94] in Theben); analog zeigte sich in Mesopotamien, daß jeder Tempel seinen du_6-kù hatte[95].

Bestimmte Gottheiten sind besonders mit dem Thema »Urwasser und Urberg« verbunden. *Nun* ist der Gott des Urwassers und bildet zusammen mit Naunet das älteste Paar der hermopolitanischen Achtheit[96]; wenn auch dieses System stark durch priesterliche Spekulation geprägt ist, gehört doch die Vorstellung vom Urwasser, aus dem alles entsteht, zum ältesten kosmologischen Bildmaterial von Hermopolis. *Atum*, der »Selbstentstandene«, heißt auch einfach »Hügel«[97]. Er ist in Heliopolis beheimatet. Durch Onanie schafft der Urgott Atum das erste Götterpaar Schu und Tefnut, die Götter von Luft und Feuchtig-

---

[91] QO 54.

[92] Zum Ganzen vgl. A. de Buck, De Egyptische vorstellingen betreffende de Oerheuvel, 1922 (nach dem Bericht von W. Wreszinski in OLZ 26, 1923, 147ff.).

[93] RAeRG 769ff.

[94] QO 55.

[95] Vgl. o. S. 111.

[96] RAeRG 535ff.

[97] Vgl. z. B. Text 1 bei H. Kees in: Religionsgeschichtliches Lesebuch, hg. v. A. Bertholet, Bd 10, 1928.

keit; daß aus *einem* Wesen durch Selbstbefriedigung ein Götterpaar entsteht, hat wohl zu bedeuten, daß Atum als mann-weibliche Einheit zu sehen ist. Dem entspricht wieder die androgyne Qualität des Urberges in Mesopotamien. Nach einem Text hatte Atum vor seiner Wasser-Gestalt das Aussehen einer Schlange[98], ähnlich wie Tiamat gleichzeitig als Urwasser und Urschlange gesehen war. Auch Ptaḫ, der Gott von Memphis, ursprünglich unbedeutender Gott der Handwerker, erhielt in späterer Zeit Züge des Urschöpfers und Urberges[99].

Neben dem Thema »Urwasser und Urberg« existiert dasjenige von der »Trennung von Himmel und Erde«. Nach einer Version bestand die aus dem Urmeer geborene Insel aus den ineinanderliegenden Elementen Himmel und Erde, personifiziert in Nut und Keb, die aufeinanderlagen. Dann hob der Windgott Schu, Vater der Himmelsgöttin Nut, diese in die Höhe, so daß nun Raum war für die eigentliche Schöpfung; die Arme des Schu tragen den Himmel und verbinden so Himmel und Erde[100]. Die Geschichte von der Himmelskuh geht ursprünglich auf dasselbe Thema zurück, ist jedoch sehr stark ausgeschmückt[101].

Es wird beim ägyptischen — ebensowenig wie beim babylonischen — Material nicht möglich sein, alle Bildelemente in ein einheitliches System zu bringen. Wesentlich ist die Tatsache, daß hinter allen Mythen, Erzählungen und Märchen dieselben zwei Bilder stehen: dasjenige von der Trennung und das von Urwasser und -berg.

Dem ersten dieser beiden Bilder ist W. Staudacher nachgegangen; er weist es in großer geographischer Verbreitung nach[102]: bei verschiedenen afrikanischen Stämmen, bei den Ḫurritern, in hellenistisch-phönizischen Kosmogonien, in Indien[103], Sibirien, Indonesien, Melanesien, Australien, Neuseeland, Polynesien und Amerika. Natürlich haben die verschiedenen Ausprägungen ganz verschiedene Gestalt; immerhin lassen sich einige Grundgedanken feststellen: Vor dem Zustand der Trennung herrschte ein chaotischer Zustand, wobei »Chaos« hier ambivalent aufzufassen ist: es kann positiv[104] oder negativ[105] ge-

---

[98] Totenbuch Kap. 175 (Kees a. a. O. Nr. 40).

[99] RAeRG 614ff.; Ptaḫ wurde mit Ta-tenen identifiziert.

[100] Zusammenstellung der Texte bei W. Staudacher, Die Trennung von Himmel und Erde, 1942, 9ff.; vgl. R. Anthes in: Mythologies of the Ancient World, ed. S. N. Kramer, 1961, 36.

[101] Staudacher a. a. O.; Anthes a. a. O. 17ff.

[102] A. a. O.

[103] A. a. O. 19; die Trennung von Himmel und Erde wird (neben andern Göttern) vor allem Indra zugeschrieben, und zwar im Zusammenhang mit dessen Kampf gegen den Chaosdrachen (vgl. o. S. 59f.).

[104] Beispiele: Staudacher a. a. O. 27 u. ö.

[105] Staudacher a. a. O. 29 u. ö.

sehen sein. Im ersten Fall wird ein paradiesischer, schlaraffenland-ähnlicher Zustand geschildert, im zweiten ein lebenszerstörender. Beide Möglichkeiten wohnen also dem Chaos inne; ebenso beide Geschlechter. Schöpfung, Trennung von Himmel und Erde, bedeuten dann Differenzierung, Gestaltung, Ermöglichung menschlichen Wirkens. Mit der Trennung ist manchmal ein Chaoskampf verbunden — so z. B. in Indien und Babylonien[106].

Staudacher will die große geographische Verbreitung des Motivs historisch erklären[107]; er versucht dessen Weg zurückzuverfolgen und meint als »Kernland« das Gebiet zwischen Mittelmeer und Indien gefunden zu haben, wobei er eine vorindogermanische und vorsemitische, kulturell ziemlich einheitliche Bevölkerung voraussetzt.

Diese Erklärung ist natürlich möglich; trotzdem ist es schwierig, sich vorzustellen, daß dieses kosmogonische Bild aus einem Vorläufer der sumerischen und der Indus-Kultur seinen Weg um die ganze Welt angetreten hätte. Außerdem wäre auch dann zu fragen, warum gerade dieses Element jener Kultur überall sofort Eingang fand[108]. Wieder ist zu erwägen, ob nicht hinter dem Bild ein Erlebnismuster stand, das in verschiedensten Gegenden denselben Ausdruck fand.

Ähnliche Fragen stellen sich beim Thema »Urwasser und Urberg«, das auch in mancherlei Variationen über die ganze Erde verbreitet ist[109]. Dieses Bild interessiert in unserm Zusammenhang darum besonders, weil das Wasser auch im Kampfmythus erscheint, dort als Symbol für das zu bannende Chaos. Hier aber ist das Wasser Bild für ein schöpferisches, lebensspendenden Chaos, aus dem heraus die Erde und alles Leben erscheinen.

Beide Bilder von Chaos und Kosmonogie, die Entstehung des Weltberges aus dem Urwasser wie der Kampf gegen das Urwasser, können offenbar zusammenhängen. So ist es wahrscheinlich, daß in Mesopotamien in ältester Zeit das Chaoswasser als schöpferische, lebensspendende Potenz gewertet wurde; später aber entwickelte es sich zu einer unheilvollen Macht, die vom Schöpfergott bekämpft werden muß. Schöpfung wurde damit zum Kampf gegen die Chaoswasser. Eine ähnliche Entwicklung ist vielleicht, wenn die Texte, die von einem ägyptischen Chaoskampf gegen das Meer reden, als autochthon gelten dürfen[110], in Ägypten anzunehmen. Wenn sich nun in

---

106 Vgl. Kap. 1.

107 A. a. O. 50ff.

108 Vgl. die analoge Fragestellung inbezug auf das Motiv vom Kampf gegen die Chaoswasser, o. S. 66ff.

109 Vgl. F. Herrmann, Symbolik in den Religionen der Naturvölker 1961, 129. Mit dem Motiv vom Urmeer ist oft dasjenige vom Weltei verbunden, das aus dem Meer auftaucht; im Prinzip handelt es sich auch hier um eine Ur-Insel.

110 Vgl. o. S. 58f.

beiden Bildern ein Erlebnismuster niedergeschlagen hat, ist nach der Differenz zwischen beiden Mustern und nach der Art der Entwicklung vom einen zum andern zu fragen.

Ein Hinweis zur Klärung dieses Problems ergibt sich möglicherweise wieder von einem psychologischen Entwurf der Gegenwart her. Das Bild von Urwasser und Urberg erscheint gelegentlich bei C. G. Jung und seinen Schülern[111]; im Unterschied zu Freud sucht Jung ganz bewußt Anschluß an mythische Bilder, er versteht sich selbst als Ausleger der Mythen. Das erwähnte Bild dient bei Jung dazu, das Verhältnis zwischen Bewußtem und Unbewußtem auszudrücken (es nimmt also einen ähnlichen Platz ein wie Freuds Gebrauch vom Bild des Kampfes gegen das Wasser): Das aus dem Wasser ragende Festland spiegelt sich in der Wasseroberfläche, wird damit seiner selbst bewußt. Dieses Bewußtsein setzt also, im Bild gesprochen, das Miteinander der beiden Elemente Wasser und Land, anders gesagt, des Bewußten und des Unbewußten, voraus. Zwischen beiden kann zwar eine gewisse Spannung herrschen, doch verdankt sich der Berg ganz dem Wasser, ohne das er nicht sein kann.

Dieses Bild wird ergänzt durch die Überlegungen des Jung-Schülers Neumann, der zwar nicht vom Urwasser, aber vom gleichwertigen Symbol des Urdrachens (des *Uroboros*, einer Kreisschlange, die sich in den Schwanz beißt) spricht und dessen Wesen folgendermaßen bestimmt: »Der Uroboros, verfolgbar in allen Zeiten und Kulturen, taucht dann als spätestes Symbol individueller und seelischer Entwicklung auf, als Rundheit der Seele, als Symbol einer wiedergewonnenen Ganzheit und Vollständigkeit im Leben. Er ist der Ort der Verklärung und Erleuchtung, des Endes, ebenso wie der Ort des mythologischen Anfanges, der Urfrühe«[112].

Diese Aussagen sind bezeichnend für die Grundtendenz der Jungschen Psychologie. Ziel der seelischen Entwicklung ist hier eine »Ganzheit und Vollständigkeit im Leben«, in welcher die gegensätzlichen Kräfte, die zur Differenzierung führen, integriert und ausgeglichen sind. Die Differenzierung (deren mythologische Symbole in Kämpfen, natürlich auch Chaoskämpfen besteht) ist Durchgang zur Rückgewinnung der Einheit. Das Mandala, in der Psychologie Jungs Symbol für den Ausgleich aller Gegensätze, ist Symbol für die Vollendung — und für das Chaos[112a].

[111] Vgl. Psychologie und Alchemie, 1952², 359f.; Gestaltungen des Unbewußten, 1950, 476ff. Ein instruktives Bild vom aus dem Wasser steigenden Berg aus Alchemistenkreisen findet sich in Psychologie und Alchemie, 271. Vgl. auch Text und Bild bei J. Jacobi, Die Psychologie C. G. Jungs, 1945, 192.

[112] E. Neumann, Ursprungsgeschichte des Bewußtseins, 1949, 51.

[112a] Neumann a. a. O. 25.

Im Gegensatz dazu hat Freud den einzelnen in seiner Individualität, und damit die Differenzierung der seelischen Kräfte, im Blickfeld; er braucht das Bild vom Kampf zwischen dem Lebenstrieb, der auf immer neue individuelle Formen hinzielt, und dem Todestrieb, der den Ausgleich sucht und Entwicklungen rückgängig machen will. Jung vermag in seiner Modellvorstellung die beiden Triebe im Denken Freuds zu vereinigen: Der Ausgleich der Gegensätze ist positiv als Vollendung gesehen, als Rückkehr zum Anfang. Der Lebenstrieb ist damit gleichsam Vorstufe des Todestriebes (natürlich paßt die Nomenklatur nicht mehr), es handelt sich um die *eine* Libido[112b].

Von dieser Verhältnisbestimmung her darf eine Deutung der Entwicklung des Bildes vom Urwasser gewagt werden. Im Bild von Urwasser und Urberg spiegelt sich ein erstes Wissen um die Entstehung menschlicher Kultur und menschlichen Selbstbewußtseins. Die Nähe von Chaos und Kosmos läßt sich vielleicht als Nähe von Natur und Kultur beschreiben; die Kultur befindet sich noch ganz in ihren Ursprüngen, doch beginnt sich der Mensch schon seiner Anstrengungen, sich über die Setzung der Natur zu erheben, bewußt zu werden.

Im Laufe der Zeit wird die menschliche Kultur differenzierter, unabhängiger von einem unbewußt-naturhaften Verhalten des Menschen; sie entwickelt ihre Eigenarten und wird sich ihrer Gefährdung bewußt; damit ist der geistesgeschichtliche Hintergrund des Chaoskampfmythus erreicht. Das Chaos ist zu einem Element der Bedrohung geworden, dem der Kampf gilt.

Auf das Symbol von der Trennung der Ureltern Himmel und Erde kann hier nicht näher eingegangen werden; es zeigt sich jedenfalls auch dort, daß das Bild mit dem Element des Kampfes verbunden sein kann oder nicht. Das Symbol hat demnach ähnliche Entwicklungsmöglichkeiten wie dasjenige vom Urwasser[113].

3. Die fernen Götter und die Klage des Volkes

Schon öfter wurde erwähnt, daß die fernen Götter hinter dem Handeln der nahen Götter stehen. In diesem Fall wird also ihre Ordnungssetzung durch den Mythus bzw. durch die Institution des Königtums vermittelt. Wir haben uns nun dem Fall zuzuwenden, in dem die mythische Wirklichkeitssetzung durch die tatsächlichen Ereignisse widerlegt wird. Die literarische Form, in der solche Ereignisse religiös verarbeitet werden, ist die der Klage des Volkes; im mesopotamischen

---

112b Entsprechend empfindet Freud gerade hier den schärfsten Gegensatz zwischen seiner und Jungs Anschauung: seiner dualistischen Trieblehre steht eine monistische Libidotheorie gegenüber (XIII 57).

113 Vgl. dazu die Äußerungen von E. Neumann a. a. O. 117ff.

Raum sind mehrere solcher Dokumente bekannt, in denen um den Untergang einer Stadt geklagt wird[114].

Wie sieht es aus, wenn die durch den Mythus garantierte Ordnung umgestürzt wird?

»Die Zeit zu ändern, die Regeln zu vernichten[115]
frißt das böse Wetter alles wie ein Orkan.
Die Ordnung Sumers umzustürzen,
daß seine ‚gute Regierungszeit' sich von ihm wende,
die Städte zu vernichten, die Häuser zu vernichten,
die Hürden zu vernichten, die Pferche zu vernichten,
daß die Rinder in den Hürden nicht stehen,
daß die Schafe in den Pferchen sich nicht vermehren,
daß die Kanäle bitteres Wasser bringen,
daß die guten Getreidefelder (nur) Gras wachsen lassen,
daß die Steppe ‚Weh-Kraut' hervorbringe,
daß die Mutter die Kinder nicht besorge,
daß der Vater die Gattin nicht mit Namen rufe,
daß die Nebenfrau sich im Schoße des Mannes nicht freue,
die Kinder auf ihren Knien nicht heranwachsen,
die Amme sie nicht in den Schlummer singe,
daß der Sitz des Königtums geändert,
die kluge Entscheidung gebunden werde,
die Königsherrschaft aus dem Lande Sumer weggetragen werde,
daß es (gefügig) auf ein feindliches Land schaue,
daß auf das Wort Ans und Enlils die Regeln vernichtet werden —
als An alle Länder zornig angeschaut hatte,
als Enlil seinen Blick auf ein feindliches Land gerichtet hatte,
Ninzu ihre Schöpfungen ‚gebunden' hatte,
Enki Euphrat und Tigris in ihrem Lauf verändert hatte . . .«[116]

Daß An und Enlil für das Unheil verantwortlich sind, wird nochmals deutlich:

»Das Wort Ans — wer stürzte es um,
gegen den Beschluß Enlils — wer ginge dagegen an?«[117]

Der Eingang der Klage schildert die Zustände des Chaos, die wiedergekehrt sind. Alle Themen der Lobhymnen kommen wieder vor, aber diesmal unter negativem Vorzeichen: Die Fruchtbarkeit ist

[114] SAHG 36ff.; von diesen Klagen sind streng zu unterscheiden die Tammuz-Klagen, die im Vegetationszyklus ihren Platz haben.

[115] Die Klage setzt mit der Feststellung ein, daß die Ordnung, wie sie vom Staat verkörpert wird, zusammengefallen ist. Die Ausdrücke lauten giš-ḫur, »Regel«, und me, »Ordnung« (zu diesem Ausdruck vgl. o. Anm. 36). Bearbeitung des Textes durch Falkenstein, WO 1, 1947/52, 377ff.

[116] SAHG 37, 1ff.

[117] SAHG 37, 54f.

dahin, die Chaoswasser füllen die Kanäle, die sozialen und staatlichen Ordnungen sind zerstört, mit einem Wort: Die »Regeln« und »Ordnungen« sind vernichtet[118]. Auch dies ist also als Werk des fernen Gottes verstanden. Die übrigen Gottheiten, die eine kosmologische Funtion ausüben, richten sich in ihrem Verhalten nach dem Spruch der fernen Götter.

Was ist die Funktion der nahen Götter in diesem Moment? Sie werden in Klagen kaum erwähnt; wo sie genannt werden, wird nur gesagt, sie hätten die Stadt verlassen. So beginnt die Klage um die Zerstörung von Ur mit einem langen Katalog von Göttern, der nach dem Schema aufgebaut ist:
»Der Gott X hat sein Haus aufgegeben — sein Pferch ist leer«[119]. Später äußert der Beter auch hier, er hätte zu An und Mullil um seine Stadt gefleht — vergeblich[120]:

»Ans Wort nicht wird geändert
Mullils Spruch nicht gestürzt.«[121]

So kann man zusammenfassend sagen: Wird die Wirklichkeit des Mythus durch die Erfahrung bestätigt, so ist der nahe Gott der Wirkende; der ferne Gott hat diesem die Macht übertragen, er tritt darum zurück und erscheint als deus otiosus. Wird die Wirklichkeit des Mythus durch die Erfahrung widerlegt, so verschwindet der nahe Gott, der ferne Gott tritt hervor und wird in seiner Wirksamkeit sichtbar. Wenn so oft in der orientalistischen Literatur zu lesen ist, An und Enlil seien Götter, die den Menschen meist bösartig gesonnen seien[122], so hängt das daran, daß eben nur in der Situation der Klage die fernen Götter ohne Vermittlung der nahen auftreten; in manchen Mythen oder wahrscheinlicher schon literarisch ausgeformten Mythenresten spiegelt sich das darin, daß die fernen Götter sich gegen nahe Götter wenden[123].

Wenn oben gesagt wurde, daß Magie und ferner Gott in der Weltsicht von Primitivreligionen einander ergänzende Aspekte bildeten[124], dann kann dies hier in der Weise variiert werden, daß sich das Pantheon der nahen Götter, in die sich die magische Wirklichkeit aufge-

118 Vgl. Anm. 115.

119 SAHG 38, 1ff. — Zu vergleichen ist auch der Schluß der Akkade-Klage: »Da verließ die heilige Inanna, wie eine Jungfrau, die ihr Gemach verläßt, das Heiligtum Akkade« (SAHG 36, 61f.).

120 SAHG 38, 147.

121 SAHG 38, 170f.

122 Z. B. F. Nötscher, RLA II, 384f.; D. O. Edzard, WM I, 40. 61; dagegen mit Recht S. N. Kramer in JCS 2, 1948, 54, und andernorts.

123 Beispiele in bezug auf An bei Edzard, WM I, 40f.; unfreundlich wirkt An auch in *Inanna und Ebeḫ*.

124 S. o. S. 106f.

gliedert hat, und die fernen Götter funktional ergänzen. Zu betonen ist nochmals, daß die verschiedenen Funktionen z. T. unabhängig sind von den Göttergestalten. Enlil kann sowohl die Funktion des nahen wie die des fernen Gottes ausüben[125].

4. Die fernen Götter und die Staatsverträge

Wenngleich die altorientalischen Staatsverträge in ihrer klassischen Gestalt nicht in den eigentlich mesopotamischen Raum gehören, interessieren sie in diesem Zusammenhang, weil die fernen Götter der Sumerer und Babylonier in den dort wiedergegebenen Götterlisten eine ganz bezeichnende Stellung innehaben.

Die Funktion der Götterlisten innerhalb des Vertragsformulares überhaupt besteht darin, daß die dort genannten Gestalten als Garanten der vereinbarten Bestimmungen gelten. Nun haben diese Götterlisten eine mehr oder weniger konstante Form[126]. Ein Vertrag zwischen Mursilis II und einem Vasallen reiht die Götter folgendermaßen auf[127]:

— (Lokalgötter, Nationalgötter beider Vertragsparteien,
z. B. Zababa des Ortes X, Zababa des Ortes Y usw.)
— ^{d}Ereškigal, dingir^{meš} lú^{meš} sal$^{meš\ uru}$ ḫa-at-ti
— dingir^{meš} lú^{meš} sal$^{meš\ uru}$ a-mur-ri
— ^{d}Alalu, Anu, ^{d}A-an-tum, ^{d}A-pa-an-tum, ^{d}En-líl, Nin-líl
— ḫur-sag^{meš} id^{meš} tul^{meš} a-ab-ba-gal an-ki

(... die männlichen und weiblichen Götter von Ḫatti, die männlichen und weiblichen Götter von Amurru, die fernen Götter, die Berge, Quellen, Flüsse, das ‚große Wasser', Himmel und Erde).

Diese Einteilung, die in verschiedensten Variationen beobachtet werden kann, nennt also zuerst die einzelnen Götter beider beteiligten Länder mit Namen, faßt nachher die beiden Panthea zusammen, und

---

[125] Der Begriff der »Fluktuationsvermögens«, der von E. Otto (Saeculum 14, 1963, 257) zur Bezeichnung der Austauschbarkeit von Funktionen verschiedener Götter geprägt wurde, ist auch hier im mesopotamischen Bereich verwendbar, nicht nur innerhalb der altägyptischen Religionsgeschichte. Enlil vermag Charakteristiken verschiedenster Götter in sich zu vereinigen, er ist Träger verschiedener numinoser Besetzungen.

[126] Im folgenden ist nur von hethitischen Verträgen die Rede. Akkadische Verträge sind mir nicht bekannt, außer dem frühesten erhaltenen Vertrag zwischen Naram-Sin von Akkade und Elam. Hier sind die Garantiegötter in nicht klarer Reihenfolge aufgezählt; elamische und akkadische Gottheiten wechseln sich ungeordnet ab (vgl. W. Hinz, Elams Vertrag mit Naram-Sin von Akkade, ZA NF 24, 1967, 66ff.).

[127] J. Friedrich, Hethitische Staatsverträge, 1926, 23f. Ein sehr ähnliches Formular S. 17 und bei E. F. Weidner, Boghazköy-Studien 8, 1923, 29ff. 67ff.

nachher werden die fernen Götter genannt, gefolgt von den kosmischen Elementen, die auch personhaft gedacht sind[128].

Die einzelnen fernen Götter, die hier erwähnt sind, haben verschiedene Herkunft: Alalu ist der ferne Gott der Ḫurriter[129], auch Apantu ist ḫurritischer Herkunft. Neben den fernen Göttern Mesopotamiens, An und Enlil, sind deren Gattinnen genannt, die in späterer Zeit neben die Götter treten[130].

Jedenfalls geht aus dem Formular hervor, daß die fernen Götter einen übernationalen Charakter haben. Während die je erwähnten Nationalgötter Partei sind, sind die fernen Götter die eigentlichen Garanten des Vertrages. Sie sind also nicht nur für den nationalen, sondern sogar für den internationalen Kosmos verantwortlich. In den Staatsverträgen zeigt sich also eine Welt, die weiter ist als die des nationalen Mythus, die über die Grenzen des eigenen Landes hinausgeht und dort nicht das Chaos sieht. Bezeichnend ist, daß neben den fernen Göttern die Naturelemente stehen: Die Naturordnung wird angerufen als Analogon zur hier errichteten internationalen Ordnung. Unter diesen Naturmächten befindet sich auch der a-ab-ba-gal, das »große Urwasser«, das damit auch in den hier entworfenen Kosmos integriert ist — ebenso wie das Ausland.

5. *Die fernen Götter und die Weisheit*

Nur kurz ist darauf hinzuweisen, daß *der* Gott der Weisheit der ferne Gott ist. In Ägypten wie in Mesopotamien nennen die weisheitlichen Texte meist nicht einen bestimmten Gottesnamen, sondern sie sprechen einfach von »dem Gott«[131]. Im Vergleich zwischen Mythus und Weisheit unterscheidet H. H. Schmid zwischen der »Kosmostatik« des Mythos und der »Kosmos-Konstituierung« der Weisheit[132]; in der Tat liegt hier die fundamentale Differenz: Während der Mythus seine Wirklichkeit als absolute zeitlose Wahrheit setzt, sucht die Weisheit die immer wieder neue und sich stets verändernde Ordnung der Welt auf. Während das Wort des Mythus Wirklichkeit setzt und sie bestimmt, geht das Wort der Weisheit der Wirklichkeit nach und läßt sich durch sie bestimmen; es verdankt sich also unmittelbarer Erfah-

[128] Die Elemente sind mit dem Pluralzeichen meš determiniert, das nur für die Person- und nicht für die Sachklasse Verwendung findet.

[129] Er erscheint schon im Altbabylonischen unter der Namensform *A-la-la* (K. Tallqvist, Akkadische Götterepitheta, 1938, 250), er wird manchmal mit Anu identifiziert (Tallqvist a. a. O. 250f.), aber auch mit dem lugal-du$_6$-kù-ga, Enlil; daneben erscheint er auch unter den Ahnen Anus (alle Belege bei Tallqvist). Er wurde also mit allen möglichen fernen Göttern identifiziert.

[130] Vor allem Antu ist eine erst in akkadischer Zeit bekannte Größe.

[131] H. H. Schmid, Wesen und Geschichte der Weisheit, 1966, 24ff. 106f.

rung, genau derselben Erfahrung, die, wenn sie die Wahrheit des Mythus in bezug auf das Leben des Staates widerlegt, zur Klage treibt und dort den fernen Gott unmittelbar ins Gesichtsfeld rückt. Während in kultischen Formen der ferne Gott unmittelbar nur unter negativem Aspekt sichtbar wird — sein positives Handeln wird ja durch die nahen Götter vermittelt — konstatiert die akultische Weisheit positive und negative Erfahrung. So ist es durchaus begreiflich, daß die Weisheit oft kritisch Stellung bezieht zum Leben des Kultus[133].

C. DIE GESCHICHTE ELS AUSSERHALB JERUSALEM

Die Gestalt des Gottes El wurde von der religionsgeschichtlichen Forschung der letzten Jahrzehnte unterschiedlich beurteilt: Während die einen im Worte *'il/'el* ein Appellativum sehen wollten, das an einzelnen Orten zu einem eigentlichen Gottheits-Eigennamen geworden sein soll[134], erblickten andere darin den Namen des einzigen Gottes der monotheistisch gesonnenen »Ursemiten«[135]. Es wird in diesem Kapitel zu zeigen sein, daß El ursprünglich ein ferner Gott, wie er im Rahmen der Primitivreligion zu sehen ist, war, der mit dem Himmel identifiziert wurde und Schöpferqualitäten besaß[136].

Die Etymologie des Wortes ist umstritten[137]. Am ehesten wird die Wurzel *'wl* »vorn, stark sein« in Frage kommen[138]. Öfter ist darauf hingewiesen worden, daß im hebräischen Ausdruck יֵשׁ לְאֵל יָדִי[139] der Ausdruck אֵל ein Ausdruck für Macht im Sinne von »Mana« vorliegt[140]. Wenn der Gottesname und dieser Ausdruck tatsächlich identisch sind,

---

[132] A. a. O. 22ff.

[133] Schmid a. a. O. 50ff.

[134] Z. B. G. Ryckmans, Les religions arabes préislamiques, 1961², 47; R. Dussaud, Les religions des Hittites et Hourrites, des Phéniciens et des Syriens, 1949, 360.

[135] Z. B. A. Lagrange, Études sur les religions sémitiques, 1905², sieht in El »le dieu commun, primitif et très probablement unique des Sémites«. Ähnlich nach Mitteilung Eißfeldts (in: El im ugaritischen Pantheon, 1951, 71f.) auch J. Aistleitner, in deutlicher Anlehnung an W. Schmidts Urmonotheismus-Theorie.

[136] Wenn man nach der ursprünglichen Funktion des Gottes fragt, muß zugleich nach der Sozialstruktur gefragt werden, innerhalb derer der Gott seinen Platz hat. Dies tut S. Moscati, der feststellt, daß der Polytheismus der entwickelten, sedentären Ackerbaukultur zugehört; demnach setzt er für die ursprüngliche Funktion Els die davor liegende Kulturstufe der Semiten, den Nomadismus, voraus (StSem I, 1958, 121ff.). M. E. muß man, um die gemein-semitische Charakteristik Els zu verstehen, noch weiter zurückgehen zu einem pränomadischen Pflanzertum (vgl. dazu u. S. 203).

[137] Übersicht über mögliche Etymologien bei M. H. Pope, El in the Ugaritic Texts, VTS 2, 1953, 16ff.

[138] Pope a. a. O. 16f.; vgl. HAL 21, s. v. II אול.

[139] »es steht in meiner Macht«, Gen 31 29 Mi 2 1 usw., auch negativ gewendet.

[140] G. van der Leeuw, Phänomenologie der Religion, 1956², 9.

dann würde das bedeuten, daß El ursprünglich Inbegriff aller magisch zu verstehenden Kraft ist, welche Vorstellung tatsächlich, wie erwähnt, auch bei andern fernen Göttern auftritt[141].

Jedenfalls ist das Wort gemeinsemitisch — es fehlt lediglich im Äthiopischen. Seiner Verbreitung soll kurz nachgegangen werden.

1. Il im arabischen Raum

In den altsüdarabischen Texten ist Il vor allem als Element theophorer Personennamen häufig[142], nicht aber in anderer Bezeugung (außer in appellativischem Gebrauch). Da nun in Personennamen meist eine ältere Stufe der religiösen Entwicklung erhalten ist, wird ersichtlich, daß Il immer stärker zurücktritt im altsüdarabischen Bereich.

Die wenigen Stellen, an denen Il als Gestalt greifbar wird, ergeben auch kein deutliches Bild. Zwei Texte aus Haram nennen einen *ršw 'L w'TṮR*[143] (Priester des Il und des 'Aṯtar) bzw. einen *qjn 'L w'TṮR*[144] (»Minister« des Il und des 'Aṯtar). Da Il sonst nicht in kultischen Funktionen genannt wird, dürfte er hier nur mehr nominell vor 'Aṯtar genannt worden sein. Es wird sich bei den Stiftern der Inschriften um 'Aṯtar-Beamte handeln.

In einem qatabanischen Text erscheint neben *'L* das Epitheton *FH̱R*, der »Mächtige« (vgl. akk. *puḫru*, »Macht« und arab. *fāḫir*, »hervorragend«)[145]. Das Epitheton könnte Hinweis darauf sein, daß im Gottesnamen tatsächlich ursprünglich ein Machtbegriff mit beinhaltet ist.

In qatabanischen Kaufmannsurkunden findet sich als Schlußformel öfter der Ausdruck *b-ḥg 'NBJ w-'L t'lj*[146]; der erste Teil ist zweifellos zu übersetzen: »nach der Satzung des Anbaj«; Anbaj ist wohl eine Erscheinungsform des Mondgottes, der die Stellung des Nationalgottes innehat. Er ist also Garant des abgeschlossenen Vertrages. Der zweite Teil der Formel ist zu übersetzen als »Il ist erhaben«, »Il ist hoch« oder ähnlich. Was könnte die Bedeutung des Ausdruckes sein? M. Höfner denkt an ein »Stoßgebet«[147]; doch wird nicht recht klar, was dies am Schluß eines Vertrages für eine Bedeutung hat. Eher wird man an eine Beteuerung denken. *'lj* wird man ganz wörtlich fassen müssen als »hoch sein«, »in der Höhe sein«; der ganze Ausdruck

141 Vgl. oben S. 103.

142 Vgl. G. Ryckmans, Les noms-propres sud-sémitiques, 1934/35, I, 1; Beispiele I, 247f.

143 CIH 512.

144 RÉS 2742; zu beiden Erwähnungen vgl. A. Jamme, Le panthéon sud-arabe préislamique, 1947, 114.

145 Jamme a. a. O. 115; M. Höfner, WM I, 511.

146 Jamme a. a. O. 115; M. Höfner a. a. O. 511.

147 A. a. O.

ist demnach wiederzugeben mit: »und (so wahr) Il in der Höhe ist«. Il ist also verantwortlich für die vereinbarten Ordnungen, er ist zudem in der Höhe: Schon von diesen Angaben her wird man an den Typus des »allwissenden Gottes« erinnert.

Späte sabäische Texte nennen Il *rḥmn*, »Erbarmer«, auch »Erbarmer im Himmel«[148]; *mr' smn w'rḍ*[149] »Herr des Himmels und der Erde«. Es ist wahrscheinlich, daß in diesen Titulaturen Einflüsse aus dem nordwestsemitischen Raum vorliegen, immerhin sind kaum völlig neue Aspekte an Il herangetragen worden.

Thamudeisch erscheint als Epitheton *rm*, »der Hohe«[150], was mit dem oben erwähnten Gebrauch der Wurzel *'lj* »hoch sein« übereinstimmt.

In Nordarabien begegnet Il unter den beiden Formen *'LH* und *LHJ*; über seine Wesensart wird nichts bekannt. Auch in Personennamen wird er häufig genannt[151].

In weiten Gebieten Arabiens ist auch eine weibliche Form des Gottesnamens verbreitet. Vor allem bei den Safaiten spielt *'LT* bzw. *LT* eine große Rolle, die geradezu Nationalgottheit geworden ist und entsprechend vielfältige Funktionen ausübt[152]. Auch die *al-Lāt* Zentralarabiens ist hier zu nennen[153]. Diese weibliche Gestalt der Gottheit Il ist schon seit alter Zeit in Arabien verehrt worden, spricht doch schon Herodot von einer Göttin *Alilat* bzw. *Alitta* der Araber[154].

Der Vollständigkeit halber sei darauf hingewiesen, daß auch der Allah, den Mohammed zum einzigen Gott erhoben hat, mit Il identisch ist; öfter spielt der Koran darauf an, daß Allah schon im vorislamischen Arabien bekannt war, allerdings ist auch hier nichts über den Charakter des Gottes in Erfahrung zu bringen[155].

So zeigt sich, daß Il zwar fast überall im arabischen Bereich vorkommt, daß aber seine Position völlig flexibel ist[156]. Die Gestalt kann männlichen oder weiblichen Geschlechts sein: das bedeutet negativ,

---

148 G. Ryckmans, Les religions arabes pré-islamiques, 1961², 47.

149 Ryckmans a. a. O. 47.

150 Ryckmans, Les noms-propres . . ., I, 2.

151 Ryckmans, Les religions . . ., 22; W. Caskel, Die alten semitischen Gottheiten in Arabien, StSem 1, 1958, 114f. Oft sind Gottesname und Ortsname miteinander verbunden (Caskel a. a. O. 115).

152 Ryckmans a. a. O. 22.

153 Vgl. M. Höfner, WM I, 422ff.

154 I, 131; III, 8.

155 Vgl. C. Brockelmann, Allah und die Götzen. Der Ursprung des islamischen Monotheismus, ARW 21, 1922, 99ff. Brockelmann vergleicht nach seiner Analyse des vorislamischen Allah diesen ausdrücklich mit der Urheber-Figur N. Söderbloms (S. 119).

156 Vgl. W. Caskel a. a. O. 116.

daß es sich ursprünglich nicht um eine Fruchtbarkeitsgottheit handelt, wo ja alles am Geschlecht hängt. Il ist tatsächlich eine Gottheit des Hintergrundes, ein ferner Gott, der aber in dem Moment, wo die Strukturen der Primitivreligion verlassen sind, auch ganz andere Funktionen übernehmen kann[157].

2. *Ilu im Ostsemitischen*

Das akkadische Wort *ilu* begegnet kaum mehr als Eigenname, sondern fast nur noch als Äquivalent zu sumerisch dingir »Gott«. Freilich gibt es Hinweise darauf, daß Ilu einst als Eigenname bekannt war, und zwar da, wo er als Element theophorer Personennamen auftritt. In den präsargonischen Personennamen aus Fara ist Il der meistgenannte Gott[158]; I. J. Gelb schließt daraus: »In the field of religion we may note the very common use of the Element Il in the Accadian theophorous names which seems to indicate that the god Il (= later semitic El) was the chief divinity of the Mesopotamian Semites in the Presargonic Period«[159]. Zweimal nur ist Il als Gottesname außerhalb von Personennamen erwähnt, nämlich in einer Götterliste aus Fara (Lautung des Namens: *^{d}é-lum*)[160] und auf dem Obelisken des Maništušu (etwa 2265 v. Chr.)[161].

Warum ist die Gestalt Ils so schnell verblaßt? Wahrscheinlich ist sie sehr rasch mit der des An verschmolzen worden[162]. Das sumerische Ideogramm AN, an oder dingir gelesen, diente ja sofort im Akkadischen zur Wiedergabe von *ilum*. Für den Gottesnamen hat sich

157 Mit diesen Ausführungen ist die These D. Nielsens abgewiesen, der ein ursemitisches, im altsüdarabischen Bereich besonders gut erhaltenes Dreier-Pantheon nachweisen möchte; dieses soll aus einem Vater-Mondgott, einer Mutter-Sonnengöttin und einem Sohnes-Morgensterngott bestehen (Der dreieinige Gott in religionsgeschichtlicher Beleuchtung, I 1922; II, 1 1942). Weder läßt sich erweisen, daß Il lunare Züge hat, noch ist die Triade überhaupt in allen Gegenden Arabiens ausgebildet. Il steht nirgends mehr im Vordergrund. Dies gilt vielleicht nicht für den sabäischen Nationalgott *'LMQH* (dazu Nielsen, Der sabäische Gott Ilumqah, 1906), wenn in diesem Namen ein Gottesname mit einem Epitheton zu sehen ist, was unsicher bleibt. Es wäre aber sehr wohl denkbar, daß Il in den Vordergrund treten und Funktionen eines Nationalgottes übernehmen kann.

158 Vgl. I. J. Gelb, Old Accadian Writing and Grammar, 1952, 3ff.; J. Bottéro, StSem 1, 1958, 33ff.; R. D. Biggs, Semitic Names in the Fara Period, Or NS 36, 1967, 55ff., bes. 58.

159 A. a. O. 6.

160 Vgl. Bottéro a. a. O. 39 unter Hinweis auf den von A. Deimel publizierten Text VAT 12626, 5, 6 (Schultexte aus Fara, 1922/24).

161 V. Scheil, Textes élamites-sémitiques, I 1900, 50.

162 Vgl. A. Deimel, Pantheon Babylonicum, 1914, 50f.; J. Bottéro, La religion babylonienne, 1951, 35; ds., StSem 1, 1958, 54.

dann aber nicht das semitische *ilum* durchgesetzt, sondern die akkadisierte Form des sumerischen Namens, so daß dann die kanonische zweisprachige Götterliste mit An = *Anum* einsetzt.

Etwas anders liegen die Verhältnisse in Mari, der Stadt, deren semitische Schicht sich einer späteren Einwanderungswelle verdankt als jene Namen der präsargonischen Zeit. Zwar finden sich auch hier Personennamen mit dem theophoren Element *il* (Schreibung teilweise *il*, teilweise AN)[163]. Doch scheint *ilu* hier noch weniger im Vordergrund gestanden zu haben als in der Fara-Zeit, wird es doch z. T. nicht einmal mehr als Appellativum verwendet; an seine Stelle tritt Šamaš, welche Bezeichnung nun ihrerseits als Eigenname *und* als Appellativ verwendet wird[164]. So heißt es in einer Opferliste, daß Šamaš (damit ist spezifisch der Sonnengott gemeint) 6 Opfertiere erhalten solle, der *šamaš ša šamê* dagegen nur zwei[165]. Es handelt sich sicher nicht beidemal um dieselbe Gestalt, also ist *šamaš* das zweitemal Appellativ; mit dem »Gott des Himmels« ist sicher Anu bzw. Il gemeint, welche beiden Gestalten in dieser Zeit schon völlig miteinander identifiziert waren. So zeigt sich hier, daß Šamaš Il ersetzt. Dies ist auch durchaus verständlich, weist doch der Sonnengott sehr viele Züge des fernen Gottes auf. Vor allem seit der babylonischen Zeit wird er als Hüter des Rechtes und der Ordnungen verehrt[166]. C. Frank hat darauf hingewiesen, daß die Terminologie der Anu-Hymnen derjenigen der Šamaš- und schon Utu-Hymnen sehr ähnlich ist[167]; auch hierin erweist sich also Šamaš als Nachfolger der alten fernen Götter.

3. *»El, Schöpfer der Erde« im Nordwestsemitischen*

In einer offenbar alten und stereotypen Formulierung wird El *qn 'rṣ*, »Schöpfer der Erde« genannt. Die Formel begegnet folgendermaßen:

a) In einer Torinschrift in Karatepe[168] heißt es am Schluß: »Wenn aber einer (dies und dies tut), so mögen der *b'l šmm w'l qn 'rṣ wšmš 'lm wkl dr bn 'lm* dieses Königtum ausreißen ...«[169]. Die genannten Götter garantieren dafür, daß die Inschrift nicht geschändet wird,

---

[163] Vgl. C.-F. Jean, Les noms-propres de personnes dans les lettres de Mari, in: Studia Mariana, 1950, 63ff.; J.-R. Kupper, Les nomades en Mésopotamie au temps de Mari, 1957, 35.

[164] G. Dossin in: Studia Mariana, 1950, 46; vgl. J. Léwy, RÉS 1938, 58 Anm. 6.

[165] Dossin a. a. O. 44.

[166] Schon der sumerische Utu ist Hüter des Rechts, was die solare Gottheit überhaupt auszeichnet (vgl. etwa SAHG akk 4; D. O. Edzard, WM I, 126f.).

[167] Die Anu-Hymne AO 6494, ZA NF 7, 1933, 193ff., bes. 194.

[168] KAI 26 A.

[169] KAI 26 A III, 18.

wer dies trotzdem tut, unterliegt ihrem Fluch. Der an erster Stelle genannte »Himmelsbaal«[170], in dieser Zeit (8. Jh.) schon der große, übernationale Züge tragende Himmels- und Wettergott, erscheint an erster Stelle; erst jetzt wird »El, der Schöpfer der Erde« genannt, und an dritter Stelle »der ewige Šamaš«; das Epitheton *ʿlm* ist auch in Ugarit für *Špš* verwendet worden[171], es galt aber auch El an andern Orten[172]. Daß die Götter, die einzeln genannt sind, in einer Dreiheit auftreten, ist vielleicht als Einfluß aus dem mesopotamischen Bereich zu erklären[173]. Was aber die drei Götter besonders miteinander verbindet, ist nicht sicher zu sagen[174]. Daß das ganze Pantheon *dr bn ʾlm* »Geschlecht der Els-Kinder« sei, ist eine feste Formulierung, die voraussetzt, daß El summus deus ist, was tatsächlich nicht mehr der Fall ist[175].

b) Aus *Leptis magna* ist eine Inschrift auf einer Steinplatte erhalten: »Dem Herrn, dem *ʾl qn ʾrṣ*, baute und heiligte die Exadra und diese Säulenhalle ... der NN ...«[176]. Die Tatsache, daß dem El ein offenbar sakrales Gebäude geweiht wird, läßt vermuten, daß er eine gewisse kultische Verehrung genießt (im 2. Jh. n. Chr.!); was für eine Rolle er bei der hellenistisch-synkretistischen Bevölkerung gespielt hat, ist unbekannt. Sicher war er eine untergeordnete Nebengottheit.

c) In Palmyra erscheint ein *ʾlqwnrʿ*[177], was mit griechischem *Poseidon gaieochos* erläutert wird. Aus El und seinem Epitheton ist ein Eigenname geworden, der in synkretistischer Manier, immerhin nicht ganz unzutreffend, mit dem entsprechenden griechischen Gott gleichgesetzt wird[178].

d) In einem von H. Otten publizierten, unvollständig erhaltenen Mythus aus Boghazköy kommt ein *ᵈel-ku-ni-ir-ša* vor, als dessen Gat-

170 Zu dieser Gestalt vgl. O. Eißfeldt, Baalsamem und Jahwe, in: Kl. Schr., II 1963, 171ff.; R. Hillmann, Wasser und Berg, Diss. Halle 1965.

171 PRU V, 18. 113 A, 7 nennt die *špš ʿlm*.

172 In Ugarit heißt es von El: »Dein Wort, o El, ist weise, und deine Weisheit dauert in Ewigkeit (*ʿm ʿlm*), Vollendung des Lebens ist dein Wort!« II AB IV, 41. Zu אל עולם von Beerseba vgl. u. S. 146.

173 Vgl. u. S. 137f.

174 Nach Donner-Röllig (KAI II, 43) wären alle drei Gestalten als Astralgötter zu verstehen; astral im eigentlichen Sinne, d. h. mit einem Gestirn verbunden, ist wohl nur Šmš. Es handelt sich aber durchwegs um Himmelsgötter.

175 Zum Ausdruck *bn ʾlm* vgl. u. S. 161.

176 KAI 129.

177 G. Levi della Vida, El Elyon in Gen 14 18-20, JBL 63, 1944, 1ff.; vgl. ds., RSO 21, 1946, 247f.

178 Mit Ausnahme der beiden genannten Stellen erscheint das Wort El im Phönizischen nie mehr als Gottesname, sondern nur als Appellativum; vgl. W. Röllig, El als Gottesbezeichnung im Phönizischen, in: Festschr. f. G. Friedrich, 1959, 403ff.

tin Ašertu genannt ist[179]. Ohne Zweifel handelt es sich hierbei um das Götterpaar El und 'Ašīrat, wie es in Ugarit bekannt ist; so wird man die Namenserweiterung als *qn 'rṣ* verstehen dürfen. Noch spät hat vielleicht der Name Kinyras ein Andenken an den Gott bewahrt[180].

Alle genannten Götter haben außer Namen und Epitheton kaum einen gemeinsamen Zug. Das bedeutet, daß die eigentliche Funktion des Gottes in den meisten dieser Texte nicht mehr bekannt ist. Positiv heißt das aber, daß die Formulierung offenbar sehr alt ist. Darauf läßt auch die geographisch außerordentlich weite Verbreitung der Formel, die ja in etwas veränderter Form auch in Gen 14 18ff.[181] erhalten ist, schließen. El galt also in sehr früher Zeit als Schöpfer der Erde.

Nicht ganz klar ist, was das Verb *qnj/qnw* genau meint. Im Hebräischen unterscheidet die Lexikographie *qanā* I und *qanā* II, in den Bedeutungen »erwerben« und »schaffen«[182]. Levi Della Vida möchte *qnw* als »erwerben, besitzen«, *qnj* als »schaffen« verstanden wissen[183]; doch läßt sich diese Aufteilung nirgends durchführen, da tertiae w/j-Formen überall durcheinandergehen. So ist also ein Bedeutungsumfang von »erschaffen« bis »erwerben, besitzen« anzunehmen[184]. Möglicherweise kommt man am nächsten an die Grundbedeutung des Wortes heran, wenn man bedenkt, daß *qnj/w* auch »gebären« bedeuten kann[185], so daß man als allgemeinsten Ausdruck »hervorbringen« annehmen kann, woraus sich als Bedeutungsvariationen »besitzen, in Besitz bringen«, »gebären«, »erschaffen« herausdifferenzierten. — Interessant wäre nun zu wissen, in welcher Weise *qnj/w* im El-Epitheton *qn 'rṣ* verstanden werden muß. Wenn die Vorstellung eines fernen Gottes im Himmel vorauszusetzen ist, dann hat man die Bedeutung »erschaffen« anzunehmen. Nun wird aber noch zu zeigen sein, daß El im nordwestsemitischen Raum viele Züge der Enlil-Gestalt, des Urberges also, aus dem alles entsteht, übernommen hat[186]. Sollte dieses Bild hinter der Formulierung stehen,

---

179 Ein kanaanäischer Mythus aus Boghazköy, MIO I, 1953, 135ff.

180 Otten a. a. O. 138; vgl. zum Ganzen auch S. Kirst, Kinyras, König von Kypros und El, Schöpfer der Erde, FF 30, 1956, 186ff.

181 Dazu s. u. S. 149f.

182 Vgl. P. Humbert, *qānā* en Hébreu biblique, in: Bertholet-Festschr., 1950, 259ff.

183 JBL 63, 1944, 1.

184 Im Arabischen gehen die Bedeutungen »erwerben« und »schaffen« ineinander über, vgl. J. B. Belot, Vocabulaire arabe-français à l'usage des étudiants, 1955[17], 668, ähnliches zeigt sich im Hebräischen. Akk *qanû* und äth. *qanaja* bedeuten »erwerben« (äth. auch »unterwerfen«). Reine tertiae j-Formen finden sich im Ugaritischen, die Bedeutung ist »schaffen, hervorbringen, gebären« (Aistleitner, Wörterbuch der ugaritischen Sprache, 1963, 279).

185 Die ugaritische Göttin 'Aṯirat ist *qnjt 'ilm*, »Göttergebärerin« II AB I, 23; III, 26; 30; 35; IV—V 32. Vgl. Gen 4 1: קָנִיתִי אִישׁ, wohl zu übersetzen als: »ich habe einen Mann geboren«.

186 Vgl. u. S. 145. 161.

187 Einen Beleg für *'l qn šmm w'rṣ* gewinnt F. M. Cross (Yahweh and the God of the Patriarchs, HThR 55, 1962, 243) durch Textergänzung in einem aramäischen Papyrus, doch handelt es sich hierbei um eine sehr unsichere Vermutung.

dann hätte man mit der Bedeutung »hervorbringen« — gewissermaßen im Sinn einer Emanation — zu rechnen. Eine Entscheidung läßt sich m. E. nicht fällen[187].

4. Weitere Vorkommen von El im kanaanäisch-aramäischen Raum

a) Eine Sfire-Inschrift[188]

Ein Staatsvertrag zwischen Barga'ja und Mati''el nennt als Garanten der Vereinbarung nach Art der Vertragsformulare eine Reihe von Göttern, darunter auch El:

»Die Vereinbarungen . . . hat Barga'ja bestimmt . . .

qdm . . . . . wmlš	
wqdm mrdk wzrpnt	vor Marduk und Ṣarpanitu
wqdm nb' wtšmt	und vor Nabu und Tašmit
wqdm 'r' wnsk	und vor Irra und Nusku
wqdm nrgl wlṣ	und vor Nergal und Laṣ
wqdm šmš wnr	und vor Šamaš und der Leuchte
wqdm sn wnkl	und vor Sin und Nikkal
. . . . .	
wqdm nkr wkd'h	und vor Nkr und Kd'h
wqdm kl 'lhj rḥbh w'dmh	und vor allen Göttern von R. und A.
wqdm hdd ḥlb	und vor dem Hadad von Aleppo
wqdm sbt	und vor den ‚Sieben'
wqdm 'l w'ljn	und vor El und dem Hohen
wqdm šmjn w'rq	und vor Himmel und Erde
wqdm ṣwlh wm'jnn	und vor Flüssen und Quellen
wqdm jwm wljlh . . .«	und vor Tag und Nacht . . .«[189]

Die Form der Liste stellt eine Variation des oben bestimmten Musters dar: Zuerst wird eine Auswahl des babylonischen Pantheons angerufen; leider fehlt der erste Name, und der zweite gehört keiner sonst bekannten Gottheit an. Dann jedoch folgt Marduk, der summus deus des klassisch-babylonischen Pantheons, mit seiner Gemahlin Ṣarpanit. Von den folgenden Göttern sind noch drei Paare zu nennen: Nabu und Tašmit (Götter insbesondere der Weisheit), Nergal und Laṣ (Unterwelt), Sin und Nikkal (Mond). Irra und Nusku sind beides männliche Gottheiten, sie sind sich jedoch im Wesen ähnlich (Irra ist insbesondere Herr der Pest, Nusku ein Feuergott). Wieder anders steht es um Šamaš und Ner: Hier handelt es sich wahrscheinlich um ein und dieselbe Gestalt[190], die einmal mit dem Eigennamen und dann mit dem Hauptepitheton genannt wird; auch im mesopotamischen

---

[188] KAI 222.

[189] KAI 222 A, 7ff.

[190] Nach Donner-Röllig (KAI II, 245) wäre *nr* eine »sekundäre Deifizierung« eines Epithetons; es müßte sich dann um die Gattin des Šmš handeln — doch wäre dann nicht *nrt* zu erwarten?

Pantheon gilt Šamaš als *nūr ilani*[191], in Ugarit heißt Šapšu stereotyp *špš nrt 'ilm*[192]. Die Konjunktion *w* ist demnach als *w interpretativum* zu verstehen[193]. Die am Schluß genannten Götter dieses Abschnittes, *Nkr* und *Kd'h* sind nicht bekannt.

Der erste Teil der Götterliste schließt mit der Nennung der Panthea beider Vertragspartner, der Städte *Rḥbh* und *'dmh*. Das heißt also, daß das mesopotamische, gewissermaßen kanonische Pantheon allein aufgezählt wird als Vertreter für die beiden konkreten Lokalpanthea.

Nun müßten nach dem Formular die fernen Götter folgen. Tatsächlich kommt zuerst eine lokale Form des Hadad, der aber damals sicher eine übernationale Größe war; es folgen die »Šibitti«, die eine Dämonengruppe der mesopotamischen Welt sind; und schließlich »El und *'ljn*«, worauf noch die kosmischen Elemente genannt sind, wie üblich den Abschluß der Aufzählung bildend. Aus der Stellung von El und *'ljn* (wohl *'äljān* zu lesen), wird deutlich, daß es sich um ferne Gestalten handelt.

Wie ist das Verhältnis beider Gottheiten zu bestimmen? Die Frage ist strittig[194]. Entweder handelt es sich um zwei verschiedene aber wesensähnliche Figuren; man wird dann an die analoge »An-Enlil-Binität« denken. Oder aber es handelt sich um ein und dieselbe Gestalt, um Eigennamen und Epitheton; beide Möglichkeiten sind vom ersten Teil der Liste her ins Auge zu fassen. Für und Wider der beiden Möglichkeiten sind abzuwägen, indem der Ausdruck *'äljān* untersucht wird.

Exkurs: *'ljn*[195]

Dem Wort liegt die Wurzel *'lj* »hinaufgehen, hoch sein« zugrunde. Das Afformativ *-ān*, hebr. *-ōn* ist zur Nominalbildung gebräuchlich[196], erscheint auch in Götternamen[197].

---

191 K. Tallqvist, Akkadische Götterepitheta, 1938, 456.

192 Belege bei Aistleitner, Wörterbuch, 214.

193 Zur Erläuterung dieses *w interpretativum* darf man nicht auf ugaritische Götternamen wie *Kṯr wḪss* hinweisen, da es sich hier um zwei Epitheta handelt: »der Kluge und Kunstfertige«. Doch existiert das *w interpretativum* andernorts im Ugaritischen (z. B. SS I, 34: *t'irkm jd 'il kjm wjd 'il kmdb*). Interessant ist eine altsüdarabische Inschrift, in der folgende Ausdrücke als Varianten nebeneinanderstehen: *'lmqh ṯhwn ṯwr b'lm* und *'lmqh ṯhwn wṯwr b'lm*, »Ilmuqah, der Orakel gibt, der Stier-Herr«. — In beiden Fällen führt das *w* offensichtlich nicht ein neues Subjekt ein. Zum Hebr. vgl. E. Vogt, ET 68, 1956/57, 301f. (in bezug auf Am 7 14).

194 Vgl. zuletzt R. Rendtorff, El, Baal und Jahwe, ZAW 78, 1966, 282.

195 Dazu R. Lack, Les origines de 'Elyon, le Très-Haut, dans la tradition cultuelle d'Israël, CBQ 24, 1962, 44ff.; F. M. Cross, Yahweh and the God of the Patriarchs, HThR 55, 1962, 241ff.

196 Vgl. S. Moscati (ed.), An Introduction to the Comparative Grammar of the Semitic Languages, 1964, § 12.21.

197 So z. B. bei den Götternamen Hijan und Šulman (vgl. u. S. 199).

Ein zur Wurzel *'lj* gehöriges Adjektiv wird sehr oft im Zusammenhang mit Gottesnamen gebraucht; im ganzen semitischen Bereich kommen theophore Personennamen mit dem Element *'lj* oder *'l* vor; besonders oft ist der Gott, von dem die Aussage, er sei der »Hohe«, gemacht wird, Il[198].

Umstritten sind die »ostkanaanäischen« Formen, die Nyberg aufzählt. Die akkadische Schreibweise für ein noch hörbares ' ist *ḫ*[199]. Entsprechend müßte das ostkanaanäische *'l* keilschriftlich als *ḫal* erscheinen. Tatsächlich finden sich derartige Namen in größerer Anzahl[200]. Das Element *ḫal* in theophoren PN ist aber auch anders erklärbar: Es könnte Verwandtschaftsbezeichnung sein; Stamm deutet es als »Oheim mütterlicherseits«[201]. Die entsprechenden klassisch-akkadischen Namen, die ohne anlautende Gutturalis zu erwarten sind, lassen sich von *ālu* »Stadt« her deuten[202]. So läßt sich nicht eindeutig entscheiden. Immerhin sind die Namenentsprechungen, in denen einerseits ostkanaanäisch *ḫal* und akkadisch *al* nebeneinanderstehen, ziemlich einleuchtend, so daß man demnach auch für den ostsemitischen Raum mit dem Element *'l* zu rechnen hätte. Auch hier erscheint das fragliche Element mit dem GN Il zusammen.

Was ist die *Bedeutung* des Attributes? Im Vordergrund steht die ganz ursprüngliche räumliche Bedeutung; *'l* meint den Gott in der Höhe, also die Himmelsgottheit. Wahrscheinlich gehört diese Aussage vom »Gott in der Höhe« in erster Linie zu Il, sie kann aber auch auf andere Götter wie Baal und Šalem übertragen werden.

'lj kommt als Gottesbezeichnung nicht nur in Namen vor. An einer Stelle wird das Wort im ugaritischen Textmaterial als Epitheton Baals verwendet:

l'rṣ mṭr b'l	Der Erde (komme zu) der Regen Baals
wlšd mṭr 'lj	und dem Felde der Regen des ‚Hohen'!
n'm l'rṣ mṭr b'l	angenehm ist der Erde der Regen Baals
wlšd mṭr 'lj	und dem Felde der Regen des ‚Hohen'[203].

Als Regen- und Wettergott ist auch Baal Himmelsgottheit, damit kommt auch ihm dasselbe Epitheton wie El zu.

Eine weitere ugaritische Textstelle ist unsicher. Driver liest in SS I, 3: *jtnm qrt l'lj(njm)*, »let glory be given to the exalted ones«[204].

198 Zum Altsüdarabischen: G. Ryckmans, Les noms-propres . . ., I, 242f. So ist wohl auch der präsargon. PN *A-lu-i-lum* zu deuten (Beleg bei J. Bottéro, StSem 1, 1958, 33; hier freilich anders gedeutet). Viele weitere Belege bei H. S. Nyberg, Studien zum Religionskampf im Alten Testament, ARW 35, 1938, 329ff., bes. 336ff.

199 Th. Bauer, Die Ostkanaanäer, 1926, 63.

200 Z. B. *A-bu-um-ḫa-lum*; *AN-ḫa-lum;* vgl. Nyberg a. a. O. 330ff.

201 Die akkadische Namengebung, 1939, 286 Anm. 3.

202 Stamm a. a. O. 90; außerdem ist das Element *ala, ali* oder *al* als Fragepartikel deutbar (in Klage-Namen); Stamm a. a. O. 284ff. Vgl. aber auch die Deutung Bottéros (Anm. 198), der *A-lu-i-lum* als »Die Stadt ist Ilu« versteht.

203 II K III, 5ff.

204 G. R. Driver, Canaanite Myths and Legends, 1956, 121.

Die »Hohen« wären in diesem Falle Šaḥar und Šalem, was für Astralgottheiten durchaus denkbar ist[205].

Die Stelle des *Philo Byblius*, die einen *Eliun kalumenos hypsistos* nennt, bildet ein Problem für sich[206]. Zunächst ist festzuhalten, daß es durchaus nicht sicher ist, daß *Eliun* auf *'äljôn* zurückgeht. Das aus Ugarit bekannte *'al'ijn*, Hauptepitheton Baals mit der Bedeutung »der Starke«[207], hätte wahrscheinlich genau dieselbe Lautung in gräzisierter Form[208]. Was bedeutet weiter *kalumenos hypsistos*? Es könnte als Übersetzung des ursprünglich semitischen Wortes gedacht sein, doch hatte *'ljn* ja kaum die Bedeutung, die in *hypsistos* enthalten ist, nämlich diejenige einer Hauptstellung in einem Pantheon[209]. *'al'ijn* Baal aber hat ziemlich genau die Stellung des Zeus, der als Pantheon-Oberhaupt *hypsistos* genannt wird, inne. So bleibt schon im rein Sprachlichen alles unsicher.

Was ist *sachlich* über Eliun zu erfahren? Er bildet das erste Glied einer Genealogie göttlicher Gestalten; er wird von Tieren zerfleischt, nach seinem Tode aber zum Himmel erhoben, wo er königliche Ehren erhält. Schon oft ist die Genealogie Philos mit ähnlichen Genealogien verglichen worden, die einerseits in der ḫurritisch-hethitischen Mythologie, andererseits bei Hesiod überliefert sind. Die entsprechenden Glieder sehen folgendermaßen aus:

ḫurritisch-hethitisch[210]	*Philo*:	*Hesiod*[211]:
Alalu	Eliun, Beruth	(Ge)
Anu	Ge, Uranos	Ge, Uranos
Kumarbi	Kronos (Elos)	Kronos, Rhea
Tešub	Demaros (Adados)	Zeus, Hera

Gemeinsam ist den Göttergenealogien, daß sie sich je im Kampfe ablösen (wobei Hesiod eigentlich eine Generation weniger kennt, indem Ge ihren Gatten Uranos gebiert), daß der Sieg der dritten Generation über die zweite durch eine Kastration geschieht und daß die letzte Generation als die herrschende betrachtet wird. Für die Gestalt des bei Philo genannten Eliun wäre es wichtig, etwas über die entsprechenden Gestalten der andern Genealogien zu erfahren. Alalu ist leider eine völlig unbekannte Größe[212], Hesiod fällt seiner Besonderheit in der ersten Generation wegen außer Betracht.

---

[205] Dazu vgl. Kap. 5.

[206] Die Texte finden sich im Zitat von Euseb von Cäsarea in der Praeparatio Evangelica (hg. v. K. Mras, 1954, Bd VIII der Ausgabe, I, 10, 13ff. Vgl. dazu Pope a. a. O. 55ff.; Lack a. a. O. 50ff.

[207] J. Aistleitner, Wörterbuch, 165.

[208] Zu vokalisieren ist *'al'ijn* wohl als *'al'ijan*; das zweite ' quiesziert, *-ān* wird zu *-ōn* und schließlich zu *-ūn*.

[209] Lack a. a. O.

[210] Vgl. o. S. 53ff.

[211] Hesiod, Theogonie.

[212] Es läßt sich nur sagen, daß er ein ferner Gott, wahrscheinlich der Ḫurriter, war (vgl. Anm. 129).

Allgemein ist zu diesen einander ablösenden und sich bekämpfenden Göttergenerationen überhaupt zu bemerken, daß es sich hier um ein Motiv handelt, daß kaum aus einem semitischen Religionskreis stammt[213]. Zwar sind Göttergenerationen, die den kosmischen Göttern vorangehen, aus dem sumerisch-babylonischen Bereich bekannt[214], doch haben sie dort eine ganz andere Funktion. Die eigentliche Bedeutung dieser jeweiligen Kämpfe wäre noch zu klären. Die semitischen Gottheiten, die eingeschaltet werden, sind bloße Namen, hinter denen keine Funktion steht.

Es ist noch eine andere Philo-Stelle in diesem Zusammenhang zu betrachten:

»Bei Trockenheit heben sie ihre Arme empor zur Sonne (*pros ton helion*); sie halten diesen nämlich für den einzigen Gott, den Herrn des Himmels, den sie Beelsamem nennen, der bei den Phönikern der Herr des Himmels ist, der Zeus bei den Griechen[215].«

Nach diesem Text wird der Sonnengott als »Herr des Himmels« verehrt, der dem griechischen Uranos entspricht; andererseits soll diese Gottheit mit Beelsamen identisch sein; dies ist freilich völlig unwahrscheinlich, da Baal keine solaren Züge hat und die Sonne sich schlecht als Wetter- und Regengott eignet, die man in der Trockenheit anrufen könnte. So ist doch zu fragen, ob statt Ἥλιον ursprünglich Ἐλιοῦν im Text stand: Dann wären Eliun, Baalšamem und Uranos miteinander identifiziert und dem Zeus gleichgesetzt. Jedenfalls ist deutlich, wie unzuverlässig die Quellen Eusebs sind[216].

Damit steht nochmals der Ausdruck *'l w'ljn* zur Diskussion. Die Untersuchung hat ergeben, daß es sich im Wort *'ljn* um ein Epitheton eines Himmelsgottes handelt und nicht um einen eigentlichen Gottesnamen. So wird man am ehesten anzunehmen haben, daß auch mit *'ljn* El gemeint ist. Möglich wäre immerhin, daß Baal gemeint ist, doch wird ja kurz zuvor Hadad genannt.

b) *Zincirli-Inschriften*

Es liegen Götterlisten von ähnlicher Gestalt vor. Die Reihenfolge der Götternamen, soweit sie regelmäßig angeführt sind, lautet: Hadad, El, Rakib-El und Šamaš[217]. Wie in der oben angeführten Nennung

[213] Anders Pope a. a. O. 27ff.

[214] Vgl. o. S. 22f.

[215] I, 10, 7.

[216] Einen weiteren Beleg für *'ljn* als phönizischen Gottesnamen erschließt G. Kuhn, ZAW 57, 1939, 150, aus dem PN Abdalonymus; vgl. dagegen O. Eißfeldt, in: Kl. Schr., II 1963, 317ff.

[217] KAI 214, 2. 11. 18; 215, 22. Die Listen sind nicht völlig identisch: a) Hadad, El, Rakib-El, Šamaš, Räšäph; b) Hadad, El, Rakib-El, Šamaš, Arqräšäph; c) Hadad, El, Rakib-El, Šamaš (folgt eine Textlücke); d) Hadad, El, Rakib-El, Šamaš und

wird El nach Hadad genannt, und vor Šamaš. Der noch genannte Rakib-El wird ausdrücklich als »Herr der Dynastie« bezeichnet[218], hat damit eine Sonderstellung. Offenbar hatte die Trias »Hadad/Baal—El—Šamaš« eine überterritoriale Geltung[219], in die der besonders mit dem Ort und dem Staatswesen verbundene Rakib-El eingebaut wird.

5. *El in Ugarit*

Die Hauptfrage, welche in Ugarit um die Gestalt des El aufkommt, ist die nach dessen Verhältnis zu Baal; sie stellt sich deshalb, weil manche Züge Els mit denen Baals übereinstimmen. So werden beispielsweise beide als König verehrt. Die Frage ist von der Forschung auf zweierlei Art und Weise beantwortet worden: Entweder man sah in El und Baal Götter grundsätzlich gleichen Charakters, die beide den Anspruch auf die Vorherrschaft innerhalb des Pantheon erhoben. Dann ist das Verhältnis zwischen beiden Göttern das der Konkurrenz[220]. El ist der abtretende, von Baal zurückgedrängte Hauptgott. Pope will in einem Text sogar einen Göttersturz nach Art der ḫurritisch-hethitischen Göttergenealogien entdecken, was freilich als mißlungen bewertet werden muß[221]. Auf der andern Seite ist betont worden, daß El und Baal Götter vollständig verschiedenen Charakters seien[222].

Es ist in diesem Zusammenhang unmöglich, sämtliche Aussagen über El zusammenzutragen. Einige zur Klärung nötige Hauptpunkte müssen genügen.

a) Die Titulaturen Els

Bezeichnenderweise erfährt man vom Wesen Els am meisten nicht aus seinen Taten, sondern aus festgefügten Formulierungen attributiver Art.

El ist Schöpfer. Einmal kommt seine Weltschöpfung in Sicht in der Aussage *'il šmm 'il d jqnj ždm* »El des Himmels, El, der geschaffen

alle Götter von Ja'ūdi. Der in a) und b) an fünfter Stelle genannte Räšäph oder Arqräšäph (der Name ist unklar) gehört demnach nicht obligatorisch zur kanonischen Götterliste, wenngleich er vielleicht auch in c) den Abschluß bildete. Wesensmäßig wird er in die Nähe von Rakib-El gehören.

218 KAI 215, 22.

219 Vgl. o. S. 131: Baal-El-Šamaš.

220 So A. S. Kapelrud, Baal in the Ras Shamra Texts, 1952, bes. 92ff.; ähnlich M. H. Pope a. a. O. 27ff. und andere.

221 A. a. O. 30f.

222 So Eißfeldt, El im ugaritischen Pantheon, 1951; Løkkegard, A Plea for El..., in: Studia Orientalia J. Pedersen dicata, 1953, 232ff.; R. Follet, El in alveo duorum abyssorum, VD 34, 1956, 280ff., bes. 288; V. Maag, Syrien—Palästina, in: Kulturgeschichte des Alten Orients, hg. v. H. Schmökel, 1961, 572ff.; W. H. Schmidt, Königtum Gottes in Ugarit und Israel, 1966².

hat das Bergland«[223]. Er ist weiter »Schöpfer der Geschöpfe«[224], »Vater der Menschen«[225], wird auch als Vater der Götter genannt[226]. Diese »Vaterschaft« ist nicht unbedingt physisch zu verstehen, sondern beinhaltet ein Ordnungsverhältnis: Baal ist eigentlich Sohn Dagans, wird aber auch Sohn Els genannt, weil er zu den Göttern gehört, deren Inbegriff El ist[227]. El ist weiterhin auch König der Götter[228].

Andere Epitheta kreisen um Charakter und Gehaben Els. Er ist alt und weise; Menschen und Göttern ist er wohlgesinnt[229].

Ein weiteres Epitheton Els ist *ṯr*, »Stier«[230]. Die Symbolik der Stiergestalt ist ganz eindeutig: Es handelt sich um das Sinnbild der Fruchtbarkeitsmacht[231]. El hatte in Ugarit offenbar auch Züge der Fruchtbarkeit.

Diese Liste von Charakteren Els hinterläßt keinen eindeutigen Eindruck. Von unserer These her, die El als fernen Gott darzustellen versucht, ist die Fruchtbarkeitsseite Els nicht verständlich.

Zwar fehlt den fernen Göttern in Mesopotamien eine Beziehung zur Fruchtbarkeit nicht; sie sind *auch* für die Fruchtbarkeit verantwortlich, aber nur indirekt; sie *personifizieren* nicht die Fruchtbarkeit, wie dies in der Stier-Gestalt der Fall ist.

b) Els Stellung im Baals-Zyklus

El greift nie aktiv in den Kampf zwischen Baal und Mot bzw. Jam ein. Er bleibt im Hintergrund, ist hier aber doch auch an den Ereignissen mitbeteiligt. Alle wesentlichen Wendepunkte bedürfen seines Einverständnisses: die Palastbaubewilligungen, die Verteilung der Herrscherwürde sind Privileg Els[232]. Manche Stellen schildern, wie El unter Druck gesetzt wird von andern Göttern, wie z. B. Anat ihn bedroht[233]; doch haben diese Berichte kaum die Tendenz, Els Autoritäts-

223 I D, 220 (= IV, 57f.).

224 I AB III—IV 5. 11 usw., vgl. Pope a. a. O. 50.

225 I K 37. 43. 136 usw.; vgl. Pope a. a. O. 50.

226 Pope a. a. O. 50f.

227 Als Verb wird gern *knn* (Wurzel *kn*) verwendet, einmal parallel mit *qnj*:

lm kqnjn ʿlm	». . . daß unser Schöpfer ewig ist
kdrdr djknn	und von Geschlecht zu Geschlecht, der uns hervorgebracht hat.« IV AB III, 6f.

228 Pope a. a. O. 25ff.; Schmidt a. a. O. 22ff.

229 Dazu ist das Epitheton *lṭpn ʾil dpʾid* zu beachten, »der Gütige und Freundliche«. Vor allem die Krt- und die Dnʾil-Dichtung sind Zeugnis von Els Wohlwollen.

230 Vgl. Pope a. a. O. 35ff.

231 R. Dussaud (Les religions des Hittites . . . 361) will in der Stierfigur das Symbol der Allmacht sehen; doch ist dies zu präzisieren: es geht um die Allmacht der Fruchtbarkeit!

232 I AB I; V AB, E; II AB IV—V, 59ff. usf.

233 V AB, E.

losigkeit zu zeigen, sondern vielmehr die, das Temperament der beteiligten Gottheiten eindrücklich zu machen[234].

Manchmal scheint es, als ob El parteiisch ist: Jam und Mot werden *mdd 'il* genannt, »Liebling Els«[235]; man hat daraus schließen wollen, daß Jam und Mot Baal gegenüber eigentlich die Sache Els vertreten, da dieser zum Kampf nicht mehr fähig ist[236]. Doch dies ist ausgeschlossen, trauert doch El mit um den Untergang Baals[237]. Beide Parteien genießen also seine Sympathie.

Wie ist das zu erklären? Einerseits hat man sich zu vergegenwärtigen, daß ein Aspekt des Mythus den Wechsel der Jahreszeiten zum Inhalt hat; daß dieser Wechsel aber geschieht, daß nicht immer die fruchtbare Jahreszeit Oberhand hat, steht durchaus im Interesse einer höheren Ordnung[238]. Løkkegard formuliert mit Recht »that Baal plays a limited rôle in the ritual drama. He is the hero of blossom time, in his youthful prime, when his voice is echoed in the mountain, but El is the guarantee that the balance between the seasons is upheld«[239]. Løkkegard weist dann auf Gen 8 22 hin, wo genau dasselbe Lebensgefühl Ausdruck gefunden hat[240].

In diesem Zusammenhang gehört zu El die Aussage seiner »Ewigkeit« (*ʿlm*): Seine Wirksamkeit bezieht sich nicht nur auf eine bestimmte Periode im Jahresablauf, sondern erstreckt sich auf den ganzen Zyklus[241].

Damit ist eigentlich erst die Parteinahme Els für Mot gedeutet. Jam verkörpert ja eine umfassendere chaotische Macht, die Unordnung, welche den Staat, die Geschichte und die Natur bedroht. So kommt hier zum Ausdruck, daß die Ordnungssetzung Els diejenige Baals an Dimensionsreichtum weit übertrifft. El verkörpert hier eine Ordnung, in die auch die Erfahrungen des Chaos integriert sind. Die

---

234 Anders Pope a. a. O. 28.

235 II AB IV, 34; VI, 12; V AB, III, 53.

236 Kapelrud a. a. O. 103ff.

237 I*AB VI.

238 In diesen Zusammenhang gehört wohl der vieldiskutierte Titel Els *'ab šnm*, den heute die meisten als »Vater der Erhabenen (Götter)« übersetzen (vgl. die Diskussion bei Pope a. a. O. 32f.). Doch nimmt man ungern eine Wurzel *šnj/šnw* oder *šnm* für die Deutung in Betracht, da diese im Nordwestsemitischen nicht belegt ist (nur im Arabischen). Man könnte vielleicht annehmen, daß es sich bei *šnm* um einen Abstraktplural zu *šnj* »sich verändern« (vgl. Aistleitner, Wörterbuch, Nr. 2649) handelt. El ist dann der »Vater des Wechsels«, damit der Veränderung, der Zeit überhaupt. Der Titel ist mit אבי עד Jes 9 5 zu vergleichen.

239 A. a. O. 235.

240 Ebd.

241 II AB IV—V, 42; V AB, E 39. — Auch Els Gattin ist *'lt ʿlm*, was freilich nicht in Ugarit, aber in einem aramäischen Text belegt ist, vgl. W. F. Albright, BASOR 76, 1939, 5ff. Z. 17.

Stellung Els im Baals-Zyklus entspricht also ungefähr derjenigen der fernen Götter in den Staatsverträgen, und nicht derjenigen der fernen Götter im *enūma eliš* oder im *lugal-e*: Dort sind die fernen Götter Partei, sie vermitteln ihre Ordnung durch den nahen Gott[242].

Diese Beobachtung führt wieder zur Vermutung, daß die Baals-Texte nicht unmittelbar aus kultischem Gebrauch hervorgegangen sind, sondern ein Produkt theologischen Nachdenkens über den Mythus und die Gestalt Els darstellen.

c) *El in der Königsideologie*[243]

Mit Recht ist hervorgehoben worden, daß in der Beziehung zwischen Gott und König Baal hinter El zurücktritt. Der Gott des Königs Krt ist El, auch im 'Aqht-Epos spielt El eine hervorragende Rolle.

Das bedeutet also, daß hier die Funktion des fernen Gottes ähnlich gesehen ist wie i. a. im mesopotamischen Raum: Els Ordnungssetzung wird vermittelt durch den König. Daß der nahe Gott Baal verschwindet, hat seinen Grund auch hier darin, daß der König im Grunde genommen die Erscheinungsform jenes nahen Gottes ist.

d) *Die Klagen des Volkes und El*

Unter dem spärlichen liedartigen Material, das aus Ugarit bekanntgeworden ist, finden sich immerhin zwei Klagen des Volkes, in denen El eine ganz zentrale Stellung einnimmt. Vor allem der Text Nr. 53 hat starke Beachtung gefunden[244]:

»O El!
O Els-Söhne!
O Haus der Els-Söhne!
ṯkmn und *šnm*!
O El und Aṯirat!
Erbarme dich unser, o El!
Stehe auf, o El!
Sei Vergelter, o El!
El, eile, El, komm schnell!
Zur Hilfe *Ṣpns*!
Zur Hilfe Ugarits,
mit der Lanze, o El,

---

242 Ähnlich ist auch die Stellung der fernen Götter in der Klage.

243 Vgl. H. H. Schmid, Gerechtigkeit als Weltordnung, 1968, 39ff.; auch J. Gray, The KRT Text in the Literature of Ras Shamra, 1964², 5f.

244 Die Übersetzung folgt Aistleitner, Die mythologischen und kultischen Texte ..., 105; vgl. dazu Aistleitner, Ein Opfertext aus Ugarit, ActOr 5 (Budapest), 1955, 1ff.; Eißfeldt, El im ugaritischen Pantheon, 60ff.

mit der erhobenen, o El!
mit der niederschmetternden, o El,
Wegen des Brandopfers, El,
wegen des festgesetzten,
wegen unseres Morgenopfers!
Eile, El, zu Hilfe!

Der Text Nr. 2[245] zeigt konkretere Bilder der Klage, hier ist es vielleicht möglich, noch etwas über die politische Situation auszumachen, welche die Menschen Ugarits in die Situation der Klage gebracht hat[246]. Jedenfalls aber richtet sich auch dieses Gebet an »*'il, 'ab bn 'il, dr bn 'il, mpḫrt bn 'il*«[247], an »El, den Vater der Götter, den Kreis der Götter, das Geschlecht der Götter«.

Eißfeldt schließt aus dem Lied Nr. 53, daß El »um 1400 v. Chr. in Ugarit jedenfalls für einen bestimmten Ausschnitt der Bevölkerung der Stadt oder des Stadtreichs nicht nur der höchste Gott, sondern der Gott schlechthin gewesen«[248] ist. Von der Beobachtung her, daß es sich um eine Kollektivklage handelt und in Analogie zu den entsprechenden Formen in Mesopotamien wird man jetzt auch hier sagen, daß in der Situation des Versagens der vom Mythus garantierten Ordnung der ferne Gott strukturmäßig zum Gott schlechthin wird[249].

e) *El als Gott der Fruchtbarkeit*

Eine völlig andere Seite im Wesen Els läßt der Text SS erkennen. Hauptthema des Textes, der gattungsmäßig als Mythus anzusprechen ist und auch Ritualanweisungen enthält[250], ist die Zeugung und Ge-

---

[245] Vgl. die Übersetzung bei Aistleitner a. a. O. 108ff.

[246] Aistleitner, Ein Opfertext aus Ugarit (No. 2), ActOr 4 (Budapest), 1954, 259ff.

[247] Z. 17f.; 25f.; 31f.; eigentlich handelt es sich um eine ganze Klage-Liturgie, die drei Klagen umfaßt und je am Schluß eines Abschnitts El anruft.

[248] A. a. O. 60.

[249] Tatsächlich wird in der Klage, wie Eißfeldt (a. a. O. 62) feststellt, El mit dem ganzen Pantheon identifiziert. Die »numinose Besetzung« der nahen Götterfiguren wird zurückgenommen und in den fernen Gott verlagert. Darum ist die Deutung Eißfeldts problematisch: »Da wirkliche Frömmigkeit letztlich doch nur *einem* Gotte gelten kann, liegt jeder polytheistischen Religion die Versuchung, bald diese, bald jene Gottheit über die andern herauszuheben und als ihren Inbegriff zu betrachten, ganz außerordentlich nahe.« (A. a. O. 69). Eißfeldt äußert damit einen Gedanken, der geistesgeschichtlich im 20. Jahrhundert beheimatet ist und vor allem von F. Heiler (Das Gebet, 1923) vertreten worden ist: Monotheismus ist der individuellen religiösen Persönlichkeit korrelativ. — Zur Deutung monotheistischer Strömungen in der antiken Religionsgeschichte muß wohl von andern Voraussetzungen her gefragt werden.

[250] Zur kultischen Situation des Textes s. Th. H. Gaster, Thespis, 406ff.

burt der Zwillinge Šaḥar und Šalem; El ist der zeugungsmächtige Vater, der gleich zwei Frauen auf einmal begattet[251].

Der Eingang des Textes macht deutlich, daß König und Königin beim Ritual, das den Mythus begleitet[252], eine gewichtige Rolle spielen. Sehr wahrscheinlich verkörpern sie die Funktionen Els und seiner Frauen. Sie haben den hieros gamos zu vollziehen, der im Text beschrieben wird. Dieser Mythus hat zum Ziel, Fruchtbarkeit zu schaffen. Deshalb wird die Begattungsszene zwischen Gott und Göttinnen so ausführlich geschildert:

»Da verlängerte sich das Glied Els, wie das Meer,
und das Glied Els, wie der Ozean.
Lang war das Glied Els, wie das Meer
und das Glied Els, wie der Ozean.
Er nahm die beiden ihm zugehörigen (Frauen),
die beiden ihm zugehörigen auf den . . .
Er nahm sie und brachte sie in sein Haus.
Der Stab Els entschälte sich,
die Rute seines Gliedes mühte sich ab,
sie erhob sich, schoß himmelwärts,
ja, sie schoß bis zum Himmel . . .«[253]

Es ist deutlich: Els Wesen besteht in seiner sexuellen Potenz, er verkörpert die Fruchtbarkeit. Der König verkörpert die Figur Els, indem er vollzieht, was der Mythus beschreibt.

Damit aber hat El hier offenbar die Funktion inne, die in anderen ugaritischen Texten von Baal besetzt ist. Wenn irgendwo in der ugaritischen Literatur von einem Konkurrenzverhältnis zwischen El und Baal gesprochen werden kann, dann hier, obwohl Baal gar nicht erwähnt ist; nur hier erscheint El als naher Gott, wogegen Baal nie als ferner Gott ins Blickfeld rückt. Man wird kaum annehmen dürfen, daß El in Ugarit je einfach in der Position erschien, die für Baal im Baals-Zyklus charakteristisch ist. Die El-Verehrung hatte zuzeiten verschiedenartige Aspekte, die kaum völlig voneinander geschieden wurden.

---

[251] Der Text läßt nicht klar erkennen, ob es sich um eine oder zwei Frauen handelt; wahrscheinlich ist es die *eine* Göttermutter Aṯirat, die in zwei Gestalten (*'aṯrt wRḫmj*) bei El ist.

[252] Die Einleitung ist vielleicht folgendermaßen zu übersetzen:
»Ich rufe die lieblichen Götter,
die freundlichen, die königlichen . . .
Ehre möge dargebracht werden den Hohen (?)
. . . . .
Eßt vom Brote! Trinkt vom Weine, hebt an!
Heil dir König! Heil dir Königin, euch *ʿrbm* und *ṯnnm*!«
Sprecher ist wohl ein zelebrierender Kultbeamter (vgl. dazu Gaster a. a. O. 418f.).

[253] SS I, 33ff.

Damit ergibt sich vorläufig folgendes Ergebnis: El ist in der Regel — und, von den bisherigen Befunden in andern Regionen her beurteilt, ursprünglich — der ferne Gott, er kann aber auch den Platz des nahen Gottes ausfüllen[254]. Es ist die Frage, ob dies als Früh- oder als Spätentwicklung in Ugarit zu beurteilen ist; jedenfalls hat sie sich nicht durchgesetzt.

f) Els »Wohnsitz«; El und Enlil

Wenn die Götter zu El kommen, haben sie einen langen Weg zurückzulegen. Die Formulierung, welche die Beschreibung des Weges beinhaltet, ist stereotyp. So heißt es z. B. von Aṯiraṯ:

»Dann begab sie sich zu El beim Ursprung der Fluten,
inmitten der Quellen der beiden Ozeane.
Sie stieg hinan den Berg Els
und gelangte in die Behausung des Königs, des Vaters der Veränderung ...«[255]

Daneben gibt es noch eine Variante:

»Dann begab er sich (sc. Koṯar-wa-Ḫasis) zum Freundlichen, zu El, zum Gemütvollen
inmitten des Weltberges,
er stieg hinan den Berg Els
und gelangte in die Behausung ...«[256]

Es ist in verschiedener Weise versucht worden, diese Beschreibung im altorientalischen Weltbild zu plazieren. W. F. Albright sieht in ihr die Schilderung eines »Paradieses«, wobei er in Ugarit die Elemente des mesopotamischen Weltbildes voraussetzt[257]. Aistleitner denkt an den Himmel[257a], Pope[258] und Kaiser[259] möchten einen Unterweltsberg und Unterweltsströme im ugaritischen Weltbild suchen.

Die Tatsache, daß hier ein Berg im Zusammenhang mit den Urwassern genannt ist, ist festzuhalten. Die »beiden Ozeane« können kaum anders verstanden werden denn als die beiden Arme des Urwassers, von denen der eine über dem Himmel, der andere unter der Erde liegt. El ist »beim Ursprung« dieser Wasser zu suchen — andererseits aber auf einem Berg[260]. Es liegen offenbar zwei Bilder inein-

[254] E. C. B. MacLaurin rechnet damit, daß El ursprünglich auch Chaoskämpfer war (JHR 2, 1963, 280f.).

[255] Zur Übersetzung vgl. o. Anm. 238.

[256] Belegstellen: I AB I, 8; II AB IV—V, 24; V AB E, 16 usw.; zweite Variante: VI AB II, 23.

[257] Archaeology and the Religion of Israel, 1946, 194 Anm. 7.

[257a] ActOr (Budapest) 4, 1954, 259ff., und 5, 1955, 5ff. Die »Ströme« werden mit der Milchstraße verglichen.

[258] A. a. O. 61ff.; Pope denkt sich El als entthronten Gott in der Unterwelt.

[259] A. a. O. 49ff.; nach Kaiser trägt El viele Züge des babylonischen Ea.

[260] Vgl. O. Eißfeldt, Der Wohnsitz der ugaritischen Götter, in: Kl. Schr., II 503. 506.

ander, die nicht ohne weiteres miteinander in Übereinstimmung gebracht werden können[261].

Alle Aussagen bekommen ihren Sinn in einem Zusammenhang, wenn auch hier die Symbolik von Urwasser und Urberg vorausgesetzt wird, wie sie hinter der Enlil-Gestalt steht. Jener Berg ist ja tatsächlich beim »Ursprung« der Wasser zu suchen, er ist mitten in diesem Wasser; und die Formulierung, daß El »inmitten des Weltberges« sei, wird jetzt auch verständlich[262].

Schon in Mesopotamien wurde der Urberg oft mit geographisch faßbaren Gebirgen identifiziert, so wird z. B. der *du*$_6$*-kù* manchmal im östlichen Randgebirge gesucht[263]. Dies geschieht auch in Ugarit. Der Berg *ll* wird eine dieser Geographisierungen des Urberges sein[264]; aber auch der Ṣaphon ist zu nennen: El wird *'il ṣpn* genannt[265]; eine Stele spricht vom *'il kn ṣpn*[266], »El, der den Ṣaphon festgestellt hat«. Der Ṣaphon spielte offenbar auch in der Tempelideologie von Ugarit eine große Rolle: Die Tempel sind in ihrer Anlage auf den Götterberg hin orientiert[267]. Dabei ist natürlich zu bedenken, daß der Ṣaphon als Wohnsitz Baals eine ganz andere Bedeutung hat[268] denn als Urberg im hier gemeinten Sinn. Beide Aspekte ergänzen sich zwar nicht, aber schließen sich auch nicht aus.

Es wurde erwähnt, daß im mesopotamischen wie ägyptischen Bereich sowohl Urwasser als auch Urberg androgyn sind. Eine Stelle läßt vermuten, daß auch dem El in Ugarit — mindestens in einzelnen Schichten — männliche und weibliche Sexualität zugeschrieben wird. Die beiden Frauen Els im Mythus SS reden El an; die eine nennt ihn *'ad 'ad*, »Papa, Papa«, die andere *'um 'um*, »Mama, Mama«[269]; diese Göttinnen sind also aus dem einen, mann-weiblichen Gott hervorgegangen. Schließlich ist nochmals an die mögliche Bedeutung von *qnj* »gebären« zu erinnern.

Von diesen Feststellungen her läßt sich ein Bild von der Geschichte Els in Ugarit entwerfen. Der ursprüngliche ferne Himmels-

---

[261] Vgl. dazu auch V. Maag, Syrien—Palästina . . ., 574f.; R. Follet, El in alveo duorum abyssorum, VD 34, 1956, 284f.

[262] Dieser Sicht Els als einer Gottheit mit Urbergzügen entspricht es, daß im Astarte-Papyrus El mit Ptah, einer ägyptischen Urberg-Gottheit, identifiziert ist (R. Stadelmann, Die syrisch-palästinensischen Gottheiten in Ägypten, 1967, 125f.).

[263] Vgl. Falkenstein, BiOr 5, 1948, 165.

[264] III AB, B, 20.

[265] UT 17, 13.

[266] Dies die semitische Schreibweise von ägyptischem ỉ-rꜣ-kꜣ-n-ỉ-ḏꜣ-pꜣ-n (= *ỉr kn ḏpn*) vgl. R. Giveon, Two Egyptian Documents . . ., RSO 40, 1965, 197ff.

[267] R. Hillmann Wasser und Berg. Diss. Halle 1965, 72ff.

[268] Vgl. Hillmann a. a. O. 10ff.

[269] SS I, 32f.

gott nimmt Züge auf einer anderen, wohl vorsemitischen Gottheit, des Urberges. Es handelt sich um denselben Prozeß, in den der sumerische Enlil verwickelt wird. Wie Enlil gewinnt El durch die Assimilierung neue Aspekte, er wird z. B. enger mit der Fruchtbarkeitsthematik zusammen gesehen, und hat so die Möglichkeit, sich zum nahen Gott zu entwickeln. Doch diese Entwicklung, die offensichtlich, wie der Text SS zeigt, eine zeitlang ihren Verlauf nahm, wird durch die wachsende Bedeutung eines eindeutig nahen Gottes, Hadad-Baal, wieder zurückgenommen: El wird wieder der ferne Gott; die Urberg-Symbolik verliert an Bedeutung. So ist der Text SS tatsächlich als Reflex einer älteren Religionsstufe zu sehen im Vergleich mit dem Baals-Zyklus[270].

Wie weit im übrigen nordwestsemitischen Bereich die Geschichte Els parallel zu der in Ugarit verlaufen ist, läßt sich schwer beurteilen. Jedenfalls gewinnt Baal-Hadad immer mehr an Bedeutung und vermag immer mehr Aspekte, auch solche des fernen Gottes, in sich zu vereinigen, so daß er geradezu zu einer Universalgottheit wird. So erklärt sich, warum El z. T. ganz zurücktritt oder zu einem völlig unbedeutenden Gott wird.

6. Biblische Bezeugung Els außerhalb Jerusalem

Nur wenige Stellen lassen erkennen, daß El vor der Ankunft der Israeliten in Kanaan verehrt wurde — und die Auskünfte über ihn sind durchwegs dürftig. In *Beerseba* wurde der אל עולם verehrt[271]. Außer dem Namen ist nichts über den Gott bekannt. Vor allem ist nicht klar, ob es sich beim Ausdruck um den Eigennamen des fernen Gottes oder um ein Appellativ, das ein Brunnennumen bezeichnet, handelt. In beiden Fällen wäre das Epitheton עולם verständlich[272]. Der אל ראי von *Be'erlaḥajro'i* bleibt ebenso im Dunkel[273]. Auch hier bleibt die Frage offen, ob אל Appellativ oder Eigenname ist[274]. Neben diesen El-Traditionen des Südlandes bestehen etwas ausgiebigere Auskünfte über El-Verehrung aus dem nachmaligen Bereich der Nord-

---

270 Dabei ist zu bedenken, daß El sicher nicht alle Funktionen des nahen Gottes, z. B. des Fruchtbarkeitsgottes, ausgefüllt hatte; in älterer Zeit stand ja auch Dagan offenbar sehr im Vordergrund.

271 Vgl. dazu W. Zimmerli, Geschichte und Tradition von Beerseba im Alten Testament, 1932, bes. 17ff.; F. M. Cross a. a. O. 232ff.

272 Wenn es sich um den fernen Gott El handelt, hat das Epitheton dieselbe Bedeutung wie in Ugarit; ist das Brunnennumen gemeint (so Zimmerli a. a. O. 21), dann ist damit gemeint, daß die Quelle dauernd fließt.

273 Gen 16 3.

274 Wenn der Name לחי ראי deutbar wäre, würde vielleicht auch die Funktion des Gottes klar.

stämme. In *Sichem* wurde ein El verehrt[275], neben ihm steht als zweiter Gott Baal.

Die Namen Els und Baals sind in Sichem mit ברית »Bund« verbunden (אל ברית בעל ברית). Dies stellt verschiedene Fragen: Sind El und Baal identisch? Was für ein »Bund« ist gemeint? Die Antworten lauten i. a. dahin, daß es sich um ein und dieselbe Göttergestalt handle, und daß allenfalls dieser Gott schon in vorisraelitischer Zeit ein »Bundesgott« war[276].

Doch wird man bei der Deutung der Aussagen davon ausgehen müssen, daß Sichem seit sehr alter Zeit im Sichem-Bund mit israelitischen Stämmen verbunden war; dieser Bund aber läßt nur den einen Gott Jahwe gelten, was zu einer Identifikation des sichemitischen Gottes — oder sogar der sichemitischen Götter — mit Jahwe drängt[277]. So wird El in Sichem der »Gott Israels«, er wird zu dem Gott, der das Sichem-Bündnis garantiert — also zum אל ברית. Daß daneben auch בעל genannt wird, erklärt sich zwanglos daraus, daß in Sichem — ähnlich wie in Ugarit — neben dem fernen El ein naher Gott Baal vorauszusetzen ist. Im Eintritt Sichems in das Bündnis hat auch dieser Gott als eigenständige Gestalt keine Existenzberechtigung mehr, er wird auch mit dem *einen* Bündnisgaranten ineinsgesetzt; so wird er zum בעל ברית[278]. Das bedeutet also, daß wir in Sichem vor der Ankunft der Israeliten mit einer religiösen Struktur zu rechnen haben, die der in Ugarit sehr ähnlich ist, durch den israelitischen Einfluß aber radikal verändert wurde.

Die ausführlichsten Angaben über El stammen aus dem Heiligtum Beth-El. Der alte hieros logos des Heiligtums ist in der elohistischen Fassung von Gen 28 11 ff. erhalten[279]. Die wesentliche Passage lautet[280]:

»Und er nahm einen von den Steinen der Stätte, legte ihn sich zu Häupten und legte sich an dieser Stätte schlafen. Da träumte ihm, eine ‚Aufschüttung' sei auf die Erde gestellt, die mit der Spitze den Himmel berührte, und die Boten Gottes stiegen darauf hinauf und hinunter ... Und er fürchtete sich und sprach: Wie furchtbar ist diese Stätte! Hier ist nichts anderes als das Haus Gottes und dies ist die Pforte des Himmels. Am anderen Morgen aber in der Frühe nahm Jakob den Stein, den er sich zu Häupten gelegt hatte, richtete ihn auf als Massebe und goß Öl oben darauf. Und er nannte die Stätte ‚Haus Els'.«

Die wesentlichen Elemente dieser Heiligtumslegende sind deutlich: Die »Aufschüttung« ist zu verstehen nach Art der babylonischen

275 Auch mit diesem El war wohl die Urberg-Vorstellung verbunden — Sichem ist nämlich der »Nabel der Erde«, Jdc 9 37 (vgl. u. S. 166).

276 Dazu zuletzt R. E. Clements, Baal-Berith of Shechem, JSS 13, 1968, 21 ff.

277 Vgl. V. Maag, Sichembund und Vätergötter, in: Hebr. Wortforschung, Baumgartner-Festschr., 1967, 205 ff., bes. 208 ff.

278 Näheres über den Baal von Sichem s. M. J. Mulder, Baal in het Oude Testament, Diss. Amsterdam 1962, 134 ff.

279 Die konservative Tendenz des Elohisten hat die ursprüngliche Form der Heiligtumslegende erhalten; vgl. G. v. Rad, Das erste Buch Mose, 1961[6], 246 ff.

280 Vgl. zum Ganzen V. Maag, Zum Hieros Logos von Beth-El, AS 5, 1951, 122.

Ziqurrats, der Tempelberge, die ihrerseits nichts anderes sind als ein Abbild des kosmischen Weltberges. Wenn auch in Beth-El realiter eine derartige Tempelpyramide offenbar fehlte, so gehört sie doch zum Gut der hier vorhandenen Tempel*ideologie*, die stark von derjenigen Mesopotamiens abhängig ist[281]. Die »Boten Gottes« ähneln dann aber sehr stark den babylonischen Anunna-Göttern. Das zweite, was der Text hergibt, ist die Tatsache, daß El offenbar als Himmelsgottheit vorgestellt ist. Nach v. 17 gehören die — in ihrem Vorstellungsgehalt nicht ganz miteinander in Einklang zu bringenden — Aussagen nebeneinander, hier befänden sich »das Haus Gottes« und die »Pforte des Himmels«. Das heißt also, daß hier El mit den beiden Vorstellungskomplexen des Weltberges einerseits und der Himmelsgottheit andererseits verbunden gedacht ist[282].

Damit ist ein Resultat bestätigt, das an den ugaritischen Texten erhoben wurde: El, der Himmelsgott, hat Züge der Weltberggottheit inne.

Leider ist nicht bekannt, welche Funktion das Heiligtum von Beth-El innehatte. Handelte es sich um ein gewissermaßen »übernationales« Wallfahrtsheiligtum, das für mehrere staatliche Gemeinschaften Geltung hatte? Oder war es das Nationalheiligtum *einer* derartigen Gemeinschaft? Im Zusammenhang damit könnte die Frage nach dem Verhältnis des El von Beth-El zu andern, nahen Göttern geklärt werden. Leider versagen die Texte jede Auskunft[283].

Jedenfalls sind alle hier erwähnten palästinensischen El-Gottheiten im Laufe der Einwanderung der israelitischen Stämme mit der Zeit zunächst mit den »Vätergöttern«, hernach mit Jahwe identifiziert worden[284]. So werden sie sich in ihrem Charakter stark gewandelt haben.

---

[281] Vgl. G. v. Rad a. a. O. 247f.

[282] Auch Maag (a. a. O. 128f.) macht von andern Beobachtungen her auf Wesensähnlichkeiten zwischen Enlil und El aufmerksam, was mit den hier vorgetragenen Gedanken zusammenpaßt.

[283] Erst sekundär ist auch der Ortsname Bethel zu einem Gottesnamen geworden, wahrscheinlich erst in israelitischer Zeit. Mit Sicherheit ist nur Jer 48 13 im AT als Beleg für Bethel als Gottesname zu verwenden, außerdem natürlich die Elephantine-Urkunden (vgl. O. Eißfeldt, Der Gott Bethel, in: Kl. Schr., I 206ff.).

[284] Vgl. O. Eißfeldt, El und Jahwe, in: Kl. Schr., III 386ff.

IV. El von Jerusalem

1. Gen 14 18-20

Nur die eine Stelle Gen 14 18 ff. sagt explizit etwas über die vorisraelitische Religion Jerusalems aus[1]. Schon aus diesem Grunde verdient sie besondere Beachtung.

»Malkiṣädäq aber, der König von Šalem, brachte Brot und Wein heraus; er war ein Priester des אל עליון. Und er segnete ihn und sprach: Gesegnet ist Abram von אל עליון dem Schöpfer von Himmel und Erde, und gesegnet ist אל עליון, der deine Feinde in deine Hand gegeben hat! Und er gab ihm den Zehnten von allem.«

Es ist bekannt, daß Gen 14 in keiner der Pentateuchquellen unterzubringen ist und daß zudem innerhalb des Kapitels 14 die hier zur Diskussion stehenden Verse sekundär in den Kontext eingebaut sind[2]. Das Stück muß also ganz aus sich selbst heraus interpretiert werden.

Auffällig ist zunächst der Titel אל קנה שמים וארץ. Unschwer läßt sich darin das gemein-nordwestsemitische Epitheton Els *qn 'rṣ* erkennen[3]. Gerade die Erweiterung des Schöpfungsprädikates ist interessant. Wie ist sie zu erklären?

Zunächst erhebt sich grundsätzlich die Frage, ob die Erweiterung schon in vorisraelitischer Zeit erfolgte oder israelitischem Eingriff zu

[1] Als Name der Stadt erscheint zwar nicht Jerusalem, sondern Šalem, doch ist im Hinblick auf Ps 76 3, wo der Name Šalem parallel mit Ṣion verwendet wird, die Identität von Šalem und Jerusalem anzunehmen; außerdem ist der Name Šalem möglicherweise auch in einem ägyptischen Text erhalten, ohne daß der Ort allerdings mit Sicherheit mit Jerusalem gleichzusetzen wäre (J. H. Breasted, Ancient Records of Egypt, 1906, 159, § 356; der Ort wird *sꜣ-rꜣ-m* geschrieben). Manche versuchen trotzdem, Šalem als eine von Jerusalem verschiedene Stadt anzusehen (z. B. S. Landersdorfer, Das Priesterkönigtum von Salem, JSOR 9, 1925, 203ff.; H. W. Hertzberg, Die Melchisedektradition, JPOS 8, 1928, 169ff.; C. Mackay, Salem, PEQ 1948, 121ff.). Wieder andere sehen in *šalem* keinen Städtenamen, sondern ein Adjektiv im Sinne von »verbündet«, »friedlich«, »befriedet« oder ähnlich (H. del Medico, Mélchisédch, ZAW 69, 1957, 160ff.; W. F. Albright, Abram the Hebrew, BASOR 163, 1961, 52; R. H. Smith, Abram and Melchisedek, ZAW 77, 1965, 129ff.); vgl. zum ganzen Problem auch J. A. Fitzmyer, Now this Melchisedek, CBQ 25, 1963, 305ff. — Vom Namen allein ist jedenfalls keine Klarheit der Deutung zu erwarten. Die inhaltlichen Kriterien jedoch werden die Identität von Šalem und Jerusalem noch wahrscheinlicher machen.

[2] So die übliche Auslegung; vgl. z. B. G. v. Rad, Das erste Buch Mose, 1961[6], 150.

[3] Vgl. o. S. 130ff.; G. Levi Della Vida, El Elyon in Gen 14 18-20, JBL 63, 1944, 1ff.; R. Rendtorff, El, Baal und Jahwe, ZAW 78, 1966, 277ff., bes. 290.

verdanken ist. Die zweite Möglichkeit ist unwahrscheinlich, hatten doch die Israeliten in früher Zeit kein Interesse an Schöpfungsaussagen von ihrem religiösen Denken her. Auf frühe Zeit aber wird die Formulierung zurückgehen, wird doch קנה später immer seltener gebraucht[4]. Der Titel ist gewissermaßen wie ein erratischer Block jebusitischer Religiosität in Gen 14 18ff. stehengeblieben.

Somit ist also zu erklären, wie in jebusitischer Zeit die Erweiterung des Titels zustande kam. Gibt es Götter, denen die Erschaffung von »Himmel und Erde« zugeschrieben wird? Tatsächlich kommt hier die mesopotamische Weltschöpfergottheit in Frage. Auf das Epitheton *ban šamê ū irṣītim* wurde hingewiesen[5]. Sollte im vorisraelitischen Jerusalem mesopotamischer Einfluß nachzuweisen sein, so hätte man sich das Zustandekommen des Epithetons קנה שמים וארץ so zu denken, daß der El von Jerusalem in den Anschauungskategorien des mesopotamischen Weltschöpfers, der Enlil-Weltberggestalt zu verstehen wäre.

Tatsächlich weist ein Zug dieses Epithetons noch in dieselbe Richtung, und zwar die Wortfolge שמים וארץ. B. Hartmann hat zu zeigen versucht, daß die normale nordwestsemitische Wortfolge ארץ ושמים ist — tatsächlich erscheint sie so in der jahwistischen Schöpfungsgeschichte Gen 2 4b[6]. Im Akkadischen ist jedoch *šamê-irṣītu* normal. Noch öfter wird sich dieser mesopotamische Einfluß — der ja auch im hieros logos von Beth-El hervorgehoben wurde — herausstellen lassen.

Im Ausdruck אל עליון קנה שמים וארץ liegt nun jedoch noch eine zweite Erweiterung dem ursprünglichen Titel gegenüber vor, die zu erklären ist: Das Epitheton *ʿäljôn* wird hier adjektivisch-attributiv gebraucht — im Gegensatz zum ganzen sonstigen Sprachgebrauch des AT[7]. Zwar läßt sich nicht zeigen, daß im vorisraelitischen Jerusalem *ʿäljôn* und El zwei verschiedene Gottheiten waren[8], doch will die vorliegende Stelle, um jedem Mißverständnis vorzubeugen, besonders betonen, daß es sich bei der Nennung des Epithetons *ʿäljôn* um El handle — warum dies nötig ist, wird sich aus der Gesamtdeutung der Stelle ergeben.

Ein weiteres Element des Textes besteht in der Aussage, daß אל »die Feinde in Abrams Hand« gegeben hat. Im Rahmen der bisherigen

---

[4] Vgl. u. S. 168f.

[5] Vgl. o. S. 17.

[6] B. Hartmann, Himmel und Erde im Alten Testament, SThU 30, 1960, 221ff.

[7] Eine zweite Ausnahme besteht nur noch in Ps 78 35.

[8] Wenn El und *ʿäljôn* im parallelismus membrorum genannt werden (Stellen bei Rendtorff a. a. O. 280), dann heißt das nicht, daß es sich um zwei ursprünglich voneinander geschiedene Gottheiten handeln müßte (so Rendtorff). Die ugaritischen Texte verwenden sehr oft in dieser Weise Eigenname und Epitheton (so beispielsweise in I*AB I, 23f. Baal — wohl kaum mehr als Epitheton, sondern als Eigenname verstanden — neben Haddu; II, 6f. Baal neben *rkb ʿrpt*, »Wolkenreiter« usw.), ebenso die mesopotamische Kultpoesie. Von dieser Beobachtung her läßt sich zwar nicht für, aber auch nicht gegen die vorisraelitische Identität von El und *ʿäljôn* argumentieren; diese wird noch anders erwiesen werden können.

Erörterungen zur Jerusalemer Tradition ist völlig deutlich, was hier gemeint ist: אל עליון ist der Gott, welcher sich dem Ansturm der feindlichen Mächte entgegenstellt; er erkämpft den Nationalkosmos[9]. Daß dieses Motiv hier genannt ist, mag ein Grund sein, warum die v. 18-20 in das Gesamtgeschehen von Gen 14 eingebaut wurden: Auch hier geht es ja um den Sieg Abrahams über seine Feinde[10].

Schließlich ist bemerkenswert, daß der El-Priester Malkiṣädäq Brot und Wein herausbringt. Diese Elemente werden hier kaum für ein gewöhnliches Mahl Verwendung finden, sondern für eine Kultmahlzeit[11]. Auch nach dem Zeugnis ugaritischer Texte gehört der Genuß von Brot und Wein, diesen hervorragendsten Produkten agrarischer Kultur, in den Bereich des Kultus[12].

Überblickt man alle einzelnen Elemente, so kann man in bezug auf Gen 14 18-20 geradezu von einem Kompendium jebusitischer Religiosität sprechen: Die Aspekte des Fruchtbarkeitskultus und einer Religion, die den Nationalkosmos zum Zentrum hat, werden an El ʿäljōn, dem Weltschöpfer und Stadtgott von Jerusalem, aufgezeigt.

So wird man jetzt die Frage nach dem Sinn der Perikope stellen können. Es sind schon mannigfaltige Antworten darauf gegeben worden: Handelt es sich »um die ideologische Urkunde, in welcher David sein Recht auf Jerusalem dartun wollte?«[13]. Versucht die Geschichte, der Stadt Jerusalem ihren Platz innerhalb der Vätertraditionen zu sichern[14]? Wendet sie sich »an observante Kreise der freiheitlich eingestellten Bevölkerung Judas, denen es schwer wurde, sich dem König im ehemals heidnischen Jerusalem zu unterstellen und ihre patriarchalische Stammesverfassung für die gottgegebene Ordnung hielten«[15]?

---

[9] Vgl. dazu die Texte o. S. 86ff.; dabei ist freilich festzustellen, daß das Völkerkampfmotiv durch einen Ausdruck erläutert wird, der dem Vokabular des heiligen Krieges entnommen ist: Auch im Jahwekrieg gibt Gott den Feind »in die Hand« des Charismatikers (vgl. G. v. Rad, Der heilige Krieg im alten Israel, 1951, 7f.). So ist anzunehmen, daß sich in Jerusalem einheimische Kulttradition sehr früh mit derjenigen vom heiligen Krieg verbunden hat.

[10] Anders W. Zimmerli, Abraham und Melchisedek, in: Das ferne und das nahe Wort, Festschr. f. L. Rost, 1967, 255ff.; er hält die Verse 18ff. für eine Komposition, die eigens zum Einbau in den Zusammenhang vom »Krieg der Könige« geschaffen wurde.

[11] Es ist möglich, daß der Autor des Stückes an eine Art Bundesmahlzeit denkt, wie sie etwa in Ex 24 11 vorausgesetzt ist.

[12] Der kultische Genuß von Brot und Wein (*lḥm* und *jn*) ist in einer Ritualanweisung vorgesehen (SS I, 6); der Göttervater El bietet seiner Gemahlin Aṯirat, wenn sie ihn besucht, dasselbe an (II AB IV, 35ff.); Baals großer Trinkbecher ist bekannt (V AB A, 10ff.); 'Aqht ißt und trinkt mit den Göttern zusammen (II D I, 1ff.) — wahrscheinlich auch Brot und Wein; vgl. S. 227.

[13] H. S. Nyberg, Studien zum Religionskampf im Alten Testament, ARW 35, 1938, 375.

[14] H. Schmid, Jahwe und die Kulttraditionen von Jerusalem, ZAW 67, 1955, 177.

[15] G. v. Rad, Das erste Buch Mose, 1961⁶, 152.

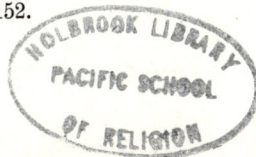

Jedenfalls geht es um das Verhältnis zwischen jebusitischer und israelitischer Tradition. Das Verhältnis zwischen Israel und dem Vertreter Jerusalems, Malkiṣädäq, ist eindeutig: Abraham liefert den Zehnten ab[16]. So wird man den Sinn der Erzählung dahin deuten müssen, daß sie die israelitische Tradition in die Jerusalemer Stadtreligion zu integrieren sucht. Abraham wird dem Nationalkosmos des El ʿäljōn eingegliedert. Den Israeliten aber wird eingeschärft, mit welchem Gotte sie es zu tun haben: Mit El, welcher hier der עליון ist (andernorts sind ja andere Götter עליון!), und zugleich wird — in kürzesten Worten — der Dimensionsbereich dieses Gottes skizziert. So wird man die Geschichte tatsächlich in die frühe Davidszeit datieren.

2. *Aspekte Els als eines nahen Gottes*

Nach Gen 14 19 wird das Fremdvölkerkampfmotiv mit El verbunden. Falls dies tatsächlich ursprünglich sein sollte, so müßte sich zeigen lassen, daß El ganz allgemein in Jerusalem Züge des nahen Gottes, des Völkerkämpfers, angenommen hat, daß seine Stellung hier also ziemlich verschieden ist von der in Ugarit.

Wir gehen aus vom Psalm 29:

»Bringt dar, ihr Söhne Els, Jahwe,
bringt dar Jahwe Ehre (כבוד) und Stärke (עֹז),
bringt dar Jahwe Ehre die seines Namens,
fallt nieder vor Jahwe bei seiner heiligen Erscheinung (הדר)!
Jahwes Stimme über den Wassern!
Der El des Kabod donnert.
Jahwe über gewaltigen Wassern!
Jahwes Stimme erschallt mit Macht,
Jahwes Stimme mit Majestät!
Jahwes Stimme zerschmettert Zedern,
es zerschmettert Jahwe die Zedern des Libanon.
Er läßt den Libanon hüpfen wie ein Kalb,
den Sirjon wie einen jungen Wildochsen.
Jahwes Stimme sprüht Feuerflammen,
Jahwes Stimme läßt erbeben die Wüste,
erbeben läßt Jahwe die Wüste von Qadeš,
Jahwes Stimme versetzt die Hinden in Wehen,
läßt kreißen die Zicklein.
Und in seinem Palast ruft alles: כבוד!
Jahwe thront auf der Flut,
es thront Jahwe als König der Ewigkeit.

---

[16] Anders Smith a. a. O. 134, der den Text in dem Sinne versteht, daß Malkiṣädäq den Zehnten an Abraham abliefert. Grammatisch ist der Text nicht eindeutig, wohl aber von der Logik der Erzählung her: Abraham liefert den Zehnten ab und bekommt dafür den Segen.

Jahwe gebe Macht seinem Volk!
Jahwe segne sein Volk mit Heil!«

Der Psalm läßt sich als ausgedehnter Theophanie-Hymnus bezeichnen. Die »Stimme Jahwes« ist der Donner, auch das Verb »donnern« kommt vor; der כָּבוֹד bezeichnet die ganze Lichterscheinung des Gottes, der sich im Blitz zu erkennen gibt[17]; הָדָר endlich bezeichnet die Theophanie in ihrer Ganzheit[18].

Nur knapp ist das Element des Chaoskampfes angedeutet; doch wenn es heißt, daß Jahwe »über den (gewaltigen) Wassern« donnert, so kann, von Paralleltexten her beurteilt, kein Zweifel daran bestehen, daß sich die Erscheinung des Gottes mindestens auch gegen die Chaosmacht wendet[19]. Der Schluß des Hymnus macht einerseits den Blick in die Wohnstatt des Gottes frei und verbindet andererseits das Theophaniegeschehen mit dem Wohlergehen des Volkes: Gott erscheint also *gegen* die Chaosmächte und *zum Heile* seines Volkes.

Die Exegese ist sich einig darüber, daß in Ps 29 ein Gedicht vorliegt, das ursprünglich nicht Jahwe, sondern einem der kanaanäischen Götter gegolten hat. Dabei kommt in erster Linie Baal-Hadad, der nahe, im Gewitter erscheinende Gott Ugarits, in Betracht. Dies stößt sich aber mit der Tatsache, daß tatsächlich nur El genannt ist — und zwar ausgesprochen im Zusammenhang mit Gewittererscheinungen (v. 3b; der Ausdruck אל הכבוד[20]). Dies ist damit erklärt worden, daß sich hier El- und Baal-Motive vermischt hätten[21]. Doch dagegen ist

---

[17] Zu כבוד als Ausdruck für die Theophanie Jahwes vgl. G. v. Rad, ThW II, 242, s. v. δόξα.

[18] Gordon gibt den ugaritischen Ausdruck *hdrt* mit »theophany« wieder (UT III, Nr. 752); bei der entsprechenden Stelle (I K 155) geht es nicht um die Gotteserscheinung im Gewitter, sondern im Traum. Der hier verwendete Ausdruck הדר ist wohl damit in Zusammenhang zu bringen. Kraus (Psalmen I 233) weist darauf hin, daß auch in Ps 96 9 und I Chr 16 29 הדר mit »(Gottes-)Erscheinung« wiederzugeben ist; anders H. Donner, ZAW 79, 1967, 331ff.

[19] Der Ausdruck מים רבים erscheint im Zusammenhang mit dem Chaoskampf Ps 93 4 (Parallelbegriff: משברי ים, vgl. BH); etwas entfernter Ps 18 17; zur Kennzeichnung der anstürmenden Feinde wird der Ausdruck (im Rahmen einer Gerichtsankündigung, die nicht gegen Jerusalem, sondern gegen Babel ausgesprochen ist) Jer 51 55 verwendet.

[20] Es ist aber zu beachten, daß auch in Ps 19 vom כבוד אל die Rede ist — aber in einem ganz andern Sinne. Dort, wo die Ordnungs- und Schaffensmacht des fernen Gottes gepriesen wird, ist diese Ordnung Ausdruck des כבוד אל. So wie El in zweierlei Funktionen gesehen werden kann, so hat sein כבוד zwei Gesichter; er äußert sich einerseits in der Gewittererscheinung, andererseits im Sichtbarwerden einer Ordnung, nach welcher sich Götter und Naturmächte richten (zu Ps 19 vgl. auch u. S. 167f.).

[21] So W. H. Schmidt, Königtum Gottes in Ugarit und Israel, 1966², 55ff., und ZRGG 16, 1964, 308; an der erstgenannten Stelle auch Parallelen zu ugaritischen Theo-

die Unwahrscheinlichkeit des Vorgangs ins Feld zu führen, der vorausgesetzt wird: Der israelitische Bearbeiter hätte den Namen Baals durch denjenigen Els ersetzt in Zusammenhängen, in denen dieser nie eine Rolle gespielt hatte — und dieser El wäre dann noch mit Jahwe identifiziert worden! Es hätte doch viel näher gelegen, den Baal-Namen direkt durch denjenigen Jahwes zu ersetzen. So ist denn anzunehmen, daß tatsächlich El der Gott der Gewittertheophanie in diesem Hymnus war — und in dieser Charakteristik ist er mit Jahwe identifiziert worden.

Damit stellt sich die Frage, ob Baal in Jerusalem überhaupt verehrt worden ist; tatsächlich scheint dies nicht der Fall gewesen zu sein[22]. Aus dem Bereich von Jerusalem sind kaum Namen bekannt, die mit dem Element בעל gebildet sind[23]; ebenso spielt die Polemik gegen den Baalskult bei den Südpropheten des 8. Jh. keine Rolle. Erst später scheint der Baal-Tammuz-Kult hier eingedrungen zu sein[24]. Es ist also wahrscheinlich, daß noch in Sichem Baal und El nebeneinander standen — aus dem Stammesgebiet von Ephraim und Benjamin sind auch theophore Namen mit בעל bekannt[25] —, daß aber weiter südlich die Funktionen der Götter anders verteilt waren. Man hätte also damit zu rechnen, daß El in Jerusalem eine Stellung innehatte, die derjenigen im ugaritischen Text SS ähnlich ist[26]. Diese Hypothese liegt den folgenden Ausführungen zugrunde. Sollte sie als unzutreffend erwiesen werden können, so müßte vieles stark modifiziert werden.

Kraus hat auf die nächste altorientalische Parallele zu Ps 29 hingewiesen[27]: Es handelt sich um einen von Reisner veröffentlichten Hymnus auf Marduk, an dem allerdings unschwer zu erkennen ist,

---

phaniemotiven. Schmidt stellt allerdings selbst die Frage (a. a. O. 58), ob vielleicht El- und Baaltraditionen in Jerusalem gar nicht unterschieden waren, glaubt aber eine verneinende Antwort geben zu müssen.

[22] Auch M. J. Mulder, Baal in het Oude Testament, Diss. Amsterdam 1962, gibt keine Hinweise auf jerusalemische Baals-Verehrung.

[23] Ein einziger Sohn Davids heißt בעלידע (I Chr 14 7); dieser wird aber auch אלידע genannt (II Sam 5 16 I Chr 3 8). Alle andern Träger des Namens sind in ihrer Herkunft entweder unbekannt oder entstammen dem Gebiet der Nordstämme. — Interessant ist, daß in den Ostraca von Arad aus der Königszeit בעל als theophores Element völlig fehlt, im Südreich also offenbar ungebräuchlich war; die Ostraca von Samaria dagegen kennen derartige Namen, sie waren also in der Königszeit des Nordreiches dort gebräuchlich (vgl. Y. Aharoni, Arad: Its Inscriptions and Temple, BA 31, 1968, 2ff.). Demnach war im Südreich die Baalsverehrung nicht aktuell. Zu den alttestamentlichen Namen mit בעל vgl. M. J. Mulder a. a. O. 169ff.

[24] Jesaja polemisiert gegen andere Formen des Götzendienstes (vgl. u. S. 210). Zur Zeit Ezechiels und Jeremias sah die Sache freilich schon anders aus (vgl. z. B. Ez 8).

[25] Gideon-Jerubbaal Jdc 7 1ff.; die Söhne Sauls und Jonathans אישבעל und מריבעל.

[26] Vgl. o. S. 142f.

[27] Psalmen, I 235; vgl. dazu L. Dürr, Die Wertung des göttlichen Wortes im AT und im antiken Orient, 1938, 3ff.

daß er ursprünglich *Enlil* galt[28]. Auch Enlil bzw. das »Wort Enlils« ist hier *das* Movens der Gewittertheophanie wie in Ps 29 die »Stimme Els«. Das zeigt also auch in dieser Beziehung die enge Verbindung zwischen El und Enlil. Auch ein weiteres Motiv hat seine Parallele in der mesopotamischen Literatur (bereits in der altbabylonischen Schicht!): Die parallele Nennung von Libanon und Sirjon. Ein Bruchstück des Gilgameš-Epos schildert, daß »Sarja und Libanon« gezittert hätten vor dem Wort Ḫumbabas[29].

Auch weitere Stellen, die allerdings stärker israelitisch bearbeitet sind, legen es nahe, an eine ursprüngliche Verbindung zwischen El und dem Theophaniemotiv zu denken. So redet Ez 1 24 10 5 innerhalb einer Schilderung, die auf die Theophanie zurückgeht, von einem »Rauschen«, das anzuhören ist wie die »Stimme des El Šaddaj« (קוֹל אֵל שַׁדַּי)[30]. Über die Identität von El und Šaddaj wird noch zu reden sein. Manche andern Stellen sind noch undeutlicher; wenn es z. B. in Ps 94 1 heißt: »Du El der Rache, Jahwe, El der Rache, erscheine, erhebe dich ...« (אל נקמות יהוה אל נקמות הופיע קומה), so ist hier El sicher nicht mehr als Gottesname, sondern als Appellativum verstanden. Immerhin ist es bezeichnend, daß gerade in diesem Zusammenhang der Ausdruck אל erscheint[31].

In Ps 18 14 ist der Gottesname עליון deutlich mit der Theophanie verbunden:

---

[28] Es ist abwechselnd vom »Wort Enlils« und vom »Wort Marduks« die Rede; hier ist demnach dieselbe Ablösung des einen Gottes durch den andern zu beobachten wie in *enūma eliš*.

[29] Übersetzung des altbabylonischen Bruchstückes von Th. Bauer, JNES 16, 1957, 254ff. Z. 30. — Es ergeben sich damit Zusammenhänge, die schwer zu deuten sind: Die in Ps 29 verwendeten Motive erscheinen in Ugarit mit Baal, im Gilgameš-Epos mit Ḫuwawa (wobei hier die Parallele zum Psalm am deutlichsten ist, denn auch hier »zittern Libanon und Sirjon vor dem Wort« des Gottes) im Enlil-Hymnus mit Enlil. Eine Verbindung zwischen Ḫuwawa und Enlil besteht insofern, als Enlil wahrscheinlich Schutzherr des Wald-Wächters ist. Jedenfalls wird im Hintergrund eine Gottheit stehen, die am Libanon beheimatet war und sowohl mit dem mesopotamischen Enlil, dem ugaritischen Baal und dem jerusalemischen El identifiziert wurde. Vielleicht ist Ḫuwawa-Ḫumbaba der Name dieses Gottes, wobei er im Gilgameš-Epos Enlil untergeordnet und zu dessen Wächter degradiert erscheint.

[30] Vgl. u. S. 157ff.

[31] Auch auf den Titel אל גבור ist hinzuweisen; er wird Jes 10 21 (und zweimal deuteronomistisch) verwendet, gehört aber auch zur Königstitulatur (Jes 9 5). Damit zeigt sich El in seiner Funktion als naher Gott; seine historische Erscheinungsform ist der König. Mit Recht macht G. W. Ahlström (Psalm 89, 1959, 69) auf den akkadischen Göttertitel *ilu qarrādu* aufmerksam, den Heldengott, der gegen Chaos und Fremdvölker kämpft. Im Gegensatz zur akkadischen Bezeichnung wird man in Jerusalem אל als Eigennamen verstanden haben.

»Da donnerte Jahwe im Himmel — עליון ließ seine Stimme erschallen ...
Er schoß seine Pfeile und streute sie, er schleuderte Blitze und jagte sie.
Da sah man die Bette des Meeres,
und aufgedeckt wurden die Gründe der Erde vor deinem Schelten, Jahwe, vor dem Schnauben deiner Nase[32].«

Ähnlich — aber viel knapper angedeutet — I Sam 2 10:

»עליון[33] donnert im Himmel — Jahwe richtet die Enden der Erde,
Er gebe seinem König Stärke und erhöhe das Horn seines Gesalbten.«

An dieser Stelle ist mit dem Theophaniemotiv dasjenige vom »Völkergericht« — einer Variante des Völkerkampfmotives[34] — und die ganze Königsideologie verbunden. So zeigt sich also, daß El, ʿäljōn und Šaddaj da, wo sie einigermaßen ursprünglich mit einem Motiv verbunden scheinen, durchwegs in derselben Funktion, nämlich derjenigen des nahen Gottes erscheinen können.

Eine weitere Beobachtung zeigt, daß El als naher Gott fungierte: Dieser hat seinen festen Ort im kollektiven Heilsorakel. Als Bestandteil eines solchen ist die Formel עמנו אל Jes 7 14 8 8. 10 anzusprechen. Die ursprünglichste Fassung findet sich in Jes 8 10, wo ein deutliches und ausgeführtes Heilsorakel vorhanden ist, das sich inhaltlich gegen die feindlichen Völker wendet, gegen sie Gottes Hilfe ansagt und kulminiert im Ruf: עמנו אל — »mit uns ist El!«[35]. Demgegenüber ist 7 14 bereits stark von der ursprünglichen Form entfernt, indem hier der Heilsorakelruf als Interpretation der prophetischen Zeichenansage verwendet wird[36]. 8 8 endlich ist als sekundär auszuscheiden. Doch

---

[32] Mit dem Motiv der Theophanie ist, wie in Ps 29, dasjenige des Chaoskampfes verbunden. Der Ausdruck אפיקי מים hat seine Entsprechung in ugaritischen Texten, nach deren Angabe El *mbk nhrm qrb ʾpq thmtm* wohnt (I AB I, 6; II AB IV—V, 22 usw.). Die Vorstellungen entsprechen sich zwar, doch erscheinen sie in völlig anderem Zusammenhang. Wenn El »beim Ursprung der Ströme, inmitten der Bette der Urmeere« wohnt, so ist dies eine positive Aussage, die mit der Urwasser-Urberg-Symbolik zusammenzubringen ist. In Ps 18 aber ist das Wasser Chaosmacht, der Ausdruck wird also als negative Qualifikation verwendet.

[33] Vielleicht ist statt עליון eine Kurzform des Gottesnamens על anzunehmen (so H. S. Nyberg, Studien zum Hoseabuche, UUÅ 1935, 60). Nyberg glaubt diesen Namen noch an vielen Stellen des AT gefunden zu haben; von allen Belegen, die er anführt, sind wenigstens Hos 7 12 10 16 diskutabel, II Sam 23 1 ist wahrscheinlich.

[34] Vgl. u. S. 175ff.

[35] Die Diktion des Völkerkampfmotives ist deutlich; der Feind kommt von den מרחקי ארץ »Weiten der Erde«; ähnliche Ausdrücke sind dem Wortfeld des Motives geläufiger: קצה ארץ Jes 5 26 Ps 46 10 usw., ירכתי ארץ Jer 6 22; אפסי ארץ Ps 22 28 u. ö. Daneben findet sich aber auch typisch jesajanische Ausdrucksweise (Verwendung des Ausdrucks עצה v. 10).

[36] Zur Form vgl. zuletzt H. Wildberger, »Glauben« im Alten Testament, ZThK 65, 1968, 133f.

ist weiter II Sam 23 5 zu berücksichtigen. Hier bezeichnet עם אל die Qualifikation des Verhältnisses zwischen El und der herrschenden Dynastie, wobei deutlich auf die Nathans-Verheißung und deren ganzen kultprophetischen Kontext angespielt ist[37].

Von da aus fällt auch Licht auf den Kehrreim des 46. Psalmes: יהוה צבאות עמנו משגב לנו אלהי יעקב »Jahwe ṣeba'ot ist mit uns — eine Feste ist uns der Gott Jakobs«. Der Gott, von welchem im 46. Psalm die Rede ist, ist der Chaos- und Völkerkämpfer[38] (überdies ist der Name עליון ausdrücklich erwähnt[39]). Offenbar ist der Name Els im Kehrreim durch Jahwe ṣeba'ot ersetzt. Dabei wird deutlich, daß unter den ältesten israelitischen Gottesnamen, die nach Jerusalem kamen, יהוה צבאות und אלהי יעקב. Beim ersten Namen ist dies durchaus klar, da dies der Name des Ladenumens war[40]. Die Herkunft des andern Namens wäre noch zu klären.

Wenn demnach El in Jerusalem Züge des nahen Gottes aufweist, so heißt dies nicht, daß er der einzige nahe Gott war; vielleicht stand er sogar nicht einmal im Zentrum der Nationalreligion. Andere Funktionen des nahen Gottes wird Šalem ausgefüllt haben[41].

Beiläufig hat die Untersuchung ergeben, daß עֶלְיוֹן und שַׁדַּי Beinamen Els sind; dies ist nun noch zu erhärten.

3. אל — עליון — שדי — *der Gott und seine Epitheta*

אל, עליון und שדי sind zusammen genannt in der Einleitung des Bileam-Orakels Num 24 4. 16:

---

[37] Vgl. dazu vor allem H. S. Nyberg, Studien zum Religionskampf im Alten Testament, ARW 35, 1938, 377ff.; A. R. Johnson, Sacral Kingship in Ancient Israel, 1967², 18ff. Wahrscheinlich erscheint auch hier der Gottesname על = עליון; der Anfang des ganzen Orakels ist dann folgendermaßen zu übersetzen:
»Orakel Davids, des Sohnes Isais, Orakel des Mannes, den על erhoben hat ...«
Dazu paßt die Aussage, daß David und seine Dynastie עם אל seien, ausgezeichnet. — Bei diesen Belegen mit עם ist zu bedenken, daß die Ausdrucksweise »'*im* + Gottesname« im AT wohl doppelten Ursprung hat. Sie qualifiziert ursprünglich einerseits das Verhältnis zwischen dem Patriarchengott und seiner Sippe (so V. Maag, Der Hirte Israels, SThU 28, 1958, 1ff.), andererseits scheint sie auch im sedentären Religionskreis beheimatet zu sein (vgl. G. Rinaldi, '*im* »con« una divinità, BO 10, 1968, 68ff.); hierher ist der Ausdruck עמנואל zu rechnen.

[38] Vgl. o. S. 60ff. 86ff.

[39] Interessant ist die Ausdrucksweise in v. 5, wonach die »Gottesstadt« die »heiligste der Wohnungen 'äljons« ist; der Psalm weiß darum, daß es im kanaanäischen Bereich auch andere Wohnungen des 'äljon gibt!

[40] Vgl. B. Wambacq, L'épithète divin Jahvé Sebaoth, 1947; O. Eißfeldt, Jahwe Zebaoth, in: Kl. Schr., III 1966, 103ff.; V. Maag, Jahwes Heerscharen, SThU 20, 1950, 27ff.

[41] Vgl. u. S. 214ff.

»So spricht der Mann, der die Reden des אל vernimmt,
der die Gedanken des עליון weiß,
der die Gesichte des שדי schaut ...«

Für den Jahwisten, der hier spricht, handelt es sich bei den drei Gestalten, die im parallelismus membrorum erscheinen, offenbar um ein und dieselbe Person. Es ist deutlich: der Gott, der sich dem Bileam offenbart, ist nicht Jahwe, sondern eine kanaanäische Gottheit[42]. Ein ganz bestimmter Charakter dieser Gottheit kommt zu Gesicht: El-ʿäljōn-šaddaj ist ein Gott, der sich in Visionen und Auditionen Gehör verschafft. Insofern erinnert die Stelle an den hieros logos von Beth-El, das Inkubationsheiligtum, und an eine Stelle der Krt-Sage, wo El sich dem König Krt im Traum offenbart[43].

Vielleicht läßt sich aus dieser Stelle heraus noch etwas zur Tendenz des erzählenden Jahwisten sagen; es ist kaum zufällig, daß in 24 8 gesagt wird: »El, der ihn (Israel) aus Ägypten herausgeführt hat, hat Hörner wie ein Wildstier«[44]. Von der Stiergestaltigkeit Els war bereits in der Behandlung des ugaritischen Materials die Rede. Nach dem jahwistischen Bericht erklärt also der kanaanäische Seher, daß El Israel aus Ägypten herausgeführt hätte! Damit zeigt sich die stark religions-politische Tendenz des Jahwisten: Er integriert die kanaanäische El-Verehrung dem israelitischen Jahwe-Glauben, so wie umgekehrt in Gen 14 18ff. der Jahwe-Glaube der Jerusalemer Religion integriert wird.

Der Gottesname Šaddaj erscheint im Pentateuch noch Gen 49 25 in einer Segensformel, im Joseph-Segen:

»... (es gehen Segnungen voran, die nicht recht verständlich sind, da der Text sehr verderbt ist) Segnungen ...
(24b) durch die Hilfe des Starken Jakobs,
durch den Namen des Hirten Israels[44a],
durch den ‚Vätergott', der dir helfe,

[42] Ganz ähnlich verfährt der Jahwist in der Formulierung der Segenssprüche für die Noah-Söhne Gen 9 26f.: »Gepriesen sei Jahwe, der Gott Sems ... Raum schaffe *ʾ^älohîm* dem Japhet, daß er wohne in den Zelten Sems, Kanaan aber sei ihm Knecht!« Damit ist wahrscheinlich die Situation in Jerusalem anvisiert: Die Japhetiter (oft Hethiter genannt) wohnen bei den Israeliten; ihr Gott ist zwar nicht mit Jahwe identisch, darf aber doch als dessen »vorläufige Offenbarungsform« verstanden werden; statt *ʾ^älohîm* hätte der Jahwist wohl auch den Namen *ʾel* gebrauchen können (vgl. dazu G. v. Rad, Das erste Buch Mose, 1961⁶, 113ff.; Theologie des Alten Testaments, I 1962⁴, 200; zu den Beziehungen zwischen Jahwist und dem Jerusalemer Hof: W. Richter, Urgeschichte und Hoftheologie, BZ NF 10, 1966, 96ff.).

[43] Dazu s. o. S. 147f.

[44] Vgl. dazu W. H. Schmidt, Königtum Gottes, 83.

[44a] l. בשם רעה ישראל; vgl. V. Maag, Der Hirte Israels, SThU 28, 1958, 1ff.

(25b) durch El Šaddaj, der dich segne (txt. emend.)
mit Segensfülle vom Himmel droben,
mit Segensfülle aus der Urflut, die drunten lagert,
mit Segensfülle aus Brüsten und Mutterschoß.
(26) Die Segnungen deines Vaters sind reicher
als die Segensfülle der Berge der Ewigkeit, (emend.) als die Lust der Höhen der Urzeit.«

Auf den ersten Blick ist klar, daß die Garanten des Segens völlig verschiedenen religiösen Anschauungskreisen entstammen. Geht es zuerst um typische »Vätergötter«, die in den nomadischen Religionskreis zurückverweisen[45], so ist ab v. 25b eine andere Welt ins Auge gefaßt: El Šaddaj ist ein Gott kosmischer Dimension. Zunächst ist zu fragen, wo traditionell-kanaanäische Formulierung vorliegt und wo der israelitische Redaktor zu Wort kommt: Ab v. 26 kommt wieder die Verbindung der Segensformel mit dem Kontext der Jakobs-Segnung zum Zuge. Doch scheint auch hier noch geprägtes Vorstellungsmaterial zugrunde zu liegen, wenn von der »Segensfülle der Berge der Ewigkeit, der Lust der Höhen der Urzeit« die Rede ist. Der Redaktor betont damit, daß die spezifisch israelitischen Segnungen diejenigen der kanaanäischen Religion sogar noch übertreffen.

Doch nun zu den Einzelheiten der geprägten Formulierung. Zunächst: El Šaddaj hat es mit den Segnungen des Himmels zu tun; damit ist wohl die regen- und fruchtbarkeitsspendende Funktion des Himmelsgottes gemeint. Interessanter aber ist die Formulierung, daß zu El Šaddaj die Segnungen der »Urflut, die drunten lagert« gehören. תהום ist sonst in den alttestamentlichen Bezeugungen Element des Chaos, also lebensfeindlich — hier aber ist sie Quelle der Fruchtbarkeit, einer spezifisch weiblichen Fruchtbarkeit, wie die Ausdrücke ברכות שדים ורחם zeigen, wobei das Wortspiel שָׁדַיִם — שַׁדַּי nicht zu überhören ist. Das Wasser als schöpferische Potenz — diese Vorstellung verweist natürlich auf das bereits behandelte gemeinorientalische Bildmuster von Urwasser und Urberg[45a].

Von daher wird ohne weiteres klar, was mit der Segensfülle der »Berge der Ewigkeit« und der »Hügel der Urzeit« gemeint ist: Hier liegt die Urberg-Vorstellung zugrunde, aus dem Urberg erwachsen alle Elemente natürlicher und menschlicher Kultur.

So zeigt sich auch in dieser Hinsicht, daß mit der — hier insbesondere der mit dem Epitheton Šaddaj qualifizierten — El-Gestalt die Themen verbunden sind, die im mesopotamischen Bereich mit Enlil verknüpft sind.

---

[45] E. Weidmann, Die Patriarchen und ihre Religion, 1968 (Literaturbericht).

[45a] Zu diesem Motiv gehört auch die Aussage Hi 38 8, wonach die Urflut »aus dem Mutterschoß hervorbrach«. Hier ist die Erinnerung erhalten, daß zum Urwasser eine Urgöttin gehört.

Die weiteren Vorkommen von שַׁדַּי sind weniger instruktiv. Zweimal verwendet Ezechiel das Epitheton, in den schon genannten Stellen 1 24 10 5, in der aus dem Theophaniemuster hervorgegangenen Thronwagenvision. In Jes 13 6 (wieder zitiert in Joel 1 15) findet sich ein Wortspiel: Der »Tag Jahwes« kommt wie שֹׁד מִשַּׁדַּי. Der weitere Zusammenhang enthält das Völkerkampfmotiv, das in späterer Zeit völlig mit der dem heiligen Krieg entstammenden Vorstellung vom יום יהוה[46] verbunden worden ist. Ebenfalls in die Thematik des Völkerkampfes gehört die Nennung von שדי Ps 68 15: Er »zerstreut Könige«, die dann fliehen.

In einem Vertrauenspsalm wird שדי parallel mit עליון genannt[47], doch wird man aus dieser Stelle keine allzu weit reichenden Schlüsse ziehen dürfen[48]. Endlich verwendet auch Ruth 1 20 f. den Gottesnamen, ohne daß näheres über dessen Implikationen bekannt würde, und das Hiobbuch (außerordentlich häufig)[49]; die Priesterschrift bezeichnet mit dem Gottesnamen den Gott Israels in seiner vormosaischen, den Vätern gegenüber gültigen Offenbarungsstufe[50].

Jedenfalls wird klar: Wo der Titel שדי deutlich mit Motiven der Kulttradition verbunden ist, da sind es Motive, die nach Ps 29 mit El verbunden sind. Da zudem שדי in der Mehrzahl der Fälle mit El zusammen genannt ist, wird man anzunehmen haben, daß es sich tatsächlich um ein und dieselbe Gottheit handelte.

Nach diesen Feststellungen ist die Frage nach der Bedeutung des Epithetons zu stellen. Albright hat einen etymologischen Zusammenhang mit akk. *šadû* vorgeschlagen und das auslautende *-j* als Nisbeendung erklärt[51]. Nun ist freilich die Möglichkeit nicht von der Hand

---

[46] Vgl. dazu vor allem G. v. Rad, Theologie des Alten Testaments, II 1962³, 133ff. (und JSS 4, 1959, 97ff.); vgl. dagegen M. Weiss, The Origin of the »Day of the Lord«, Reconsidered, HUCA 37, 1966, 29ff.

[47] Ps 91 1.

[48] O. Eißfeldt (Jahwes Verhältnis zu Eljon und Šaddaj in Ps 91, in: Kl. Schr., III 1966, 441ff.) bestimmt den Psalm formal als »Übertrittsliturgie«: Ein ʿäljon- und Šaddaj-Anhänger tritt zu Jahwe über. Doch die Voraussetzung, daß zwischen Jahwe und ʿäljon-Šaddaj geschieden wird, trifft wahrscheinlich nirgends zu; gerade in Jerusalem wurden die Götter planmäßig identifiziert. Außerdem darf nicht von einem einzigen Psalm her, der sich dazu formal recht gut bestimmen läßt, eine Gattung »Übertrittsliturgie« herleiten.

[49] Hi 5 17 6 4.14 8 3.5 usw. Daneben wird auch der Gottesname El häufig gebraucht, dazu אֱלֹהַּ. Dieser eigenartige Gebrauch von Gottesbezeichnungen ist ungeklärt.

[50] So ist die Erinnerung bewahrt, daß El-Šaddaj in irgendeiner Weise »Vorgänger« Jahwes war; nur sind die näheren Umstände — vielleicht absichtlich — verwechselt.

[51] W. F. Albright, The Names Šaddaj and Abram, JBL 54, 1935, 173ff.; den religionsgeschichtlichen Ort des Gottes Šaddaj sucht Albright in der »frühhebräischen Volksreligion«, für die er eine Trias Vater (El) — Mutter (Name unbekannt) — Sohn (Šaddaj, Sturm- und Berggott) annimmt (Von der Steinzeit zum Christentum, 1949,

zu weisen, daß es sich um eine kanaanäische Bildung zur Wurzel *śd*/*šd* handelte, welche in semasiologischer Hinsicht eine andere Entwicklung durchlaufen hat als das ostsemitische Äquivalent[52].

Man wird jedoch hier linguistische und religionsgeschichtliche Gesichtspunkte miteinander bedenken müssen. Dann drängt sich der Vergleich zwischen *Šaddaj* und *šadû rabû* bzw. kur-gal geradezu auf. El ist in Jerusalem *šaddaj*, so wie in Mesopotamien Enlil *šadû rabû* ist.

Wie verhält es sich mit dem Epitheton עליון? Es ist etwas häufiger als שדי; die Stellen Gen 14 18ff. Num 24 4. 16 Ps 91 1 wurden bereits besprochen. Auffällig ist zunächst, daß עליון ursprünglich offenbar nicht — im Gegensatz zu שדי — appositionell verwendet wurde, als Attribut zum GN El. Doch erscheint es sehr oft im parallelismus membrorum mit jenem GN zusammen. Daraus zu schließen, daß es sich ursprünglich um zwei verschiedene Götter gehandelt hätte, geht nicht an[53].

Welches sind die einzelnen Motive, mit denen עליון verbunden ist? Erwähnt wurde die Verbindung von עליון mit dem Theophaniemotiv. Nach Ps 82 6 sind die Götter »Söhne des עליון« — zweifellos ist der Ausdruck mit dem andern בני אלים identisch; 'äljon ist also Oberherr des Pantheons[54]. עליון ist auch für die Einhaltung des Rechtes

---

247). Eine völlig andere Etymologie schlägt E. C. B. MacLaurin vor (JRH 2, 1963, 279): Er rechnet mit einer Wurzel *dd* »herrschen«, die auch im Gottesnamen Hadad vorhanden ist; Šaddaj wird dann als *šaph'el* erklärt. — Weitere Deutungen des Gottesnamens bei J. Lévy, RHR 110, 1934, 54ff.; F. M. Cross, Yahweh and the God of the Patriarchs, HThR 55, 1962, 244ff.; R. Lack, Les origines de Elyon le Très-Haut dans la tradition cultuelle d'Israël, CBQ 24, 1962, 44ff.

[52] So M. Weippert, Erwägungen zur Etymologie des Gottesnamens Šaddaj, ZDMG 111, 1961, 42ff. In Analogie zu einer in PRU II, 106 zweimal erwähnten Gottheit *'ṯtrt šd* »'Aṯtart der Flur« denkt Weippert an einen »El der Flur«, der ursprünglich möglicherweise in Hebron verehrt worden sein soll. Jedenfalls will er Šaddaj und akkadisch *šadû* (welche zwei Bezeichnungen zwar etymologisch zusammenhängen; die Wurzel bezeichnet das unbewohnte, außerhalb des Siedlungsgebietes gelegene Land, also die Steppe oder den Berg) in religionsgeschichtlicher Hinsicht auseinanderhalten.

[53] Vgl. o. Anm. 8.

[54] W. Herrmann, Die Göttersöhne, ZRGG 12, 1960, 242ff., hat nachzuweisen versucht, daß die Bezeichnung *bn 'ilm*, *bn 'il* im Ugaritischen und בני אלים, בני אלהים im AT nicht das ganze Pantheon bezeichneten, sondern nur eine gewisse Göttergruppe; es soll sich dabei um eher untergeordnete Gotteswesen handeln. So weist Herrmann z. B. darauf hin, daß auch ein Kreis von Baal-Göttern bestehe (*pḫr b'l* UT 1, 7; daneben auch *pḫr bn 'il* II AB III, 13). Doch damit ist nicht erwiesen, daß es sich wirklich um verschiedene Göttergruppen handelt. Wenn in 1, 7 vom *dr 'il wpḫr b'l* die Rede ist, so ist dasselbe Pantheon gemeint, das sowohl dem fernen Gott El als auch dem nahen Gott Baal untersteht. Auch in KAI 28 A III, 19 meint *kl dr bn 'l* nach der Aufzählung der großen Göttertrias sicher nicht eine untergeordnete Göttergruppe, sondern das ganze Pantheon; das zeigt eine Stelle wie KAI 215, 22, wo nach der Nennung der

verantwortlich; er hat mit dem Zionskult zu tun, ist aber auch der Gott, welcher das Unheil schickt[55].

In den Zusammenhang der Namen und Epitheta Els ist auch die Bezeichnung *ṣûr* zu rechnen. Wenn auch die Vielzahl der Stellen nicht mehr recht deutlich werden läßt, worum es hier geht, sind doch einige Belege signifikant. So heißt es — in einer Anklage gegen Israel — Dtn 32 18:

»Des Felsens (*ṣûr*), der dich geboren, vergaßest du, du gedachtest nicht Els, der dich hervorgebracht.«[56]

Dieselbe Vorstellung dürfte in Jes 51 1 vorliegen:

»Hört auf mich, die ihr Ṣädäq nachjagt, die ihr Jahwe sucht[57]:
Seht auf den Fels, aus dem ihr gehauen, auf den Aushau, den Schacht, aus dem ihr gebildet!«

Weitere Stellen wird man vielleicht als Anspielungen in derselben Richtung verstehen dürfen, doch ist klar, daß die ursprüngliche Vor-

---

großen Götter der Ausdruck *kl 'lhj j'd* »alle Götter von Ja'udi« folgt! Zum Problem der Göttergruppen vgl. auch R. Rendtorff, El, Ba'al und Jahwe, ZAW 78, 1966, 288.

55 Daß El bzw. ʿäljon als ferner Gott, der auch das böse Schicksal bestimmt, gesehen wird, ist nur noch an einer alttestamentlichen Stelle klar ersichtlich (Ps 77 11):
»Da sprach ich: gar leid ist mir dies,
daß sich geändert die Rechte ʿäljons.«
(Zur Übersetzung und zum Sinn vgl. Kraus, Psalmen, I 532). Vielleicht ist es nicht zufällig, daß עליון im Zusammenhang mit שנה vorkommt, ist doch der El von Ugarit als *mlk 'ab šnm* bekannt (dazu vgl. o. S. 140). Daneben ist aber auch Thr 3 38 zu beachten: »Kommt nicht aus dem Munde des עליון Gutes wie Böses?«
Weitere Motive, die mit dem Epitheton עליון verknüpft sind, haben zum Inhalt den Schutz der Gottes über dem Recht (Thr 3 35), seinen Wohnsitz im Himmel (Ps 57 3f.), seine Beziehung zum Zion (Ps 46 5 87 5), seine Thronbesteigung (47 3). Die letztgenannte Stelle ist darum interessant, weil עליון genannt wird מלך גדול על כל הארץ; damit ist zu vergleichen Ps 48 3, wo Jerusalem עיר מלך רב genannt wird, »Stadt eines großen Königs«. רב in der Bedeutung »groß« ist unisraelitisch und als Akkadismus zu werten. Im Akkadischen wird das Epitheton *šarru rabû* gebraucht (für Anu und Ea, K. Tallqvist, Akkadische Götterepitheta, 1938, 236). Das bedeutet: Akkadische Gottestitulatur ist in Jerusalem von Einfluß gewesen; sie bestimmt teilweise das Wesen des El — ʿäljon; sie ist teils in akkadischer Sprachfärbung erhalten, teilweise hebräisiert.

56 Hebräische Verba: ילד, חיל. Wenn P. Humbert in einer Studie zum Gebrauch der beiden Verba mit Jahwe (Yahwé dieu géniteur, AS 18/19, 1965, 247ff.) betont, daß nur übertragener Gebrauch vorliege, dann mag das für das alttestamentliche Verständnis stimmen, nicht aber für den ursprünglichen Sinn der Formulierung.

57 Die Ausdrucksweise, die צדק parallel mit dem Gottesnamen Jahwe nennt, läßt vermuten, daß hier צדק als Gottesname und Epitheton Jahwes verstanden wurde. Zum Gott Ṣädäq s. u. S. 218f.

stellung vom Urberg/Urfelsen, aus dem heraus alles entsteht, nicht mehr recht lebendig ist[58]. Sie ist in der Vergessenheit versunken.

Wenn auch die israelitische Jerusalemer Tradition nur undeutliche Auskünfte gibt über das Wesen des vorisraelitischen El, so dürfte doch klar geworden sein: Der El von Jerusalem hat große Ähnlichkeit mit dem mesopotamischen Enlil; er ist mit der Urberg-Thematik verbunden; er hat die Funktionen des fernen *und* nahen Gottes inne. Daß er עליון ist, weist — nach den bisherigen Resultaten — auf seinen Charakter als Himmelsgott hin. Darum lautet die nächste Frage: Wo lokalisieren die traditionell geprägten Texte El?

4. Els Wohnstätte

Ausführlichen Bescheid über Els bzw. ʿäljons Wohnsitz gibt Jes 14 13:

»Zum Himmel empor will ich steigen, hoch über den Sternen Els aufrichten meinen Sitz,
will thronen auf dem Götterberg zuoberst auf dem Ṣaphon!
Ich will über Wolkenhöhen emporsteigen, עליון mich gleichstellen!«

Die Aussage, daß El im Himmel residiert, hat ihre mannigfachen Parallelen. So heißt es I Sam 2 10, daß ʿäljon »im Himmel donnert«, vgl. auch Ps 57 3f.:

---

[58] Zwei Stellen gehören vielleicht in diesen Zusammenhang: In Jer 2 27 wird gegen Leute polemisiert, welche zum Stein (אבן) sagen: את ילדתיני »du hast mich geboren«. An irgendeinen Steinkult, in dem es um Verehrung numinoser Steine geht, wird man der präzisen Angabe vom Geboren-werden wegen nicht denken können; es geht schon irgendwie um einen Ur-Stein. In Ps 87 5 heißt es:
»Aber Ṣion nennt man Mutter (LXX), Mann für Mann ist in ihr geboren;
und sie selbst — *ʿäljôn* brachte sie hervor (יכוננה).«
Ist auch der Psalm als jung zu betrachten (nachexilisch), so scheint doch altes Vorstellungsmaterial vorhanden zu sein: Gott bringt den Urberg Ṣion hervor, dieser aber (als weibliche numinose Größe verstanden) die Menschen (vielleicht ursprünglich die Götter).
Die vielen Psalmstellen, die צור verwenden, lassen nichts vom ursprünglichen Sinn des Epithetons erkennen (z. B. Ps 28 1 31 3 62 3 71 3 usf., auch außerhalb des Psalters in davon abhängiger Sprache, z. B. Jes 30 29). Oft steht das Bild des schützenden Felsens, der Asyl gewährt, im Hintergrund (L. Delekat, Asyle und Schutzorakel am Zionheiligtum, 1967, 379f.), mit dem sich das Urberg-Bild sicher gemischt hat. Bei allem ist zu beachten, daß der Ausdruck *ṣr* nicht nur in Israel vorkommt, sondern auch anderwärts, als Element theophorer Personennamen (Namen wie *Ṣu-ri-il* in Mari, *Il-um-ṣu-ra* in Alalach usw.); es verschwindet bei Beginn des 1. Jahrtausends, scheint also in eine recht alte Entwicklungsstufe der mesopotamisch-kanaanäische Religion zurückzuverweisen, so daß man im Hintergrund gut die Urberg-Vorstellung voraussetzen kann (vgl. E. Lipinski, Le poème royal du Ps 89 1-5.20-28, 1967, 66f.).

»Ich rufe zu Jahwe, zu עליון, zu El, der für mich eintritt, er sende vom Himmel und helfe mir!« (emend.)

Ein alter Ausdruck scheint »El des Himmels« zu sein[59], der schon in Ugarit anzutreffen war[60]. Im weitern existiert in der Jerusalemer Tradition eine feste Ausdrucksweise für das »Blicken (Gottes) vom Himmel herunter« (Verben: הביט[61], השקיף[62]). Auch die »Sterne Els« sind traditionelle Formulierung, die nicht nur in der jerusalemischen Tradition beheimatet ist, sondern auch anderwärts ihre Parallelen hat[63].

Charakteristisch ist jedoch in Jes 14 13, daß mit dem Motiv vom Wohnen Els im Himmel dasjenige vom Wohnen auf dem Götterberg verbunden ist. El wohnt gleichzeitig im Himmel und auf Ṣaphon. Man wird die beiden Aussagen nicht in ein logisches Verhältnis bringen dürfen, in der Weise z. B., daß der Götterberg so hoch ist, daß er bis in den Himmel reicht. Die Aussagen vom Urberg und vom himmlischen Wohnsitz haben grundsätzlich verschiedene Herkunft: Els Wohnen im Himmel ist im ganzen semitischen Raum vorauszusetzen; daß er mit dem Urberg zu tun hat, ist eine seiner Eigenschaften im nordwestsemitischen Raum. Es ist auffällig, daß *alle* Aussagen über das Wohnen im Himmel auch über das Wohnen auf Ṣaphon/Ṣion gemacht werden können[64].

---

59 אל השמים Ps 136 26 Thr 3 41.

60 Vgl. o. S. 138.

61 Jes 18 4 63 15 Ps 80 15 33 13 102 20 104 32 Hi 28 24. Das Verb wird auch sonst von Jahwe gebraucht, ohne daß zum Ausdruck kommt, daß es sich um ein Blicken vom Himmel herunter handelt (z. B. Jes 64 9 66 2: Jahwe blickt auf sein Volk, auf die Elenden usw.).

62 Ps 14 2 = 53 3 85 12 (Subjekt ist nicht Gott, sondern der Gottesname צדק, der hier aber als selbständige Größe neben Gott erscheint). In Dtn 26 15 Ps 102 20 ist vom »Blicke Jahwes aus seiner heiligen Wohnstatt« die Rede, doch ist mit dieser Lokalität eher der Tempel als der Himmel gemeint. Synonym begegnet auch השגיח in Ps 33 14. Weitere Belege für Gottes Wohnen im Himmel: Ps 2 4 11 4 20 7 57 4 89 3 103 19 113 6 115 3 123 1 usf.

63 M. Dahood, Punic *hkkbm 'l* and Isa 14 13, Or NS 34, 1965, 170ff., verweist auf einen von S. Moscati in RSO 39, 1964, publizierten Text, dessen Schlußsatz lautet: »Die Jahre der Statue der Gottheit in ihrem Tempel seien Jahre wie die Sterne Els.« (Zur Inschrift vgl. auch J. A. Fitzmyer, The Phoenician Inscription of Pyrgi, JAOS 86, 1966, 285ff.). Dahood verweist weiter insbesondere auf UT 76, I, 4f. (Nennung von *bn 'il, pḫr kkbm*, »Söhne Els, Versammlung der Sterne«) und Hi 38 7 sowie weitere Stellen, die an eine Verbindung zwischen El und den Sternen denken lassen.

64 Zum Motiv vom Herabblicken vom Ṣion bzw. vom Himmel vgl. Anm. 62; auch die Theophanie findet sowohl vom Himmel (z. B. Ps 18 10) als auch von Ṣion her (Ps 50 2) statt. Bezeichnend ist die Formulierung Ps 11 4:

»Jahwe in seinem heiligen Tempel — Jahwe, dessen Thron im Himmel ist . . .«

Interessant ist in diesem Zusammenhang noch Ps 29 10: »Jahwe thront ob der Urflut«.

מבול bezeichnet, wie Begrich gezeigt hat, den obern Teil der Urflut, der über dem Himmelsgewölbe sich ausbreitet[65]. Jahwe — ursprünglich natürlich El — thront also noch *über* dieser Flut[66]. Es ist klar, daß hier wieder die Bilder zweier grundsätzlich verschiedener Welt-Entwürfe kombiniert sind: El ist eigentlich oben, im Himmel, andererseits ist dort das Urwasser, in dem sich der Weltberg Raum geschafft hat — als Kombination ergibt sich, daß El noch über jenen Urwassern thront[67].

Die von den ugaritischen Materialien her bekannte Vorstellung, daß El beim Ursprung der kosmischen Ströme wohnt, läßt sich für Jerusalem — mindestens soweit die Texte noch Auskunft geben — nicht belegen[68]. Überhaupt hat sich die Vorstellung von El als Himmelsgott in Jerusalem sehr viel stärker gehalten als in Ugarit. Das mag daran liegen, daß keine andere Himmelsgottheit (wie in Ugarit Baal) da war, die in der Lage war, diese Funktionen Els zu übernehmen.

Einen weiten Raum nehmen die Aussagen über Gottes Wohnen und Wirken auf *Ṣion* und im dortigen Heiligtum ein: Der Ṣion ist »Wohnung« (משכן)[69], wo Gott »wohnt« (שכן[70], ישב[71]). Die Diktion

Auch wenn vielleicht die Vorstellung eines himmlichen Tempels vorauszusetzen ist, ist dieser doch vergegenwärtigt im Zionsheiligtum.

[65] Gesammelte Studien zum Alten Testament, 1964, 39ff., bes. 49.

[66] Ganz anders deutet R. Hillmann (Wasser und Berg, Diss. Halle 1965, 132f.) diese Stelle: Er hält den Ausdruck מבול für die Bezeichnung der Sturmflut, auf welcher der Wettergott reitet (= akkadisch *abūbum*). Nach der Priesterschrift aber bezeichnet מבול den eigentlichen kosmischen Himmelsozean, der in *enūma eliš* der oberen Hälfte der Tiamat entspricht, nicht aber der Waffe Marduks.

[67] In Mesopotamien ist nie in ähnlicher Art und Weise darüber Klarheit geschaffen, wie sich die Himmelswohnung Ans und die im Himmel lagernden Urwasser zueinander verhalten, obwohl dort dieselben Vorstellungen nebeneinander bestehen wie in Jerusalem.

[68] Immerhin scheint eine Erinnerung an das Motiv vom »Ursprung der Ströme« auch in Israel bekanntgewesen zu sein, berichtet doch eine spätjüdische Erzählung davon, daß Gott bei der Schöpfung von Himmel und Erde »auch den Stein über der Tiefe (schuf), und (er) befestigte den Stein über der Tiefe, um ihre Wasser niederzuhalten ...« (H. Ringgren, Israelitische Religion, 1963, 148).

[69] Ps 26 8 43 3 46 5 Jes 54 2 Ez 37 27 u. ö. Zu allen diesen Aussagen vom »Wohnen Gottes« vgl. J. Schreiner, Sion-Jerusalem. Jahwes Königssitz, 1963, 89ff.

[70] I Reg 8 12 Ps 68 17 74 2 85 10 135 21 Jes 8 18.

[71] In Ps 9 12 deutlich mit dem Ṣion verbunden; an andern Stellen, die das Verb verwenden, ist auch der Himmel als Wohnsitz denkbar oder sogar deutlich vorausgesetzt (Ps 9 5 33 14 47 9 123 1 usf.).

ist zum Teil gemeinkanaanäisch und auch in Ugarit belegbar[72]. Der Ṣion als Gottesberg wird mit dem Ṣaphon, dem kanaanäischen Gottesberg kat'exochen, identifiziert[73], und, den Aussagen der mesopotamischen Tempelideologie entsprechend, gilt auch vom Ṣion, daß er alle andern Berge überragt, somit Mittelpunkt der Welt, also eigentlich »Urberg« ist[74].

Nach Ez 38 12 ist Jerusalem טבר הארץ »Nabel der Erde«, genau wie Sichem, der Ort eines anderen El-Heiligtums[74a]. Auch dieser Ausdruck wird in den Urberg-Zusammenhang gehören.

Läßt sich diese »Tempel-Urberg-Ideologie«, die hier für Israel erschlossen ist, irgendwo genauer fassen? Tatsächlich gibt es Anhaltspunkte im Vokabular der Tempeleinrichtung; Albright hat auf wesentliche Übereinstimmung zwischen Mesopotamien und Israel hingewiesen.

Zunächst ist das »eherne Meer« zu nennen; den alttestamentlichen Stellen vergleichbar sind die Verse der Tempelbauhymnen Gudeas, wo von den Apsu-Ungeheuern die Rede ist[75]. Die Plattform des Brandopferaltars im ezechielischen Tempelbauentwurf heißt חק הארץ, »Mutterbrust der Erde«[76]; die Nähe zur Segensformulierung in Gen 49 25 ist deutlich. Für den Oberteil des Altars, אראל oder הראל ist ein etymologischer Zusammenhang mit akkadisch *Arallu* anzunehmen, einer späteren Bezeichnung des Weltberges, von dem auch die Aussage gemacht wird, er sei Geburtsort der Götter. Tatsächlich ist die volksetymologische Wiedergabe des Wortes als הראל »Berg Els« sachlich durchaus gerechtfertigt[77]! Der in II Chr 6 12 f. genannte

---

[72] *jṯb lks'i mlk* von Baal ausgesagt IV AB, III, 13; vom *mṯb 'il* ist die Rede II AB, I, 13; IV—V, 52; V AB, E 1. 47; II AB, I, 14. Von der Wurzel *škn* ist die Ableitung *mšknt* in ähnlichem Zusammenhang gebraucht; III K III, 19 spricht von dem »Geschlecht Els in ihren Wohnstätten« (vgl. die Ausdrucksweise in Ps 46 5, wo »die heiligste der Wohnstätten 'äljons« genannt wird!).

[73] Ps 48 3 Jes 14 13.

[74] Jes 14 13 2 2. Wie in Mesopotamies Tempelideologie ist auch in Jerusalem der Urberg-Tempel Schnittpunkt von mythischer und historischer Ebene: Völkersturm und Völkerwallfahrt haben ihn zum Zentrum (vgl. z. B. Ps 2 48 97 Jes 2 2ff.), entsprechend ist er der Ort der Theophanie (Ps 50 2 Am 1 2). So geschieht alle »Hilfe« für Jerusalem (und später für Israel) an diesem Ort (Ps 14 17 20 3 69 36 usf.). Vgl. zum Ganzen W. H. Roscher, Der Omphalosgedanke bei verschiedenen Völkern . . ., 1918; A. J. Wensinck, The Ideas of the Western Semites concerning the Navel of the Earth, 1916; auch Josephus, Bell. Iud., III 3, 5.

[74a] Vgl. o. S. 147.

[75] I Reg 7 23ff.; vgl. W. F. Albright, Archaeology and the Religion of Israel, 1946, 148 f. (= Die Religion Israels, 1956, 166 f.); H. Ringgren, Die israelitische Religion, 1963, 148.

[76] Ez 43 13 ff.; Albright a. a. O. 150 (= 168).

[77] Ez 43 14 f.; Albright a. a. O. 151 (= 169). Weil ein Teil des Altars eine Bezeichnung trägt, die zugleich den ganzen Gottesberg, oder, geographisch gesprochen, die Stadt

כיור, hier wohl in der Bedeutung »Bühne« o. ä., sonst eher als »Waschbecken« zu fassen, jedenfalls also ein Tempelbestandteil, entspricht sumerischem ki-ur, »Erd-Fundament«, welche Bezeichnung in Tempelnamen eingegangen ist (E-ki-ur-ra)[78]. Endlich ist darauf hinzuweisen, daß das Wort für »Tempel« selbst ein sumerisches Lehnwort ist, das in einer außerordentlich frühen Zeit schon nach Kanaan gekommen sein muß[79].

5. *Die Schöpfungen Els*

Wie in Ugarit ist El in Jerusalem zunächst der ferne Schöpfergott gewesen. Deutlich wird dies in Ps 19[80]:

»Die Himmel berichten vom כבוד Els,
und die ‚Feste' verkündet das Werk (מעשה) seiner Hände.
Ein Tag sagt es dem andern,
und eine Nacht tut es der andern kund,
ohne Sprache, ohne Worte,
mit unhörbarer Stimme.
Ihr Klingen geht durch alle Lande,
ihr Reden bis zum Ende der Welt.
Dort hat er dem Sonnengott ein Zelt gesetzt,
und dieser, wie ein Bräutigam, geht hervor aus seiner Kammer,
läuft freudig wie ein Held die Bahn,
geht auf am einen Ende des Himmels,
und läuft wieder an das Ende,
nichts bleibt seiner Glut verborgen.«

Mit zu betrachten ist noch der sogenannte »Tempelweihspruch Salomos«

»Jahwe hat die Sonne an den Himmel gesetzt,
er selbst hat erklärt, im Dunkel wohnen zu wollen[81].«

Bezüglich des mesopotamischen Raums wurde erläutert, inwiefern Sonnen- und Himmelsgott ähnliche Funktionen ausüben. In Je-

---

Jerusalem meinen kann, ist es klar, daß der Ausdruck Jes 29 1 die ganze Stadt bezeichnet.

[78] Albright a. a. O. 151f. (= 171).

[79] Vgl. A. Poebel, Sumerische Wortuntersuchungen IV, ZA 39, 1929, 145; D. O. Edzard in: Fischer Weltgeschichte II, 77. Das anlautende *h* und der Diphthong, der im Hebr., Aram. und Syr. erhalten ist, entspricht altsumerischer Lautung.

[80] Vgl. dazu J. van der Ploeg, Psalm XIX and some of its Problems, JVEG 17, 1963, 193ff.; leider bespricht der Autor nur die Rolle des Sonnengottes, nicht aber diejenige Els.

[81] Zur Ergänzung des masoretischen Textes ist LXX zu benützen. — Vgl. zu dieser Stelle A. van den Born, Zum Tempelweihspruch Salomos 1. Kg. 8 12f., OTS 14, 1965, 235; der Versuch, im Spruch ein Bruchstück eines Schöpfungsmythus zu sehen, ist freilich problematisch. Vgl. auch Gaster, Thespis, 66f.

rusalem scheint es dabei zu einer gewissen Klärung gekommen zu sein: Šämäš vertritt zwar gewisse Funktionen Els (die »Allwissenheit« v. 7), ist aber deutlich El untergeordnet. Von diesem werden insbesondere Schöpfungsaussagen betont: er hat die »Feste« (*raqîaʿ*) angefertigt, welche die Urwasser zurückhält[82]. Damit ist der eine Wesenszug Els zur Sprache gekommen, doch fehlt auch der andere nicht: Die *Himmel* sind es, die seinen *kabôd* berichten. Im Tempelweihspruch ist offensichtlich El durch Jahwe ersetzt: dieser ist jetzt Kultherr von Jerusalem.

Neben diesem Text Ps 19, der ausführlicher von Els Schöpfung berichtet, stehen manche andern, kürzeren Anspielungen. Sie werden am besten erfaßt, indem wir eine Übersicht über das Schöpfungsvokabular der Jerusalemer Tradition erstellen.

a) קנה[83]:

Es kommen folgende Stellen in Betracht: Gen 14 19 14 22 Ex 15 16 Dtn 32 6 Ps 74 2 78 54 139 13 Prov 8 22. Die beiden erstgenannten Stellen wurden schon besprochen. Interessant ist Dtn 32 6bff. in seinem Kontext[84]:

»Ist er (sc. Gott) nicht dein Vater (אב), der dich hervorgebracht hat (קנה),
nicht er es, der dich gemacht (עשה) und bereitet (כונן)?
Gedenkt der Tage der Urzeit, achtet der Jahre von Geschlecht zu Geschlecht: ...
Als עליון den Völkern ihr Erbe gab,
als er die Menschenkinder schied,
da setzte er fest die Gebiete der Völker
nach der Zahl der Götter (der »Söhne Els«)[85].
Aber der Anteil Jahwes ist sein Volk,
Jakob das Los seines Eigentums.«

Die Aussage in v. 6b ist nicht direkt mit einem Gottesnamen verbunden; immerhin kommt in v. 4a das Epitheton »Fels« (*ṣûr*), in 4b der (emend.) Ausdruck אל אמונה »El der Beständigkeit«, nachher in v. 8 אלים, so daß man wohl annehmen kann, daß diese Epitheta traditionell dem zur Frage stehenden motivgeschichtlichen Kontext angehören. קנה ist hier direkt mit אב verbunden; es ist somit zu fragen, ob nicht im Hintergrund das Bild der Ur-Zeugung bzw. -Geburt vorliegt. Von hier aus wäre auch der ugaritische Titel Els *ʾab ʾadm*, von dem Gray behauptet, er sei bar jeder realistischen Komponente[86],

---

82 Vgl. Gen 1 6.

83 Dazu P. Humbert, *qānā* en Hebreu biblique, in: Bertholet-Festschr., 1950, 259ff.; vgl. oben S. 132f.

84 Vgl. dazu O. Eißfeldt, El und Jahwe, in: Kl. Schr., III 1966, 386ff.

85 l. בני אלים (BH).

86 Legacy of Canaan, 1957, 118.

neu zu untersuchen. Die parallel verwendeten Verba עשה und כונן bedürfen gesonderter Betrachtung.

Im weiteren Kontext ist v. 8 interessant. Hier wird עליון als Schöpfer der ganzen Menschheit gesehen und als Herr der verschiedenen Nationalgötter; für jeden Gott wird ein Volk ins Dasein gerufen. עליון hat hier einen übernationalen Aspekt, er hat damit deutlich die Funktion des fernen Gottes inne. Erst in v. 9 wird Jahwe erwähnt, der auf der Stufe dieser Nationalgötter steht. Man hat aus der Stelle schließen wollen, daß hier Jahwe und *ʿäljôn* zwei voneinander unterschiedene Größen seien[87]. Doch ist dies unwahrscheinlich; der Wechsel des Namens soll die Verschiebung der Aspekte andeuten; wenn auch El unter *beiden* Aspekten gesehen werden konnte, war doch der mit El identifizierte *Jahwe* in erster Linie naher Gott, wenn auch z. T. in anderem Sinn als die typisch gemein-orientalischen nahen Götter.

Urtümliche Vorstellungen sind auch in Ps 139 13 vorhanden. Es geht hier um die Erschaffung des einzelnen, der von sich bekennt:

»Denn du hast meine Nieren geschaffen (*qanā*), hast mich gebildet im Mutterschoß ...
Meine Seele kanntest du wohl, nicht verborgen war mein Gebein vor dir,
da ich im Dunkeln gebildet ward, gewirkt in den Tiefen der Erde.«

Es wird vorausgesetzt, daß der Mensch von Gott in der Erde geschaffen wird; die Parallelverba zu קנה sind nicht eigentliche Verba des Schaffens Gottes, sondern aus der Handwerkersprache übernommen (סכך, רקם). Dieses Schaffen »in den Tiefen der Erde« gehört assoziativ aber mit dem »Mutterschoß« zusammen[88]. Ein Vergleich mit Gen 49 25 legt sich dadurch ohne weiteres nahe. Auch hier also ist El-Tradition vorhanden[89].

Ps 78 54 ist ebenso instruktiv:

»Er brachte sie in die Grenzen seines Heiligtums, auf den Berg, den, welchen seine Rechte hervorgebracht.«

Ist auch der ganze Psalm nicht sehr alt[90], so begegnet doch isoliert ein uraltes Motiv: Gott hat seinen heiligen Berg geschaffen, in ursprünglicherer Formulierung: »hervorgebracht«. Bezeichnend, daß in unmittelbarer Nähe der GN עליון begegnet (78 56).

Einem größeren Zusammenhang gehört die viel diskutierte Stelle Prov 8 22 an, wo die hypostasierte חכמה von Jahwe geschaffen wird,

---

[87] Eißfeldt a. a. O. 390.

[88] Dieselbe Vorstellung liegt in Hi 1 21 vor.

[89] Zum selben Ergebnis gelangt bei den Schöpfungsaussagen dieses Psalms auf ganz anderem Wege M. Dahood, Punic *hkkbm ʾl* and Isa 14 13, Or NS 34, 1965, 171.

[90] Es ist spätvorexilische Entstehung anzunehmen (vgl. Sellin-Fohrer, Einleitung in das Alte Testament, 1965[10], 314).

als Anfang aller Schöpfungswerke. Der kosmogonische Entwurf, der hier vorliegt, nennt zuerst die Wasser, dann die Berge, dann Erde und Himmel. Hier liegt theologische Spekulation vor, deren Herkunft und Alter noch genauer untersucht werden müßte[91]. Jedenfalls ist der Gebrauch des Verbes קנה altertümlich, ähnliches würde sich eventuell von der ganzen Komposition — mindestens in einer Frühform — ergeben.

Die Stellen Ex 15 16 Ps 74 2 haben je das Volk Israel zum Objekt von Gottes Schaffen (Ex 15 16: עם זו קנית; es folgen Aussagen über Ṣion, Gottesberg usw.; Ps 74 2: זכר עדתך קנית קדם; auch hier im Zusammenhang Nennung des Ṣion und der Jerusalemer Tradition überhaupt). Angesichts von Dtn 32 6 wird man in diesen Fällen nicht mit »erwerben«, sondern »erschaffen« übersetzen.

Zu größerer Bedeutung ist das Verb קנה im Rahmen alttestamentlichen Schöpfungsglaubens nie gekommen. Das zeigt sich schon daran, daß die kosmogonische Schöpfungstitulatur קנה שמים וארץ ersetzt wird durch עשה שמים וארץ[92]. Auffällig ist, daß alle andern Verba des Schaffens in der Jerusalemer Tradition auch dazu dienen konnten, Jahwes Geschichtshandeln zu bezeichnen[93] — nur gerade קנה nicht. Das bedeutet doch wohl, daß sich dieses Verb für das sich in Israel herausbildende Schöpfungsverständnis nicht eignete. Der Grund dafür könnte darin zu suchen sein, daß קנה tatsächlich nicht »schaffen« im weitesten Sinne meint, sondern »gebären«, »hervorbringen«.

b) כונן

Das in Dtn 32 6b und in Ugarit[94] parallel mit קנה gebrauchte Verb כונן ist sehr viel mehr verwendet im AT als das erstgenannte. Verschiedene Objekte kommen für dieses Verb in Frage: Die Welt als Ganzes:

»Jahwes ist die Erde und was sie erfüllt, der Erdkreis und die darauf wohnen.
Er ists, der sie auf Meere gegründet (יסד), auf Strömen sie hat entstehen lassen (כונן).«
Ps 24 1f.

Es zeigt sich hier bereits, daß in dasselbe Wortfeld auch *jsd* gehört. Die kosmologische Vorstellung ist wiederum deutlich: Auf dem Urmeer entsteht die Erde. כונן »entstehen lassen« oder »feststellen« ist offenbar neutraler als קנה und setzt eine weniger direkte emana-

---

[91] Vgl. dazu vor allem J. de Savignac, La Sagesse en Proverbes 8 22-31, VT 12, 1962, 211ff.

[92] Ps 115 15 121 2 124 8 134 3 146 6.

[93] »Geschichtshandeln« ist hier im denkbar weitesten Sinne verstanden als Handeln in der Geschichte, durch das Königtum, durch die Tempelinstitution usw.

[94] Vgl. Anm. 227 zu Kap. 3.

tionsartige Verbindung zwischen dem schaffenden Gott und der Schöpfung voraus[95].

Die Gestirnwelt:

»Wenn ich schaue deine Himmel, das Werk deiner Finger, den Mond und die Sterne, die du hingestellt hast:
Was ist doch der Mensch, daß du seiner gedenkst, und des Menschen Kind, daß du dich seiner annimmst?
Du machtest ihn wenig geringer als Götter, mit Ehre und Hoheit kröntest du ihn.«
Ps 8 4ff.

Die Aussage steht inmitten von Vorstellungsmaterial, das ursprünglich der Königsideologie angehörte[96]; Schöpfung und Königtum gehören somit zusammen. Daß die Gestirne ausgesprochen als Schöpfungen des Jerusalemer Gottes gelten, wurde schon gezeigt.

Andere Elemente der Weltordnung:

Die Natanweissagung stellt fest, daß Jahwe die Davidsdynastie »gegründet« hat (»ich habe gegründet den Thron seines Königtums in Ewigkeit«, II Sam 7 13)[97]. Ebenso hat Gott aber seinen eigenen Thron gegründet[98] — die beiden Aussagen entsprechen sich sprachlich wie sachlich. Einen andern Aspekt dieser Weltordnung macht Ps 99 4 sichtbar, im Rahmen eines Thronbesteigungspsalmes:

»Ein Starker ist König geworden, der das Recht liebt; du hast die Rechtsordnung geschaffen,
Recht und Gerechtigkeit hast du in Jakob durchgesetzt[99]!«

Der heilige Berg, Ṣion, der Tempel usw.: Aussagen dieser Art sind recht häufig[100].

Auch der einzelne Mensch kann Objekt des schaffenden *kônen* sein[101].

Neben dem pol. kann das Verb auch im hif. gebraucht werden, die Sachzusammenhänge sind dieselben; selten begegnen andere

---

95 In ähnlichem Sinn wird כונן gebraucht in Ps 119 90 Prov 3 19; vgl. Jer 10 12 33 2 Ps 65 7 89 3.

96 H. Wildberger, Das Abbild Gottes, Gen I, 26—30, ThZ 21, 1965, 245ff. 481ff. (bes. 481f.). Vgl. dazu auch Ps 74 16.

97 Vgl. noch Jes 9 6 Ps 89 5.

98 Vgl. Ps 9 8 103 19.

99 Ähnlich läßt Gott nach Hi 28 27 die (hypostasierte) Weisheit entstehen.

100 Ex 15 17 Ps 48 9 68 10 87 5. Der in der Umgebung von כונן erscheinende Begriff נחלה ist traditionelle Bezeichnung des heiligen Berges (Ex 15 17 Ps 68 10), und zwar nicht nur in Jerusalem, sondern auch in Ugarit (vgl. V AB, C 27).

101 Ps 119 73 Hi 31 15.

Stammformen in ähnlichem Zusammenhang. Auch das vom Verb abgeleitete Substantiv מכון ist zu beachten: Es bezeichnet oft die Wohnstätte Gottes, allerdings in verschiedenen Vorstellungshorizonten[102]. Besonders interessant ist in unserm Zusammenhang die Aussage, daß צדק und משפט der מכון des »Thrones Jahwes« sei, hier mit »Fundament« wiederzugeben. Die Vorstellung hat ihre Parallele in Ägypten, wo Maat in der Gestalt des Urhügels auch Fundament des Thrones Gottes ist[103].

Zusammenfassend läßt sich sagen, daß כונן verschiedene Bereiche der Schöpfung umfaßt: einerseits den kosmologischen — hier ist noch deutlich das Bild von Urwasser und Urberg zu sehen — andererseits aber auch die andern Aspekte des Kosmos in seiner politisch-geschichtlichen Dimension. Auch dieser Ausdruck des Schöpfungshandelns gehörte ursprünglich zu El.

c) יסד[104]

Bei 41 Belegen für יסד im AT ist 19mal Gott Subjekt; das Verb wird also zum geringeren Teil »theologisch« gebraucht. Daß es in der alt-kanaanäischen Kosmologie seinen Platz hatte, beweisen die ugaritischen Texte, die von der *msdt 'arṣ*[105], der »Grundlage der Erde« sprechen. Auch das AT kennt diesen Sprachgebrauch und redet von der »Grundlage der Erde«, ». . . des Himmels« usw.[106].

Die finiten Formen des Verbes haben als Objekte in erster Linie die Erde, selten auch Ṣion bzw. den Tempel[107].

d) יצר[108]

יצר bezieht sich, wenn für Jahwes Schöpferhandeln gebraucht, zumeist auf den Menschen, doch kann der Ausdruck auch allgemeiner

[102] Der Himmel ist damit gemeint I Reg 8 30.43, wohl auch Jes 18 4 Ps 33 14 (hier mit הביט oder השגיח zusammen verwendet, vgl. Anm. 61f.); das Ṣionsheiligtum Ex 15 17 I Reg 8 13.

[103] Ps 89 15 97 2 Prov 16 12 20 28; etwas anders Jes 9 7. Das ägyptische Schriftzeichen für *mꜣʿ.t* bildet den Urhügel ab (vgl. H. Brunner, Gerechtigkeit als Fundament des Thrones, VT 8, 1958, 426ff.). Brunner hält dafür, daß das Motiv in der salomonischen Zeit von Ägypten nach Israel kam, doch wird man in Anbetracht des übrigen Materials, in dem die Urberg-Vorstellung sichtbar wird, an vorisraelitische Beziehungen denken.

[104] Vgl. P. Humbert, Note sur *yāsad* et ses dérivés, in: Hebr. Wortforschung, Festschr. W. Baumgartner, 1967, 135ff.

[105] II AB I, 38; es ist hier die Rede von den *dbbm msdt 'arṣ* »Produkte (?) vom Grunde der Erde«.

[106] Belege bei Humbert a. a. O. 140.

[107] Vgl. Humbert a. a. O. 136f.

[108] Dazu P. Humbert, Emploi et portée du verbe *yāṣar* . . ., in: Von Ugarit nach Qumran, Fschr. f. O. Eißfeldt, BZAW 77, 1958, 82ff.

gebraucht werden und sich auf Elemente des Kosmos beziehen; am umfassendsten formuliert Jer 10 16, wenn es von Jahwe als dem יצר כל dem »Schöpfer des Alls« redet.

Sehr oft wird יצר für ein Handeln Gottes verwendet, das sich weniger auf ein Welt-Schaffen als vielmehr auf ein Welt-Lenken bezieht. So wird das Schicksal von Jahwe gebildet usw.

e) ברא[109]

Das ausschließlich von Jahwe prädizierte Verb findet vor allem in späteren Schichten des AT häufig Verwendung. Es bezeichnet sowohl kosmologisches als auch geschichtliches Handeln Jahwes.

f) עשה

Das sehr allgemeine Verb »machen« wird oft für Jahwes Schaffen — auch hier in verschiedenstem Sinn — gebraucht[110]. Offenbar ersetzt es z. T. קנה.

Die unter Lit. d—f genannten Verba lassen sich hinsichtlich ihres Ursprungs im Zusammenhang einer Schöpfungstheologie schwer beurteilen. Es fehlen sonstige kanaanäische Belege für deren Verwendung im hier zur Frage stehenden Sinn. So wird man damit rechnen müssen, daß es sich eventuell um israelitische Neubildungen handelt[111].

Bei der ganzen Skala der Schöpfungsausdrücke ist auffällig, daß das in Ugarit häufige *bnj* in der Jerusalemer Tradition fast völlig fehlt. Als einzige Stelle in einem kosmologischen Zusammenhang kommt Am 9 6 in Frage, wo in hymnischem Stil formuliert wird:

». . . der den Himmel gebaut als seinen Söller, der sein Gewölbe auf die Erde gegründet hat,
der den Wassern des Meeres gerufen hat, sie auszuschütten über die Erde . . .«

Der Jahwist gebraucht בנה für die Erschaffung der Frau (Gen 2 22; beim Manne יצר), selten wird das Verb noch für die Schöpfungstat Gottes in bezug auf den Ṣion und das Königtum verwendet[112]. Möglicherweise lag bei diesem Verb in der vorisraelitischen Jerusalemer Tradition ein ausgedehnterer Verwendungsgrad vor[113].

109 Dazu P. Humbert, Emploi et portée du verbe *bārā* . . ., ThZ 3, 1947, 401ff.

110 Objekte sind beispielsweise der Himmel (Ps 136 5 Ps 33 6), Erde und Mensch (Jer 10 12 27 5 Jes 17 7), das All (Jes 44 24), die Völker (Ps 86 9) usw.

111 Der Vollständigkeit sei nochmals auf den Gebrauch des Verbes פעל hingewiesen, das nie in kosmogonischen Zusammenhängen als Handeln des fernen Gottes erscheint, sondern dem Handeln des Mythus zugehört und also auf das Wirken des nahen Gottes bezogen ist (vgl. Anm. 98 zu Kap. 2).

112 Ps 78 69 89 5 102 17 Am 9 11. Andere Stellen, die Jahwe als Subjekt von בנה nennen, reden von dessen geschichtlichem Handeln (z. B. Ps 51 20 69 36 usf.).

113 Das mag daran liegen, daß an einigen Stellen für בבה auch die Bedeutung »zeugen«, so im ugaritischen Titel Els *bnj bnwt* oder Dtn 25 9, naheliegt. Der Grund dafür, daß

Diese hier besprochene Vokabulatur bezieht sich also auf ein Schöpfungshandeln Gottes, ursprünglich Els, das ganz ähnlich verstanden wurde wie das Schöpferhandeln des El von Ugarit. Dabei kann El in zwei Erscheinungsformen des fernen Gottes erscheinen: In der Gestalt dessen, der den Urberg aus dem Wasser steigen läßt oder in der Gestalt des Himmelsgottes.

Nun wurde bereits dargelegt, daß El die Funktionen des nahen *und* des fernen Gottes innehat. Der *eine* Gott hat also *verschiedene* Aspekte. Wie spiegelt sich das in den Texten?

6. *Schöpfung des nahen und des fernen Gottes — Chaoskampf und »Urhebung«*

Wenn die beiden Arten von Schöpfung ein und demselben Gott zugeschrieben werden, dann ist zu erwarten, daß die Motive beider Schöpfungsarten miteinander verbunden sind. Dies bestätigen die Texte in der Tat. Einige Beispiele mögen dies dokumentieren:

»... der die Sonne gesetzt hat zum Licht am Tage, der den Mond und die Sterne befestigt hat zum Lichte der Nacht (emend.),
der das Meer erregt, daß seine Wogen brausen ...« Jer 31 35

»Durch das Wort Jahwes sind die Himmel gemacht, durch den Hauch seines Mundes ihr ganzes Heer.
Er faßt wie im Schlauche die Wasser des Meeres, er legt in Kammern den Ozean.
Alle Welt fürchte Jahwe, es bebe vor ihm, wer den Erdkreis bewohnt!
Denn er, er sprach, und es geschah; er gebot, und es stand da.
Jahwe vereitelt den Ratschlag der Nationen, macht zunichte die Pläne der Völker.«
Ps 33 6-10

Der ausführlichen Chaoskampfschilderung Ps 74 13 f. folgen die Worte:

»Dein ist der Tag, dein auch die Nacht, du hast hingesetzt die Sonne als Leuchte.
Du hast festgestellt alle Grenzen der Erde, Sommer und Winter, du hast sie geschaffen.«
Ps 74 16 ff.

»Du hast Rahab niedergetreten als eine Erschlagene, mit starkem Arm hast du deine Feinde zerstreut.
Dein ist der Himmel, dein auch die Erde, der Erdkreis und was ihn erfüllt — du hast sie gegründet ...« Ps 89 11 f.

Endlich ist Ps 104 in seiner einleitenden Partie instruktiv. In der Einleitung sind Motive von Schöpfung (im Sinne des Handelns des fernen Gottes) und Theophanie verbunden (2a. 3b). Hernach folgt der Bericht vom Chaoskampf, der hier deutlich als ein einmaliges, in der Vorzeit stattgefundenes Ereignis gesehen wird.

---

das Verb in der Schöpfungsterminologie zurücktrat, wäre dann ähnlich zu sehen wie bei der israelitischen Zurückhaltung קנה gegenüber.

»Urhebung« und Chaoskampf sind in den verschiedenen Texten je miteinander verbunden. In Jer 31 35 erscheinen sie nebeneinander in hymnischer Aufreihung; in Ps 33 6ff. ist eigentlich nur von »Urhebung« die Rede, doch ist damit in Beziehung gebracht das Motiv der Theophanie und dasjenige des Völkerkampfes, was mit dem Chaoskampf sachlich übereinstimmt; die Stellen Ps 74 16ff. 89 11ff. leiten vom einen Thema zum andern über, wobei das Chaoskampfmotiv vorausgeht; in Ps 104 und den entsprechenden Texten sind beide Motive organisch miteinander verbunden: Chaoskampf ist zum Kampf in einer grauen Vorzeit geworden, ein einmaliges Ereignis, durch welches die seither bestehende Weltordnung gegeben wurde.

Zu diesen Texten gehört auch die Priesterschrift, die die Elemente des Chaoskampfes zur Beschreibung der Schöpfung verwendet, diese jedoch in die Vorzeit transponiert und obendrein alle Erinnerungen an einen Kampf, welche eine Jahwe entgegengesetzte Macht implizieren, unterdrückt[114].

Nach der Übersicht über diese Texte ist noch die Frage zu beantworten, inwieweit die Verbindung von »Urhebung« und Chaoskampf schon im vorisraelitischen Jerusalem vorhanden war und wo israelitische Bearbeitung der Tradition vorliegt.

Jedenfalls hat die enge sachliche Verbindung, wie sie in Ps 104 und den entsprechenden Texten zu konstatieren ist, in der Struktur jebusitischer Religion sicher keinen Platz, da hier das Chaoskampfmotiv seinen Ort in *erster Linie* im Mythus hat, dessen Urzeit nicht mit der Vorzeit der Urhebung in Einklang gebracht werden kann. Doch ist es durchaus wahrscheinlich, daß in der Struktur des Lobhymnus beide Motivkategorien nebeneinander stehen. Stellen wie Jer 31 35f. usw. sind strukturmäßig also bereits als jebusitisches Erbe denkbar.

So ist bei dieser Sachlage zu bedenken, wie sehr Aussagen in der Art von Ps 104 oder der priesterschriftlichen Urgeschichte durch die Jerusalemer Tradition schon vorbereitet waren. Theologische Spekulation fand hier leicht den Weg zu einer Theologie der Schöpfung, wie sie für Israel möglich war.

7. Gott der Richter

Daß Gott Richter ist, ist ein in den Psalmen mannigfach variiertes Aussagemotiv[115]. Um welche *Gerechtigkeit* geht es, wenn wir die Frage nach dem kanaanäischen Urgrund des späteren israelitischen Gerechtigkeitsbegriffes stellen? Die Antwort ist schon mehrmals ange-

---

[114] Vgl. W. H. Schmidt, Die Schöpfungsgeschichte der Priesterschrift, 1967^{2}.

[115] Vgl. A. Gamper, Gott als Richter in Mesopotamien und im Alten Testament, 1966, bes. 210ff.

deutet worden: Es geht um die Weltordnung, die vom fernen Gott an den König delegiert wird, die Gestalt annimmt in der politisch-sozialen Ordnung eines jeden Staates[116]. Die Texte aus Ugarit machen deutlich, daß El Urheber des Rechtes ist, das der König durchzusetzen hat. Allein schon der Königsname Dn'il, »El ist Richter«, ist sprechend. Diese Aufmerksamkeit auf das Recht, von Pettazzoni zu einem Hauptcharakteristikum des »allwissenden Gottes« überhaupt erklärt, bestimmt sehr viele ferne Götter[117].

Die sozial benachteiligten Gruppen der Bevölkerung sind nach Aussage ugaritischer Texte besonders dem Schutze des Königs anbefohlen: Witwen, Waisen, Schwache[118]; ein ähnliches Vokabular bezeichnet im AT die Menschen, die besonders unter Gottes Rechtsschutz stehen: Die Armen, Elenden, Geringen, Witwen und Waisen[119]. Die individuelle Klage ist die Form, in welcher der einzelne den Schutz der durch Gott garantierten Ordnung in Anspruch nimmt. So ist Gott in diesem Zusammenhang Richter über den einzelnen, er verhilft diesem zu dem ihm zukommenden Recht, ahndet aber auch dessen Übertretungen.

Neben diesem Aussagekreis steht das Motiv, daß Gott der Richter der Völker ist:

»Jahwe thront ewiglich; er hat seinen Thron zum Gericht aufgestellt.
Und er richtet den Erdkreis mit Recht, er spricht Recht den Völkern mit Billigkeit.«
Ps 9 8f.

Betrachtet man diese Stelle isoliert, so ließe sich vermuten, daß es sich beim Richteramt Gottes um eine neutrale Instanz handelte, die zwischen den Völkern Recht spricht; doch der Kontext zeigt deutlich, was gemeint ist: Es geht darum, daß Gott das Recht *seines Volkes* durchsetzt andern Nationen gegenüber. Chaos- und Völkerkampfmotiv werden im selben Psalm gebraucht, um das richtende Handeln dieses Gottes zu beschreiben. Andere Texte zeigen ähnliche Erscheinungen:

»Jahwe — die wider ihn streiten, werden zerschlagen, עליון im Himmel donnert.
Jahwe richtet die Enden der Erde. Er gebe seinem Könige Stärke, erhöhe das Horn seines Gesalbten!«
I Sam 2 10

Theophanie, Völkerkampf, Völkergericht — die drei Motive sind aufs engste verknüpft. Doch ist auch die Gestalt des Königs in den Zusammenhang einbezogen; noch deutlicher wird dies in Ps 45 4ff.:

116 Dazu H. H. Schmid, Gerechtigkeit als Weltordnung, 1968.

117 Der allwissende Gott, Fischer Bücherei 319, bes. 18ff.

118 II Krt VI, 45ff.; II Aqht V, 7.

119 Besonders die Bezeichnungen דל, רש, אביון, אלמנה, יתום עני/ענו gehören in diesen Zusammenhang, vgl. z. B. Ps 68 6 72 4. 12. 82 3f. auch in prophetischen Texten ist dieses Motiv oft übernommen, z. B. Am 2 7.

»Gürte dein Schwert an die Lenden[120], du Held! In Pracht und Prunk ...[121]
fahre hin für die Sache der Wahrheit, der Armut, des Rechts!
Furchtbare Taten lehre dich dein Arm!
Deine scharfen Pfeile sollen Völker erschrecken[122]! Es sollen mutlos werden[123] die Feinde des Königs.
Dein Thron, du Gott, bleibe immer und ewig, das Zepter deiner Herrschaft ist ein Zepter des Rechts.
Du liebst Gerechtigkeit und hassest den Frevel, drum hat Jahwe[124], dein Gott, dich gesalbt ...«

Hier zeigt sich, wie der König, als Personifikation des nahen Gottes, die Ordnung gegen außen und innen zu vertreten hat, die ihm seinerseits übertragen wird[125].

Beim Thema »Gericht« zeigt sich besonders klar, daß ursprünglich der El von Jerusalem Funktionen von nahem und fernem Gott auf sich vereinigte. Er ist einerseits der Gott, der die Ordnung dem König überträgt, der andererseits selbst darüber wacht, gegen die Fremdvölker angeht usw. Die Funktionen lassen sich gar nicht mehr differenzieren, sondern gehen ineinander über.

Eine Besonderheit des alttestamentlichen Textmaterials, das in diesen Motivkreis gehört, ist noch zu erörtern. Es handelt sich um das Thema der »ungerechten Götterrichter«[126]:

»Jahwe steht da in der Versammlung Els, inmitten der Götter hält er Gericht.
,Wie lange wollt ihr noch ungerecht richten und die Person der Übeltäter ansehen?
Sprecht Recht dem Geringen und der Waise, helft dem Elenden und Bedürftigen zum Recht!
Rettet den Geringen und Armen, befreit ihn aus der Hand der Übeltäter!'
Sie sind ohne Einsicht und Verstand, sie wandeln in Finsternis — es wanken die Grundlagen der Erde!
,Ich sage: Zwar seid ihr Götter, Söhne des עליון seid ihr alle,
doch fürwahr: Wie Menschen sollt ihr sterben, wie einer der Fürsten sollt ihr stürzen!'
Stehe auf, Jahwe[127], richte die Erde! Denn dein Eigentum sind die Völker alle!«

Ps 82

»Sprecht ihr in Wahrheit Recht, ihr Götter[128]? Richtet ihr die Menschenkinder gerecht?
Nein, ihr alle übt Frevel[129] im Lande, der Gewalttat schaffen Bahn eure Hände!

Ps 58 2f.

---

[120] l. mit Suff. 2. ps. (LXX).

[121] Der entstellte Text enthielt hier wohl eine Parallelaussage zu »gürte dein Schwert«; vgl. die Vorschläge der Kommentare, die unsicher sind.

[122-123] Vgl. Kraus, Psalmen, I z. St.

[124] Der Gottesname ist im elohistischen Psalter ersetzt.

[125] Vgl. dazu die Parallelen o. S. 75f. u. ö.

[126] Vgl. dazu zuletzt W. H. Schmidt, Königtum Gottes in Ugarit und Israel, 1966², 40ff.; A. Gonzales, Le Psaume LXXXII, VT 13, 1963, 293ff.

[127] Vgl. Anm. 124.

[128] l. אלים (BH). [129] l. כלכם עול (BH).

Man wird beim 82. Psalm zuerst nach der Gattung fragen müssen; doch versagen hier alle sonst bekannten Formen, die zur Deutung herangezogen werden könnten. Wohl finden sich Elemente, die an Formelemente bekannter Gattungen erinnern, vor allem v. 8[130]. Doch als Ganzes ist der Psalm nach gattungsgeschichtlichen Gesichtspunkten nicht einzuordnen. Damit legt sich der Schluß nahe, daß es sich gar nicht um einen Psalm, d. h. eine Liedform handelt[131].

Ohne weiteres aber wäre der Text in einem Mythus einzuordnen. Die Tatsache, daß einzelne Götter in direkter Rede sprechen und dazwischen Bericht der Ereignisse bzw. Kommentar folgt, ist sowohl am babylonischen wie am ugaritischen Mythenmaterial aufweisbar. So ist anzunehmen, daß Ps 82 ursprünglich Bruchstück eines Mythus war.

Damit ist freilich nicht gesagt, ob er in Israel je die Funktion des Mythus innehatte. Es ist ohne weiteres denkbar, daß vorisraelitisch-mythische Stoffe in Israel als Hymnus aufgefaßt wurden. Auch die Chaoskampfaussagen begegnen ja in Israel ausschließlich in hymnischer Form, wobei sich dort allerdings das Formelement in jedem Falle stärker durchgesetzt hat als gerade hier im 82. »Psalm«.

In Ps 58 liegen die Dinge etwas anders. Hier handelt es sich formal um eine Feindklage des einzelnen. In den Versen 2f. aber ist auch nicht ein einziges Formelement der Klage vorhanden — vielmehr spürt man auch hier die Diktion des Mythus, die Drohrede des Gottes seinen Gegnern gegenüber.

In diesem Zusammenhang ist nach der vorisraelitischen Grundlage, damit auch nach dem Inhalt des Mythus zu suchen. Die Szene ist kurz, doch läßt sich einiges erkennen: In der Versammlung der Götter sind einige, welche die gesetzte Rechtsordnung übertreten, weshalb der Hüter des Rechts ihnen den Kampf ansagt und ihnen mit Vernichtung droht.

In der Einordnung dieser Szene hat man davon auszugehen, daß in der Jerusalemer Tradition das Motiv vom Völkergericht und vom

---

130 Vgl. die Überlegungen bei Kraus, Psalmen, II 569f.

131 Schmidt (a. a. O. 40) möchte die v. 2-5a vom Rest des Psalms absetzen und erkennt in ihnen »altisraelitische Rechtsforderungen«, so daß dadurch das im übrigen kanaanäische Material interpretiert wird; dadurch werden »die fremden Götter an altisraelitischem (und prophetischem) Recht gemessen«, an »Jahwes Bundesordnung« (a. a. O. 42). Die Deutung ist darum problematisch, weil die sozial Schwachen, die in dem v. 3 erwähnt sind, gerade durch die kanaanäische Weltordnung besonders geschützt sind, und insofern die Aufmerksamkeit des Königs und des im Hintergrunde stehenden Gottes besitzen: »Ungerechte Götter« sind solche, die sich ordnungswidrig verhalten — also Chaosmächte. Von der Denkstruktur her ist der Psalm ohne weiteres als Einheit und kanaanäische Komposition verstehbar. Daß in Ugarit keine ähnlichen Texte gefunden wurden, besagt nichts, wenn man nicht mit einer undifferenzierten kanaanäischen Einheitskultur und -religion rechnet.

Völkerkampf sehr nahe benachbart sind, ja oft ineinander übergehen. Der Schlußvers 8, der allerdings nicht zur ursprünglichen Textgestalt gehört, interpretiert das Vorgehen gegen die ungerechten Götter als Gericht gegen die Völker — wohl völlig zu Recht[132].

So ergibt sich der Schluß, daß Ps 82 ein Bruchstück des ursprünglichen Jerusalemer Chaoskampfmythus wiedergibt. Die Chaosmacht äußert sich auch in der Person der ungerechten Götter — näheres erfahren wir hier ja nicht über sie — der Kosmosstreiter besiegt sie wie das Chaos. Mit Recht kann man deshalb von einem »Gerichtsmythus« innerhalb der Jerusalemer Tradition sprechen[133]. Als handelnden Gott wird man auch hier El zu denken haben[134]. Er übt sein Gericht im Chaoskampf.

8. *Els Königtum — Sterben und Wiederauferstehen der Gottheit?*

Nur kurz sind noch Aspekte zu streifen, die in der Literatur schon ausgiebig behandelt worden sind. Daß die Aussage vom Königtum Gottes Israel von Jerusalem überkommen war, ist weitgehend anerkannt[135]. Schmidts These, der zwischen dem Königtum Baals und dem Königtum Els scheiden will, dürfte, wie die Untersuchungen ergeben haben, in Jerusalem den Sachverhalt nicht treffen. In seiner spezifischen religionsgeschichtlichen Situation hat Jerusalem in El beide Königtumsarten verwirklicht gesehen: El ist sowohl der ferne König, der über Zeiten und Wechsel erhaben ist, als auch der nahe

[132] Der Ausdruck קומה ist bittende Aufforderung zur Theophanie (vgl. etwa Num 10 35 Ps 3 8 7 7 9 20 44 27 74 22 132 8); besonders interessant sind die Parallelausdrücke in Ps 44 27. עורה, הקיצה; diese bilden eine Reminiszenz an den vom Tod wieder auferstehenden Gott, gehören also in den Bereich des nahen Gottes (vgl. G. Widengren, Sakrales Königtum im Alten Testament und im Judentum, 1955, 63ff.). Die Bitte hat ihren Sitz in der Klage des Volkes wie des einzelnen, außerdem wohl in der Liturgie des Ladefestes, als dessen Hintergrund ein kanaanäisches Neujahrsfest anzunehmen ist (vgl. E. Lipiński, Yahveh malak, Biblica 44, 1963, bes. 447ff.). Diese letzte Situationsmöglichkeit verdient im Zusammenhang mit Ps 82 besondere Beachtung, weil auch hier derselbe kultische Hintergrund anzunehmen ist.

[133] So S. Mowinckel, Psalmenstudien, II 1922, 65ff.

[134] Es bereitet keine Schwierigkeiten, den Anfang des Psalms als ursprünglich zu anerkennen, wo es nach der vorliegenden Deutung heißen müßte: »El steht da in der Els-Versammlung«; damit ist gesagt, daß der oberste Gott richtet! Daß die »ungerechten Götter« Söhne ʿäljons sind, bedeutet, daß auch Chaosgötter als Söhne des Kosmosgottes gelten. Die Situation ist entfernt derjenigen in der ḫurritischen Theogonie ähnlich, wo sich Söhne gegen ihre Väter empören und ihnen das Königtum streitig machen; hier aber siegt der alte Gott El. Dabei ist zu bedenken, daß auf seiner Seite noch ein anderer, junger Gott am Ordnungskampf teilnimmt (vgl. unten S. 214f.).

[135] W. H. Schmidt a. a. O. (Bericht über Thesen der alttestamentlichen Forschung 1ff.).

König, der immer wieder seine Herrschaft erkämpfen muß. In diesem Zusammenhang wird man sich auch ein jerusalemisches vorisraelitisches Neujahrs- und Thronbesteigungsfest zu denken haben, das in seinem Gehalt sicher nicht stark von ähnlichen Festen abwich[136].

Als König ist El Oberherr über ein Pantheon, das verschiedene Namen trägt: **עדת אל** (Ps 82 1), **קהל קדושים** (Ps 89 6), **סוד קדושים** (Ps 89 8), **סוד יהוה** (Jer 23 18); das Verhältnis der Götter zum summus deus ist, wie anderswo, durch die Vaterschaft Els zum Ausdruck gebracht (**בני אלים** Ps 29 1 89 7, alter mimierter Genetiv, wie ugaritisch *bn 'ilm*, oder **בני אלהים** Hi 1 6f. u. ö.[137]).

Ob auch Aussagen vom Sterben und Wiederauferstehen der Gottheit[138] auf El bezogen waren, ist eher zweifelhaft. Wahrscheinlich haben andere Götter diese Vegetationszüge erhalten[139].

---

[136] Auf die Diskussion um ein *israelitisches* Thronbesteigungsfest soll hier nicht eingegangen werden. Im vorisraelitischen Jerusalem wird es ein solches Fest wie in jeder anderen Gegend des alten Orients gegeben haben — das dürfte außer Zweifel stehen. Daß dieses Fest in einem entsprechenden israelitischen Fest seine Fortsetzung fand, ist sehr wahrscheinlich, wobei dieses neue Fest selbstverständlich seine neue und spezifische Bedeutung hatte (vgl. H.-J. Kraus, Psalmen, I 204, der diesen Gedanken als Möglichkeit erwähnt; die andern erwähnten Möglichkeiten einer Situierung des Thronbesteigungsfestes sind m. E. sehr viel unwahrscheinlicher; zum Ganzen E. Lipiński, La royauté de Yahveh dans la poésie et le culte de l'ancien Israël, 1965).

[137] Dazu zuletzt G. Cooke, The Sons of (the) God(s), ZAW 76, 1964, 22ff.; vgl. auch oben Anm. 54 und Kap. 5.

[138] Dazu G. Widengren, Sakrales Königtum im Alten Testament und im Judentum, 1955, 60ff.; F. Hvidberg, Weeping and Laughter in the Old Testament, 1962; H. J. Kraus, Der lebendige Gott, EvTh 27, 1967, 169ff.; W. H. Schmidt, Alttestamentlicher Glaube und seine Umwelt, 1968, 145.

[139] Vgl. unten S. 218; immerhin ist zu bedenken, daß auch in Mesopotamien »tammuzartige Eigenschaften«, also Züge der sterbenden und wieder auferstehenden Gottheit, Göttern zugeschrieben wurden, die damit eigentlich nichts zu tun hatten. So wäre es denkbar, daß auch El in dieser Weise gesehen werden konnte.

V. Weitere Götter im Jerusalemer Pantheon

A. ŠALEM

Zum summus deus Jerusalems, El, gehört die »Els-Versammlung«, das Pantheon. Es ist zu erwarten, daß in Jerusalem ähnlich wie in andern Zentren kanaanäischer Religion die Funktionen des Pantheons differenziert waren, daß verschiedene Gottheiten mit verschiedenem Charakter und entsprechenden Aufgaben da waren. Um welche Götter mag es sich gehandelt haben? Was läßt die spätere Jerusalemer Tradition noch sichtbar werden? Jedenfalls sind die Ergebnisse sehr viel dürftiger als bei El. Wir werden uns weitgehend auf dem Feld von mehr oder weniger wahrscheinlichen Vermutungen bewegen; trotzdem muß der Versuch der Rekonstruktion gewagt werden.

Daß im vorisraelitischen Jerusalem der Gott Šalem verehrt wurde, geht schon aus Namen der Stadt hervor.

Der erste Teil des Stadtnamens ist nicht sicher zu deuten. Die in den Amarna-Briefen[1] erhaltene Form *Urušalim* ist eine Akkadisierung bzw. Sumerisierung des Stadtnamens und bedeutet »Stadt Šalems«; tatsächlich dürfte *jerū-* ursprünglicher sein[2]. Was bedeutet aber dieses Element?

Meist wird darin die Verbalwurzel *jrj* gesehen in der Bedeutung von »gründen«[3]; *j^e^rû-* kann dann als finite Form oder Substantiv gedeutet werden, wobei die letztere Erklärung eher den Vorzug verdient; man hätte also an »Gründung Šalems« zu denken[4]. Die Deutung ist nicht unproblematisch, kommt doch ירה im AT nur einmal in dieser Bedeutung vor (Hi 38 6: ירה אבן פנתה, »den Grundstein legen«; schon viel entfernter Gen 31 51: »einen Steinhaufen und eine Maṣṣebe errichten«). In andern semitischen Sprachen (ugaritisch *jrj*, arabisch *warra*) hat das Wort nie die Bedeutung von »gründen«[5]; dagegen finden sich Ausdrücke wie akkadisch *nadû ussê* usf., freilich immer mit einem zur Ausdruck gehörigen Objekt. Doch ist noch folgendes zu beachten: Das Element *j^e^rû* ist auch andernorts im AT erhalten; in II Chr 20 16 ist von einem

[1] J. A. Knutzon, Die El-Amarna-Tafeln, II 1908, Nr. 285—90.

[2] Die Lautung *uru-* ermöglichte es, im Stadtnamen auch vom Akkadischen her einen Sinn zu hören; daß aber der Name ursprünglich akkadisch (bzw. sumerisch) gewesen wäre, so daß man in *jerū-* eine nachträgliche Kanaanaisierung zu sehen hätte, ist im palästinensischen Gebiet mehr als unwahrscheinlich.

[3] Vgl. W. F. Albright, The Egyptian Empire in Asia in the twenty-first Centura B. C., JPOS 8, 1928, 248; ds., Palestina in the Earliest Historical Period, JPOS 15, 1935, 218 Anm. 78; J. Léwy, Les textes paléo-assyriens et l'Ancien Testament, RHR 110, 1934, 60f.; ältere Deutungen referiert G. Fohrer, ThW VII, 296 Anm. 33, s. v. Σιών.

[4] So Léwy a. a. O.

[5] Vgl. J. Aistleitner, Wörterbuch der ugaritischen Sprache, 1963, Nr. 1241.

מדבר ירואל die Rede; I Chr 7 2 wird ein PN יריאל genannt. Dem ist der qatabanische PN *wrw'l* zu vergleichen[6].

Nun ist die Bedeutung »Gründung Šalems« zwar für einen Stadtnamen verständlich, kaum aber für einen Personennamen. Es ist daher zu überlegen, ob allenfalls nicht die Wurzel *jrj* III »zeigen, lehren, weisen« für die Etymologie in Betracht fällt. Man wird dann eine Verbalform finiter Art annehmen: »Šalem gibt Weisung« oder ähnlich[7], was zu einem Šalem-Heiligtum paßt, aber auch als PN denkbar wäre. So wäre ירואל/יריאל in doppelter Verwendungsmöglichkeit verständlich.

So stellt sich nun die Aufgabe, die Wesenszüge des Gottes Šalem auf Grund außeralttestamentlicher Bezeugung zu bestimmen, um hernach ein Bild des Šalem von Jerusalem zu entwerfen.

1. Šalim, Šaḥar und ʿAṯtar in Ugarit

Außerhalb des nach den Zwillingsgöttern »Šaḥar und Šalim« genannten Mythus begegnet Šalim selten: einmal in einem Opfertext[8], wo er nach *mlkm* genannt wird, hinter welchem Namen man den aus dem AT bekannten Staatsgott der Ammoniter, Milkom, zu sehen hat; dann als Element in den Personennamen *šlmj, šlmjm, šlmn ṣdqšlm*[9]. Beide Erwähnungen lassen keine weitergehenden Schlüsse zu[10]. So haben wir uns auf den Mythus SS zu konzentrieren[11].

In diesem Zusammenhang interessiert insbesondere der Schluß der Komposition; im vorhergehenden Teil wird, nach Ritualanweisungen, der hieros gamos des El mit seinen beiden Frauen berichtet. Eigentliche Aussagen über Wesen und Wirken der göttlichen Zwillinge erscheinen II, 26ff., wo dem El (zum zweitenmal) die Geburt der Götter gemeldet wird.

»Die beiden Frauen Els haben geboren, und was sie geboren haben!
zwei liebliche Götter, gefräßige[12], Söhne des Tages, die saugen an der Brustwarze der Herrin! Eine Lippe
zur Erde, eine Lippe zum Himmel (gewandt), und wahrlich, es gehen in ihren Mund die Vögel des Himmels und

6 Vgl. G. Ryckmans, Les noms-propres sud-sémitiques I, 226. — Möglicherweise ist auch der PN ירבעל so zu verstehen.

7 Zu ירה als »orakeln« vgl. R. Meyer, Melchisedek und Moresedek, VTS 15, 1966, 233f.

8 UT 17, 10 (zur akkadischen Bearbeitung der Liste vgl. E. F. Weidner, AfO 18, 1957/58, 170).

9 Vgl. Aistleitner, Wörterbuch, Nr. 2617, 2618; 2619, 2309; F. Gröndahl, Die Personennamen der Texte aus Ugarit, 1967, 193.

10 Auch der Gott Šaḥar wird in Personennamen genannt: *'ilšḥr* Aistleitner Nr. 256; unsicher ist der Name *ʿbdšḥr* (Nr. 1985, 2598). Vgl. F. Gröndahl a. a. O. 192; Gaster, Thespis, 411.

11 Vgl. dazu oben 142ff.; Gaster, Thespis, 418ff.

12 *'agzrjm* ist wohl mit dem in Z. 29 folgenden *gzr* zusammenzubringen (vgl. hebr. II גזר, HAL 180); so auch J. Gray, The Legacy of Canaan, 1957, 210; Gordon, UT III, 570. Es handelt sich um ein Adjektiv der Form *'aqtal*.

die Fische im Meer, und sie eilen von Fressen zu Fressen, sie schaffen es von rechts und links in ihren Mund und werden nicht satt. O Frauen, die ich mir erheiratet habe, Söhne, die ich gezeugt habe, nehmt das Opfer mitten in die Heilige Trift!
Dort rennen sie hin und her zu Steinen und Bäumen, sieben volle Jahre, acht Zeitperioden, die lieblichen Götter ergehen sich
auf den Gefilden, sie jagen einher in den Gefilden der Steppe, und wahrlich, sie begegnen dem Wächter
des Saatfeldes, und wahrlich, sie schreien: Wächter des Saatfeldes, o Wächter,
Wächter öffne! Und er öffnet die Öffnung ihretwegen,
und sie gehen ein (. . . ?): ‚Ist hier Brot zu essen, so gib,
und wir wollen essen; ist hier Wein zu trinken, so gib, und wir wollen trinken!'
Und es antwortet ihnen der Wächter des Saatfeldes: ‚Es ist Brot zum essen da und es ist Wein zum trinken da!' . . .«

Die beiden Götter Šaḥar und Šalem werden in diesem Mythus immer zusammen erwähnt, sie bilden also eine Einheit. Von den Namen her ist auch klar, mit welchen Naturerscheinungen sie verbunden werden: Sie sind die Götter von Morgen- und Abenddämmerung; wahrscheinlich ist noch genauer zu formulieren: Sie sind die Gottheiten Morgen- und Abendstern, die gewissermaßen über die Zeit der Dämmerung herrschen[13].

Was wird nun von diesen Göttern deutlich? Ihr festes Epitheton ist *'ilm n'mm wjsmm*[14], die »lieblichen und freundlichen Götter«; auf Grund dieser Angabe käme man in Versuchung, auf einen gutmütigen Charakter der Götter zu schließen. Doch dies ist zweifelhaft, wenn man den übrigen ugaritischen Gebrauch des Ausdruckes *n'm wjsm* in Betracht zieht. Im Baals-Zyklus wird beschrieben, wie die Göttin 'Anat sich in die Unterwelt begibt. Dabei heißt es, daß sie gelangt »ins Innerste der Felder, ins ‚Schöne', ins Land des Pestgottes, ins ‚Liebliche', zum Feld des Löwen Mamit, sie gelangt zu Baal, der gefallen war . . .« (*lkbd šdm tmǵ ln'm 'arṣ dbr jsmt šd šḥl mmt tmǵ lb'l npl*)[15]. Diese Beschreibung erscheint dreimal in fast demselben Wortlaut, sie ist also nicht zufällig, sondern geprägte Form. Ein anderer Zusammenhang, der *n'm wjsm* gebraucht, handelt auch von 'Anat; leider ist der Text fragmentarisch. Immerhin ist klar, daß es um die Geburt eines Stieres, der Sohn Baals ist, geht. 'Anat »kam und zog dahin . . . zum ‚Lieblichen und Schönen'. Ein Kalb, ein Kalb hat sie dem Baal geboren, ein Rind hat sie dem Sohn Dagans geboren . . .«[16]. Nach ihrer Geburt singt 'Anat ein Siegeslied: »Der Fels des Todesweges (ist) zum

---

[13] J. Gray, The Desert God 'Aṯtar in the Literature and Religion of Canaan, JNES 8, 1949, 72ff., bes. 73.
[14] I, 1f.; nur *'ilm n'mm* Z. 23; 58; 60; 67.
[15] I*AB VI, 7. 29; I AB II, 20.
[16] IV AB, III, 18.

Fels des Sieges (geworden):«[17]. Sollte im ganzen Zusammenhang vielleicht gemeint sein, daß ʿAnat in der Unterwelt gebar?[18]

Jedenfalls da, wo *nʿm wjsm* die Unterwelt qualifiziert, ist deutlich, daß es sich um Euphemismen handelt. Das wird denn auch für Šaḥar und Šalem gelten; die beiden Götter erweisen sich ja gar nicht als harmlos im angeführten Teil des Mythus.

In SS II, 26 werden die beiden *bn jm* genannt, wohl als »Söhne des Tages« zu übersetzen[19]. Hier ist daran zu denken, daß die beiden Götter einen astralen Aspekt haben; insofern sie bei Tagesanfang und -ende in ihrem Regiment sind, hat der Titel seine Bedeutung. Die Mutter der beiden, ʾAṯirat, trägt ja die Bezeichnung *ʾaṯrt jm*, am ehesten auch als »Aṯirat des Tages« zu fassen[20].

Der eigentliche Inhalt des hier wiedergegebenen Mythenabschnitts beginnt mit einer Schilderung der unerhörten Gefräßigkeit der Götter. Die Schilderung II, 26f., daß »eine Lippe zur Erde, die andere zum Himmel« reicht, hat ihre Parallele in der Schilderung Mots, dessen »eine Lippe (oder Kinnbacken?) zur Erde, dessen andere Lippe zum Himmel, dessen Zunge zu den Sternen« reicht[21]. Auch in dieser Eigenheit erinnert die Charakterisierung also an Unterweltsmächte.

II, 29f. folgt eine weitere Ritualanweisung. Da der Vater der Kinder, also El, redet, ist anzunehmen, daß der König jetzt eine Opferhandlung vorzubereiten oder zu vollziehen hat.

Der weitere Verlauf des Geschehens ist undurchsichtig. Die Zeitangabe »sieben, acht Jahre« ist kaum wörtlich zu nehmen, es handelt sich — ähnlich wie in der entsprechenden Zeitangabe im Baalsmythus oder ähnlichen Kompositionen — um *eine* volle Zeit[22]. Das Ende ist

---

[17] Z. 28. ʿAnat kommt dann zum Ṣaphon, welcher nun *nʿm ġr tlʾijt* genannt wird (Z. 31). Das Siegeslied der Göttin greift vor; es deutet an, daß nun die Göttin durch die erfolgreiche Geburt innerlich bereits beim »Siegesfelsen« angelangt ist.

[18] Andererseits wäre auch denkbar, daß mit dem »Lieblichen und Schönen« euphemistisch die Geburt bezeichnet ist. Das Siegeslied würde dann dem Triumph der Mutter, die sich schon dem Tode nahe glaubte, Ausdruck verleihen.

[19] Ganz anders faßt Aistleitner (Wörterbuch Nr. 643) die Stelle; er übersetzt: »Ebenbilder des *Jm*, Söhne des *Jm*«; doch haben die Götter nirgends etwas mit dem Gott Jam zu tun.

[20] So D. Nielsen, Ras Schamra Mythologie und biblische Theologie, 1936, pass.; J. Gray, The Desert God ..., 74; der etymologische Zusammenhang des Gottesnamens ʾAṯirat verweist in ähnliche Richtung, wenn die Verbindung mit arabisch *ʾaṯr* »Glanz« richtig ist (M. Höfner, WM I, 497). Die *ʾaṯrt jm* wäre dann »die Glänzende des Tages«. Es könnte sich um eine solare Gottheit oder noch eher um die Verkörperung des lichten Tageshimmels handeln, wozu die Rolle der Göttin als Gemahlin Els gut passen würde.

[21] I*AB II, 2.

[22] Vgl. BH II, 43; auch für Inannas Unterweltsaufenthalt wird gelegentlich eine Dauer von »7 Jahren 7 Monaten und 7 Tagen« angenommen (A. Falkenstein, BiOr 22, 1965, 281). Auch hier ist nicht mit siebenjährigen Zyklen zu rechnen.

zwar abgebrochen, doch wird jedenfalls deutlich, daß der Hunger der beiden jetzt gestillt werden kann (der letzte erkennbare Satz II, 42 lautet: »... und sein Genosse war voll Weins ...«). Damit ist offenbar wieder in die Situation des agrarischen Mythus eingelenkt: Nach einer Zeit des Mangels ist jetzt wieder Sattheit, Befriedigung, Vollendung da. Ein Element verdient aber noch Beachtung: Die göttlichen Zwillinge verbringen ihre »7, 8 Jahre« außerhalb des Kulturlandes, im *mdbr*, der Steppe.

Ergeben diese Einzelheiten auch noch kein deutliches Bild von Šaḥar-Šalem, so lassen uns die ugaritischen Texte doch noch ein Stück weiterkommen, wenn die Gottheit *ʿAṯtar* mit in die Untersuchung einbezogen wird. Das ist deshalb berechtigt, weil dieser Gott in andern semitischen Religionen deutlich als Gottheit des Morgen- bzw. Abendsterns erscheint, daher auch irgendwie mit Šaḥar-Šalem zusammengehört[23]. ʿAṯtar kommt in den Opferlisten nur einmal vor[24] und spielt in den Mythen keine große Rolle[25]. Ein erster Text findet sich im Baals-Zyklus. Für den gestorbenen Baal soll ein Nachfolger auf dem Königsthron eingesetzt werden; El bittet seine Gattin ʾAṯirat um einen Vorschlag:

»Da sagte die Herrin, die ʾAṯirat des Tages:
Es sei König ʿAṯtar der Schreckliche.
Da kam ʿAṯtar der Schreckliche
zu den Gefilden des Ṣaphon
und setzte sich auf den Sitz des ʾAlʾijan
Baal. Seine Füße erreichten nicht
den Boden, sein Haupt erreichte nicht
die Spitze. Und der Schreckliche, ʿAṯtar, sagte:
Ich kann nicht König sein auf den Gefilden des Ṣaphon!
ʿAṯtar der Schreckliche kam herunter
vom Sitz ʾAlʾijan Baals
und wurde König der Unterwelt (?), Gott seines Alls«.[26]

Die Episode des Königtums ʿAṯtars auf dem Ṣaphon ist demnach außerordentlich kurz. ʿAṯtar ist nicht fähig, die Stellung Baals einzunehmen. Wie ist die Szene zu deuten?

Die Interpretation Gasters hat viel Anklang gefunden: ʿAṯtar ist der Gott der künstlichen Bewässerung[27]. Nachdem die Herrschaft Baals, die Zeit der natürlichen Bewässerung, zu Ende gegangen ist, vermag kurze Zeit diese künstliche Bewässerung die Fruchtbarkeit des Landes noch aufrecht zu erhalten, um dann aber doch von der

[23] J. Gray, The Desert God, passim.

[24] Nach UT 1117, 19 wird ein Kleid für *ʿṯtr* (oder *ʿṯtrt*?) geweiht.

[25] Vgl. M. H. Pope, WM I, 249f.

[26] I AB I, 25ff.

[27] Thespis 126f.; vgl. o. S. 45.

Sommerhitze abgelöst zu werden. Doch dem steht verschiedenes im Wege, vor allem die Tatsache, daß im ganzen semitischen Raum kein einziger Beleg dafür existiert, daß 'Aṯtar in besonderer Weise mit der Bewässerung zu tun hätte.

Gaster stützt sich in seinen Ausführungen vor allem auf die Etymologie des Namens; er verweist auf arab. عثرى, was gelegentlich in der Bedeutung »bewässertes Land« vorkommt. Doch ist diese Bedeutung nicht primär. Ursprünglich ist damit einfach »fruchtbares Land« gemeint, wobei diese Bezeichnung sehr wohl auf den Gottesnamen 'Aṯtar zurückgehen kann, da dieser im Altarabischen für die Fruchtbarkeit (nicht nur die durch Bewässerung erzielte!) zuständig ist[28]. — Die Etymologie ist nach wie vor ungeklärt. Sicher ist allein, daß es sich um ein gemeinsemitisches Wort handelt, demnach auch um eine Gottesgestalt sehr hohen Alters[29].

Diese Möglichkeit, die Herrschaft 'Aṯtars aus dem jahreszeitlichen Ablauf zu erklären, scheidet damit aus. Es ist aber fraglich, ob die 'Aṯtar-Figur überhaupt von einer bestimmten Jahreszeit her und deren spezifischer Bedeutung für die Fruchtbarkeit gedeutet werden kann. Es besteht auch die Möglichkeit, daß 'Aṯtar *wesensmäßig* nicht auf den Thron Baals paßt, weil er nicht im Fruchtbarkeitskult zu Hause ist. Das würde bedeuten, daß der Fruchtbarkeitsmythus in der Einschaltung dieser Szene darüber reflektiert[30], daß 'Aṯtar zwar eine Gestalt des ugaritischen Pantheons ist, nicht aber in die Gruppe der Fruchtbarkeitsgötter gehört, sondern seine eigene geistige Umgebung hat[31].

Einige Einzelheiten des Textes sind noch beachtenswert. 'Aṯtar heißt stereotyp »der Schreckliche«; zwar läßt der Mythus den Gott als sehr harmlos erscheinen, doch muß in seiner Charakteristik doch viel Schreckerregendes sein. Darauf wird die Interpretation der 'Aṯtar-Gestalt zu achten haben.

---

[28] W. Caskel, Die alten semitischen Gottheiten in Arabien, StSem 1, 1958, 111f.; vgl. auch O. Eißfeldt, Ritus und Mythus im Alten Orient, in: Kl. Schr., III 180.

[29] Zur Diskussion über die Etymologie vgl. J. Plessis, Études sur les textes concernant Istar-Astarté, 1922, 1ff.; G. Ryckmans, 'Aṯtar-Ištar: Nom sumérien ou sémitique?, in: Fschr. H. v. Wissmann, 1962, 186ff. Für sumerischen Ursprung des Wortes trat zuletzt G. Dossin ein (Le sumérien, langue savante et religieuse, Bulletin de l'Académie Royale de Belgique, Cl. des Lettres, 5e série, 43, 1957, 518ff.); seiner Erklärung nach soll das Wort ursprünglich »Frau« (eigentlich »die mit dem durchstoßenen Geschlecht(steil)«, giš-dar, vgl. hebr. *n^eqebā*) meinen. Doch ist die 'Aṯtar-Gestalt, wie zu zeigen sein wird, ursprünglich sexuell gar nicht eindeutig bestimmt, sie kann männliche und weibliche Züge tragen. Außerdem ist es unwahrscheinlich, daß ein Wort, das semitisch allgemein verbreitet ist, aus dem Sumerischen stammen sollte. Freilich ist eine befriedigende semitische Etymologie nicht bekannt.

[30] Vgl. dazu die Bemerkungen zur Form des Baals-Zyklus, Anm. 167 zu Kap. 1.

[31] Zur ursprünglichen Bedeutung der 'Aṯtar-Figur vgl. u. S. 201ff.

Der Text schließt damit, daß der Gott vom Ṣaphon heruntersteigt — und König wird, und zwar König über die *'arṣ*. Damit kann kaum die Erde gemeint sein, denn über die Erde herrscht der Gott, welcher den Ṣaphon innehat. Somit bleibt als Übersetzung für *'arṣ* nur »Unterwelt« übrig[32]. ʿAṯtar ist — mindestens auch — König der Unterwelt. Er ist es freilich in anderem Sinne als Mot; dieser ist ja Gegenspieler des Baal, wogegen ʿAṯtar, wenn die gegebene Interpretation richtig ist, gar nicht in diese Konkurrenz hineingehört.

Ein zweiter Text, der von ʿAṯtar handelt, findet sich ebenfalls im Baals-Zyklus. Leider ist er schlecht erhalten, nicht einmal der Gesamtduktus läßt sich klar ersehen. Offenbar begibt sich ʿAṯtar zu El, um sich zu beschweren, daß für Jam ein Haus gebaut wird, nicht aber für ihn selbst. Damit scheint sich — mitten im Kampfgeschehen zwischen Baal und Jam — eine kleinere Konkurrenz abzuzeichnen zwischen ʿAṯtar und Jam. Die fraglichen Verse lauten folgendermaßen[33]:

». . . Die Leuchte der Götter, Šapš, erhob ihre Stimme und rief: ʿAṯtar höre doch!
Der Stier El, dein Vater wird überlassen vor dem Fürsten Jam . . . dem Gewalthaber Strom,
der Stier El, dein Vater wird gewiß nicht auf dich hören, wird sicher ausreißen die Säule deines Sitzes, wird sicher umstürzen den Thron
deines Königtums, wird sicher zerbrechen den Stab deiner Herrschaft! Da antwortete ʿAṯtar . . .
. . . der Stier El, mein Vater. Ich selbst habe kein Haus wie die Götter, und keinen Hof wie die
Heiligen. Als ein Löwe werde ich herniederfahren, als ein Gieriger. Es werden mich waschen die Klugen . . . im Hause
Jams, im Palast des Gewalthabers Strom. Es überließ der Stier El, sein Vater (dem) Gewalthaber, dem Fürsten Jam . . .
Gewalthaber Jam, du bist König! . . . Wahrlich, du (ʿAṯtar), du bist nicht König, denn o weh, du hast keine Frau wie . . .
. . . . . (Rest unklar).«

Manches an dieser Textstelle erinnert an die zuerst besprochene: Auch hier hat ʿAṯtar keinen Platz in der Konkurrenz der Großen. Šapš, welche (wenn der Text richtig wiedergegeben ist) ʿAṯtar in den Konflikt hineinzieht, konstatiert, daß ʿAṯtar tatsächlich König ist; die Entscheidung Els geht aber dahin, daß ʿAṯtar keinen Anspruch auf Jams Königtum hat, keinen Anspruch auf einen Tempel[34]; als Begründung wird die Ehelosigkeit des Gottes angegeben.

So wird man von diesem Text aus sagen können: So wie ʿAṯtar nichts mit dem Wechsel der Jahreszeiten zu tun hat, so hat er nichts

---

[32] Zu *'arṣ* in der Bedeutung »Unterwelt« vgl. M. Dahood, Proverbs and Northwest Semitic Philology, 1963, 52; ds., Biblica 44, 1963, 297.

[33] III AB, C 15ff.

[34] Zu diesem Motiv s. o. S. 50f.

mit dem Chaos-Kosmos-Konflikt zu tun, diesem Inbegriff stadtstaatlicher Religiosität. Er hat — von Haus aus — nichts mit Tempeln zu tun, er hat auch keine Frau, ist also nicht für Fruchtbarkeit u. ä. verantwortlich. Als wesentlich sei angemerkt, daß ʿAṯtar »als ein Löwe« herunterfahren will; die Löwensymbolik wird sich als für ʿAṯtar bezeichnend erweisen[35].

Eine dritte, völlig undurchsichtige Stelle aus dem Text »Nikkal und die Kṯrt« sieht in ʿAṯtar den Hochzeits-Organisator:

»(Ḫrḫb spricht:) O lieblichster der Götter, o Schwiegersohn Baals, zahle den Brautpreis für Pdrj, die Tochter des Lichtes! Ich will dann herbeibringen ihren Vater Baal! ʿAṯtar wird es organisieren! Zahle den Brautpreis für Jbdrmj (Beiname der Pdrj ?), die Tochter seines Vaters! Der Löwe wird Betrieb machen!«

Der Zusammenhang ist nicht völlig klar. Jedenfalls will Ḫrḫb einem Gott, offenbar Jariḫ, der seine Tochter heiraten möchte, andere Mädchen zur Ehe empfehlen[36]. Über ʿAṯtar selbst wird nichts geklärt. Er scheint als Sohn Baals zu gelten, was im Vergleich mit den bisher behandelten Texten seltsam ist. Sehr wahrscheinlich gilt ihm das Epitheton *lbʾu*, »Löwe«.

ʿṯtr kommt in Ugarit auch als Element theophorer PN vor. Interessant ist dabei, daß sowohl *ʿṯtrʾab* als auch *ʿṯtrʾum* gebräuchlich sind. Damit zeigt sich, daß in einer Entwicklungsstufe, die noch von den Namen wiedergespiegelt wird, die ʿAṯtar-Gestalt geschlechtlich nicht eindeutig differenziert ist[37].

Neben ʿAṯtar ist aus den ugaritischen Texten ʿAṯtart, die weibliche Erscheinungsform der Gottheit, bekannt. Sie spielt in den Mythen eine noch kleinere Rolle als ʿAṯtar; zweimal wird sie in einem Atemzug mit ʿAnat genannt, das eine Mal gelten die beiden als Sinnbild der Schönheit[38]; zweimal erscheint sie unter der Namensform *ʿṯtrt šm bʿl*, »ʿAṯtart, Name Baals«[39], immer mit Ḥoron zusammen, der eine chtho-

---

[35] Vgl. A. Caquot, Le dieu ʿAṯtar dans les textes de Ras Šamra, Syria 35, 1958, 46; Comte du Mesnil du Buisson, JVEG 10, 1944/48, 406.

[36] Vgl. zum ganzen Text zuletzt W. Herrmann, Yariḫ und Nikkal und der Preis der Kuṯarat-Göttinnen, 1968, bes. 31—40; Herrmann versteht den Text so, daß der Vater Nikkals, *Ḫrḫb*, nicht mit der Heirat seiner Tochter mit Jariḫ einverstanden ist und diesem andere Frauen, die Baals-Tochter *Pdrj* und die ʿAṯtars-Tochter *Jbdrmj* zur Ehe empfiehlt. Doch ist ʿAṯtar schwerlich Vater einer Tochter, wenn andernorts betont ist, daß er keine Frau hätte.

[37] Vgl. dazu M. Dahood, StSem 1, 1958, 87ff.; F. Gröndahl a. a. O. 113.

[38] I K 146; außerdem I K 293.

[39] II K VI, 56; III AB, B 5. Der Name betont wohl die enge Verbindung zwischen ʿAṯtart und Baal. — Das Verhältnis zwischen ʿAnat und ʿAṯtart ist nicht deutlich. Während ʿAnat in den Mythen eine hervorragende Rolle spielt, ist ʿAṯtart im Kult sehr viel bedeutender gewesen. Vielleicht sahen die Ugariter hinter beiden Namen im Grunde dieselbe Göttin.

nische Gottheit ist[40]; die beiden Götter haben ihren Ort in einer Fluchformel. An einer Stelle im Baalsmythus endlich tritt ʿAṯtart auf, um Baal zu mahnen, Jam nicht zu töten. Bedeutungsvoll ist die Tatsache, daß ein Text noch den astralen Charakter ʿAṯtarts deutlich macht: es heißt *kʿtrb ʿṯtrt* »wenn ʿAṯtart jeweils untergeht« (UT 5, 1), worauf eine Kultanweisung folgt[41]. Neben der Namensform ʿAṯtart schreibt ein Text *ʾaṯtrt,* was als Mischform zwischen ʾAṯirat und ʿAṯtart zu werten ist[42]; tatsächlich ist damit wahrscheinlich ʿAnat gemeint. Wenngleich ʿAṯtart in den Mythen fast bedeutungslos ist, muß sie doch im religiösen Leben Ugarits eine überragende Rolle gespielt haben, erscheint sie doch außerordentlich häufig in Ritualen und Opferlisten, wogegen ʿAnat in diesen Formen selten erwähnt wird. Vielleicht hat man damit zu rechnen, daß eine einzige weibliche Gottheit den Ugaritern in verschiedener Gestalt vertraut war, wobei die eine dem (alltäglichen) Kult, die andere dem Mythus angehörte.

Wie ist nun die ʿAṯtar-Gestalt innerhalb des ugaritischen Pantheons zu verstehen? J. Gray gibt eine Erklärung, welche nicht nur gerade diese einzelne Göttergestalt, sondern die ganze Struktur der ugaritischen Religion in ein klareres Licht rückt: Es gibt in Ugarit zwei Klassen von Göttern, von denen die eine ihren Ursprung in einer sedentären Kultur hat (so vor allem Baal und ʿAnat), die andere aber in einem nomadischen Kulturkreis; zu dieser Gruppe rechnet Gray Šaḥar und Šalim, die er mit ʿAṯtar gleichsetzt, aber auch El und ʾAṯirat[43].

Wenn auch bei El und ʾAṯirat die Verhältnisse komplizierter liegen dürften, als Gray dies annimmt, so eignet sich seine These doch vorzüglich zur Deutung der ʿAṯtar-Gestalt. Er verweist auf das palmyrenische Götterpaar *ʾrṣw* und *ʿzjzw*[44] und eines in Edessa mit den Namen *Azizos* und *Monimos*[45]. Die beiden Gestalten entsprechen Šaḥar und Šalim, werden auch »wohlwollende Götter« genannt. Den beiden obliegt der Schutz der Karawanen; darin drückt sich ein besonderes Verhältnis zur Steppe aus, wie dies auch im Gedicht SS zum Ausdruck kommt. Die Namen erinnern an das Epitheton ʿAṯtars *ʿrẓ* (bzw. *ʿrṣ*). Daß Götter, welche Karawanen zu führen haben, nomadischer Herkunft sind, ist durchaus wahrscheinlich. Die These wird in andern semitischen Bereichen, in denen ʿAṯtar vorkommt, zu erhärten

[40] Pope/Röllig, WM I, 288f.; daß die Göttin mit Ḥoron zusammen genannt ist, bedeutet vielleicht, daß auch ʿAṯtart gewisse Unterweltsaspekte zeigt.

[41] Vgl. M. Dahood a. a. O. 86.

[42] II AB, II, 13.

[43] The Desert God ... 77; vgl. auch ds., The Legacy of Canaan, 135ff. Gray spricht von einem Konflikt zweier mythologischer Systeme.

[44] The Desert God 74; Legacy 135. Zu den Gestalten vgl. u. S. 192.

[45] Gray ebd.

sein. Die Fragen, die sich dabei stellen, sind vor allem die folgenden: Wie ist ʿAṯtars Königtum zu verstehen? Wie sind seine Verbindungen zum Totenreich zu deuten? Wie ist mit diesen Funktionen sein astraler Charakter verbunden?

Die Fragen sind deshalb nicht einfach zu beantworten, weil wir ʿAṯtar nicht ein einziges Mal tatsächlich in der hier vorausgesetzten ursprünglichen Position einer Gottheit in nomadischem Kulturkreis begegnen und aus seinen jeweiligen Funktionen im sedentären Raum auf frühere Charakterzüge schließen müssen.

2. *ʿAṯtart, Milk-ʿAṯtart, Mälqart*

Öfter wird ʿAṯtart in kanaanäischen Inschriften genannt. König und Königin der Sidonier sind Priester und Priesterin der Göttin, die also offenbar im nationalen Pantheon eine hervorragende Rolle gespielt hat[46]. Sie ist auch andernorts in Phönizien bekannt[47]. Die Texte reichen vom 9. bis 2. Jh. v. Chr.

Die Gottheit *Milkʿaštart* ist im phönizisch-punischen Bereich bekannt gewesen[48]. Offensichtlich handelt es sich um einen männlichen Gott, über dessen Charakter freilich nichts näheres bekannt wird. Der Name zeigt, daß zu ʿAštart das Epitheton *malik*, »König« gehört. Interessant ist insbesondere die Weihinschrift eines Ringes, die lautet: *lʾdn lʿzz mlkʿštrt* ... »dem Herrn, dem gewaltigen Milk-ʿaštart ...«[49]; noch im 2. Jh. v. Chr. gehört also zu dieser Gottheit das Epitheton *ʿaziz*, das von Gray als zu ʿAṯtar gehörig erkannt worden ist. Bezeichnend ist ebenfalls, daß in Karthago eine Urne dem Gotte geweiht ist[50], was bedeuten dürfte, daß er in irgendeiner Beziehung zum Totenreich steht.

Mälqart, später im ganzen phönizisch-punischen Bereich verehrt[51], war ursprünglich Hauptgott von Tyrus[52]. Sein Name, eigentlich *mlkqrt*, bedeutet »König der Stadt«. W. F. Albright hat Hinweise darauf

---

[46] KAI 13, 1. 2; 14, 14ff.; zu ʿAštarte vgl. weiter F. Nötscher-Th. Klausner, RAC I, 806ff.; F. Cumont, RE II, 2, 1776ff.

[47] Tyrus: KAI 17; Kition/Zypern: KAI 33; 37 A, 5; Memphis: KAI 48, 2; auch punisch (KAI 72; 81, 1 usw.).

[48] Vgl. A. Caquot, Le dieu Milkʿastart dans les inscriptions de ʾUmm el ʿAmed, Semitica 15, 1965, 29ff.; KAI II, 28 (Donner-Röllig).

[49] KAI 71. [50] RES 909 B.

[51] Vgl. S. Gsell, Histoire ancienne de l'afrique du nord, IV 1929, 301ff.; H. Preisendanz, RE Suppl. VI, 293ff.; S. Moscati, Die Phöniker von 1200 v. Chr. bis zum Untergang Karthagos, 1966, 77ff.

[52] Neben Mälqart hat in älterer Zeit El in Tyrus eine bedeutende Rolle gespielt, doch war er ebensowenig »Nationalgott« wie El in Ugarit. Er tritt hier wie andernorts immer mehr zurück. Vgl. Comte du Mesnil du Buisson, Origine et évolution du panthéon de Tyre, RHR 164, 1963, 133ff.

gefunden, daß die »Stadt«, über die der Gott als König herrscht, die Unterwelt ist[53]. Es ist wahrscheinlich, daß Mälqart viele Züge des Staatsgott-Typus in sich aufgenommen hat; so ist auch er ein sterbender und wiederauferstehender Gott[54]. Astrale Züge sind deutlich, wenn auch nicht stark hervortretend[55]. Zu seinen heiligen Tieren gehörte u. a. der Löwe[56]. Man wird somit auch Mälqart als eine Erscheinungsform ʿAṯtars auffassen dürfen.

So spärlich diese Angaben über die ʿAṯtar-Gestalt auch sind, so zeigt sich doch, daß die Charakteristik relativ konstant ist. Der Gott war im gesamten nordwestsemitischen Raum bekannt, erscheint aber in verschiedensten Positionen innerhalb des Pantheons.

3. *ʿAṯtar in Arabien*

Im altsüdarabischen Gebiet ist ʿAṯtar überaus bedeutend in der Reihe der Götter. Seine Funktionen sind vielfältiger als diejenigen der nordwestsemitischen ʿAṯtar-Gestalt. In keinem Fall ist er zu einem eigentlichen Nationalgott geworden, sondern als »überstaatlicher Gott«[57] stand er über den Nationalgöttern.

Die älteste Bezeugung einer altarabischen ʿAṯtar-Verehrung findet sich in einer Königsinschrift Asarhaddons von Assyrien (680—669); die Namensform lautet Atarsama'in, ʿAṯtar des Himmels[58]. Man hat darin vielleicht eine Angleichung der Gestalt an den nordwestsemitischen Baalsamem zu sehen[59]. Immerhin ist zu bedenken, daß ʿAṯtar als astrale Gottheit auch mit dem Himmel zu tun hat.

Dieser astrale Charakter ist durch Epitheta gesichert. Ein häufiges Epitheton, das in verschiedenen Gebieten gebräuchlich ist, lautet

---

[53] Archaeology and the Religion of Israel, 1946, 81; ds., AJSL 56, 1936, 11. Dieser Tatsache entspricht die Identifikation Mälqarts mit Nergal (H. Seyrig, Antiquités syriennes, Syria 24, 1944/45, 68ff.).

[54] Albright, Archaeology, 81; Gsell a. a. O. 311; Preisendanz a. a. O. 295f.

[55] Mälqart wird aber nicht mit dem Planeten Venus, sondern Mars in Zusammenhang gebracht (Seyrig a. a. O. 68). Er trägt zudem solare Züge (Gsell a. a. O. 313). Mit dem Astralitäts- und Unterweltscharakter des Gottes dürften die Menschenopfer zusammenhängen, die Plinius mit Herakles-Mälqart in Zusammenhang bringt (vgl. Preisendanz a. a. O. 297; näheres dazu vgl. u. S. 194. 203.

[56] Donner-Röllig, KAI II, 53; Seyrig a. a. O. 68ff.; vgl. die Abb. bei R. Dussaud in Syria 25, 1946/48, 223, Fig. 4.

[57] W. Caskel, Die alten semitischen Gottheiten in Arabien, StSem 1, 1958, 106. In der festgefügten Göttertrias hat ʿAṯtar den ersten Platz inne; es folgt der eigentliche Staatsgott, der meist (oft wohl sekundär) lunare Züge trägt. An dritter Stelle folgt ein weibliches, meist solares Element. Ursprünglich und durchgehend aber ist ʿAṯtar astrale Größe.

[58] R. Borger, AfO Beih. 9, 1956, 53, 10—12.

[59] W. Caskel a. a. O. 100f.

'T̠TR ŠRQN, »'At̠tar des Ostens«[60]; damit ist der Venusstern in seiner morgendlichen Erscheinungsform gemeint. Den Abendstern meint wahrscheinlich das Epitheton *ḏ-YHRQ*, »der Untergehende«[61]. Oft ist in sabäischen Inschriften mit 'At̠tar zusammen Šaḥar genannt[62]. Der Ausdruck *'T̠TR wSḤR* ist wohl dahin zu verstehen, daß beide Gestalten identisch sind, der unter zwei Gestalten bekannte Gott aber nach seiner morgendlichen Erscheinungsform hin spezifiziert wird[63].

Eine wesentliche Bedeutung hat 'At̠tar im Kampf; kriegerische Züge machen die Epitheta *'ZZM*, »der Mächtige« (den nordwestsemitischen Belegen nach zu urteilen ein sehr altes Epitheton); *B'SN*, »der Mutige«; *B'L ṢN'TM*, »Herr der Stärke« deutlich[64]. Diese Eigenschaften machen 'At̠tar zum Schutzgott. Nicht nur Verteidigung des Staates und Rache für geschehenes Unrecht ist ihm anbefohlen, sondern auch der Schutz von Burgen, Häusern und Tempeln[65].

'At̠tar ist auch ein Gott der Fruchtbarkeit. Er sendet den Herbst- und Frühlingsregen und macht das Land fruchtbar[66]. Dabei ist die Funktion des Gottes ursprünglich nicht speziell als auf die Tätigkeit des Bewässerns bezogen gedacht; erst eine Inschrift des 3. Jh. n. Chr. bezeichnet 'At̠tar ausdrücklich als »Bewässerer«; der Versuch, die Etymologie des Gottesnamens aus diesem Zusammenhang abzuleiten, ist daher unmöglich[67]. M. Höfner bringt diese Seite des Gottes mit der abendlichen Erscheinungsform zusammen, da die Bezeichnungen, die deutlich den Morgenstern anvisieren (*'T̠TR ŠRQN* usf.), vor allem auf die Schutzfunktion des Gottes bezogen ist[68].

Im *nordarabischen Raum* kommt der Gottesname 'At̠tar nur noch in Personennamen als theophores Element vor, doch ist ein Attarsamim noch bekannt[69]. Dazu ist die Venusgottheit unter andern Namen vertreten: 'Arṣu und 'Azizu; 'Arṣu, hier eine männliche Gottheit, ist mit Ruḍa identisch, einer meist weiblich, zuweilen aber auch männlich vorgestellten Gottheit des Venusplaneten; der letztere Name, von einer Wurzel *rḍw* abzuleiten, bedeutet »der (die) Gnädige«[70].

---

60 A. Jamme, Le panthéon sud-arabe pré-islamique, 1947, 88; M. Höfner, WM I, 498.

61 A. Jamme a. a. O. 88.

62 M. Höfner, WM I, 525f.

63 Jamme (a. a. O. 88) gibt eine Stelle an, wo 'At̠tar deutlich als Morgen- *und* Abendstern verstanden wird; er heißt *šrqn wġrbn*, »des Ostens und des Untergangs«.

64 WM I, 498.

65 Plessis a. a. O. 145ff.; M. Höfner, WM I, 498.

66 Plessis a. a. O. 127ff.; M. Höfner, WM I, 498f.

67 W. Caskel a. a. O. 111f.; vgl. o. S. 186.

68 WM I, 499.

69 M. Höfner, WM I, 427.

70 Die Form *'rṣw* ist von derselben Wurzel *rḍw* her abzuleiten (mit *'prostheticum*); die gräzisierten Gestalten Azizos und Monimos (vgl. oben S. 189) gehen auf *'zjzw* »der Starke« und *mn'm* »der Gnädige« zurück.

Damit ist die Frage nach dem Geschlecht der ʿAṯtar-Gottheit im arabischen Raum gestellt. Tatsächlich gibt es Hinweise, daß sie nicht nur in männlicher, sondern auch in weiblicher Gestalt verehrt wurde. Im Altsüdarabischen ist die Göttin *ʾMʿṮTR*, »Mutter-ʿAṯtar« verehrt worden[71], im Norden *ʾMʿTRSM*, »Mutter-ʿAṯtar des Himmels«[72]. Anders als bei der nordwestsemitischen Namensform ʿAṯtart wird hier keine grammatische Femininauszeichnung verwendet, was im Hinblick auf die mesopotamische Ištar bemerkenswert ist[73]. In diesen Zusammenhang gehört auch die in Nord- und Zentralarabien verehrte al-ʿUzza, eine der Töchter Allahs nach späterer arabischer Tradition. Sie wurde weit herum als Hauptgöttin verehrt[74].

Die Tatsache, daß die ʿAṯtar-Gottheit sowohl in männlicher als auch in weiblicher Gestalt sich ausprägen kann, bedeutet, daß es sich ursprünglich nicht um eine Fruchtbarkeitsgöttin handelt, da hier ja die männliche oder weibliche schöpferische Potenz eine hervorragende Bedeutung hat. Überhaupt wird dadurch die Vermutung bestärkt, daß es sich um einen Gott handelt, der ursprünglich in einem nicht durch Ackerbaukultur bestimmten Kulturkreis beheimatet ist, weil hier die Götter sofort in bezug auf ihre fruchtbarkeitsschöpfende Funktion hin differenziert werden. Damit gewinnt Grays These zu ʿAṯtar in Ugarit an Gewicht.

Freilich ist zu fragen, ob die von Gray[75], im Anschluß an D. Nielsen[76], postulierte Religiosität eines »primitiven Astralkultes«, dem die nomadischen Semiten gehuldigt haben sollen, wirklich bestanden hat. Die eingehende Untersuchung J. Henningers hat gezeigt, daß mit einem solchen allgemeinen Astralkult nicht zu rechnen ist[77]. Die Verehrung des Venusplaneten allerdings ist im ganzen arabischen Gebiet sehr wohl bezeugt. So setzt beispielsweise die Abschwörungsformel der sich bekehrenden Muslims einen derartigen Venuskult voraus[78]. Da-

[71] M. Höfner, WM I, 547f.

[72] M. Höfner, WM I, 428; A. van den Branden, Ummʿatarsam, rè di Dumat, BO 2, 1960, 41ff.

[73] Weitere Hinweise auf ursprüngliche Androgynität der Gottheit bei M. Höfner, WM I, 548 (s. v. ʿUzzayan) und 549 (s. v. Vulvasymbol).

[74] M. Höfner, WM I, 475f.

[75] The Desert God ... bes. 72f.

[76] Vor allem: Der dreieinige Gott in religionsgeschichtlicher Bedeutung, I 1922; II, 1 1942; für die nordwestsemitischen Verhältnisse spezifiziert in: Ras Schamra, Mythologie und biblische Theologie, 1936.

[77] Über Sternkunde und Sternkult in Nord- und Zentralarabien, ZE 79, 1954, 82ff. Daß im altsüdarabischen Gebiet die Astralverehrung derart großes Gewicht bekam und fast sämtliche Gottheiten mit astralem Charakter versehen wurden, wird als regionale Sonderentwicklung zu werten sein. Daß aber auch nomadische Stämme Kenntnis von astralen Gesetzmäßigkeiten hatten, beweisen die Sternsagen, die J. J. Hess wiedergibt (Von den Beduinen des innern Arabiens, 1938, 3ff.).

[78] Henninger a. a. O. 102.

mit wird die Frage zu beantworten sein, von welcher Bedeutung gerade der Venusstern für eine nomadische Religiosität ist.

Eine religiöse Praktik, die mit der Morgenstern-Gottheit zusammenzuhängen scheint, ist noch zu erwähnen: die Tötung von Menschen[79]. Vor allem der Nilus-Bericht über ein Kindesopfer ist wesentlich: ». . . sie beten den Morgenstern an, und schlachten ihm, wenn er aufgeht, das Beste der Beute, . . am liebsten blühende Knaben, die sie auf zusammengeschichteten Steinen um die Morgendämmerung opfern«[80]. Ähnlich berichtet Isaak von Antiochien, daß die »wilden Araber« der Kaukabta (welche mit al-ʿUzza gleichgesetzt ist) Menschenopfer dargebracht hätten[81]. Außerdem gibt es manche weiteren Andeutungen und Berichte, denen Henninger nachgegangen ist. Er kommt zum Resultat, daß bei diesen rituellen Tötungen zweierlei zu unterscheiden ist: Einerseits werden die Kriegsfeinde getötet; es handelt sich dabei um eine Praktik, die auch im AT in der Ideologie des heiligen Krieges verwurzelt ist[82]. Dieser Bann ist freilich nicht als Opfer im strengen Sinne zu bezeichnen[83]. Andererseits besteht die Sitte, daß eigene Kinder geopfert werden. Einerseits scheint, nach Angaben des AT, das Erstgeburts-Kinderopfer allgemein geübte Sitte gewesen zu sein, andererseits besteht der Brauch, nur in außerordentlichen Notzeiten ein derartiges Opfer darzubringen[84]. Jedenfalls gehören alle diese rituellen Tötungen zur Venus-Gottheit[85]. Henninger hält sie typisch für »in der materiellen Kultur fortgeschrittene und besonders für dekadente Völker« und ordnet sie demnach kulturgeschichtlich der Ackerbaukultur zu[86]. — Es wird zu fragen sein: Haben alle diese Tötungsarten dieselbe Herkunft? Warum sind sie mit der ʿAṯtar-Gestalt verbunden? Außerdem scheint der »heilige Krieg«, zu dem der Bann gehört, eine Geschichte zu haben, die bis in die nomadische Vergangenheit der semitischen Völkerschaften zurückreicht[87].

---

[79] Vgl. auch oben Anm. 55. Zum Menschenopfer: J. Henninger, Menschenopfer bei den Arabern, Anthropos 53, 1958, 721ff.

[80] MPG 79, 612 C—D.

[81] Henninger a. a. O. 742.

[82] Henninger a. a. O. 798; vgl. auch Caskel a. a. O. 101f.

[83] Der Feind und sein Besitz werden nach der Vorstellung des Bannes dem profanen Gebrauch entzogen und ganz in die Verfügungsgewalt des Gottes, der eigentlicher Kriegsherr ist, gestellt.

[84] Henninger a. a. O. 798.

[85] Henninger a. a. O. 799.

[86] A. a. O. 801. 803. — Vielleicht stimmt Henningers Beobachtung für die Opferung eigener Kinder (zu ähnlichen Bräuchen in Assyrien vgl. E. Dhorme, RHR 107, 1933, bes. 107ff. und 114ff.; in Sumer vgl. F. M. Th. de Liagre Böhl, Opera minora, 1953, 163ff.).

[87] Die alttestamentliche und moabitische Form des heiligen Krieges haben ihre nächste Entsprechung in Mari (vgl. A. Malamat, Der Bann in Mari und in der Bibel, in:

4. *Die Ištar Mesopotamiens*

Seit ältesten Zeiten ist die Göttin Ištar in Mesopotamien bekannt. In präsargonischen Personennamen begegnet sie als Namenselement unter der Form *Eš₄-dar* (z. B. *Eš₄-dar-um-me* »Ištar ist meine Mutter«)[88]. In Mari ist die Gottheit offenbar auch in männlicher Gestalt bekannt geworden, wird ihr Name doch einmal mit einem Determinativ versehen, das den Mann bezeichnet[89]. Andererseits begegnet gerade hier ein einziges mal der Name der Göttin mit einer Femininendung (*Eš-da-ra-at*)[90]. So finden sich also auch hier noch Spuren davon, daß Ištar sexuell ursprünglich nicht eindeutig bestimmt war[91].

Ungeklärt ist das Verhältnis zwischen der akkadischen Ištar und der sumerischen Inanna. Neben der herkömmlichen Ansicht, daß Inanna eine eigenständige sumerische Gottheit war, deren ursprünglicher Charakter nicht mehr durchsichtig ist (der Name, eigentlich nin-anna, »Herrin des Himmels«, sagt darüber nichts aus), ist es auch denkbar, daß der sumerische Ausdruck »Himmelsherrin« seit je nur Epitheton der ursprünglich semitischen Gottheit war. Es ist durchaus möglich, daß sie schon vor Ankunft der Sumerer im Lande verehrt wurde[92].

Daß Ištar eine astrale Gottheit ist, geht aus vielen Textzeugnissen hervor. Sie vertritt dabei nicht nur einen Aspekt der Venus, sondern erscheint als Morgen- und Abendstern, wie eine Selbstvorstellung der Göttin zeigt:

Kaufmann-Festschrift, 1960, 149ff.; weiteres Material hat J. G. Heintz in einem Referat »Oracles prophétiques et ‚guerre sainte' « auf dem Alttestamentler-Kongreß in Rom 1968 erwähnt). Sowohl Israel und Moab als auch Mari verdanken ihre Kulturform nomadischen Einwanderungswellen. Kriegsformen heutiger Beduinenstämme bilden vielleicht rezente Parallelen zum »heiligen Krieg«; zum ganzen Problem vgl. u. S. 201f.

88 J. Bottéro, Les divinités sémitiques en Mésopotamie anciennes, StSem 1, 1958, 40f.

89 F. Thureau-Dangin, RA 31, 1934, 140ff.; Bottéro a. a. O. 41.

90 Syria 30, 1954, 204f.; Bottéro a. a. O. 41.

91 Ein weiterer Hinweis darauf, daß die Gottheit ursprünglich auch als Mann gesehen werden konnte, findet sich in Abbildungen: Oft trägt Ištar einen Bart; B. Meissner, Babylonien und Assyrien, II 1925, 27f.; vgl. zum Ganzen auch J. Bottéro, La religion babylonienne, 1951, 37. Nach Angabe von Comte du Mesnil du Buisson soll nach einem assyrischen Text der Venusstern beim Sonnenuntergang weiblich, beim Sonnenaufgang männlich sein (JVEG 10, 1944/48, 406, mit Hinweis auf Rawlinson, Western Asia Inscriptions, III pl. 53).

92 Vgl. I. Bernhardt-S. N. Kramer, Enki und die Weltordnung, WZ Jena 9, 1959, 252 Anm. 11; S. N. Kramer, JCS 2, 1948, 55f. Anders Bottéro, StSem 1, 1958, 50ff., der in Inanna eine sumerische Göttin sieht, die aber erst dank ihrer Identifikation mit Ištar im Akkade-Reich in den Vordergrund trat.

»Ištar, Göttin des Abends, das bin ich!
Ištar, Göttin des Morgens, das bin ich!«[93]

Daß der Abend zuerst genannt wird, könnte damit zusammenhängen, daß die weibliche Ištar Mesopotamiens in erster Linie mit der Abenderscheinung des Planeten zusammengedacht war[94]. Ein anderer Text scheint zu zeigen, daß lokale Ausprägungen der Ištar teilweise eher mit dem Morgen- oder mit dem Abendstern verbunden waren:

^{ul}dil-bat *ina ṣīt šamši ^{d}Ištar A-ga-de^{ki}*
^{ul}dil-bat *ina erēb šamši ^{d}Ištar Uruk^{ki}*
^{ul}dil-bat *ina ṣīt šamši ^{d}. . . . . kakabē*
^{ul}dil-bat *ina erēb šamši bēlit ilāni*
»Der Venusplanet beim Sonnenaufgang ist die Ištar von Agade
Der Venusplanet beim Sonnenuntergang ist die Ištar von Uruk
Der Venusplanet beim Sonnenaufgang ist die (Gottheit) . . . der Sterne
Der Venusplanet beim Sonnenuntergang ist die Herrin der Götter[95].«

Auch bildliche Darstellungen bestätigen den astralen Charakter der Göttin. Sie trägt, vor allem in älteren Zeichnungen, das Sternzepter. Der achtstrahlige Stern ist ihr Hauptsymbol[96].

Eine weitere Eigenheit der Göttin, die sie mit andern ʿAṯtar-Gestalten verbindet, ist ihre Beziehung zum Löwen. In bildlichen Darstellungen reitet sie manchmal auf Löwen oder ist von solchen begleitet[97]; eines ihrer Epitheta heißt *labbu* (genauer: »Wütender Löwe« oder »Löwe der Igigi«)[98]. Die Göttin *^{d}La-ba-tu* ist mit Ištar identisch[99].

---

[93] J. Plessis a. a. O. 76; weitere Belege 69—81.

[94] Auch im Inanna-Hymnus SAHG 18 liegt mehr Gewicht darauf, daß die Göttin Herrin des Abends ist (Z. 84ff.; doch wird auch ihr Erscheinen am Morgen erwähnt, Z. 122. 128f.). Vielleicht ist das Wesen der Göttin in morgendlicher und abendlicher Erscheinung nicht dasselbe; SAHG 18, 84ff. redet von der Fruchtbarkeit von Vieh und Mensch als der Wohltat der Herrin des Abends, als Morgengöttin ist Inanna »Heldin«, vor der sich »alle Länder fürchten« (122ff.). Dem entspricht ein von Plessis zitierter Text, wonach Ištar am Morgen den Krieg eröffnet (a. a. O. 69). Wenn dies nicht nur Zufälle sind, entspricht der Charakter Ištars weitgehend demjenigen ʿAṯtars in Altsüdarabien (vgl. o. S. 192), wie M. Höfner ihn darstellt.

[95] Plessis a. a. O. 77.

[96] Plessis a. a. O. 18f.; D. O. Edzard, WM I, 86.

[97] So reitet z. B. Ištar von Arbela auf einem Löwen (ANEP 522; vgl. auch die Ištar-Darstellungen ANEP 525. 526).

[98] K. Tallqvist, Akkadische Götterepitheta, 1938, 116; die hier auch als *labbu* bezeichnete *Ir-ni-ni* ist mit Inanna identisch (Innini, mit Dissimilation). Interessant ist, daß Irnini manchmal als Unterweltsgottheit erscheint (Tallqvist a. a. O. 329).

[99] F. Thureau-Dangin, RA 37, 1940/41, 105.

Ein wesentlicher Charakterzug der Göttin ist die Kriegslust[100]. Hymnische Formulierung nennt sie »die kriegerischste der Göttinnen«, welcher Enlil »Schlacht und Kampfgetümmel« gegeben hat[101]. Die Art der Schilderung ist dieselbe, mit der der Völkerkampf des nahen Gottes beschrieben wird[102]. So ist es nicht verwunderlich, daß Ištar überhaupt manchmal die Rolle des nahen Gottes innehat; in *Inanna und Ebeḫ* ist sie Chaoskämpferin[103], trotzdem ist sie nirgends zur eigentlichen Nationalgottheit geworden. Insofern ist ihre Stellung derjenigen des altsüdarabischen ʿAṯtar ähnlich.

Auf der andern Seite ist Ištar die Göttin von Liebe und Fruchtbarkeit; die heilige Hochzeit zwischen Inanna/Ištar und Dumuzi-Ama'ušumgalanna wird vom König und einer Priesterin verwirklicht[104]. Es ist zu vermuten, daß Ištar Züge der Muttergottheit aufgenommen hat. Daß sie in ihrer Liebe oft auch kämpferische Züge zeigt, wie dies im Gilgameš-Epos deutlich wird, dürfte darauf zurückzuführen sein, daß sich Züge der Kampfesgottheit ins Bild der Fruchtbarkeitsgöttin eingetragen haben.

Von den Mythen, in denen Inanna eine Rolle spielt, ist besonders *Inannas Gang zur Unterwelt* wichtig. Der zweite Teil des Mythus ist bereits erörtert[105]; der bei weitem größere erste Teil schildert den Versuch Inannas, sich der Unterwelt zu bemächtigen.

Sowohl die sumerische als auch die akkadische Version des Mythus sehen den Grund des Konfliktes darin, daß Inanna-Ištar der Unterweltsherrin Ereškigal den Besitz streitig machen will. Inanna kommt zwar in die Unterwelt, muß sich aber ihrer ganzen Macht entledigen und erscheint schließlich nackt vor Ereškigal. Die sumerische Fassung schildert, wie Inanna umkommt und an einem Pfahl aufgehängt wird. Die akkadische Version nennt Folgen dieses Todes: Die Vegetation auf der Erde kommt auch zum Erliegen. Nach beiden Fassungen kommt Inanna-Ištar dank der Inter-

---

[100] Vgl. Anm. 94; dazu paßt, daß die Göttin *izzitu* »gewaltig« genannt wird (Tallqvist a. a. O. 6); es handelt sich bei diesem Wort um ein Derivat von der Wurzel ʿ*zz* die im gesamten semitischen Sprachraum mit der ʿAṯtar-Gestalt verbunden wird.

[101] SAHG 7, 6ff.

[102] SAHG 7, 6ff.; 21, 40ff.; SAHG akk. 3; daneben die Vorstellung, daß der König, oder, in mythischer Terminologie, Dumuzi-Ama'ušumgalanna den Kampf im Auftrag der Göttin vollführt (z. B. SAHG 10).

[103] Vgl. o. S. 36f.

[104] Vgl. dazu z. B. die Inanna-Hymne bei W. H. Ph. Römer, Sumerische Königshymnen der Isin-Zeit, 1965, 128ff.; dazu S. N. Kramer, The Sumerians, 1963, 140ff.; H. Schmökel, Das Land Sumer, Urban-Blücher 13, 125ff.; ds., Heilige Hochzeit und Hoheslied, 1956, 6ff.

[105] Die Texte sind übersetzt in ANET 52ff. und 106ff.; Übersicht und Vergleich zu beiden Texten: D. O. Edzard, WM I, 87f. Vgl. dazu vor allem A. Falkenstein, BiOr 22, 1965, 280ff. (eine Arbeit desselben Autors in der 1968 erschienenen Caskel-Festschrift war mir noch nicht zugänglich); S. N. Kramer, Mythologies of the Ancient World, 1961, 107ff.; ds., The Sumerians, 1963, 153ff.; ds., BASOR 183, 31.

ventionen der großen Götter wieder los, muß aber Ersatz leisten. Ersatzmann ist Dumuzi, wobei die sumerische Version diese Opferung des Gemahls der Inanna damit begründet, er hätte die Göttin zuwenig ehrerbietig empfangen. Die noch folgende Episode von Dumuzi und Geštinanna ist nur in der sumerischen Fassung erhalten[106].

Damit zeigt sich im Vergleich zwischen sumerischer und akkadischer Version eine deutliche Verschiebung: In der alten sumerischen Fassung hat der Tod Inannas nichts mit der Vegetation zu tun. Wohl aber ist auf den astralen Charakter der Göttin angespielt: Sie stellt sich dem Türhüter der Unterwelt als »Inanna vom Sonnenaufgang« vor.

Daß Tod und Auferstehung der Inanna tatsächlich in astralen Kategorien gesehen wurden, zeigt eine von Witzel bearbeitete Ištar-Liturgie aus der Zeit Iddin-Dagans. Auch hier ist nichts vom Fruchtbarkeitscharakter der Göttin zu spüren, doch wird die Inanna öfter ^{mul}dil-bat genannt, »Venusstern«[107].

Wie ist demnach der ganze Ištar-Konflikt, den dieser Mythus wiedergibt, zu deuten? Es dürfte sich um die Erinnerung an eine Konkurrenz zweier verschiedener religiöser Denkweisen handeln, die im Mythus verarbeitet ist. Tod und Auferstehung der astralen Göttin Inanna werden abgelöst durch Tod und Auferstehung der Vegetationsgötter Dumuzi und Geštinanna. Andererseits wird der Anspruch Ištars auf die Unterweltsherrschaft der Göttin Ereškigal gegenüber abgewiesen. Wahrscheinlich ist in dieser Aussage ein Stück mesopotamischer Religionsgeschichte enthalten. Die einwandernden nomadischen Semiten kannten ein wie auch immer geartetes Verhältnis der Astralgottheit Ištar zum Sterben und betrachteten sie als Unterweltsherrin. Diese Vorstellungen wurden abgelöst durch die religiösen Kategorien von Leben und Sterben, wie sie in einer Viehzucht- und Ackerbaukultur heimisch waren. Insofern lösen Dumuzi und Geštinanna Ištar ab. Gleichzeitig mußte Ištar auf ihre Unterweltsherrschaft zugunsten der einheimischen Unterweltsmacht verzichten. Trotz allem geht sie als Siegerin aus dem Konflikt hervor; darin spiegelt sich die politische Dominanz der eingewanderten Semiten. Sie wird zur »Himmelsherrin«, die An zur Seite tritt; dies wird vor allem im Mythus *Inannas Erhöhung* deutlich[108].

Später allerdings tritt Ištar das Erbe der Vegetationsgötter an; sie wird zum Symbol aller Fruchtbarkeit. Dies wird schon in der akkadischen Mythenversion deutlich[109].

So scheint es wahrscheinlich, daß die Aspekte der Göttin, welche diese als Fruchtbarkeits- und Muttergottheit ausweisen, erst mit der Zeit zugewachsen sind. Die als ursprünglich erwiesenen Züge Ištars entsprechen in hohem Maße dem, was für andere ʿAṯtar-Gestalten als charakteristisch erwiesen wurde: Es handelt sich um die astrale Kriegs-

---

[106] Vgl. o. S. 27.

[107] Keilinschriftl. Studien 6, 1929. Die astralen Züge sind besonders III, 37ff.; IV, 22 u. ö. betont. Der Gang der Göttin in die Unterwelt (kur-kur, IV, 24) hat einen allgemeinen Ruhetag — wohl als Trauertag gedacht — zur Folge (IV, 25ff.). — Auf die Tatsache, daß nicht nur Vegetations-, sondern auch Astralgottheiten als sterbend und wieder auferstehend gesehen werden können, macht W. Baumgartner, Zum Alten Testament und seiner Umwelt, 1959, 130, aufmerksam.

[108] F. Thureau-Dangin, RA 11, 1914, 141ff.; S. Falkenstein, BiOr 9, 1952, 88ff.; D. O. Edzard, WM I, 87; vgl. auch den Inanna-Hymnus SAHG 7.

[109] Vgl. o. S. 42.

gottheit, mit dem Löwen verbunden und mit Leben und Tod in Beziehung stehend[110].

5. *Šalim — Šulman — Šalman zwischen Assyrien und Ägypten*

Spuren dieser Gottheit, die, dem Namen nach zu schließen, im Ursprung auch mit der ʿAṯtar-Gestalt zu identifizieren ist, finden sich in großer zeitlicher und geographischer Ausdehnung, ohne daß der Charakter des Gottes deutlich würde.

Ein Herrscher des frühen Assyrerreiches trägt bereits den Namen Šalim-aḫum »Šalim ist Bruder« (er wird etwa um 2000 v. Chr. gelebt haben, ist doch der bekannte Feldzug seines Sohnes Ilu-šuma nach Babylon etwa um 1950 anzusetzen[111]). In viel späterer Zeit tragen assyrische Könige den Namen Šulmānu-ašārid (= Salmanasser, »Šulman ist der erste«; Salmanasser I. 1274—1245, Salmanasser V. 726—722 v. Chr.). Der Gottesname ist in der Zeit zwischen 2000 und 1300 demnach um das Afformativ *-an* erweitert worden, was auch bei andern Gottesnamen zu beobachten ist[112]. Daß Könige Namen tragen, in denen der Gott genannt wird, deutet darauf hin, daß zwischen der Dynastie und Šalim-Šulman eine besondere Beziehung besteht. Um so erstaunlicher ist es, daß der Gott sonst nicht erwähnt wird.

Die weibliche Gestalt der Gottheit ist zweimal genannt. So heißt es, der Name der »Ištar von *Uru-silim-ma*« laute *Šulmanitu*. Ob mit der Stadt Jerusalem gemeint ist oder eine Ortschaft im Zweistromland, ist unsicher. In der Regierungszeit Tukulti-Ninurtas I. (1260—36) wird eine Göttin ^{d}SILIM$^{ni\text{-}tu}$ — wohl auch Šulmanitu zu lesen — genannt. Über ihren Charakter ist nicht genaues bekannt[113]. Vielleicht handelt es sich um eine Unterweltsgöttin[114].

---

110 Von der Beobachtung her, daß im nordwestsemitischen Raum der Gott Malk mit der ʿAṯtar-Gestalt identisch ist (dazu s. u.), wird man vielleicht auch den in Mesopotamien bekannten Malik/Muluk als männliche Erscheinungsform Ištars sehen dürfen (vgl. Th. Bauer, Die Ostkanaanäer, 1926, 91; A. Deimel, Pantheon Babylonicum, 1914, Nr. 2036; H. Dronkert, De Molochdienst in het Oude Testament, Diss. Leiden 1953, 118ff.).

111 E. F. Weidner, Ilušumas Zug nach Babylonien, ZA NF 9, 1936, 114ff., datiert den Zug schon auf 2050 v. Chr., doch ist wahrscheinlich die Zeit Iddindagans anzunehmen (D. O. Edzard, Fischer Weltgeschichte II, 157).

112 So im Namen des ugaritischen Handwerksgottes Hijan (bekannter unter dem Epitheton Kṯr-w-Ḫss); vgl. B. Hartmann, De herkomst van de goddelijke ambachtsman in Oegarit en Griekenland, 1964, 17; allgemein vgl. S. Moscati (ed.), An Introduction to the Comparative Grammar of the Semitic Languages, 1964, § 12.21.

113 F. M. Th. de Liagre Böhl, Älteste inschriftliche Erwähnung der Stadt Jerusalem und ihrer Göttin?, in: Opera minora, 1953, 380ff.; W. F. Albright, The Syro-Mesopotamian God Šulman-Ešmun and Related Figures, AfO 7, 1931/32, 164f.

114 So Albright a. a. O. 168. Er geht in seinen Vermutungen über diesen Gott sehr weit: Aus der ägyptischen Erwähnung eines *ršp-sꜣ-rꜣ-mi-nꜣ* erschließt er die Identität

In Nordarabien und bis in den ägyptischen Raum hinein lautet die Namensform des Gottes Šalman/Salman. Leider sind auch hier keine Angaben über sein Wesen zu gewinnen[115]. Einzig in Lihyan wird das Bild etwas deutlicher; Caskel sieht in Salman eine Unterweltsgottheit, deren Symboltier der Löwe ist[116]. Eine Inschrift berichtet, daß dem Gott ein Mädchen zum Tempeldienst geweiht wird[117]; dahinter könnte ursprünglich ein Menschenopfer zu suchen sein[117a]. Diese Vermutungen über Salman in Lihyan würden sich jedenfalls ins Bild der ʿAṯtar-Gestalt gut einfügen.

6. *ʿAštar-Kamoš in Moab und Milkom in Ammon*

Der bekannte Nationalgott der Moabiter, Kamoš, wird in der Mešaʿ-Inschrift mit dem Doppelnamen ʿAštar-Kamoš genannt. Der Zusammenhang ist bezeichnend: es geht um den heiligen Krieg gegen Israel:

»Und Kamoš sprach zu mir: Geh, nimm Nebo (im Kampf) gegen Israel! Da zog ich bei Nacht los und kämpfte gegen es von Tagesanbruch bis Mittag. Und ich nahm es ein und tötete alles: 7000 Männer, Klienten, Frauen, Klientinnen und Sklavinnen; denn ich hatte sie dem ʿAštar-Kamoš durch Bann geweiht . . .«[118]

Die Institution des *ḥrm*, des Bannes, gehört demnach zu ʿAštar-Kamoš. ʿAštar und Kamoš sind in Moab offenbar ein und dieselbe Gestalt; man wird in Kamoš die spezifisch moabitische, zum Staatsgott gewordene Erscheinungsform ʿAṯtars zu sehen haben[119]. Wesentlich an diesem Schlachtbericht ist, daß der Zeitpunkt des Treffens fixiert ist: es findet am frühen Morgen statt, in der Zeit also, in welcher

---

von Šulman und Răšăph; ebenso wird der Gottesname Ešmun von Šulman her gedeutet (ʾ prostheticum, Schwund des *l*). Von allen Einzelbeobachtungen her schließt Albright auf folgenden Charakter des Gottes: Verbindung von astralen und chthonischen Zügen, Androgynität, Löwengestalt; Ursprung in Mesopotamien; in seinem zwiespältigen Wesen ist der Gott sowohl für Fruchtbarkeit als auch für Vernichtungsgewalten verantwortlich.

115 Vgl. M. Höfner, WM I, 466f.

116 W. Caskel, Lihyan und Lihyanisch, Arbeitsgem. f. Forschg. Nordrhein-Westfalen, Heft 4, 1953, 46; vgl. Inschr. Nr. 73, 82.

117 Inschr. Nr. 73.

117a Auf ein solches könnte in Inschr. Nr. 9 angespielt sein.

118 KAI 181, 14ff.

119 Daß es sich bei *ʿštr* um eine weibliche Gottheit handeln sollte, ist ganz unwahrscheinlich (vgl. die Erörterungen von Donner-Röllig, KAI II, 176f.). — Wesentlich ist in unserm Zusammenhang noch Z. 12: Die durch den Bann Getöteten sind *rjt* für Kamoš; nach Donner-Röllig a. a. O. 175 ist der Ausdruck mit »Darbringung« wiederzugeben, wobei derselbe Ausdruck in drei nordminäischen Inschriften für ʿAṯtar- (bzw. Wadd-)Darbringungen verwendet wird.

der Venusplanet sichtbar ist. Nach II Reg 3 27 opfert der König von Moab — auch hier der Überlieferung nach Meša' — seinen erstgeborenen Sohn, um im unglücklichen Krieg eine Wendung zu erzwingen. Für 'Aštar-Kamoš sind also beide Arten ritueller Tötung, sowohl Bann als auch Opferung eines eigenen Kindes, gebräuchlich.

Milkom, der Staatsgott der Ammoniter, ist nur von einigen alttestamentlichen Belegen her näher bekannt[120]. I Reg 11 5 berichtet, Salomo sei zu 'Aštart, der Göttin der Sidonier, und zu Milkom, dem Greuel der Ammoniter, abgefallen; 11 7 fährt fort, er hätte dem moabitischen Kamoš und dem ammonitischen Moläk eine Opferhöhe gebaut. Da Moläk sonst mit Kinderopfern zusammen genannt wird, dürfte es sich um einen derartigen Opferplatz gehandelt haben. Alle genannten Götter, zu denen Salomo sich hingewendet haben soll, sind Verkörperungen der 'Aṯtar-Gestalt; demzufolge wird es sich um diese eine Gottheit handeln, die dem Jahwe-Glauben gefährlich schien.

7. *Die Geschichte 'Aṯtars*[121]

Es soll versucht werden, von den vielfältigen Erscheinungsformen der 'Aṯtar-Gestalt her die ursprüngliche Charakteristik der Gottheit und deren Entwicklungsmöglichkeiten aufzuzeigen. Die folgenden Überlegungen haben hypothetischen Charakter und mögen entsprechend als Versuch gewertet werden.

Es ist wahrscheinlich, daß 'Aṯtar, die Gottheit des Venus-Planeten, im nomadischen Kulturkreis ihre ursprünglichste Bedeutung hatte. Die Gottheit ist gemeinsemitisch bekannt; die semitischen Stämme haben durchwegs eine nomadische Kulturstufe durchlaufen, bevor sie sich als seßhafte Ackerbauern niederließen[122].

Das nomadische Leben spielt sich hauptsächlich morgens und abends, nicht in der kalten Nacht und nicht während der Tageshitze ab. Der Venusplanet ist demnach das Gestirn, welches in seinem Erscheinen sich dem Lebensrhythmus anpaßt. Da sich offenbar die kriegerischen Ereignisse besonders am Morgen abspielen, ist die Kampfeslust als Charakterzug 'Aṯtars sehr wohl verständlich. Dabei spielt 'Aṯtar natürlich nicht nur für einen bestimmten, sondern für alle

[120] Der Name wird einmal erwähnt in einer Götterliste in Ugarit, ohne daß eine Auskunft über den Gott zu erhalten ist (vgl. o. S. 182).

[121] Vgl. dazu J. Plessis, Études . . ., 265ff.; A. Caquot, Le Dieu 'Aṯtar dans les textes de Ras Samra, Syria 35, 1958, 45ff.; V. Maag, Syrien-Palästina, in: Kulturgeschichte des Alten Orients, hg. v. H. Schmökel, 1961, 581ff.; E. C. B. MacLaurin, The Development of the Idea of God in Ancient Canaan, JRH 2, 1963, 277.

[122] Diese Ansicht ist freilich nicht unbestritten; vgl. z. B. in bezug auf die Altsüdaraber G. Ryckmans, Les religions arabes préislamiques, 1948, 41, gegenüber W. Caskel, StSem 1, 1958, 104.

nomadisierenden Stämme dieselbe Rolle; er ist daher nicht das eigentliche Stammesnumen[123]. Daraus erklärt sich die Tatsache, daß ʿAṯtar zwar in verschiedenen Gegenden Kampf- und Schlachtgottheit ist, aber doch nicht eigentlicher Nationalgott. Besonders deutlich wird dies im altsüdarabischen Bereich, wo rangmäßig unter ʿAṯtar, dem Kampfesmächtigen, die eigentlichen Nationalgottheiten stehen. Eine im Prinzip ähnliche Strukturierung ist demnach für die nomadisch-semitische Religion anzunehmen.

Daß das Symboltier einer Kampfesgottheit für Menschen, die in der Steppe hausen, der Löwe ist, leuchtet ein, verkörpert er doch übermächtige Gewalt. Es ist bezeichnend, daß für die sedentäre Kultur in Mesopotamien der Löwe ursprünglich Chaosmacht ist[124].

Schwierig zu deuten bleibt das Verhältnis des Gottes zum Tode. Im Altsüdarabischen existiert kein Hinweis darauf, daß ʿAṯtar mit dem Tode etwas zu tun hätte. In den übrigen Gebieten ist er in seiner abendlichen Erscheinungsform zuweilen als mit dem Totenreich verbunden gedacht. Die Tatsache, daß er (als Abendstern) zuweilen Šalem, Šalman und ähnlich heißt, weist schon in diese Richtung; die Wurzel *šlm* bezeichnet nicht nur den Frieden und das Heil, sondern zugleich die Vollendung im Sinne des Todes. So kann ʿAṯtar offenbar als der Vollendete, Untergehende, das Totenreich betretende gesehen werden[125]. Jedenfalls kommt Ištar als astrale Gestalt in die Unterwelt, wogegen im nordwestsemitischen Bereich zwar die Beziehung der Gottheit zur Unterwelt, kaum aber zur astralen Erscheinung deutlich ist[126].

Es wäre denkbar, daß sich schon die Gedanken über Leben und Tod in einer nomadischen Gesellschaft an astralen Bildern entwickelten. Leider sind die Totenvorstellungen nomadischer Völker nicht hinlänglich bekannt[127]. Sicher ist das Verhältnis solcher Völkerschaften zu den Toten nicht so eng wie in seßhaften Kulturen, wo die Gräber der Verstorbenen in unmittelbarer Nähe zu finden sind und sich ein chthonischer Totenkult entwickeln kann. Daß dann die Toten in astralen Figuren gesehen werden — eine Erscheinung, die in vielen Religionen zu beobachten ist —, erscheint als wahrscheinlich. Der

---

123 Zu solchen Stammesnumina, wie sie für die halbnomadischen Stämme vorausgesetzt werden können, vgl. V. Maag, Der Hirte Israels, SThU 28, 1958, 2ff.

124 So z. B. im Mythus *lugal-e* oder *Labbu und Tišpak* (vgl. o. S. 37).

125 *šalāmu* bedeutet akkadisch »ganz, heil, unversehrt sein«; *šalam šamši* ist der Sonnenuntergang; *šalāmtu* ist der Leichnam.

126 Vgl. immerhin o. S. 189.

127 F. Herrmann (Symbolik in den Religionen der Naturvölker, 1961) weist darauf hin, daß Nomaden gern in astralen Bildern denken (223); K. Dittmer (Allgemeine Völkerkunde, 1954) spricht von Ahnen- und Heroenkult, der bei Nomaden verbreitet sein soll (225). Beide Beobachtungen würden durch die hier vorgetragenen Vermutungen bestätigt.

Morgen- und Abendstern als wichtigstes Gestirn könnte dann als Herr dieser Toten gegolten haben[128].

Der Brauch der rituellen Tötung des Feindes, der Bann, wird, wenn die angestellten Überlegungen richtig sind, mit diesem Charakter des Gottes zusammenhängen. Der Feind wird dem Gotte mit in den Tod gegeben; dieser erhält dadurch neue Lebenskraft und ist dadurch um so fähiger, für einen Stamm zu wirken. Die Getöteten werden Begleiter des Gottes in Leben und Sterben. Phänomenologische Parallelen im mesoamerikanischen Raum zeigen, daß derartige Gedanken nicht unmöglich sind[129].

Die Opferung eines eigenen Kindes hat vielleicht andern Ursprung. Es läßt sich nicht mehr sicher beurteilen, ob es sich herbei um ein regelmäßiges Primitialopfer handelte, wie einige alttestamentliche Texte anzudeuten scheinen, oder nur um Opfer in außerordentlichen Situationen der Bedrängnis. Ein ursprüngliches regelmäßiges Primitialopfer ist für die ʿAṯtar-Gestalt schwer denkbar. Im zweiten angenommenen Fall könnte man denken, daß in einer schwierigen Situation, in welcher der Stamm nicht in der Lage war, durch die Bann-Tötung die Wirksamkeit des Gottes für sich zu aktivieren, er durch die Tötung eines eigenen Lebens jenen Mangel auszugleichen suchte. Vielleicht bestanden beide Opfer-Arten unabhängig voneinander in verschiedenen Kulturkreisen (das Primitialopfer wäre dann der sedentären, das Ausnahme-Opfer der nomadischen Kultur zuzurechnen); im Moment des Zusammenlebens würden sich dann beide Opferarten mit der ʿAṯtar-Gestalt verbunden haben.

Das Verhältnis zwischen El und ʿAṯtar bedarf noch einer kurzen Erörterung. Wenn für die ʿAṯtar-Figur als ursprüngliche Umgebung ein nomadischer Kulturkreis angenommen wird, dann scheint El in einer kulturgeschichtlich noch älteren Umgebung beheimatet. Auch ʿAṯtar ist *ʾl* (in appellativischem Sinn). Es gilt heute als wahrscheinlich, daß nomadische Kulturen sich aus Pflanzerkulturen entwickelt haben[130]. So wird man in El das Höchste Wesen einer semitischen Pflanzerkultur sehen dürfen.

Dadurch, daß ʿAṯtar in eine entwickelte Ackerbaukultur hineingeriet, hat er ursprüngliche Funktionen verloren und ist in je voneinander sehr verschiedene Positionen eingerückt. Jetzt erst wurde er sexuell stärker differenziert, wobei früher sein Geschlecht eine geringe Rolle gespielt hatte. Überall wird sein Verhältnis zur Fruchtbarkeit

[128] Ähnlich ist im alten Mittelamerika die Gottheit von Sonne und Morgenstern (zwischen beiden Größen wird nicht geschieden) Herr über die Toten; vgl. W. Krickeberg, Amerikanische Religionen, 1963, 49f.

[129] Vgl. Krickeberg a. a. O. 32; M. León-Portilla, in: Mythologies of the Ancient World, ed. S. N. Kramer, 1961, 460ff., bes. 464f.

[130] K. Dittmer a. a. O. 228ff.

wesentlich — oder er tritt in den Hintergrund, wie dies in Ugarit der Fall zu sein scheint (in bezug auf die männliche, nicht aber die weibliche Erscheinungsform). Alle einzelnen Erscheinungsformen der ʿAṯtar-Gestalt würden von einer derartigen Entwicklung her verständlich.

8. *Šalem von Jerusalem*[131]

Längst nicht in dem Maße, wie dies bei El der Fall ist, hat Traditionsgut von Šalem im israelitischen Kult weiterleben können. Darum ist die Frage nach Charakter und Funktion des Šalem von Jerusalem schwierig zu beantworten. Immerhin gibt es Anzeichen, daß der Šalem-Kult in der Zeit Davids und Salomos in Jerusalem nicht ohne Bedeutung war.

Zwei von Davids Söhnen tragen theophore Namen. Abšalom — vielleicht lautete der Name ursprünglich Abšalem — ist der dritte Sohn Davids, der noch in Hebron geboren wurde. Seine Mutter war die Tochter eines kanaanäischen Stadtfürsten[132], die offenbar, wie die Namengebung zeigt, im Sinne kanaanäischer Religiosität auf David einwirkte. Vielleicht meldete David in dieser Namengebung auch schon Ansprüche auf das noch nicht in seinem Besitz befindliche Jerusalem an. Daß der Sohn Davids und Bathsebas, der Frau aus altjerusalemischem Adel, einen Namen trug, der an Šalem erinnerte[133], rief jedenfalls Mißfallen bei Jahwe-Anhängern hervor. Ausgerechnet Salomo aber wurde Thronfolger.

Die Notiz I Reg 11 5ff., die Salomo ʿAṯtar-Götzendienst vorwirft[134], geht wohl auf die Tatsache zurück, daß der Šalem-Kult unter Salomo offiziell anerkannt war. Salomo hätte keinen Grund gehabt, Fremdkulte zu importieren, lag ihm doch sicher viel an einer einheitlichen Staatsreligion. Die Hauskulte der ausländischen Frauen sind in jenen Versen jedenfalls nicht gemeint, werden sie doch in I Reg 11 8 separat erwähnt und verurteilt.

So ist damit zu rechnen, daß zu Beginn der Herrschaft Davids und seiner Nachfolger noch sehr viel mehr Material, das vom Šalem-Kult herrührte, in Israels Gottesdienst zu finden war, als in späteren Zeiten. Im Laufe der Entwicklung der israelitischen Kulttraditionen scheint sich immer klarer gezeigt zu haben, was mit dem Jahwe-Kult vereinbar war und was nicht. Die »Reformationen« Hiskias und Josias

---

[131] Vgl. dazu V. Maag, Tod und Jenseits nach dem Alten Testament, SThU 34, 1964, 19; B. Maisler, Das vordavidische Jerusalem, JPOS 10, 1930, 185; H. S. Nyberg, Studien zum Religionskampf im Alten Testament, ARW 35, 1938, 356ff.

[132] II Sam 3 3.

[133] Vgl. o. S. 9.

[134] Vgl. o. S. 201.

waren, wenn auch in erster Linie politisch abgezweckt, doch auch ein Akt theologischer Selbstbesinnung Israels[135].

Ziemlich deutlich wird die Gestalt Šalems — freilich in negativer Beleuchtung — im Zusammenhang mit dem Kinderopfer[136].

Von den Texten, die vom Kinderopfer sprechen, bilden zunächst die gesetzlichen Bestimmungen eine Gruppe für sich. Wenn nicht die Tatsache des Kinderopfers isoliert verboten wird (so Lev 18 21), erscheint es in einer ganzen Reihe von verbotenen Dingen und ist mit der »Hinwendung an Toten- und Wahrsagegeister« (אובים[137], ידעונים) verbunden (Lev 20 2-6; ähnlich Dtn 18 10f., hier zusätzlich der Ausdruck דרש אל המתים »die Toten befragen«). In diesen Stellen ist nicht klar, ob es sich um reguläre Primitialopfer oder Opfer in Ausnahmefällen handelt.

Interessant ist Mi 6 7; der Prophet wirft die Frage auf, ob es nötig sei, den Erstgeborenen als Opfer darzubringen, verbunden mit andern Arten von Opfern. Frage und Antwort des Propheten sind in der Form der priesterlichen Tora-Erteilung gehalten. Micha lehnt solche Opfer als nicht jahwe-gemäß ab. Hier geht es eindeutig um reguläre Primitialopfer; die Opferung des menschlichen Erstgeborenen steht auf der gleichen Stufe wie die selbstverständliche Hingabe der Erstlinge von Tier und Getreide. Daß Micha das Problem in dieser Weise aufrollen kann, beweist, daß diese ganze Opferpraxis für mindestens einen Teil der Bevölkerung ganz selbstverständlich war. Kinderopfer gehörten für diese Leute zum Jahwedienst — der somit Šalem abgelöst hatte.

Wieder anders ist das Kinderopfer in Ez 20 25f. gesehen; im Rahmen einer weit ausholenden Geschichtsbetrachtung spricht Gott durch den Propheten:

»So habe ich ihnen denn Gebote gegeben, die nicht gut waren, und Satzungen, durch die sie nicht am Leben bleiben konnten. Ich ließ sie unrein werden durch ihre Opfergaben, indem sie alle Erstgeburt durchs Feuer gehen ließen.«

Auch hier steht ein allgemeines Kinderopfer zur Diskussion. Nach Ezechiel entspricht das Kinderopfer einem Jahwe-Gebot, das allerdings als Strafe für Israels Ungehorsam gewertet wird. Damit zeigt sich deutlich, daß Jahwe, wie Ezechiel ihn kennt, den Charakter des Kinderopfer empfangenden Šalem trägt. Doch kritisiert der Prophet diese Tradition gleichzeitig: Jahwe zeigt sich als Šalem in einer un-

---

135 II Reg 18 1ff. 22f. Interessant ist z. B. die Vernichtung der ehernen Schlange, die in einem früheren Stadium ganz in den israelitischen Kult integriert gewesen war (Zurückführung auf Mose Num 21 4ff.), jetzt aber weichen mußte.

136 Vgl. dazu J. Gray, The Desert God ʿAṯtar, JNES 8, 1949, bes. 80f.

137 אוב ist vielleicht mit arab. *'wb* in Beziehung zu setzen, »zurückkehren«; demnach wäre der אוב der »Wiedergänger« (W. Eichrodt, Theologie des Alten Testaments, II–III 1961[4], 147); anders zuletzt H. A. Hoffner jr., JBL 86, 1967, 385ff.

eigentlichen Art und Weise. So ist es begreiflich, daß Ezechiel an anderer Stelle Kinderopfer einfach als Götzendienst bezeichnet[138]. Damit ist klar, daß selbst zur Zeit Ezechiels noch nicht endgültig feststand, was in der Jerusalemer Tradition mit Jahwe vereinbar war und was nicht.

Die Kinderopfer gehören zum Gotte Mäläk, zum »König«[139]. Die alte, von O. Eißfeldt zu Unrecht angefochtene Deutung des Ausdruckes מֹלֶךְ als Konsonantbestand eines Gottesnamens mit der Vokalisation von בֹּשֶׁת »Schande« ist noch immer am wahrscheinlichsten[140]. So ist denn anzunehmen, daß die ʿAṯtar-Gestalt von Jerusalem das Epitheton מֶלֶךְ trug[141].

Nach Ps 106 37 empfing nicht nur Mäläk Kinderopfer, sondern auch eine ganze Gruppe von Dämonen, die שדים. Diese werden auch Dtn 32 17 erwähnt; wer ihnen opfert, fällt von Jahwe ab. Sie werden an dieser Stelle als »neue Götter« bezeichnet, die »aus der Nähe kamen« und den Vorfahren noch nicht bekannt waren. Demnach handelt es sich um einheimische, genauer: um in Jerusalem heimische Gottheiten, die als Konkurrenz Jahwes gesehen werden, wie Mäläk.

Diese Dämonen sind nicht nur in Kanaan, sondern auch in Mesopotamien bekannt[142], ebenso verehrte man in Ägypten einen Gott *šd*; er stammte wohl aus Palästina und ist mit den שדים ursprünglich identisch[142a]. Derselbe Name findet sich schließlich im Heilgott Šadrapa (*šdrp'*); der Nane des Dämons ist mit *rp'*, wohl im Sinn von »Unter-

---

[138] Ez 16 20 f.

[139] Neuerdings bestreitet N. H. Snaith (The Cult of Molech, VT 16, 1966, 123f.), daß *mlk* etwas mit Kinderopfern zu tun hätte; er hält den Ausdruck »dem Moläk übergeben« für eine Bezeichnung eines Initiationsritus zur Kultprostitution, übersieht aber, daß manchmal ausdrücklich das Verb »verbrennen« gebraucht wird.

[140] O. Eißfeldt, Molk als Opferbegriff im Punischen und das Ende des Gottes Moloch, 1935; seiner Darstellung nach geht die These von der Fehlvokalisation auf A. Geiger (Urschrift und Übersetzung der Bibel . . ., 1857) zurück. Zu den punischen Opferbegriffen vgl. die Eißfeldts Beobachtungen modifizierende Arbeit von J.-G. Février, RHR 143, 1953, 8ff.

[141] Weiter sind zu Mäläk zu vergleichen: W. Kornfeld, Der Moloch, WZKM 51, 1952, 287ff. (These: Es handelt sich um einen Feuer- und Unterweltsgott, dem Nergal ähnlich. Interessant ist der Hinweis auf Sure 43, 77, wo der Unterweltsherrscher *mālik* genannt wird); K. Dronkert, De molochdienst in het oude Testament, Diss. Leiden 1953 (hält *moläk* für die ursprüngliche Vokalisation, sieht aber hinter der Bezeichnung einen Gott und nicht einen Opferterminus); E. Dhorme, Le dieu Baal et le dieu Moloch dans la tradition biblique, AnSt 6, 1956, 57ff.; H. Cazelles, Dict. de la Bible, Suppl. 5, 1337ff., s. v. Molok; W. Röllig, WM I, 199f. Zu Malik in Mesopotamien vgl. o. S. 199.

[142] D. O. Edzard, WM I, 49.

[142a] W. Helck, WM I, 394; H. Bonnet, RAeRG 676.

weltsnumen« zu verstehen[143], verbunden. Es handelt sich um einen wohlwollenden Gott, der wohl chthonische Züge aufweist.

Demnach ist anzunehmen, daß mit Šalem-Mäläk weitere Unterweltsgestalten verbunden sind: die »Totengeister und Wahrsagegeister« sowie die *šed*-Dämonen.

Für die Geschichte des Menschenopfers im AT ist Gen 22 wichtig. Die vorliegende Fassung ist kaum aus verschiedenen Pentateuchquellschriften zusammengesetzt[144], sondern sie gehört der elohistischen Quelle zu[145]. Es ist längst erkannt, daß hinter der Geschichte in einer ursprünglichsten Form eine Ätiologie der Ablösung des Kinderopfers (das auch hier als regelmäßiges Erstgeburtsopfer gesehen ist) steht[145a]. Daß der Sinn der Geschichte — vielleicht schon in einer vorelohistischen Fassung — anders zu sehen ist, tut hier nichts zur Sache[146].

Die Erzählung ist mit dem Ort מֹרִיָּה verbunden; die Stätte ist leider nicht sicher zu lokalisieren. Nach II Chr 3 1 ist der »Berg Moria« (Gen 22 2 formuliert dagegen: ארץ מריה) identisch mit dem Jerusalemer Tempelberg, doch wird diese Angabe von den Exegeten zumeist angezweifelt[147]. Immerhin ist die Angabe in II Chr 3 1 die einzige sichere Orientierungsmöglichkeit; es fehlen andere Hinweise auf die Lage von Moria[148]. Außerdem ist das Kinderopfer, soweit das AT Auskunft gibt, nur gerade in Jerusalem zum Problem geworden; auch dies spricht für die Identität von Moria und Jerusalem. Daß der Elohist jede Erinnerung an Jerusalem getilgt hätte in seiner Fassung, ist von seinem Standort im Nordreich her leicht verständlich.

Nun ist aber zu beachten, daß die Ablösung des Kinderopfers nicht das einzige ätiologische Element der Erzählung darstellt. In v. 14 liegt offenbar eine verstümmelte Namensätiologie vor[149]. Die erste Hälfte ist wohl richtig erhalten: ויקרא אברהם שם המקום ההוא יהוה יראה. Nun wäre ein Ortsname zu erwarten, was tatsächlich durch die Einleitung der zweiten Vershälfte nahegelgt wird: אשר יאמר היום בהר; doch der Name fehlt nun. Statt dessen ist ein Element der ersten Vershälfte wiederholt (יהוה יֵרָאֶה, wohl ursprünglicher als יהוה יִרְאֶה). Wenn nun mit dem Ort tatsächlich Jerusalem gemeint ist, dann legt sich als Rekonstruktion der ursprünglichen zweiten Vers-

---

[143] Vgl. W. Röllig, WM I, 287; hier andere Deutung von *rp'*.

[144] So H. Cazelles a. a. O. 1345f.

[145] Vgl. G. v. Rad, Das erste Buch Mose, 1961[6], 203ff.; vgl. zum Kapitel zuletzt H. Graf Reventlow, Opfere deinen Sohn, 1968.

[145a] V. Rad a. a. O. 208.

[146] Vgl. Reventlow a. a. O. 32ff.

[147] V. Rad a. a. O. 205 hält die Lesung der Peschitta für möglich; demnach wäre statt »Land Moria« »Land der Amoriter« zu lesen.

[148] Vgl. dazu auch L. Vincent, Jérusalem de l'Ancien Testament, I 622f.

[149] Vgl. v. Rad a. a. O. 207; Reventlow a. a. O. 26ff.

hälfte natürlich folgendes nahe: אשר יאמר היום בהר ירושלם. ירו wäre demnach volksetymologisch durch ראה gedeutet.

Wenn diese Deutung stimmt, ist Jahwe in einer Urform der Erzählung ganz selbstverständlich mit Šalem identifiziert worden. Sein Heiligtum ist mit Kinderopferdienst verbunden gewesen; es heißt מריה. Man wird dann auch in diesem Namen dieselbe Wurzel erblikken dürfen wie im ersten Element des Stadtnamens Jeru-Šalem: Der »Ort Moria« ist der Ort der Orakelstätte[150]. Auf die Verbindung Šalems mit dem Orakelwesen wird noch einzugehen sein[151].

Schon die früheste Erzählung hat Gewicht darauf gelegt, daß Šalem nach seiner Identifikation mit Jahwe nichts mehr mit Kinderopfern zu tun hätte. Vielleicht darf man sie formal als Programmlegende bezeichnen: Sie propagiert einerseits die Identität der beiden Götter, andererseits einen Gott Šalem ohne Kinderopfer[152]. Daß sich dieses Programm nicht durchsetzte, zeigt die Tatsache, daß auch später Kinderopfer dargebracht wurden, sogar von Königen[153]. So blieb einer jahwetreuen Richtung in Jerusalem nichts anderes übrig, als die Šalem-Gestalt selbst zu verdrängen. Die Programmlegende aber bekam einen andern Sinn. Sie geriet in den Zusammenhang von Patriarchengeschichten, deren Zentrum die Rettung des verheißenen Sohnes war[154]. Und schließlich wurde sie zur Erzählung von der Prüfung Abrahams durch Gott[155].

Eine weitere Gruppe von Stellen vermag das Bild von Šalem-Mäläk abzurunden. Es handelt sich zunächst um die vorexilische prophetische Gerichtsrede Jes 57 3-6[156]:

»Ihr aber, tretet heran, ihr Söhne der Zauberin!
Brut der Ehebrecherin und der Hure[157]!
Über wen macht ihr euch lustig?
Über wen reißt ihr das Maul auf,
wem streckt ihr die Zunge heraus?

---

150 II Chr 3 1 liest מוריה (mit mater lectionis), Gen 22 liest מריה. Wenn das Wort von *w/jrj* abzuleiten ist, ist es als maqtil-Form (fem.) zu bestimmen. Die Ausdrücke ארץ מריה, הר מוריה wären zu übersetzen als »Stelle« und »Berg« der Orakelstätte. Daß die ältere Variante der Schreibung ohne mater lectionis erscheint, braucht nicht zu erstaunen, handelt es sich doch um eine Bezeichnung er »Sprache Kanaans«, welche Diphthonge schon längst vor Ankunft der Israeliten kontrahiert hatte. — Zu *w/jrj* im Sinne von »orakeln« vgl. o. S. 182.

151 Vgl. u. S. 201. 215. 217.

152 Demnach ist als Ort dieser frühesten Form Jerusalem anzunehmen. Daß hinter der Geschichte je eine eigentliche Kultlegende gestanden hätte, ist nicht anzunehmen.

153 II Reg 16 3 (Ahas) 21 6 (Manasse).

154 Vgl. C. Westermann, Forschung am Alten Testament, 1964, 71f.

155 Westermann ebd.

156 Zur formalen Bestimmung und zeitlichen Ansetzung des Wortes vgl. C. Westermann, Das Buch Jesaja, Kap. 40—66, 1966, 257.

157 l. זֹנָה.

Seid ihr nicht Kinder des Frevels, Same des Trugs?
Die in Glut geraten durch die Eichen,
unter jedem grünen Baum,
die die Kinder schlachten in den Tälern
unterhalb der Felsenklüfte!
Die Toten des Tales hast du dir erwählt,
sie, sie sind dein Anteil!
Hast du ihnen doch Trankopfer gegossen,
Opfergaben dargebracht[158]!«

Auch der anschließende Spruch, der aus einem ähnlichen Zusammenhang stammt, gehört zum Umkreis des Šalem-Kultes:

»Du verschwendest Öl an den Mäläk[159],
häuftest deine Wohlgerüche.
Du sandtest Boten weit in die Ferne,
tief hinab zur שאול.
Du ermüdetest dich mit vielen Wegen,
sagtest nicht: Es ist aussichtslos!
Sexuelle Orgiastik (‚Leben deiner Hand') fandest du!
Darum ließest du nicht ab!« (Jes 57 9f.)

Im hier weggelassenen Eingang des Spruches wird, wie am Schluß, die Orgiastik des kanaanäischen Kultes angeprangert.

In beiden Prophetensprüchen wird Fremdgötterkult angegriffen. Beidemale ist mit dem Fruchtbarkeitskult zusammen die Totenverehrung genannt. Im ersten Spruch wird deutlich, daß das Kinderopfer überhaupt mit Totenkult zu tun hat; die Stelle ist erst richtig durchsichtig, seit erkannt worden ist, daß im Ausdruck חלקי נחל eine Wurzel *ḥlq* »tot sein« vorliegt, die sich auch ugaritisch belegen läßt[160]. Nach dem andern Wort besteht die Mäläk-Verehrung darin, daß »Boten zur שאול« gesandt werden — der Mäläk ist Unterweltsgottheit. Beide Worte setzen natürlich voraus, daß der Mäläk-Kult keinen Platz mehr hat im offiziellen Jerusalemer Heiligtum, sondern als Subkultur im Ben-Hinnom-Tal weiter existiert[161]. Von dieser Stelle her wird der in Hi 18 13f. neben dem »Erstgeborenen des Mawät« genannte מלך בלהל in seinem Wesen deutlich. Es handelt sich um die Gestalt, die hier Mäläk, sonst (verballhornt) Moläk heißt. Sowohl Mot und sein Anhang als auch Šalem sind Unterweltsnumina; sie verkörpern aber andere Aspekte der Unterwelt[162].

---

158 Der letzte Satz ist an das Ende von v. 7 zu versetzen (BH).

159 Zur Übersetzung vgl. P. Wernberg-Møller, VT 8, 1958, 308.

160 Vgl. dazu W. H. Irwin, The Smooth Stones of the Wady?, CBQ 29, 1967, 31ff.; zu *ḥlq* in Ugarit vgl. Aistleitner, Wörterbuch der ugaritischen Sprache, 1963, Nr. 1038; Gordon, UT III, Nr. 969.

161 V. Maag, Syrien-Palästina ..., 582f. mit Anm. 20.

162 Zu Mawät vgl. o. S. 65.

Die ʿAṯtar-Gestalt war in Jerusalem wohl nicht nur als Abend-, sondern auch als Morgenstern Gegenstand religiöser Verehrung. Von der Beobachtung her, daß mit dem Mäläk-Kult zusammen oft Totenbeschwörung und Wahrsagerei verbunden sind, fällt ein Licht auf Jes 8 19f., wo die Šaḥar-Verehrung vorausgesetzt wird:

»Und wenn sie zu euch sagen: ‚Befragt die Totengeister und Wahrsagegeister (אבות, ידעונים), die da flüstern und murmeln! Soll nicht ein Volk seine Götter befragen, die Toten für die Lebendigen?‘ Zur Weisung und zum Zeugnis! Wenn sie nicht so sprechen, gibt es für sie kein Morgenrot (שחר)!«

Jesaja beantwortet die Tendenz der Jerusalemer, sich um Weisung an Šaḥar (bzw. Mäläk-Šalem) zu wenden, mit einer vielsinnigen Antwort: Wer sich mit Totenbefragung abgibt, kann keinen שחר erwarten; der Ausdruck meint hier natürlich nicht nur den Gott, sondern im Wortspiel zugleich viel allgemeiner das Glück, das mit der Erscheinung des Morgens assoziiert ist.

Daneben stehen konkretere Erinnerungen an Šaḥar[163]. So spricht Ps 139 9 von den »Flügeln Šaḥars«; daß die astrale Gottheit geflügelt ist, verwundert nicht. Eine eigenartige Vorstellung zeigt sich in Hi 38 12:

»Hast du in deinen Tagen je dem Morgen geboten,
Šaḥar seinen Ort gewiesen,
daß er mit den Flügeln die Erde erfasse[164], damit die Frevler
davon heruntergeschüttelt werden?«

Die Vorstellung, die hinter dem Text steht, besteht darin, daß die Erde aufgehängt und von einem Gott getragen ist; das Bild findet sich auch im großen Šamaš-Hymnus[165]. Die Aufgabe Šaḥars ist es demnach, die Frevler von der aufgehängten Scheibe herunterzuschütteln.

Wenn Hi 3 9 41 10 von den »Augen Šaḥars« die Rede ist, wird auf die astrale Erscheinungsform angespielt (עפעפי שחר)[166]. Im Liebeslied wird denn auch der Blick der strahlenden Geliebten mit demjenigen Šaḥars verglichen[167]. Ein Symboltier Šaḥars war vielleicht (neben dem Löwen) die Hinde[168].

Im Zusammenhang mit der Šaḥar-Gestalt verdient Jes 14 12ff. Beachtung:

---

[163] Vgl. A. Jirku, Der Mythus der Kanaanäer, 1966, 38.

[164] Die Übersetzung ist unsicher. בכנפות kann sich (je nach Vokalisation) auf שחר oder ארץ beziehen; im zweiten Fall wäre zu übersetzen: »... daß er die Säume der Erde erfasse«. Auch diese Vorstellung ist im AT belegt (z. B. Jes 11 12 u. ö.).

[165] ANET 387ff.; SAHG akk. 4, Z. 20.

[166] Die traditionelle Übersetzung von עפעפים mit »Wimpern« ist im AT oft unmöglich; dann sind die Augen gemeint.

[167] Cant 6 10.

[168] Darauf könnte die Psalmüberschrift Ps 22 1 על אילת השחר Bezug nehmen. In Altsüdarabien war die Antilope eines der heiligen Tiere ʿAṯtars (M. Höfner, WM I, 497).

»Wie bist du vom Himmel gefallen, הילל בן שחר!
Wie bist du zu Boden geschmettert, du Besieger der Völker!
Du hattest bei dir gesprochen: Zum Himmel will ich emporsteigen,
über die Sterne Els will ich erhöhen meinen Thron,
und ich will meinen Sitz nehmen auf dem Götterberg, zuoberst auf dem Ṣaphon!
Ich will über die Wolkenhöhen emporsteigen, ʿäljon mich gleichstellen!
Doch zur שאול wirst du hinabgestürzt, zuunterst in die Grube . . .«

Das Spottlied auf den König von Babel illustriert dessen Schicksal mit mehreren Andeutungen auf mythologische Stoffe; darunter ist die Reminiszenz an Helel am weitesten ausgeführt[169].

Der Name Helel ist nicht eindeutig erklärbar. Es könnte sich um dieselbe Gestalt handeln, die in Ugarit *hll* heißt; andererseits ist auf akkadisch *ellu* »rein, strahlend« hingewiesen worden; Helel wäre, wenn dieser Zusammenhang richtig ist, der »Strahlende«. Es ist mit Recht auf die Ähnlichkeit des in Jes 14 12 vorliegenden Stoffes mit Sagen von Phaeton, Sohn der Eos, aufmerksam gemacht worden[170]. Die Zusammenhänge zwischen kanaanäischer und griechischer Mythologie sind in diesem Falle sicher vorhanden, doch läßt sich das Abhängigkeitsverhältnis nicht klar formulieren. Immerhin scheint es in diesem Mythenrest um das Schicksal der Gottheit des Venus-Planeten zu gehen.

Man wird deshalb den Vorgang, der hier geschildert ist, zunächst mit andern Episoden, die von ʿAṯtar überliefert sind, zu vergleichen haben. In Ugarit ist eine ähnliche Geschichte bekannt: ʿAṯtar gelingt es beinahe, sich der Herrschaft, die Baal gehörte, zu bemächtigen; er erweist sich aber als ungeeignet und geht in die Unterwelt[171]. Die Ähnlichkeit zwischen der Vorlage von Jes 14 12ff. und diesem ugaritischen Text ist also recht groß; doch geht es in Ugarit um die Herrschaft Baals, die ʿAṯtar nicht zugesprochen wird, hier aber um die Herrschaft Els, was wiederum die verschiedene Funktionsverteilung der Götter in Ugarit und Jerusalem deutlich macht[172]. Interessant ist ein Vergleich mit dem Geschick der mesopotamischen Ištar; es nimmt hinsichtlich des nordwestsemitischen ʿAṯtar, der endgültig Unterweltsgott wird, genau entgegengesetzten Verlauf. Ištar wird nicht Nachfolgerin Ereškigals, sondern zu An erhöhte Himmelsherrin[173]. So wird

[169] Daneben sind Anspielungen auf das Motiv der »Helden der Vorzeit« (dazu s. o. S. 96ff.) und auf dasjenige der »numinosen Bäume« vorhanden; auf das zweite Motiv näher einzugehen ist hier nicht möglich.

[170] W. Baumgartner, Zum Alten Testament und seiner Umwelt, 1959, 157f.; P. Grelot, Isaïe XIV et son arrière-plant mythologique, RHR 146, 1956, 18ff. Freilich sieht Grelot den Titanenkampf, den Kampf zwischen Mot und Baal und die hier im Hintergrund stehende Kampfesszene in zu engem Zusammenhang.

[171] Vgl. o. S. 185.

[172] Vgl. o. Kap. 4.

[173] Vgl. o. S. 198.

die ʿAṯtar-Gestalt in den verschiedenen Gegenden in völlig anderer Weise in einen Zusammenhang mit andern Göttern gebracht.

Damit ist das Wesen der Jerusalemer ʿAṯtar-Gestalt einigermaßen deutlich. Sie ist El untergeordnet und nicht eigentliche Himmelsgottheit, erscheint aber doch als geflügelter Šaḥar, als Morgenstern. Šaḥar bekämpft die Frevler. Als Šalem ist die ʿAṯtar-Gestalt Herr über die Unterwelt und deren Mächte; diese können von Orakelpraktiken in den Dienst genommen werden. Das Hauptepitheton des Gottes ist Mäläk, König. Dem Mäläk werden Kinderopfer dargebracht. An zwei Stellen ist mit dem Mäläk-Kultus auch orgiastischer Fruchtbarkeitskult in Verbindung gebracht; demnach wäre der Gott auch für die Fruchtbarkeit verantwortlich, ähnlich wie in anderer Weise die babylonische Ištar. Es wird zu zeigen sein, daß auch dieser Zug im Wesen Šalems recht ausgeprägt war.

Alle bisher behandelten Texte zeichnen sich dadurch aus, daß sie die Šalem-Verehrung entweder schroff ablehnen, oder aber mythologische Reminiszenzen wiedergeben, die in alttestamentlicher Zeit nur mehr als Sagenmotive bekannt waren, nicht aber als lebendige Tradition (in dieser Weise sind wohl die Aussagen über den geflügelten Šaḥar zu verstehen). Es ist daher zu fragen, ob nicht in bestimmten Psalmmotiven Traditionsgut, das von Šalem herrührt, noch lebendig ist. Tatsächlich kommen einige Motivgruppen in Betracht:

a) *Jahwe als Löwe*[174]: An einigen Stellen wird klar, daß Jahwe in der Gestalt eines Löwen gedacht ist, oder daß wenigstens sein Handeln mit dem des Löwen verglichen wird. So heißt es Hos 11 10 (es handelt sich um eine sekundäre Interpolation, die aus dem Bereich der jerusalemischen Tradition stammt), daß Jahwe »brüllt wie ein Löwe« (כאריה ישאג). Auch das Motto des Amosbuches (1 2) setzt diese Vorstellung voraus[175]:

»Jahwe brüllt (löwengleich, שאג) vom Ṣion her, und von Jerusalem läßt er seine Stimme ertönen.
Da trauern die Auen der Hirten, und der Gipfel des Karmel verdorrt.«

Das Wort gehört in den Zusammenhang der Theophanieschilderungen, worin auch der Ausdruck נתן קול, in diesem Fall mit »don-

[174] Vgl. J. Hempel, Apoxysmata, Vorarbeiten zu einer Religionsgeschichte und Theologie des Alten Testaments, 1962, 14ff.

[175] Ob das Wort Amos zuzuschreiben ist oder nicht, spielt hier keine Rolle (vgl. dazu zuletzt W. H. Schmidt, Die deuteronomistische Redaktion des Amosbuches, ZAW 77, 1965, 171 Anm. 9). Jedenfalls gehört es in die Jerusalemer Tradition und ist gattungsmäßig als Theophanieschilderung anzusprechen (J. Jeremias, Theophanie, 1965, pass.); Amos nimmt oft Jerusalemer Traditionsgut auf (z. B. 5 24 9 11f. u. ö.), so daß er vielleicht selbst für das Motto der ganzen Spruchsammlung verantwortlich ist. Vgl. auch dazu M. Weiss, Methodologisches über die Behandlung der Metapher, ThZ 23, 1967, 1ff.

nern« wiederzugeben[176], seinen Ort hat. Auch das zweite Aussageglied ist für die Theophanieschilderung typisch[177]. Die Theophanie des Jahwe von Jerusalem ereignet sich demnach nicht nur im Gewitter, sondern sie kann auch am Bild des wütenden Löwen orientiert sein. Dies zeigt sich auch in Jer 25 30:

»Jahwe wird aus der Höhe löwengleich brüllen (שאג), aus seinem heiligen Nest seine Stimme erschallen lassen.
Löwengleich wird er gewaltig brüllen über seine Aue, ein Jauchzen wie ein Keltertreter wird er anheben ...«

Der Wohnsitz Gottes wird mit מעון bezeichnet; das Wort meint eigentlich »Nest«, vor allem für den Löwen gebraucht, andererseits wird es auch für das Heiligtum Gottes verwendet.

Wenn מעון oder מעונה die Wohnstätte Gottes meinen, kann als Ort sowohl der Ṣionstempel oder der Himmel gedacht sein[178]. Ähnlich ist der Gebrauch von סך und סֻכָּה[179]: Auch dieses Wort bezeichnet sowohl das (Löwen-)Nest als auch die Behausung Gottes. Der Gott, der dieses Heiligtum bewohnt, war ursprünglich wohl Šalem, der löwengestaltige Gott. Es ist aber auffällig, daß im AT das Motiv vom »Wohnen im ‚Nest'« manchmal mit Motivgut zusammenhängt, das eindeutig El zuzuordnen ist[180]. Dies könnte so erklärt werden, daß El und Šalem im vorisraelitischen Jerusalem theoi synnaoi waren und so die Bezeichnung der Šalems-Behausung auch für El Gültigkeit hatte.

Auch Jesaja kennt das Bild von der Löwengestalt Jahwes:

»Wie der Löwe knurrt, und der Jungleu, über seinem Raub,
wenn wider ihn zusammengerufen wird die Menge der Hirten —
vor ihrem Geschrei erschrickt er nicht, und vor ihrem Gelärm duckt er sich nicht —
So fährt hernieder Jahwe Ṣeba'ot zur Heerfahrt auf den Berg Ṣion und auf seinen Hügel.« (Jes 31 4)

Dieser Text zeigt deutlich, daß mit dem Bild von Jahwe als Löwen die kriegerische Seite des Gottes im Blickfeld steht. Ähnliches zeigt sich in Jer 49 19 = 50 44, wobei allerdings der Kontext hier nicht mehr klar ist[181].

---

176 Vgl. z. B. Ps 18 14.

177 Die Verben אבל und יבש bezeichnen je das »Austrocknen«, jedoch in ganz allgemeinem Sinn: auch »austrocknen« im seelischen Bereich, d. h. »trauern«. Wenn die Theophanie stattfindet, wird alles Leben von Natur und Mensch erschüttert.

178 Himmel: Dtn 26 15 II Chr 30 27; Tempel: Ps 68 6 76 3 26 8 Sach 2 17. In Ps 71 3 90 1 91 9 Dtn 33 27 wird Jahwe selbst als מעון bezeichnet, darum ändern die Ausleger meist in מעוז. Doch ist dies unnötig; der Name der Wohnstätte Gottes ist hier zum Epitheton geworden (Asylvorstellung!).

179 Ps 27 5 76 3 31 21; vgl. auch Jes 1 8.

180 In Dtn 26 15 mit dem Motiv des »Blickens vom Himmel«; in Ps 68 6 mit dem Motiv vom »Rechtsschutz der Witwen und Waisen«.

181 Im weiteren setzt auch Am 3 4-6. 8 den Vergleich von Jahwe und Löwe als bekannt voraus, ist also auch von der Jerusalemer Tradition her zu verstehen.

So ist also anzunehmen, daß Jahwe als Löwe in einer Erscheinungsform verehrt wird, die ursprünglich Šalem galt, der offensichtlich für Jerusalem auch Funktionen des kämpferischen Gottes innehatte[182].

b) Daß *Morgen und Abend* besonders geeignete Zeiten sind für ein Handeln Gottes, geht aus mehreren alttestamentlichen Stellen hervor. In einer Arbeit über »Gottes Hilfe am Morgen« zählt J. Ziegler drei Wurzeln dieses Motives auf[183]: Es handelt sich »1. um das Erlebnis des täglichen Sonnenaufganges, der Ablösung der Nacht durch das Licht, 2. die Übung des Rechtsprechens am Morgen und 3. die Erfahrung der Hilfe Gottes im Laufe der Geschichte«[184]. In unserm Zusammenhang interessieren die Belegstellen, die für die dritte Wurzel des Motives beigebracht werden; einige sind dabei zu Unrecht angeführt[185]. Jedoch ist es richtig, daß in der Ideologie des heiligen Krieges der Morgen als Angriffszeit feststeht[186]. Der heilige Krieg aber war wohl nicht nur den israelitischen Stämmen bekannt, sondern auch andern Völkerschaften; wie erwähnt, gehörte er zu ʿAṯtar. So könnte sich hier eine Erinnerung an ʿAṯtars morgendliches Kriegshandeln erhalten haben.

Zwei Texte verdienen insbesondere Beachtung: Ein erster findet sich innerhalb einer prophetischen Liturgie Jes 33 2:

»Sei uns gnädig Jahwe, auf dich hoffen wir!
Sei unsere Wehr jeden Morgen, unsere Hilfe in der Zeit der Drangsal!
Vor dem Donnergetöse fliehen die Nationen; wenn du dich erhebst, zerstieben die Völker!«

Ähnliches findet sich in Ps 46 5f.:

»Eines Stromes Arme erfreuen die Gottesstadt, die heiligste der Wohnungen ʿäljons.
Gott ist in ihrer Mitte, so wankt sie nimmer. Er hilft ihr, wenn der Morgen anbricht (לפנות בקר).
Völker toben, Königreiche wanken; er läßt seine Stimme erschallen, da bebt die Erde ...«

Bei diesen beiden Texten ist deutlich, daß mit dem Motiv der Gotteshilfe am Morgen das Völkerkampfmotiv verbunden ist; dieser Kampf findet offenbar bei Tagesanbruch statt. Von hier aus ist auch

182 Weiteres dazu u. S. 215. 218.

183 J. Ziegler, Gottes Hilfe am Morgen, in: Alttestamentliche Studien, F. Nötscher zum 60. Geburtstag, 1950, 281ff.

184 A. a. O. 284.

185 Ziegler argumentiert von der Exodustradition her (Ex 11 4 12 12. 29 14 24ff.) und setzt einen Zusammenhang dieser Stellen mit II Reg 19 35 Jes 29 5ff. 31 4f. 17 14 usf. voraus. Doch läßt sich ein derartiger traditionsgeschichtlicher Zusammenhang nicht erweisen (bei Ziegler a. a. O. 287).

186 I Sam 11 1ff. II Chron 20 1ff. (bei Ziegler a. a. O. 288).

Jes 17 12ff. zu verstehen; in v. 12f. ist das Völker- und Chaoskampfmotiv angedeutet. V. 14 lautet:

»Zur Zeit des Abends, siehe da, Schrecken! Ehe der Morgen kommt —
da sind sie nicht mehr!«

Es ist nicht sicher, in welcher Weise der »Schrecken am Abend« zu verstehen ist. Gilt der Schrecken Jerusalem, der bedrohten Stadt? Oder wirkt Gott am Abend und am Morgen, so daß der Schrecken hinsichtlich des Feindes gemeint ist[187]? Daß diese zweite Möglichkeit mindestens in Betracht zu ziehen ist, legt sich wegen Ps 65 8ff. nahe:

». . . der du stillst den Aufruhr des Meeres, den Aufruhr seiner Wellen und das Tosen der Völker.
Darum fürchten sich, die wohnen an den Enden, vor deinen Zeichen!
Die Aufgänge des Morgens und des Abends läßt du jubeln!«

Diese letzte Stelle scheint doch darauf hinzuweisen, daß auch das abendliche Auftreten Gottes mit dem Kampf gegen die Völker zusammenhängt.

Wenn das Völkerkampfmotiv, das im dritten Kapitel El zugeordnet wurde, hier mit einem besonders am Morgen und Abend wirkenden Gott verbunden ist, also offenbar mit Šaḥar-Šalem, dann ist zu vermuten, daß beide Götter sich in der Funktion des nahen Gottes teilten. Sowohl El als auch Šalem verkörpern die nationale Gewalt. Damit ist eine gewisse Analogie zu den Verhältnissen in Mesopotamien angenommen, wo Ištar neben andern Kämpfergöttern wie Enlil und Marduk gegen die Feinde angeht; eine wesentliche Differenz besteht natürlich darin, daß Šalem männlichen Geschlechts ist[188].

c) *Die Begriffe* שלום, עז erinnern vielleicht in der einen und anderen Verwendung an das Wesen des Gottes Šalem. Vor allem bei שלום ist es deutlich, daß manchmal hinter dem Begriff eine personhafte Größe steht[189]. Besonders Ps 85 ist in diesem Zusammenhang wichtig[190]; es handelt sich um eine Klage des Volkes, in deren Mitte ein Heilsorakel angedeutet ist. Von dieser Stelle an ist der Psalm in unserm Zusammenhang bedeutsam (9ff.):

---

[187] Dafür spricht der alttestamentliche Sprachgebrauch von בלהה. Dieser Schrecken trifft sonst immer den Feind Gottes (Ps 73 19 Ez 26 21 27 36 28 19; auch Hi 18 11 27 20 30 15. Hiob beklagt sich, daß er den »Schrecken« zu Unrecht tragen muß, 24 17).

[188] In den Umkreis von Völkerkampf und Königsideologie in Verbindung mit Šaḥar gehören auch die Stellen Ps 57 9 und 110 3 (vielleicht ist hier zu lesen מרחם שחר; Dittographie des מ).

[189] Vgl. N. W. Porteous, Jerusalem — Zion: The Growth of a Symbol, in: Verbannung und Heimkehr, Festschr. f. W. Rudolph, 1961, 235ff., bes. 239ff.

[190] Vgl. dazu G. Widengren, The Accadian and Hebrew Psalms of Lamentation . . ., 1937, 323.

»Ich will hören, was El Jahwe sagt: Er redet ja שלום!
Zu seinem Volk und zu seinen Frommen, zu denen, die sich zuversichtlich zeigen!
Ja, seine Hilfe ist nahe denen, die ihn fürchten, damit der כבוד in unserm Lande wohne.
חסד und אמת begegnen einander, צדק und שלום küssen sich.
חסד sproßt aus der Erde, und צדק schaut vom Himmel herunter.
Dann spendet Jahwe auch den Segen, und unser Land gibt seinen Ertrag.
צדק geht vor ihm her, und שלום folgt der Spur seiner Schritte.«

Es begegnen verschiedene Motivelemente. Der כבוד, der im Lande wohnt (שכן), gehört zu El (v. 10). Die nachher erwähnten, personifiziert gesehenen Begriffe haben verschiedene Herkunft. Nur die letzteren beiden haben ihre Heimat in der Jerusalemer Tradition. Zu צדק und שלום gehört offenbar die verheißene Fruchtbarkeit des Landes; demnach wird man vermuten dürfen, daß die Götter Ṣädäq und Šalem Beziehungen zur Fruchtbarkeit hatten[191]. Wenn in v. 14 formuliert ist, daß Ṣädäq vor Gott her geht, und daß Šalom hinter ihm folgt, steht dahinter ein altes Bild einer Götterprozession[192]. Der Götterkönig, El, ist umgeben von zwei niederen Göttern, Ṣädäq und Šalem.

Nach Psalm 85 besteht eine enge Beziehung zwischen Šalem und Ṣädäq. Daß diese beiden göttlichen Gestalten in besonderer Weise zu Jerusalem gehören, geht aus Jes 60 17 hervor:

»Ich will שלום zu deiner Regierung machen und צדקה zu deiner Obrigkeit!«

Daß andererseits Ṣädäq und Šalem mit der Fruchtbarkeit zu tun haben, zeigt sich in Ps 72 3:

»Tragen mögen die Berge שלום dem Volk und die Hügel צדקה!«

Der Passus ist enthalten in einem Königspsalm, in dem die wesentlichen Bestandteile der Königsideologie und damit der staatlich geprägten Weltordnung überhaupt zur Sprache kommen (Recht v. 1. 2. 4; Fruchtbarkeit v. 3. 6f. 16; Völkerkampf v. 8ff.). Somit zeigt sich, daß Šalem und Ṣädäq einst ganz in der von El gesetzten Weltordnung beheimatet waren. Auch sonst stehen im AT die Begriffe שלום und צדק nebeneinander, ohne daß damit bestimmte Vorstellungsinhalte verbunden wären[193].

Was hier für שלום und צדק gemeinsam erwiesen wurde, gilt auch für שלום allein. Oft ist der Begriff mit Jerusalem assoziiert[194]. Er spielt eine Rolle in der Königsideologie[195]. Interessant ist, daß die Bezeich-

---

191 Zur Beziehung des Ordnungsbegriffes צדק zur Fruchtbarkeit vgl. H. H. Schmid, Gerechtigkeit als Weltordnung, 1968, 15ff.

192 Ähnlich geht Maat vor Re her im ägyptischen Vorstellungsbereich; vgl. Schmid a. a. O. 76 Anm. 492.

193 Jes 32 17 59 8 (hier statt צדק: משפט).

194 Ps 122 7f. 125 5 128 6 Jer 15 5 33 6.

195 Jes 9 5 Mi 5 5 (die Titel סר שלום und זה שלום sind vielleicht identisch, vgl. Porteous a. a. O. 243); I Reg 2 33.

nung Jerusalems als נוה/נאות שלום auch mit dem Gottesnamen צדק formuliert werden kann[196].

Was die Fruchtbarkeitsmacht des Gottes Šalem betrifft, so ist vielleicht noch klarer zu differenzieren. Es scheint, daß mit dem Gott insbesondere die Vorstellung eines fruchtbarkeitsspendenden Stromes verbunden ist.

Sowohl in Ps 65 9bff. als auch in Ps 46 5f. ist das Motiv von der »Hilfe Gottes am Morgen« mit demjenigen des Gottes-Stromes verknüpft:

»Die Aufgänge des Morgens und des Abends läßt du jubeln.
Du schaust auf das Land und gibst ihm Überfluß, machst es gar reich.
Mit dem Gottesquell, der Wasser die Fülle hat, bereitest du ihr Korn.«
»Eines Stromes Arme erfreuen die Gottesstadt, die heiligste der Wohnungen ʿäljons.
Gott ist in ihrer Mitte, so wankt sie nimmer. Gott hilft ihr, wenn der Tag anbricht.«

Dieser göttliche Strom gehört also einerseits zu Ṣion, andererseits zur Fruchtbarkeitsmacht. Nach Jes 48 18 66 12 wird der שלום Jerusalems mit einem Strom (נהר) verglichen, ähnliche Anspielungen finden sich in Ps 36 9ff. (spiritualisiert), Ps 87 7 Jes 33 21. In Ez 47 ist der Heilsstrom Gegenstand eschatologischer Erwartung: Nochmals wird sehr deutlich, daß er vom Tempel aus fließt und das Land mit Fruchtbarkeit erfüllt. — Wenn diese Vorstellung tatsächlich je mit Šalem verbunden war, ist der Gott hier offenbar in seinem chthonischen Charakter gesehen; aus der Erde läßt er das Wasser kommen, das die Fruchtbarkeit auf den Feldern zur Folge hat. Wahrscheinlich ist auch Am 5 24 von dieser Vorstellung her zu verstehen; freilich steht hier statt des שלום-Begriffes das Paar משפט וצדקה.

Wesentlich ist der שלום-Begriff in der Jerusalemer Kultprophetie. Dies wird schon im erwähnten Psalm 85 deutlich: Die Andeutung des Heilsorakels erschöpft sich in der Nennung des Wortes שלום. Von anderen, prophetischen Worten her ist dieser Kultruf bekannt: Micha[197], Jeremia[198] und Ezechiel[199] polemisieren gegen Heilspropheten, während andererseits im AT auch derartige heilsprophetische Worte Eingang gefunden haben[200]. Da in Ps 85 ein den Kultruf שלום beinhaltendes Orakel unmittelbar neben Reminiszenzen an den Gott Šalem erscheint, ist zu fragen, ob allenfalls dieser Gott ursprünglich eine gewisse Bedeutung hatte für die offizielle Kultprophetie[201]. Dieser Zug Šalems hätte dann im oben besprochenen illegitimen Orakelwesen seine Fortsetzung gefunden.

Der Begriff עז, Derivat der Wurzel עזז, die gemeinsemitisch zur ʿAṯtar-Figur gehört, ist in den Psalmen als Aussage von Gott

---

[196] Vgl. Jes 32 18 Jer 25 37 mit Jer 31 23.

[197] Mi 3 5.

[198] Jer 6 14 8 11 23 17 28 9.

[199] Ez 13 10.16.

[200] In Jes 57 19 ist ein ausgeführtes Heilswort vorhanden; angedeutet ist ein solches auch in Jer 4 10, als Element einer Klage des Volkes, und in Jes 52 7.

[201] G. Widengren (a. a. O. 323) möchte in Ps 120 7 ein Salem-Orakel sehen und übersetzt: »I am Šalem and verily I say: they are opponents.«

häufig[202]. Der Begriff kennzeichnet die Gewalt nicht nur Gottes, sondern auch des Königs[203]. Er hat seinen Platz in der Theophanie und in Völker- und Chaoskampf, also in den klassischen Themen jebusitischer Religiosität. Häufig wird er auch in vergeistigten Ausdrücken individualistischer Frömmigkeit gebraucht[204]. Interessant sind zwei Stellen, wo Jahwe גבור עריץ[205] und עזוז וגבור[206] genannt wird; die Bezeichnungen entsprechen oben erwähntem *ʿrṣ* und *ʿzz*[207]. So scheinen sich auch hier Erinnerungen an Šalem mit Jahwe verbunden zu haben.

Der Überblick über die positive Aufnahme von Elementen der Jerusalemer Tradition, die von Šalem herrühren, vermag die Charakteristik des Gottes noch etwas zu ergänzen. Šalem ist Kämpfergott; er geht gegen die Fremdvölker an, vor allem am Morgen und am Abend, in den Zeiten seiner Erscheinung. Er ist zudem weitgehend für die Fruchtbarkeit verantwortlich. Vor allem der Strom, der aus der Erde hervorbricht, gehört zu seinen Gaben.

Wenn Šalem also mit der Fruchtbarkeit der Natur in Zusammenhang steht, wäre zu fragen, ob nicht das Motiv vom (vegetationsbezogenen) Sterben und Auferstehen mit ihm verbunden war. Er war ja ohnehin ein sterbender und auferstehender Gott — in astralen Kategorien vorgestellt. So wäre es leicht denkbar, daß er, wie die mesopotamische Ištar, in zweierlei Art und Weise als sterbend und wiederauferstehend gesehen wurde. So wären die diesbezüglichen Motive der Jerusalemer Tradition nicht mit El, sondern mit Šalem in Verbindung zu bringen[208].

Das Verhältnis zwischen Šalem und El ist für das vorisraelitische Jerusalem dahin zu bestimmen, daß El Funktionen des fernen und des nahen Gottes ausfüllte, daß in der zweiten Funktionsgruppe aber auch Šalem seine bedeutende (vielleicht sogar bedeutendere) Stellung hatte.

B. DIE ÜBRIGEN GÖTTER

Vom Gott *Ṣädäq* war bereits die Rede; seine Bedeutung für Jerusalem ist schon oft betont worden[209]. Ṣädäq und Šalem standen sich

[202] Ps 21 2. 14 28 7f. 29 1. 11 46 2 usf.

[203] Ps 110 2.

[204] Ps 28 7 62 8 118 14 usf.

[205] Jer 20 11.

[206] Ps 24 8.

[207] Vgl. o. S. 189.

[208] Vgl. o. S. 180.

[209] Vgl. dazu besonders G. Widengren a. a. O. 322f.; H. S. Nyberg, Studien zum Religionskampf im Alten Testament, ARW 35, 1938, 355f.; G. W. Ahlström, Psalm 89, 1959, 78ff.; R. A. Rosenberg, The God Sedek, HUCA 36, 1965, 161ff.; H. H. Schmid, Gerechtigkeit als Weltordnung, 1968, 75ff.

offenbar nahe, werden sie doch manchmal zusammen erwähnt. Ṣädäq ist insofern eine Gottheit besonderer Art, als er eine Personifikation der Weltordnung darstellt. Hierin ist er ähnlichen Gottheiten, etwa den mesopotamischen Kettu und Mešaru oder der ägyptischen Maat ähnlich[210]. Da die Weltordnung eng mit dem fernen Gott zusammenhängt, ist Ṣädäq ganz in der Nähe von El zu sehen; manchmal können die beiden Gottesnamen offenbar ausgetauscht werden[211]. Andererseits haben sich die Funktionen Ṣädäqs sicher über die Ordnungsverkörperung hinaus entwickelt; er scheint ein »persönlicherer« Gott gewesen zu sein als etwa Maat und, ähnlich wie Šalem, geradezu als Stadtgott verehrt worden zu sein[212]. Als solcher hat er seinen Platz auch in der Theophanie, die zum Heile des Staates erfolgt[213]. So wird man Ṣädäq funktionsmäßig ungefähr zwischen El und Šalem ansiedeln können.

Natürlich gehörte Šämäš, der Sonnengott, zum Pantheon[214]; doch ist der solare Charakter des Jerusalemer Kultes stark überschätzt worden[215]. Šämäš wird ähnliche Funktionen gehabt haben wie Šamaš in Mesopotamien, wird er doch in Ps 19A als Hüter des Rechts geschildert. Daß auch Jrḥ, der Mondgott, verehrt wurde, ist wahrscheinlich, doch fehlen im jetzigen Bestand des AT Spuren davon[216]. Für eine Verehrung des Gottes Räšäph gibt es einige Hinweise[217].

---

210 Vgl. dazu H. Ringgren, Word and Wisdom, Diss. Lund 1947 (zu Ṣädäq 83ff.). Ringgren stellt so verschiedene Personifikationen zusammen, daß nicht deutlich wird, was das Wesen der personifizierten *Weltordnung* ausmacht. Interessant ist die Beobachtung von C. J. Bleeker (L'idée de l'ordre cosmique dans l'Ancien Egypte, RHPhR 42, 1962, 193ff.), daß manche Weltordnungspersonifikationen mit dem Himmel (Ṛta und Tao; nach einigen alttestamentlichen Stellen auch Ṣädäq), andere mit der Erde verbunden sind (so Themis und Maat; z. T. auch wieder Ṣädäq).

211 Das »Blicken vom Himmel« ist nach Ps 85 12 mit Ṣädäq verbunden.

212 Vgl. vor allem Jes 1 21. 26 Jes 60 17.

213 Vgl. K. Koch, SDQ im Alten Testament, Diss. Heidelberg (Masch.) 1953, 5ff.

214 Vgl. H. G. May, Aspects of Solar Worship in Jerusalem, ZAW 55, 1937, 269ff.; F. J. Hollis, The Sun Cult and the Temple in Jerusalem, in: Myth and Ritual, ed. S. H. Hooke, 1933, 87ff.; Th. H. Gaster, Thespis, 66f.; J. Morgenstern, The Cultic Setting of the Enthronement Psalms, HUCA 35, 1964, 1ff. (letzte einer Reihe gleichartiger Arbeiten).

215 Vgl. o. S. 167f.; Šämäš wird in Jerusalem kaum eine gewichtigere Rolle gespielt haben als Šapš in Ugarit.

216 Die Vermutungen A. F. Keys (Traces of the Worship of the Moon God Sin among the Early Israelites, JBL 84, 1965; der Aufsatz enthält nach Angabe des Autors nur Gedanken des verstorbenen J. Léwy), wonach die Israeliten Sin-Verehrer gewesen seien (auch der Name Sinaj wird in die Deutung mit einbezogen) sind m. E. ganz unbegründet.

217 F. Vattioni, Il dio Resheph, Annali dell'Istituto Universitario Orientale di Napoli, NS 15, 1965, 39ff., verweist auf Hab 3 5 Dtn 32 23 Hi 5 7 Cant 8 6 Ps 76 4 78 48 Sir 43 14. 17.

Daß weibliche Gottheiten in Jerusalem bekannt waren, ist ganz selbstverständlich. Ašera hat eine hervorragende Rolle gespielt[218], sie wird die Züge der Muttergottheit getragen haben. Auch ʿAnat muß einige Bedeutung gehabt haben[219]. Das AT hat jedoch die Spuren einer offiziellen Verehrung einer weiblichen Gottheit, mit der vielleicht in der Frühzeit zu rechnen ist, besonders rigoros getilgt. Im vorisraelitischen Jerusalem war der Brauch des hieros gamos und anderer Begehungen im Zusammenhang mit dem Vegetationskult sicher bekannt.

---

[218] Vgl. R. Patai, The Goddess Ashera, JNES 24, 1965, 37ff. Daß der kultisch verehrte Holzpfahl — Sinnbild für den Lebensbaum — אשרה genannt wird, zeigt die Fruchtbarkeitsmacht der Göttin; in I Reg 18 19 werden Ašera-Propheten erwähnt.

[219] Sie wird noch in Elephantine verehrt (A. Vincent, La religion des Judéo-Araméens d'Elephantine, 1937), ist also in vorexilischer Zeit sicher noch stark beachtet gewesen. Vielleicht war ʿAštart mit ʿAnat identisch; jedenfalls ist die »Himmelskönigin« (Jer 7 18 44 17. 19. 25) in einer dieser Figuren zu suchen; zum Ganzen vgl. H. Ringgren, Israelitische Religion, 1963, 57ff.

VI. Grundzüge israelitischer Umsetzung

Die Strukturen und Motive der jebusitischen Religion, die von Israel ererbt wurden, erfuhren mannigfache Bedeutungsverschiebungen; denn die religiösen Traditionen der eingewanderten Israeliten, die sich in ihrer Eigenart wesentlich von derjenigen der jerusalemischen Staatsreligion unterschieden, beeinflußte das jebusitische Gedankengut stark (wobei natürlich auch der umgekehrte Vorgang zu beobachten ist). Jedenfalls wurden im späteren Jerusalemer Gottesdienst Motive aus beiden Traditionsströmen nebeneinander bewahrt; die neu entstehende Denkart des Kultes kann als Horizontverschmelzung bezeichnet werden. Hier soll nur erörtert werden, wie in diesem Verschmelzungsprozeß die Denkstruktur der ursprünglichen Jerusalemer Tradition modifiziert wurde.

1. Mythus und Hymnus[1]

Das Ergebnis der Analyse von ursprünglichem Verhältnis zwischen Mythus und Hymnus lautete dahin, daß beide Formen in einer ganz bestimmten Weise zusammengehören: Der Mythus setzt eine zeitlosgültige Wirklichkeit; der Hymnus bestätigt die Wahrheit dieser Wirklichkeit an Hand der Erfahrung. Den beiden Formen entspricht je eine Vorstellungsebene: Im Mythus agieren die zeitlosen Gestalten, spezifisch im Chaoskampfmythus der Kämpfergott und das Chaosungeheuer. Die Figuren des Hymnus sind zeitliche Erscheinungsformen jener Mächte: Gott-König und Feinde. Nie werden im Mythus der König oder die Feinde genannt, nie im Hymnus (mindestens nicht in alter Zeit[2]) das Chaoswesen. Allein die Gestalt des Kämpfergottes, der im König personifiziert ist und in dem beide Ebenen sich treffen, erscheint sowohl im Mythus als auch im Hymnus.

In Israel ist das Material des Mythus offenbar sehr rasch in die Form des Hymnus übergegangen. Psalmen, deren hohes Alter wahrscheinlich ist, enthalten Chaoskampfmotive[3]. Ob auch in israelitischer

---

[1] Allgemein zum Mythus in Israel vgl. zuletzt B. S. Childs, Myth and Reality in the Old Testament, 1960; K.-H. Bernhardt, Elemente mythischen Stils in der alttestamentlichen Geschichtsschreibung, WZ Rostock 12, 1963, 295ff.; W. H. Schmidt, Mythos im Alten Testament, Ev Th 27, 1967, 237ff.

[2] In jüngeren Hymnen wird auch in Mesopotamien mythisches Motivgut verwendet, vgl. z. B. SAHG akk 6.

[3] Vgl. o. S. 61.

Zeit die Form des Mythus noch in Gebrauch blieb, läßt sich nicht mehr feststellen; daß davon nichts bekannt ist, darf nicht als argumentum e silentio verwendet werden, da alle Tendenzen mythischer Denkart im Laufe der israelitischen Geistesgeschichte mehr und mehr zurückgedrängt wurden. Man wird im Gegenteil eher annehmen müssen, daß die Motive des Mythus nicht sofort (und damit recht künstlich) in den Hymnus transponiert wurden, sondern daß einige Zeit nach der Israelisierung des Jerusalemer Kultes Mythus und hymnische Formen wie ehedem nebeneinander bestanden. Doch scheinen sich die Bedeutungen beider Formen geändert zu haben: Mythenmotive drangen in die Psalmen ein, der Mythus selbst aber verlor an Bedeutung. Die hymnischen Formen erlangten das Übergewicht und ersetzten schließlich den Mythus völlig. Wie gewisse Kultgegenstände kanaanäischer Herkunft anfänglich von Israel akzeptiert worden waren, später aber als Fremdkörper ausgeschieden wurden[4], so scheint es mit ganzen gottesdienstlichen Formen und ihnen anhaftenden Denkstrukturen gegangen zu sein.

Als Resultat zeigt sich, daß im alttestamentlichen Psalter die Motive von Völker- und Chaoskampf kaum voneinander zu scheiden sind[5]. Es läßt sich zwar kaum sagen, daß das eine Motiv sachlichen Vorrang hätte vor dem andern, doch überwiegt zahlenmäßig das Völkerkampfmotiv stark.

Wie ist dieser Verschiebungsprozeß zu beurteilen? Im israelitischen Kult liegt jedenfalls mehr Gewicht auf der Ebene der Erfahrung als auf derjenigen der mythischen Setzung. Während im herkömmlichen Verständnis von Mythus und Hymnus die dem Hymnus zugehörige Erfahrung nur insoweit als von Gott gewirkt anerkannt wurde, als sie die mythische Setzung bestätigte, gilt jetzt für Israel das Umgekehrte: Die Erfahrung ist in erster Linie das Feld, in dem Gottes Wirksamkeit gesehen wird; der Kult und seine Verstehensmodelle ermöglichen es, die Erfahrung zu verarbeiten, darzustellen und in Erinnerung zu behalten.

Von hier aus ist es erklärbar, warum das Völkerkampfmotiv in der Prophetie als Unheilsansage verwendet werden kann: Die prophetische Erfahrung der Gegenwart drängt auf Gerichtsankündigungen hin. Das Sprachmaterial, welches eine derartige Aussage verständlich machen kann, bietet sich vom Mythus her an. Die Inhalte des Mythus haben freilich in der prophetischen Verwendung nicht mehr Heils-, sondern Unheilssinn. Damit ist deutlich, daß die Aussagen des Mythus sich nach der Beurteilung der erfahrenen Wirklichkeit zu richten haben. Wenngleich die gottesdienstlichen Formen des Psalters

---

[4] Vgl. o. Anm. 135 zu Kap. 5.

[5] Vgl. z. B. Ps 46 98 10ff. usw.

nicht so frei mit der Tradition umgehen wie die Propheten, zeichnet sich doch durch den Verzicht auf die Form des Mythus und die Vorrangstellung des Hymnus jene Möglichkeit der Abkehr von einer positivistischen und starren Kultideologie, wie sie in andern Staatskulturen des Alten Orients üblich war, ab.

Die Tatsache, daß die Struktur des Mythus mit der Zeit zerfällt, führt dazu, daß die Größen des Mythus geradezu zu solchen der Politik werden. So wird z. B. Ägypten als feindliche Macht einfach Rahab genannt[6].

Analog zu diesen Akzentverschiebungen ändert sich das Bild des Chaos- und Völkerkämpfergottes. Während der Gott des Mythus an das bekannte Wort des Mythus gebunden ist in seinem Handeln und entsprechend sich die Erfahrung mit diesem Gott, was den Raum der Natur und Politik betrifft, diesem Wort unterordnen muß, ist der Gott, der primär von der dem Hymnus zugehörigen Erfahrung her bekannt ist, nicht von vornherein in seinem Handeln bestimmt. Dadurch ist das Handeln Gottes auch nicht immer gleichartig, sondern von unterschiedlicher Qualität. So kann es auch dazu kommen, daß das Handeln des Chaos- und Völkerkämpfergottes als Abfolge von verschiedenartigem Handeln verstanden wird — und damit ist im Prinzip eine Geschichtsbetrachtung in den Raum des Kultus eingedrungen[7]. Deutlicher als beim Hymnus wird dies bei der Klage[8].

Im Laufe der israelitischen Geistesgeschichte ereignete sich mit dem Material des Mythus noch eine weitere bedeutsame Entwicklung: Es wurde zum Gegenstand der Erwartung und erschien als Projektion in die Zukunft[9]. Die Fähigkeit Israels, zwischen der zeitlosen Wahrheit des Mythus und der zeitlichen Wahrheit der Erfahrung zu scheiden, muß die hier empfundene Diskrepanz immer schmerzlicher zum Bewußtsein gebracht haben. Dazu gesellte sich eine Komponente israelitischen Denkens, die ihren Ursprung in einer Kulturschicht hat, die der Landsässigkeit der Israeliten vorausliegt: im Lebensgefühl der nomadisierenden Kleinviehzüchter, deren Leben auf Ziele ausgerichtet war, auf die hin sie von ihrer Gottheit geführt wurden. Aus diesen ver-

---

[6] Jes 30 7; vgl. auch Ps 87 4 Jer 51 34 Ez 29 3 32 2. An allen diesen Orten wird der Name eines Chaosuntieres zur Bezeichnung einer politischen Macht verwendet. Im selben Sinne ist es zu verstehen, wenn in prophetischer Behandlung politischer Probleme Wendungen vorkommen, die aus der Chaoskampfschilderung stammen (z. B. Jes 11 15 Jer 46 17 50 38 Ez 26 3 26 19 29 5 u. ö.).

[7] Deutlich wird dies natürlich erst, wo spezifisch israelitische Geschichtsmotive in den Psalmen erscheinen, wie z. B. in Ps 81.

[8] Vgl. u. S. 224f.

[9] Vgl. dazu S. B. Frost, Eschatology and Myth, VT 2, 1952, 70ff.; Childs a. a. O. 88ff.; V. Maag, Malkût JHWH, VTS 7, 1960, 150ff.; anders noch Gunkel, Schöpfung und Chaos in Urzeit und Endzeit, 1895, 87.

schiedenen Wurzeln heraus ist die Erwartung gewachsen, daß die Wirklichkeit des Mythus sich in einer mehr oder weniger fernen Zukunft verwirklichen würde. Dieser Entwicklung entspricht es, wenn aus dem Hymnus in der exilischen und nachexilischen Zeit der eschatologische Hymnus wird, der die Zustände der Endzeit besingt[10].

Nochmals ist zu betonen: Die hier skizzierte Umsetzung der Strukturen des Jerusalemer Kultus ist als jahrhundertelange Entwicklung zu sehen, die in der Zeit des Exils ihren Abschluß gefunden hat. Es finden sich Texte im AT, die wahrscheinlich noch ganz in den ursprünglichen Denkformen des Jerusalemer Kultes beheimatet sind.

2. *Die Klage*

Die Form der Klage macht noch stärker deutlich, inwiefern die Strukturen der jebusitisch-kanaanäischen Religiosität durch Israel verändert wurden. Nach den Ergebnissen des 3. Kapitels ist die in der Klage in den Vordergrund tretende Figur der ferne Gott. Wenn auch in Jerusalem El sowohl als naher als auch als ferner Gott bekannt war, so hat doch dieser eine Gott je nach Situation völlig andere Aspekte sichtbar werden lassen. Der in der Klage angerufene El und der Chaoskämpfer El sind so sehr voneinander geschieden wie der Enlil, der Ur zerstört hat oder der für den König gegen die Feinde ankämpft. Der ferne Gott tritt in Erscheinung als der, welcher die bestehende Ordnung umgestürzt hat. Die Klage wendet sich an ihn, um die Unordnung überhaupt begreifen und verarbeiten zu können. Elemente der Schilderung früherer Ordnung begegnen selten — und wenn schon, dann in rein negativer Bedeutung: Was damals war, ist jetzt nicht mehr. Der Mythus und seine Wirklichkeit kommen insofern zur Sprache, als sie widerlegt sind.

Die israelitische Klage des Volkes zeichnet sich dadurch aus, daß zu ihren festen Bestandteilen der »Rückblick auf Gottes früheres Heilshandeln« gehört[11]. Neben verschiedenen Motiven, die von außerhalb der Jerusalemer Tradition stammen, hat hier das Chaos- und Völkerkampfmotiv seinen Platz[12]. Dabei ist zu beachten, daß der »Rückblick« in den Farben des Hymnus gehalten ist. Gott wird also auch in der Klage in seiner Eigenschaft als Chaos- und Kosmoskämpfer angesprochen. Jahwe modifiziert die Charakteristik Els insofern, als er nicht in grundsätzlich verschiedenen Funktionen gesehen werden kann, die sich allenfalls ausschließen. Der Jahwe der Lobpsalmen und der Jahwe der Klagepsalmen ist derselbe.

---

[10] Vgl. Jes 42 10ff. 44 23 usf.

[11] C. Westermann, Vergegenwärtigung der Geschichte in den Psalmen, in: Forschung am Alten Testament, 1964, 306ff.

[12] Z. B. Ps 74 77 usw.

Dadurch wird wiederum deutlich: Der in diesem Kult verstandene Jahwe wirkt in der Geschichte qualitativ verschieden. Hier kommt also eine Vergangenheit in Sicht, die nicht einfach als Bestandteil der Gegenwart gewertet ist (entweder in positiver Weise wie im Mythus oder in negativer Weise wie in der Klage anderer altorientalischer Kulte). Es wird damit möglich, Geschichte als von Gott gewirkte Folge qualitativ verschiedener und verschieden zu verstehender Ereignisse wahrzunehmen.

Wenn also das Chaoskampfmotiv in der israelitischen Klage auftritt, bezeichnet es nicht mehr ein Datum mythischer Urzeit, sondern bedeutungsvoller Vergangenheit. So zeigt sich auch hier, daß Israel bestehende Verstehensstrukturen der kanaanäischen Religion konsequent zur Deutung geschichtlicher Welterfahrung benützt.

3. Negationen Israels

a) Der Bereich des Todes[13]

Nachdem zunächst der Versuch unternommen war, Šalem mit Jahwe zu identifizieren (unter Ausschaltung gewisser Praktiken, die zur Šalem-Verehrung gehörten), zeigte es sich sehr rasch, daß diese Identifikation für Israel unmöglich war. So wurde Mäläk eine Konkurrenzgestalt Jahwes; er herrschte über einen Bereich, welcher mit Jahwe nichts zu tun hatte und wurde in einem Heiligtum außerhalb der Stadt verehrt. Der Mäläk-Kult konnte aber nicht ausgerottet werden. Er hielt sich mindestens bis in die Zeit des Exils; daß sogar israelitische Könige daran teilnahmen, zeigt die große Bedeutung der Šalem-Verehrung.

Damit stellt sich die Frage, warum Israel den ganzen Bereich des Todes, der Beschwörung von Unterweltsgeistern, des Kinderopfers, aller dieser zu Šalem gehörigen Elemente, so kategorisch ablehnte. Zunächst ist festzuhalten, daß für die Jahwe verehrenden Stämme der Steppenzeit die Fragen um den Tod kein allzu großes Gewicht hatten. »Nomaden haben normalerweise kein religiöses Verhältnis zum Tod, weil ihre Migrationen sie von den Grabstätten ihrer Ahnen zu trennen pflegen«[14]. Wenn dem so ist, dann ist aber auch noch zu erklären, warum dieses religiöse Vakuum nicht einfach mit beginnender Landsässigkeit durch Vorstellungen und Totenbräuche der umliegenden Völkerschaften aufgefüllt wurde, wie dies in andern religiösen Bereichen geschehen ist.

Zunächst werden die Israeliten Anstoß an der Vorstellung genommen haben, daß ein Gott stirbt und in seiner Aktivität einge-

[13] Vgl. dazu G. v. Rad, Theologie des Alten Testaments, I 1962⁴, 288ff.; V. Maag, Tod und Jenseits nach dem Alten Testament, SThU 34, 1964, 17ff.

[14] Maag a. a. O. 17; vgl. immerhin oben S. 202f. Hat vielleicht die Jahwe-Verehrung schon nomadisch-religiöse Totenvorstellungen verdrängt?

schränkt wird. Dies aber war offensichtlich ein Charakterzug Šalems, gleichgültig, ob sein Sterben und Auferstehen nur in astralen oder auch vegetationsartigen Bildern gesehen wurde. El war — mindestens unter dem Aspekt der fernen Gottheit gesehen — ein immer wirksamer Gott, freilich nicht so aktiv wie Jahwe. Trotzdem ist diese Identifikation leichter gefallen.

Dadurch, daß der Gott stirbt, ist sein Schicksal dem des Menschen ähnlich. Der Mensch andererseits hat durch sein Sterben Anteil am Schicksal des Gottes. Dies wird besonders deutlich bei der rituellen Tötung: Der Getötete wird dem Gott mit in den Tod gegeben, dieser empfängt dadurch neue Lebenskraft. Auch der natürlich Verstorbene geht in das Reich des sterbenden Gottes ein. Das Schicksal von Mensch und Gott ist ein und dasselbe. Der Totenkult hat keine andere Bedeutung als die, den Menschen in das Schicksal Gottes einzuordnen und die Gleichgestaltung von Mensch und Gott richtig durchzuführen. Die Totenbefragung (die davon ausgeht, daß die Toten »Gott«, אלהים, sind, I Sam 28 13) setzt eine Schicksalsgemeinschaft zwischen vergöttlichten Toten und Lebenden voraus, in der jene für diese wirken (vgl. Jes 8 19). Dieses Prinzip der Identifikation von menschlichem und göttlichem Schicksal findet sich nicht nur im Totenkult, sondern auch im Mythus. Auch dort ist im magischen Wort die eine vollständige Einheit von menschlichem und göttlichem Handeln erreicht. Sowohl der Mythus als auch der Totenkult werden von Israel abgelehnt — also ist es im Grunde genommen wohl dieses Prinzip der Identifikation, das nicht akzeptiert wird.

Während beim Mythus die Möglichkeit bestand, das Motivgut in einer andern Form, im Hymnus weiter zu verwenden, so daß schon durch die Form festgelegt war, daß das göttliche Handeln dem menschlichen Geschick vorangeht, konnte in bezug auf den Totenkult Ähnliches offenbar nicht geschehen. Šalem und sein Reich wurden geächtet; erst in späterer Zeit wird der Bereich des Todes der Herrschaft Jahwes auf verschiedenen Wegen wieder integriert[15].

b) *Muttergottheit, Fruchtbarkeitskult, Orgiastik*[15a]

Es wurde bereits erwähnt, daß keine einzige weibliche Gottheit irgendwelchen Nachhall gefunden hat im israelitischen Gottesdienst.

[15] Einerseits gelang es einer individualistischen Frömmigkeit, auf dem Wege der Asylvorstellung zu einem Verhältnis zu Jahwe zu kommen, dem der Tod nichts anhaben konnte (vgl. G. v. Rad a. a. O. 415ff.), andererseits entstand in der Apokalyptik die Vorstellung, daß in einem Endkampf zwischen Chaos-Todes-Macht (zwischen den verschiedenen Aspekten dieser Macht wird nicht mehr geschieden) und Jahwe der Tod besiegt wird.

[15a] Vgl. W. Kornfeld, Fruchtbarkeitskulte im AT, in: Dienst an der Lehre, Wiener Beiträge zur Theologie 10, 1965, 109ff.

Nicht nur die Göttinnen selbst, sondern auch gewisse Kultpraktiken, die mit ihnen verbunden waren, wurden strikte abgelehnt. Ob je im israelitischen Jerusalem ein offizieller hieros gamos stattgefunden hat, ist natürlich nicht sicher zu beurteilen; aber auch wenn dieser in jebusitischer Zeit sicher geübte Brauch noch unter den ersten israelitischen Königen seine Fortsetzung gefunden haben sollte, so ist er doch mit Sicherheit nach einiger Zeit unterdrückt worden. Es zeigt sich auch andernorts, daß die Kultprostitution, die anfänglich von den Israeliten nicht in Frage gestellt war, je länger je mehr durch die Jahweverehrung angefochten war[16].

Entsprechend ist in der Gestalt Jahwes die männlich-sexuelle Seite nicht betont. Zwar hat er nach einem Beleg Stiergestalt, wie El; doch scheint die Vorstellung bald verschwunden zu sein. Auch ist Jahwe Fruchtbarkeitsgott; mit Recht ist auf viele Züge hingewiesen worden, die Jahwe mit andern Fruchtbarkeitsgöttern, z. B. Baal von Ugarit, gemeinsam hat[17]. Aber Jahwe steht doch in einem charakteristisch andern Verhältnis zur Fruchtbarkeit[18]. Wieder bildet nicht die Fruchtbarkeit einen Teil des Wesens Jahwes; das Prinzip der Identifikation ist auch hier aufgegeben. Jahwe verfügt über die Fruchtbarkeit; wenn er sie verweigert, ist dies nicht als Schwäche des Gottes, sondern als Äußerung eines nicht voraussehbaren Willens gewertet.

Eine letzte Beobachtung gehört in denselben Zusammenhang. Es ist auffällig, daß der israelitische Kult, der ja größtenteils im kanaanäischen Kultwesen wurzelt, jede Form von Orgiastik ablehnt. Nicht nur die Kultprostitution wird abgewiesen, sondern auch der Gebrauch von alkoholischen Getränken. Der Wein hat zwar überragende Bedeutung im profanen Leben, ist aber vom Kult ausgeschlossen; mindestens der Mensch darf keinen Wein genießen, während er Gott nicht vorenthalten war[19]. Im kanaanäischen Kult gehörte der gemeinsame Weingenuß von Mensch und Gott offenbar zum Ritual[20]. Damit wird nochmals die Ablehnung der Identifikation von göttlichem und mensch-

---

16 In Gen 38 12ff. wird die Kultprostitution in einer jahwistischen Erzählung als selbstverständlich hingenommen. Völlig anders stehen Hosea, Jeremia und Ezechiel dieser Sitte gegenüber. Demnach ist in Israel zwischen 1000 und 800 v. Chr. die Erkenntnis gewachsen, daß sich Kultprostitution mit israelitischer Geisteshaltung nicht vertragen konnte.

17 Vgl. u. a. T. Worden, The Influence of the Ugaritic Fertility Myth on the Old Testament, VT 3, 1953, 272ff.; G. W. Ahlström, Aspects of Syncretism in Israelite Religion, 1963.

18 J. Hempel, Glaube, Mythus und Geschichte im Alten Testament, ZAW 65, 1953, 109ff., bes. 114ff.

19 Lev 10 9; vgl. dazu die Polemik Jesajas (28 7), Hoseas (4 10f.) und Amos' (2 8) gegen den kultischen Weingenuß. Vgl. auch Am 6 4ff.

20 Vgl. II D I, 1ff.; V AB, A, 1ff.

lichem Geschick deutlich: Durch den Rausch — sowohl den sexuellen als auch den durch Alkohol hervorgerufenen — erlebt der Mensch, wie die Distanz verschwindet und wie er mit Gott und der Natur eins wird. Demgegenüber hält der israelitische Gottesdienst nüchterne Distanz zwischen Gott und Mensch aufrecht. Bezeichnend ist, daß das Motiv vom »Trinken mit der Gottheit« in den Psalmen und andernorts geradezu mit drohendem Unheil verbunden ist. Wer den »Becher Jahwes« zu trinken hat, ist dem Verderben geweiht[21]. Einzig als Erwartung für die Endzeit ist die Vorstellung vom gemeinschaftsspendenden Trinken mit Gott zusammen erträglich[22].

4. Jahwe — naher und ferner Gott

Die Untersuchung hat ergeben, daß Jahwe nicht nur Funktionen Els und teilweise Šalems übernimmt, sondern darüber hinaus verschiedene Aspekte, die in diesen Gestalten voneinander geschieden waren, in sich vereint und ununterschieden läßt. Damit läßt sich — religionsphänomenologisch beurteilt — nicht mehr bestimmen, ob Jahwe zu den nahen oder zu den fernen Göttern zu rechnen sei[23]. Im Jerusalemer Gottesdienst Israels kommt ein Gott zu Gesicht, der von einer Terminologie, wie sie für die gewachsenen altorientalischen Staatskulte verwendbar ist, nicht erfaßt werden kann. Jahwe besitzt eine kaum faßbare Komplexität von Wirkungsweisen; es ist ja zu beachten, daß nicht nur kanaanäische Gottesvorstellungen zu seinem Bilde beigetragen haben, sondern auch, noch entscheidender, die Traditionen der eingewanderten Stämme. Daß diese spannungsgeladene Ausgangsposition den Keim zu ebenso schweren wie fruchtbaren religiösen und theologischen Auseinandersetzungen im Laufe der Entwicklung Israels in sich barg, ist von da her verständlich.

---

[21] Vgl. Ps 60 5 75 9 Jer 25 15ff. 49 12 u. ö.

[22] Jes 25 6ff.

[23] Ein Versuch solcher Klassifizierung findet sich z. B. bei N. H. Snaith, der Jahwe und El als Hochgötter bezeichnet, Baal dagegen als niederen Gott (ALUOS 5, 1963/65, 100ff.).

Autorenregister

Register der Bibelstellen

Hiob

Proverbia

LUDWIG DIESTEL

Geschichte des Alten Testamentes in der christlichen Kirche

Neubearbeitung in zwei Bänden von HERBERT DONNER

Oktav. Etwa 960 Seiten. Ganzleinen zusammen etwa DM 140,—

Der erste Band erscheint voraussichtlich im Herbst 1970, der zweite Band im Winter 1970/71.

Die Hermeneutik und die Auslegungsgeschichte der biblischen Schriften stehen heute im Vordergrund des Interesses der Exegeten. Selbst die Alttestamentler haben jedoch von der Wirkungsgeschichte des Alten Testaments in der frühen, der mittelalterlichen und der neuzeitlichen Kirche oft nur unzureichende historische Vorstellungen. So übersieht die moderne Debatte nicht selten wesentliche Tatbestände.

Als Materialsammlung zum Thema wie in seiner Darstellung bis heute nicht ersetzt, geschweige denn übertroffen, ist das 1869 erschienene Buch von Ludwig Diestel, Theologieprofessor in Jena: Geschichte des Alten Testaments in der christlichen Kirche. Es ist in seiner Wirkung durch mancherlei unglückliche Umstände gehemmt worden, sehr zum Schaden des behandelten Gegenstandes. Niemand, der wissenschaftliches Interesse am Alten Testament in der christlichen Theologie hat, kann es entbehren. Da es heute nicht mehr greifbar ist, soll eine bearbeitete Neuauflage in zwei Bänden veranstaltet werden. Sie ist einem einfachen Nachdruck deshalb vorzuziehen, weil die Erstauflage unhandlich, schwer lesbar, schlecht gedruckt und in den Zitaten und vielen Einzelheiten veraltet ist. Die Neuauflage soll den Diestel'schen Text, der inzwischen selbst ein Denkmal christlicher Theologiegeschichte geworden ist, unverändert lassen. Es ist beabsichtigt, ein heute brauchbares, verläßliches Arbeitsinstrument vorzulegen, das einem doppelten Zweck genügen kann: der Einführung in das theologische Problem des Alten Testamentes anhand seiner Geschichte in der christlichen Kirche und der Einsicht in das Urteil des besten Kenners dieses Gegenstandes aus dem 19. Jahrhundert.

Walter de Gruyter & Co · Berlin 30